1368772

Adolf Lorenz

ICH DURFTE HELFEN

Mein Leben und Wirken

Adolf Lorenz

ICH DURFTE HELFEN

Mein Leben und Wirken

Czernin Verlag, Wien

Lorenz, Adolf: Ich durfte helfen – Mein Leben und Wirken.
Herausgegeben von Benedikt Föger und Klaus Taschwer mit einem
Nachwort von Klaus Taschwer / Adolf Lorenz
(= Band XI der Bibliothek der Erinnerung)
Wien: Czernin Verlag 2017
ISBN: 978-3-7076-0307-1

© 2017 Czernin Verlags GmbH, Wien
Satz: Burghard List
Druck: Christian Theiss GmbH, A-9431 St. Stefan
ISBN: 978-3-7076-0307-1

Alle Rechte vorbehalten, auch das der auszugsweisen Wiedergabe
in Print- oder elektronischen Medien

*Dieses Buch
ist meiner Frau gewidmet,
die länger
als ein halbes Jahrhundert
meine treue
Assistentin war*

Inhalt

Vorwort 9

I Weidenau 11
II Der fehlende Handschuh 38
III Der Sängerknabe 65
IV Draußen in der Welt 84
V Ein Student der Medizin 96
VI Der Schüler kritisiert seine Lehrer 116
VII Durch Unglück zur »trockenen« Chirurgie 130
VIII Der Bau des Vaterhauses 144
IX Entwicklung unblutiger Operationen 154
X Kaiserliche Anerkennung 168
XI Steckenpferde 176
XII Berufung nach Amerika 185
XIII Ein schwer arbeitender Tourist 199
XIV In den Fängen der Bankleute 215
XV Königinnen als Mütter 228
XVI Reise nach dem Osten 243
XVII Amerikanisches 261

XVIII	»Lorenz-Hall« um jeden Preis!	269
XIX	Ein arabisches Märchen	278
XX	Weltbrand	298
XXI	Asche	311
XXII	Wieder in Amerika	328
XXIII	Wangengrübchen und Schadenersatzklagen	351
XXIV	Abdankung	361
XXV	Die Hilfe für die Krüppel	372
XXVI	Dein fehlender Handschuh	384
XXVII	Ich wohne meinem Begräbnis bei	395
	Chronologie	404
	Anmerkungen und Erläuterungen	406
	Nachwort	413
	Bibliografie	440
	Personenregister	443
	Bildnachweis	447
	Danksagung	448

Vorwort

Ein Vorwort gibt dem Autor Gelegenheit, sich bei dem Leser zu entschuldigen. Von dieser Gelegenheit werde ich keinen Gebrauch machen. Wenn mein Versuch, die Leser zu interessieren, mißlungen ist, so bin ich meiner Meinung nach mehr zu bemitleiden, als daß ich mich zu entschuldigen hätte. Aber ich bin vermessen genug, die Hoffnung zu hegen, daß mein Buch bei jung und alt, bei Ärzten und Laien Anklang finden wird, weil es eine einfache und menschliche Geschichte von Glück und Unglück ist. Neben den vielen Erzeugnissen der jüngsten Literatur, welche sich in philosophischer Schaumschlägerei nicht genug tun können, wird ein einfach geschriebenes Buch wohl seinen Platz finden können.

Ich glaube, daß jeder Mensch jenseits der Achtzig das Bedürfnis fühlt, seinen Mitmenschen etwas aus seinem Leben zu erzählen, vorausgesetzt, daß er etwas zu erzählen hat. Ich gab diesem Drange nach und schrieb das Buch ohne den leisesten Gedanken daran, daß es jemals mit Druckerschwärze getauft werden würde. Ich legte es in die Schublade, in der Hoffnung, daß meine Enkelkinder es gelegentlich finden und vielleicht auch lesen würden.

Als ich in New York meinen einundachtzigsten Geburtstag beging, besuchten mich ein halbes Dutzend junger, stattlicher Männer – Ritter des Ordens vom Block und Bleistift, wie der verstorbene weitbekannte Reporter Harry Acton sie nannte –, um mir zu gratulieren, d. h.

mich an mein Alter zu erinnern und zum zehntenmal zu fragen, wie man es anstellen muß, um so alt zu werden. Sie fragten mich auch, ob ich nicht meine Lebensgeschichte geschrieben hätte, da ich doch viel erlebt haben müsse! »Freilich habe ich sie geschrieben, aber wer fragt danach?« Am nächsten Tag kam eine Lawine von Anträgen von seiten der Verleger, nicht nur aus New York, sondern auch aus London. Ich war in der beneidenswerten Lage, als Autor meinen Verleger wählen zu können. So erschien dieses Buch zuerst in dem amerikanischen Verlag Charles Scribner's Sons, New York. Bald nach dem Erscheinen der amerikanischen Ausgabe übernahm es der Verlag L. Staackmann in Leipzig, mein Buch in deutscher Sprache herauszugeben. Ich selbst besorgte die Übersetzung und Bearbeitung und hoffe, daß die deutsche Ausgabe die gleiche wohlwollende Aufnahme findet wie die amerikanische. Sollte irgendeiner meiner Leser den hundertsten Teil des Vergnügens empfinden, welches ich beim Schreiben dieses Buches genossen habe, so ist sein Zweck erfüllt.

Altenberg-Greifenstein
Winter 1936 A. L.

I

Weidenau

Das kleine schlesische Landstädtchen Weidenau, an der Nordspitze der ehemaligen österreichischen Provinz gelegen, sieht heute ziemlich genauso aus wie vor achtzig und einigen Jahren. Nur daß es damals noch weltentlegener war, da es keine Eisenbahn hatte und die nächste Bahnstation anderthalb Tagreisen entfernt war. In seiner Umgebung senken sich die Ausläufer der im Westen als grünblauer Wall erscheinenden Sudeten mit sanften Hügeln zum Flachland. Besonderer landschaftlicher Reize der nächsten Umgebung hatte sich Weidenau damals so wenig wie heute zu rühmen. Als Stadt jedoch konnte es jedem Städtebauer zum Muster dienen. Denn sein Bauplan war ebenso einfach wie zweckmäßig: ein rechteckiger Hauptplatz von ansehnlichen Dimensionen ist der Mittelpunkt der Stadt und entsendet von der Mitte der Längs- und Schmalseiten je eine Straße nach Nord und Süd, Ost und West, während von den Ecken vier Nebenstraßen der Verbindung der Stadtteile untereinander dienen. Etwas aus der Mitte des Platzes gerückt stand das alte Rathaus, ein unschöner, viereckiger Kasten, dessen unauffälliges Dach von einem spitzen, etwas schief stehenden Holzturm gekrönt war; einige kleine, bescheidene Häuschen hatten sich neben dem Rathaus auf dem Platze eingenistet und verunzierten ihn noch mehr. Die bauliche Anlage der Stadt war aber nicht ihr einziger Vorzug. Weidenau hatte ein Wahrzeichen, welches diese kleine Stadt zur merkwürdigsten des ganzen Landes, ja der ganzen Monarchie machte; keine andere hat etwas Ähnliches aufzuweisen.

Dieser Schatz verknüpft die Geschichte der Stadt mit der grauen Vorzeit, als die Sudeten noch von Gletschern bedeckt waren, welche ihre schmelzenden Zungen weithin ins Land vorschoben. Vor 30 000, vielleicht vor 50 000 Jahren hatte ein solcher Gletscherstrom einen kolossalen Felsklotz den Flanken der Sudeten abgeschert, davongetragen und in der nächsten Nähe des Weidaflüßchens, dort, wo später Weidenau erstehen sollte, auf den Grund gesetzt. Jahrzehntausende mag er dort wohl im Eise gestanden haben, bis die Eiszeit vorüber und das Land fruchtbar geworden war. Steinzeitmenschen hatten den Block wohl als Kultstätte verwendet. In verhältnismäßig jüngster Vergangenheit wirkte der Stein als Anziehungspunkt auf die ersten Weidenauer, welche ihn zum Mittelpunkt der Stadt machten; denn sie orientierten den Marktplatz so, daß der Stein nach keiner Seite hin ein Verkehrshindernis bilden konnte. Heute heißt dieser Stein »Butterstein«, weil ihn die Butterweiber zuweilen mit Beschlag belegten. Dem etwa sieben Meter langen Block, der ungefähr so hoch ist wie ein Tisch, ist ein dunkler Glanz eigen, der aber nicht von Butter herrührt, sondern von den nackten Füßen der Kinder, die den Stein in hundertjährigen Bemühungen glattgeschliffen haben.

In einem der kleinen Häuschen neben dem Rathause wurde am 21. April 1854 bescheidenen Leuten ein Knabe geboren und auf den Namen Adolf getauft. Seine Mutter war auf ihren Erstgeborenen sehr stolz, eben weil es ein Knabe war, für den sie sich aus besonderen Gründen schon jetzt Großes erhoffte. Sie war die Tochter eines schlesischen Bauern von jenem Typ, der in kleinen

Landstädtchen wohnt und des Sonntags in Zylinder und Bratenrock, die weißen Zwirnhandschuhe in der Hand, zur Kirche geht, während ihn jeder Wochentag, je nach der Jahreszeit, hinter dem Pfluge stapfen oder wie einen Automaten mit gleichmäßigen Schritten sein Feld abmessen und bei jedem zweiten Schritt eine Handvoll Samen auf die braune Erde streuen sieht. Man pflegt zu sagen: »Ist der Bürger nicht daheim, so ist der Bauer am Feld!«

Die junge Mutter war die älteste von vier Töchtern des alten Herrn Ehrlich. Dieser hatte auch zwei Söhne, welche als Knaben das Vaterhaus verlassen hatten und seit so langer Zeit nicht mehr nach Hause gekommen waren, daß sie in der Familie wie in der kleinen Stadt zu legendären Gestalten geworden waren. Für die junge Mutter aber waren die Brüder keineswegs zur Legende geworden, zum mindesten nicht der jüngere von den beiden, Johann, mit dem sie stets gute Freundschaft gehalten hatte. Mancher vom Munde abgesparte Gulden wurde dem stets bedürftigen Studenten zugesteckt. Der Vater nannte ihn damals nicht selten einen faulen Jungen, der nicht fähig sei, sich als Student sein eigenes Brot zu verdienen. Niemand wußte zu sagen, wie das Unerhörte zugegangen war, daß zwei Söhne des armen Ackerbürgers Ehrlich Weidenau verlassen hatten, um zunächst in Troppau zu studieren. Sie hatten später auf eigene Faust ihre Universitätsstudien in Graz fortgesetzt. Eduard, der ältere der beiden Brüder, wurde Arzt. Dem jüngeren, Johann, hatte das juristische Studium nicht behagt, ebensowenig der Umstand, daß er sich sein Brot durch Stundengeben verdienen sollte. Deshalb warf er sich der Mutter Kirche in die Arme, und er fiel weich, wie sich aus dieser Geschichte noch ergeben wird.

Unter dem Namen Pater Gregor war er Kapitular des Benediktiner-Stiftes St. Paul in Kärnten. Dort unterhielt das Stift ein Untergymnasium und hatte die Verpflichtung, auch das Obergymnasium in Klagenfurt mit Lehrkräften zu versehen. Es ist notwendig, die Laufbahn Pater Gregors kurz zu beschreiben; denn von ihr hing das Schicksal des Neugeborenen ab. In St. Paul wie in allen großen Klöstern Österreichs war die Kirchenmusik von größter Wichtigkeit, und Chorsänger waren sehr gesucht. Pater Gregor hatte seiner Schwester als billiges Hochzeitsgeschenk das Versprechen gegeben, ihrem erstgeborenen Sohn als Sängerknaben in St. Paul einen Freiplatz zu verschaffen, vorausgesetzt, daß er eine gute Stimme habe und Violine spielen könne. Nebenbei sollte er Gelegenheit haben, die vier Klassen des Untergymnasiums zu absolvieren. So sah die stolze Mutter ihr kleines Baby schon als Lateinstudenten und wahrscheinlich auch schon als gelehrten Benediktinermönch, ein Phantasiebild, das weniger wahrscheinlich war, als es auf den ersten Blick scheinen könnte. Das neugeborene Kind war offenbar dazu bestimmt, entweder Geistlicher oder Musiker zu werden. Auf alle Fälle zweifelte die junge Mutter keinen Augenblick daran, daß ihr Adolfla im Laufe der Zeit ein »großer Herr« werden würde. Als das Kind langsam heranwuchs, wurde ihm von seiner Mutter immer wieder gepredigt, daß er ein großer Herr werden müsse. So kam es, daß Adolfla später, sooft er scherzhafterweise gefragt wurde: »Adolfla, was willst du denn gerne werden?«, jedesmal die bestimmte Antwort gab: »Ich will ein großer Herr werden!«

Adolfs Vater war Sattlermeister und betrieb gleichzeitig eine kleine Gastwirtschaft, damit die Fuhrleute sich stärken konnten, während sie auf ein neues oder ausgebessertes Geschirr warteten. Viel mehr als Schnaps und Brot war in dieser Wirtschaft nicht zu haben, noch wurde mehr verlangt. Um dieses Geschäft betreiben zu können, war der Sattlermeister aus dem kleinen Hause am Marktplatz in das großväterliche Haus übersiedelt, welches als Eckhaus dem Bezirksgericht gegenüberliegt und den großen Platz umrahmen hilft. Der Großvater hatte das Hintergebäude seines Hauses behalten. In diesem erwachte der kleine Adolf zum Bewußtsein.

Der Herr Riemer-Wirt schnitt nicht nur Riemen und Gürtel, sondern machte auch Lederkoffer und polsterte die in Schlesien »Gelegenheit« genannten Wagen aus. Er strich und firnißte die Wagengestelle, zog mit stetiger Hand schnurgerade weiße oder farbige Linien auf den Speichen oder Kreise auf der in Drehung versetzten Nabe. Der einfache Handwerker war ein Tausendkünstler. Chirurgen und Ärzte überhaupt sind oft überstolz auf ihre manuelle Geschicklichkeit; sie sollten die Kunstfertigkeit einfacher Handwerker betrachten, um bescheiden zu werden.

Adolf war kaum fünf Jahre alt, als er seine ersten Lebenserfahrungen sammelte, die er für immer behalten sollte. An einem heißen Sommertag holperte ein schwerer Lastwagen, von vier Pferden gezogen, langsam über das schlechte Straßenpflaster und nahm seinen Weg über den großen Stadtplatz gegen die Vorstadt, an deren Grenze die Weida, ein kleines Gebirgswässerchen, vorüberfließt. Das ungewöhnlich laut knarrende Fuhrwerk hatte die Aufmerksamkeit der Jugend des Städtchens erregt. Niemand wußte Bescheid über Bedeutung und Ziel des schweren Transportes, den selbst die flachen Wasserrinnen im Straßenpflaster in seiner langsamen Vorwärtsbewegung nicht aufzuhalten vermochten. Der Weg führte schließlich über eine hölzerne Brücke, deren flache Rampe dem Viergespann eine längere Ruhepause gebot. Die große und kleine Jugend hatte das Gefährt schon längst so dicht umringt, daß die Fuhrleute mit lautem Schelten und drohend geschwungenen Peitschen den Pferden den Weg freihalten mußten. Der unfreiwillige Halt gab den vorwitzigen Jungen Gelegenheit, ganz nahe an den Wagen heranzukommen und seine schwere Last verständnislos anzugaffen. Aus klobigen Holzrahmen lugten in der Sonne glitzernde, blank polierte Steinflächen – weißer Marmor, wie ein großer Junge wissen wollte. In dem lichten Glanze der Flächen strahlte goldiger Schimmer. Es war wie ein Märchen. Die größeren Jungen behaupteten, daß der goldige Glanz von Goldbuchstaben ausgehe, vermochten jedoch die krausen Formen nicht zu entziffern. In der Mitte der blitzenden Fläche des größten Steinblockes leuchteten in hellem Goldglanze vier Ziffern. Adolfla, der in dem drängenden Haufen stand, erkannte zwei davon als eins und acht; die folgenden, fünf und neun, waren ihm noch unverständlich. Aber die Weisheit der älteren Jungen half nach und stellte fest, daß die Inschrift: eins, acht, fünf, neun lautete. Die Jahreszahl 1859 hatte für die glückliche Jugend noch keinen Inhalt; ihr schlug noch keine Stunde, sie unterschied nur zwischen Tag und Nacht und zwischen Sommer und Winter. Als nach längerer Rast die Pferde wieder anzogen und ihre schwere Last bergan auf die schmale Brücke stemmten, fehlte für die begleitende Schar jeder Raum. Für die kleinen Barfüßler war dies kein Hindernis, sie wateten unten durch den Bach und erwarteten den Einsturz der unter der außergewöhnlichen Last laut ächzenden Holzbrücke. Als dies Ereignis zur allgemeinen Enttäuschung ausblieb und der Wagen über die jenseitige Böschung herabrollte, war das Interesse abgestumpft, und die Jungen wandten sich dem auch sonst mit großer Vorliebe betriebenen Sport des Grundelstechens zu.

Als verständiger Schuljunge erkannte Adolfla später in der Mitte des Ortsfriedhofes, da wo sich die beiden Hauptalleen desselben rechtwinkelig kreuzen, in dem großen neuen Marmorkreuze die einzelnen Blöcke mit den goldenen Inschriften wieder, welche ihm so viel Kopfzerbrechen gemacht hatten, als die einzelnen Teile des Kreuzes auf dem Lastwagen verstaut waren. Die Jahreszahl 1859 sagte ihm auch damals noch nichts und der Krieg in Italien noch weniger. Obwohl eine andere Erinnerung aus Adolflas frühester Jugend ein Erlebnis in stockfinsterer Nacht betrifft, so haben die vielen seither verflossenen Jahrzehnte die Lebhaftigkeit dieses Eindruckes nicht vermindern können. Der Kurort Lindewiese war schon damals berühmt, genoß aber bei der Weidenauer Jugend eine besondere Popularität.

Es war unvermeidlich, daß die innige Freundschaft so vieler Jungen fast täglich peinliche Störungen erfuhr. Diese Streitigkeiten waren nicht immer von solcher Bedeutung, daß sie jedesmal durch einen Faustkampf hätten ausgetragen werden müssen. In vielen Fällen gab sich der Beleidigte mit einem mürrischen Rückzug zufrieden, und der Beleidiger fügte zum Schaden noch den Spott hinzu, indem er deklamierte:

>»Bist du bise,
>Geh nach Lindewiese,
>Dort liegt auf einer Wiese
>Ein alter Hut,
>Der macht dich wieder gut!«

Nicht sehr treffend und vielleicht auch nicht richtig, aber eine Reklame für Lindewiese.

Eines schönen Tages sollte das kleine Adolfla erfahren, daß der Vater dort einen Verwandten, wohl einen alten Großonkel, hatte, welchen er demnächst mit der ganzen Familie besuchen wollte.

Der beabsichtigte Besuch wurde auch abgestattet, aber Adolfla erinnerte sich später weder an die Fahrt noch an die Rückkehr, noch an das Haus im Orte, noch an den alten Großonkel, kurzum an nichts, wohl aber behielt er ein für ihn entsetzliches Erlebnis, das sich nachts abspielte, in lebendiger Erinnerung.

Die Lindewieser Verwandten waren auf so zahlreichen Besuch, der bei ihnen nächtigen mußte, nicht vorbereitet. Es gebrach an Betten, und die Gäste mußten in der großen, ebenerdigen Stube auf dem Fußboden schlafen. Zumindest traf dieses Los Adolfla, welcher in der Ecke des besagten Zimmers auf einem Strohsack gebettet wurde.

Er verbrachte die Nacht äußerst unruhig, sei es wegen der ungewohnten Tieflage, welche die Furcht vor Mäusen nahelegte, sei es weil er zuviel Streuselkuchen gegessen hatte.

Mitten in der Nacht erwachte er; kaum sich seiner recht bewußt, erhob er sich von seinem Lager zur aufrechten Stellung. Da fühlte er auf seinem Rücken, den das gespaltene Hemd freiließ, eine leichte, kitzelnde, dabei eiskalte Berührung.

Er zuckte zusammen, im nächsten Augenblicke wiederholte sich die unheimliche Berührung, welche ihm diesmal noch kälter vorkam. Er wich nach vorne aus und schrie vor Entsetzen laut auf.

Die anderen Schläfer erwachten. Die Mutter rief: »Was ist dir, Adolfla?« Der antwortete nicht, sondern fing im nächsten Augenblick neuerdings an zu heulen, als ob er am Spieße stecke. Es war dies aber nicht das Geheul eines unartigen, sondern eines von Angst gefolterten Kindes. Die kalte Berührung war Adolfla vom Nacken über den Rücken auf die Beine herabgekrochen; abwehrend griff er mit den Händen danach.

Da wand sich eine kalte Schlange um seinen Arm und kroch über seine Beine herab zu seinen Füßen. Er kämpfte wie ein Verzweifelter mit dem kalten Wurme, der sich immer fester um seine Arme und Hände zusammenzog; er strampelte mit den Füßen, schlug mit den Armen um sich, was zur Folge hatte, daß er die kalte Umschlingung nun schon um seinen Hals fühlte.

Wäre das Kind in jenem nächtlichen Kampfe mit der Schlange zu Falle gekommen und wäre nicht rasche Hilfe zur Hand gewesen, so wäre es erdrosselt worden. Aber Adolfla fiel nicht, sondern stemmte sich im Ringen mit dem Ungetüm gegen die Wand.

Das ganze Haus war in Aufregung geraten. Man rannte im Zimmer durcheinander, um nach Zündhölzern zu suchen. Als Licht gemacht wurde, fand die Mutter Adolfla ermattet gegen die Wand gelehnt; seine Arme, seine Beine und sein Hals waren von einer langen gelblichen Schlange umwickelt. Aber diese Umwicklung war nicht das Werk der Schlange, sondern das des sich wehrenden Kindes.

Und die Erklärung dieses nächtlichen Abenteuers? Adolfla war beim Aufstehen mit seinem Nacken und Rücken mit den langen, kalten, schmiegsamen Messingketten in Berührung gekommen, welche von dem Uhrgewicht hochgezogen werden und mit ihrem Kürzerwerden die Flucht der Stunden ebenso genau anzeigten wie das Zifferblatt.

Die kalte Schlange wurde später zum geflügelten Wort, das von den Ketten der Uhrgewichte auf den Gummischlauch im Badezimmer überging.

Die Großmutter sagte eines Tages zu ihrem Lieblingsenkel: »Adolfla, die graue Mieze ist krank. Könntest du sie nicht wieder auf die Beine bringen mit ein wenig Hasenbrot?« Adolfla fand die alte Katze zusammengerollt in einem Winkel des Stalles. Er nahm die struppige graue Kugel auf; sie fühlte sich steif und kalt an. Dieser Katze war nicht mehr zu helfen, sie war tot.

Aber der junge Katzendoktor, der zu spät gekommen war, wollte wenigstens für ein ehrenvolles Begräbnis seines Patienten Sorge tragen. Zusammen mit seinem Bruder grub er eine seichte Vertiefung in den Boden neben dem Misthaufen. Die Katze sollte nicht als ein zusammengerollter, struppiger Ball begraben, sondern mit ausgestrecktem Körper bestattet und mit Erde zugedeckt werden. Die Kinder spielten Leichenbegängnis. Sie nahmen frisch gegrabene Erde zwischen ihre hohlen Hände, zerrieben sie und streuten sie wie einen feinen Mantel auf den Körper der toten Katze. Nach und nach verschwanden die Konturen des Leichnams unter einer dicken Decke feiner Erde. In feierlicher Stimmung blickten die jungen Totengräber auf den braunen, langgestreckten Hügel. Plötzlich glaubten sie zu ihrem Erstaunen eine leichte Bewegung in der Erddecke wahrzunehmen. Längere Beobachtung zerstreute jeden Zweifel. Die dünne Erdschicht zeigte leichte rhythmische Bewegungen und seitwärts Risse, welche sich abwechselnd öffneten und schlossen. Es war kein Zweifel, die Katze lebte noch und sprengte durch ihre Atmung den leichten Grabhügel. In voller Bestürzung befreiten die Knaben ihren tot geglaubten, alten Hauskameraden von der erstickenden Umarmung der Mutter Erde. Sie betteten die Katze in weiches Heu und sorgten für sie bis zu ihrem baldigen, seligen Tode. Die Geschichte wurde bekannt und trug dem Katzendoktor viel Spott ein. »Das wird ein schöner Doktor werden, der seine Patienten bei lebendigem Leibe begräbt!« So höhnten die Spötter. Und die alten Leute sagten: »Freilich ja, Doktor und Totengräber arbeiten einander immer in die Hände.«

Die Erinnerung an sein wahres Kinderparadies ist für Adolfla an die Paulineberger Tante geknüpft, eine ältere Schwester seines Vaters.

Sie bewohnte mit ihrem Mann, der Aufseher in der Barzdorfer Zuckerfabrik war, und ihrem einzigen Kinde, einem mit Adolfla gleichaltrigen Mädchen, ein kleines Häuschen in dem Weiler Paulineberg bei Barzdorf. Sein niedriges Strohdach war von alten hohen Obstbäumen überschattet, während Blumen und Sträucher den Ausblick aus den winzigen Fensterchen auf den schmalen Rasenplatz beschränkten, der die Hütte unmittelbar umgab. Zwischen den Sträuchern und Büschen lugten weitgedehnte Ährenfelder in die ländliche Idylle. Etwa dreißig Schritte hinter dem Hause sickerte in einem schmalen, von Erlen umsäumten Rinnsal ein Wiesenwässerchen, das hier zu einem kleinen klaren Tümpel gestaut war. Aus ihm wurde das Wasser zum Tränken der Kuh und zweier Ziegen geholt.

Der sehr gut gehaltene Obstgarten erstreckte sich längs der Schmalseite des Häuschens. Kirschen, Johannis- und Stachelbeeren, süße Frühbirnen an einem alten, sorgfältig gepflegten Baume gab es in Hülle und Fülle. Der Obstgarten war von einem lebenden Zaune umschlossen. Auch ein Bienenstock war da, in dessen Nähe die Tante ihre Fuchsienkulturen in Töpfen aufgestellt hatte. Andere

Blumen, wie sie in Bauerngärten gezogen werden, fehlten nicht. Nur Rosen gab es keine.

Ebenso nett und freundlich wie seine unmittelbare Umgebung war auch das Innere des ebenerdigen Häuschens, dessen Strohdach von der hoch gestreckten Hand eines großgewachsenen Mannes fast zu erreichen gewesen wäre. Die niedrige Haustür führte in einen schmalen Flur, aus welchem eine steile Holztreppe oder besser gesagt Holzleiter den Aufstieg zum Dachboden vermittelte. Hinter dieser Holztreppe wurde ein stets blank gescheuertes, hölzernes Instrument aufbewahrt, welches große Ähnlichkeit mit einem hochkufigen Kinderschlitten hatte – die Quarkquetsche. Mit Hilfe dieser Vorrichtung befreite die Tante den in weißen Linnensack gefüllten Topfen von dem überflüssigen Wasser.

Aus dem schmalen Gang führte links eine niedrige Tür in ein winziges, viereckiges Zimmerchen mit schwarzer Holzdecke und blütenweiß getünchten Wänden. In der linken Ecke stand ein blank gescheuerter klobiger Holztisch; die andere Ecke wurde von einem Kasten mit verglastem Aufsatz eingenommen, der allerhand bunte Schälchen und dergleichen sehen ließ.

Das Hauptstück der mittleren Abteilung des Glaskastens war ein stehendes Kreuz aus erblindetem Messing, dessen Fuß mit einem Öllämpchen aus demselben Material fest verbunden war. Sobald die Dämmerung hereinbrach, wurde dieses Lämpchen angezündet und auf den Tisch gestellt. Ein weißgetünchter Ofen mit oben abgerundeter Kuppel engte mit seiner ihn umgebenden Holzbank den Raum noch mehr ein.

Auf der anderen Seite des Hausflures lag ein langgestrecktes niedriges Schlafzimmer, dessen Heiligenbildergalerie hinter den hochgebauschten Federbetten zum

Teil verschwand. Daran schloß sich, mit einem separaten Eingang von außen versehen, der kleine Stall und ein Wirtschaftsraum.

Die Paulineberger Tante war im Gegensatz zu ihrem auffallend kleinen Manne eine große, starke Frau. Sie hatte die kleine Wirtschaft selbst zu führen, er war den ganzen Tag in der Fabrik beschäftigt und kehrte erst am späten Nachmittag heim, um seine spärlichen freien Stunden der Pflege des Gartens zu widmen.

Adolfla pflegte ihm ein Stück Weges entgegenzugehen, und zwar auf einem schmalen Rain, der von den überhängenden Halmen der Kornfelder stellenweise zu einem Hohlweg wurde. Wenn der Knabe sich vergewissern wollte, ob der Onkel schon komme, machte er in dem Ährengang einen Luftsprung und sah dann wohl zwischen den fließenden goldgelben Wellen irgendwo die graue Mütze des Erwarteten auftauchen. Seiner Körperhöhe nach zu schließen, dürfte Adolfla damals höchstens fünf Jahre alt gewesen sein.

In besonders angenehmer Erinnerung ist es ihm geblieben, daß seine Nahrung in diesem Eden nur aus Leckerbissen bestand. Von dem reichlichen Obst abgesehen, das zu allen Tageszeiten geschätzt wurde, gab es herrliches Schwarzbrot, dick mit Butter bestrichen und mit Honig reichlich beträufelt. Die gesalzene Butter gab die Würze und ließ die süße Milch um so besser munden. Zur Abwechslung gab es auch weißen Quark, der mit Salz und Kümmel gewürzt in dicker Lage auf das Brot gestrichen wurde.

Wenn Adolfla sich an diesen Herrlichkeiten gütlich getan hatte, konnte er der warmen Hauptmahlzeit, welche gegen Abend die kleine Familie um den Eßtisch versammelte, mit Gleichmut entgegensehen. Wußte er doch, daß es einen Tag wie den anderen gerade wie zu Hause Rauchfleisch, Sauerkraut und »Kliesla« gab und das mochte er nun einmal nicht. Er aß nur wie zum Schein.

Aber nicht genug damit, wagte er bei solcher Gelegenheit die Einladung der Tante: »So nimm d'r doch a Stickla Fleesch« mit der Bemerkung zu erwidern: »Aber, das is doch gar kee Fleesch nie – das is doch bloß Fett'n.« In der Tat war das Sauerkraut mit Fettschwarten belegt, an denen nicht eine Faser Fleisch zu entdecken war. Da fiel der Onkel tadelnd ein: »Für arme Leut' is auch die Fett'n Fleesch – wenn du nur immer genug davon ho'n wirscht.«

Adolfla hat seines Wissens die Herrlichkeiten der Paulineberger Idylle nur während eines einzigen Besuchs durchgekostet, aber die Erinnerung an dieses kleine Königreich blieb ihm ein unvergessener Kindertraum.

Eines schönen Frühjahrsvormittages schlenderte ein kleiner Knirps in der Nähe des Kirchplatzes von Weidenau ziellos umher; seine Aufmerksamkeit war einem Zitronenfalter zugewendet, der sich aus den angrenzenden Gärten gegen die Häuserzeile verirrt hatte. Kaum war der Plan gefaßt, auf ihn Jagd zu machen, als ein summendes Geräusch wie von vielen, vielen Stimmen das Ohr des Knäbleins traf. Er hielt inne. Stille brütete wieder über dem Obst- und Gemüsegarten an der Hinterfront des großen schlichten Hauses, dessen Parterrefenster weit geöffnet gegen den Garten sahen.

Plötzlich erschollen in gemessenen Absätzen die von einer tiefen Stimme laut gesprochenen drei Worte: »Was ist das?« Nach kurzer Pause quoll aus den Fenstern ein vielstimmiger Singsang aus Kinderkehlen, dissonierend und doch harmonisch, feierlich getragen und doch nicht schleppend, ein Klang wie aus vielen hellen Glocken: »Das ist der Krebs.«

Der kleine Junge hielt betroffen inne, wie jemand, der zum ersten Male ein Erlebnis hat, das sich der Seele unauslöschlich für alle Zukunft einprägen wird.

Was ging hier vor und zu welchem Zweck? Den Krebs kannte er selbst recht gut. Wozu diese Massenantwort durch eine Kinderschar? Er trat näher an die Fenster heran und lauschte gespannt. Wieder die tiefe Stimme: »Wie viele Füße hat der Krebs?« Tiefes, langes Schweigen, das von dem Lauscher geteilt wurde. Die tiefe Stimme: »Zählet mit mir! Eins, zwei – weiter« – zögernd fielen hohe Stimmchen ein – ein schwächerer Chorus als früher: »drei, vier, fünf« – Pause – »nun weiter!« – »sechs, sieben, acht«, vollendete ein dünnes Quartett von zirpenden Stimmchen. »Gut«, antwortete die tiefe Stimme und fuhr fort: »Also wie viele Füße hat der Krebs?« Diesmal gab es keine Pause, wie ein Jubelgesang erscholl es im Chore: »Der Krebs hat acht Füße.«

Der kleine Junge vor dem Fenster hatte laut mitgesungen, so sehr hatte sich ihm die Begeisterung der Kinderschar im Zimmer ob der gewonnenen Erkenntnis mitgeteilt.

Er stand wie an den Ort gebannt. Und abermals hörte er: »Was ist –?« Wie ein Mißton berührte ihn die Frage des seines Weges kommenden alten, eisgrauen Nachbars Winter, dessen schlürfendes Herannahen er überhört hatte: »Na Adolfla, mechst de nie auch bald ei die Schule gehn?«

Eine Erleuchtung durchflammte den kleinen Knirps: Das ist die Schule, von der er schon so viel gehört hatte!

Und er stürmte nach Hause zu seiner alten Großmutter, welche an ihrem erklärten Lieblingsenkel mit rührender Zärtlichkeit hing. »Großmuttala, heut' war ich schon ei der Schule.«

»Warum nie gar? Du bist ja noch viel zu kleene, wenn's aber die Zeit ist, dann geh nur immer fleißig ei die Schule und nie hinder die Schule, wie's meinem Johannes seine Art war.«

Während des Sommers und Herbstes verbrachten die Kinder ihre Nachmittage auf Großvaters Felde und waren Zeugen des Wachstums und der Ernte der Feldfrüchte. Selbst die früh einfallende Düsterheit der Herbstabende hielt sie von dem Aufenthalt auf den Äckern nicht ab, zumal es zu dieser Zeit die geliebten weißen Rüben gab und manchesmal auch Erdäpfel im Unkrautfeuer gebraten wurden.

Nur der früh einfallende Bodennebel machte den Feldbesuchen ein Ende, zumal Adolfla durch ein schreckliches Erlebnis davon überzeugt wurde, daß Gespenster in dem Nebel hausen. Eines Abends, vom früh einfallenden Bodennebel überrascht, fand der kleine Junge kaum seinen Weg nach Hause. Im Laufen sah er plötzlich neben sich eine gespenstische, weiße Gestalt ohne Kopf, aber mit langen, flatternden Armen, die nach ihm zu greifen schienen. In herzbeklemmender Furcht verdoppelte er seine Schnelligkeit, so daß die Fersen auf seinem Sitzfleisch Trommel schlugen.

Atemlos langte er zu Hause an und fand die Großmutter »in der Hölle«, dem Winkel hinter der Feuerstelle des Ofens. Er klammerte sich an ihre Rockfalten und rief vor Aufregung bebend: »Großmuttala, ich ha a Gespenst gesehn.« – »Ach wo«, antwortete diese, »es gibt doch keene Gespenster nie.« – »Aber ich ha eins gesehn«, behauptete der Knabe und blieb stets dabei.

Erst ein nahezu fünfzig Jahre später erlebtes Abenteuer brachte die Lösung des Rätsels.

Adolfla war immer ungekämmt und gewöhnlich auch ungewaschen, und trotzdem ein hübscher Junge, der ein offenes Gesicht mit frischen Farben und schönen, blauen Augen hatte. Seine dichte, gelbe Mähne, die wie weißgelber Flachs aussah, paßte gut dazu. Dieser lichte Reichtum war natürlich ungepflegt; denn Adolfla hatte weder Zeit noch rechten Kamm, die verwirrten Strähnen in Ordnung zu bringen.

Die Tatsache, daß sein rechtes Ohr ein bißchen weiter vom Kopf abstand als das linke, wurde durch den gelben Schopf verschleiert und kam nur ans Licht, wenn die Mähne der Schere zum Opfer fiel. Dann wurde dieser kleine Schönheitsfehler oft die Ursache von Kämpfen mit verleumderischen Kameraden. Sie hörten nicht auf, das Abstehen des rechten Ohres auf die häufige Wiederholung schmerzhafter Behandlung zurückzuführen, und verwundeten dadurch den sich unschuldig Fühlenden tief. Aber das ereignete sich nur im Sommer, der Winter fand die Ohren stets mit der natürlichen Kopfbedeckung, dem gelben Flachs, reichlich zugedeckt. Erst nach zehn Jahren wurde sein Haar durch den ersten Hut entweiht.

Adolfla war auffallend groß für sein Alter von vielleicht fünf bis sechs Jahren, aber gleichzeitig zähe und mager. Unglücklicherweise war er ein klein wenig krummbeinig, nicht infolge einer Krankheit, sondern es war ein väterliches Erbteil, das in der Familie blieb. Aber dieser Makel wurde trotz seiner Geringfügigkeit von seinem boshaften Vetter Max nicht übersehen. Max war gemein genug, einen Spottvers zu ersinnen:

»Adolf, komischer Adolf, krummbeiniger Adolf.«

Aber Adolf, nicht faul, antwortete:

»Max, dummer Max, geht wie ein Dachs.«

Dafür erntete er Schläge; denn Max war der Stärkere und zum Fleischhacker bestimmt!

Die Winter- und Sommerkleidung des Knaben bestand aus einem Hemd und einer ärmellosen Hemdhose aus Barchent, die unten zugeknöpft wurde. Die Knöpfe des Leibchens waren glücklicherweise jenseits des Bereiches seiner Hände, sonst hätten sie auch stets offen gestanden wie jene über der »Erziehungsfläche«, die demnächst nähere Bekanntschaft mit der Schulbank machen sollte. Es war unvermeidlich, daß ein Hemdzipfel aus dem Schlitz wie ein kleiner, dreieckiger Schwanz heraushing; das war allgemeine Weidenauer Gassenjungenmode. Die oft gehörte Frage: »Adolfla, was kostet das Quart Weißbier?« machte keinen Eindruck auf ihn. Aber peinlicher wurde er sich der Unordnung seiner Kleidung bewußt, wenn es hieß: »Adolfla, was kostet ein Quart Galbier.« Zur Zeit der Kirschen und Pflaumen war dieser Scherz häufig gerechtfertigt.

Von Mitte März bis Ende November steckten seine Füße nur in ihrer eigenen Haut, und die war festes Leder. Die herbstlichen Stoppelfelder konnten ihm keinen Schaden zufügen, denn sein eilender Fuß wußte die Stoppeln glatt zu streifen. Der Märzschnee war sogar nicht unbeliebt, wegen des heißen, prickelnden Gefühles, das er der Haut nachträglich verursachte. Dem barfüßigen Knaben blieb auch die Sorge für seine Zehennägel erspart, denn an dem miserablen Katzenkopfpflaster blieb oft der ganze Nagel hängen. Diese unangenehme Erfahrung war so häufig, daß sie sich eine eigene Bezeichnung schuf. »Hast dir scho wieder de Zehe abgstoßen«, pflegte die Großmutter zu sagen und hatte dafür einen Leinwandfleck, den sie wie eine Kappe über die verletzte Zehe band.

Kam der erste Frost, und in Schlesien läßt der Winter nicht mit sich spaßen, so mußte das einzige Paar Schuhe, welches das Familienbudget leisten konnte, angeschafft werden, ob man wollte oder nicht. Socken waren unbekannter Luxus. Selbst durch und durch nasse Schuhe wurden immer wieder über den nassen Fuß gezwängt. Die ungenügende Fußbekleidung wurde durch einen warmen, bunten Wollschal und ein Paar großer Tuchfäustlinge, welche an einer dicken Schnur hingen, wettgemacht. Das hatte zur Folge, daß beide gleichzeitig verlorengingen, gewöhnlich bald nachdem das letzte Christkind sie gebracht hatte.

Der Winter ist und bleibt eine schlechte Zeit für die Kinder der Armut! Adolfla hatte nur traurige Wintererinnerungen. Er liebte den Winter auch später nicht, als ihm seine Härten nichts mehr anhaben konnten. Selbst in späteren Jahren pflegte er zu sagen: »Nur im Sommer lebt man, im Winter vegetiert man bloß.« Mögen die Wintersportler dazu sagen, was sie wollen.

Weder Sommerhitze noch Winterkälte konnten des Knaben Gesundheit gefährden. Er erinnerte sich keiner ernsten Erkrankung. Mangel an Pflege und schlechte Ernährung scheinen jedoch eine Neigung zur Kränklichkeit veranlaßt zu haben. Es war zur Zeit des hellsten Sonnenscheins, als der etwa fünfjährige Adolfla an schmerzhafter Lichtscheu litt und mit verbundenen Augen im Finstern tastete. Doch konnte er sich in Großmutters Hinterzimmer frei bewegen, denn er kannte jede Ecke und jeden Winkel der großen Stube. Zum Troste hatte ihm die Großmutter eine kleine, aus Holz geschnitzte Kuh gekauft, die er an einer Schnur hinter sich herzog. Das Rattern und Quietschen der kleinen Räder des Spielzeuges wurden dem Kinde zur unvergeßlichen Musik.

Ebenso unvergeßlich blieb ihm die Beule auf seinem Kopf, als die »dumme« Schnur sich um seine Beine wickelte und ihn zu Falle brachte. Lautes Schreien und heftiger Widerstand gegen die Augenbinde war weniger ein Zeichen der Wehleidigkeit als der Ungeduld, die Binde loszuwerden. Welche Freude für ihn, wenn er mit blinzelnden Augen für einen Moment die roh geschnitzte, bunt bemalte Kuh einmal sehen konnte, anstatt sie immer nur mit den Fingern zu befühlen.

Es muß als ein Wunder angesehen werden, daß nicht weitere Symptome von Skrofulose oder Rachitis bei dem Kinde auftraten, denn seine Diät bestand aus wenig mehr als aus schlechtem Kaffee und grobem Kornbrot. Die Schuld trugen aber nicht seine Eltern, sondern Großmuttalas unvernünftige Liebe und des Kindes merkwürdige Abneigung gegen Fleisch. Sooft Adolfla seine Mutter vor dem Mittagessen fragte (und er unterließ es niemals): »Mutter, was ham mer denn heite zu essen?«, war die stereotype Antwort: »Enne, wos wern ma denn han, halt Rauchfleesch, Sauerkraut und Kliesla!«

»Enne, da mag ich halt wieder nie«, war die regelmäßige Antwort und fort war Adolfla bei seiner Großmutter in der Hinterstube. Sie hatte immer »a Trepplа Kaffe« in der Ofenröhre stehen, den sie mit ihrem Liebling teilte. Der Kaffee war schlecht, aber die Milch gut, und Roggenbrot mit gesalzener Butter war ebensowenig zu verachten. Jedenfalls schmeckte es herrlich, und es schien dem Knaben unbegreiflich, wie jemand fettes Fleisch vorziehen konnte.

So war der Junge im allgemeinen schlecht gehalten. Niemand kümmerte sich um seine Erziehung. Um so herrlicher war seine Freiheit; niemand hinderte ihn, die Straße entlang zu laufen und Passanten nach einem Regen anzuspritzen. Es freute ihn, im dicksten Straßenschlamm zu wühlen, und ihn in Spiralen zwischen den Zehen aufsteigen zu lassen. Seine Kameraden taten dasselbe; denn es war eine Kunst, welche einem zu Ansehen verhalf. Es blieb den Kindern überlassen, zu entscheiden, wie sie die langen Stunden des Tages ausfüllen wollten. In der schönen Jahreszeit blieben sie nur so lange zu Hause, wie die karge Mahlzeit es nötig machte, dann waren sie wieder auf den Feldern oder Straßen. Adolf und seine Freunde waren Gassenjungen in der schlimmsten Bedeutung ihres Wortes. Selbst der strengste Winter machte keine Stubenhocker aus ihnen.

Abgehärtet durch den dauernden Aufenthalt im Freien, entwickelte sich der Knabe so gut, daß seine Mutter zu sagen pflegte: »Ich mecht nur wissen, wovon der Junge so wächst, er mag doch ka Fleesch nie.«

Auf den Jahrmärkten gab es viele Unterhaltungen für die Kinder, außerdem fehlte es nicht an Theatervorstellungen, wenn sich einmal eine Wandertruppe in das stille Städtchen verirrt hatte. Die Jungen hatten wenig Interesse dafür, doch Adolfla verdankte diesen Schauspielern seinen ersten Eindruck vom Theater, wenn es auch eine große Enttäuschung war.

Titel und Inhalt des gespielten Stückes sind seinem Gedächtnis entschwunden, aber e i n e Szene blieb ihm unauslöschlich in Erinnerung, vielleicht weil sie mit seiner eigenen Erfahrung übereinstimmte. In einem ärmlichen Zimmer stand eine blasse hagere Frau vor dem Abwaschschaffel, aus dem sie weiße Teller nahm, mit einem Tuche abtrocknete und aufeinanderlegte. Da kam ein Mann zur Tür herein und machte der Frau in erregtem Ton Vorwürfe. Die Frau hielt in ihrer Arbeit inne und begann zu weinen.

Solche Szenen waren Adolfla auch im eigenen Heim nicht fremd, aber er hatte sich darüber niemals Gedanken gemacht. Nun gab ihm das Theater das Rätsel auf: Warum ist der Mann so böse auf die Frau, die ihm doch nichts getan hatte? Er mußte dieser Frage auf den Grund kommen.

Neugierig schob er sich längs der Wand des kleinen Theatersaales nach vorne gegen die niedrige Bühne, um die Frau, die inzwischen ihre Arbeit mit den Tellern wieder aufgenommen hatte, aus nächster Nähe zu beobachten. Jetzt wurde ihm alles klar. Die Frau tat nur so, als ob sie die Teller abwüsche und trockne.

»Sie hat ja gar kee Wasser eim Schaffe«, schrie er in seiner Entdeckerfreude laut in den Saal, und fühlte im selben Augenblicke die Hand eines Nachbars nicht allzu sanft auf seinem Munde.

»Wirst du stille sein, du Bankert«, hörte er leise in sein Ohr wispern. Aber Adolfla ließ nicht locker und antwortete mit leiserer, aber immer noch gut hörbarer Stimme: »Wenn die Teller nie reine werden, wird der Mann noch böser auf die Frau werden!«

»Adolfla, geh nach Hause, fürs Theater bist du noch viel zu kleen!« sagte ein anderer Nachbar und zog den Knaben hinter sich her aus dem Saale. Der blieb stets davon überzeugt, daß die Leute im Theater von den Schauspielern hinters Licht geführt und zum Narren gehalten werden. In der Tat hatte er mit dieser Meinung den Nagel auf den Kopf getroffen.

Mit fünf Jahren sollte der Junge in die Schule kommen. Es war zum erstenmal, daß eine Art Ordnung in sein Leben kam. Bisher hatte er in voller Freiheit gelebt, wie die Hühner auf der Straße. Mit dem schönen und geräumigen Schulhaus, über dessen Tür in verblaßter Goldschrift die Worte prangen: »Der Bildung der Jugend gewidmet 1830«, verbindet der Schüler keineswegs die angenehmsten Erinnerungen. Er erhielt viele Strafen, weil er nachlässig und faul war. Zu seiner Entschuldigung darf gesagt werden, daß sich niemand um ihn kümmerte, niemand ihn zur Arbeit anhielt, daß er vollständig sich selbst überlassen blieb.

In den Schulzimmern wurden Knaben und Mädchen zusammen unterrichtet; die Knaben saßen links, die Mädchen rechts vom Mittelgang. Diese Tatsache wurde von den Schülern der ersten und zweiten Klasse nicht bemerkt, wohl aber von denen der dritten Klasse. Während der Unterrichtspause fiel die imaginäre Grenze zwischen rechts und links, und es begann ein unbewußter Flirt, welcher dadurch von den üblichen Regeln abwich, daß die Mädchen die werbende, die Knaben die erhörende und gnadenspendende Partei waren. Adolf übersah alle Huldigungen, die seiner überragenden Länge galten; denn er hatte nur Augen für seine Gespielin, Nachbarin und Milchschwester Mariechen, welche als Säugling von seiner Mutter aus Mitleid gestillt worden war. Mariechen war ein hübsches Kind mit braunen Augen und dunklerem Teint, als man in Weidenau gewohnt war. Kurze, stets straff geflochtene Zöpfchen standen eigenwillig von ihrem Kopfe ab. Wehe dem Respektlosen, der sich an diesen Hörnchen vergriffen hätte! Um ihre Intelligenz als Schülerin stand es weniger gut als um ihre Schönheit. Diesen Mangel machte eine andere Schülerin wett, die mehr intelligent, weit weniger schön, aber dem Schüler Adolf hörig war und die häuslichen Rechenaufgaben für ihn machen mußte. Als sie einmal darauf vergaß und er dafür gestraft wurde, nahm er ihr das so übel, daß er seine Beziehung abbrach, obwohl er von nun an seine Hausaufgaben selber machen mußte.

Zur Zeit der Obstreife wuchsen die dem Knaben zugeteilten Strafen ins Unermessene, da schon das Auflesen eines sauren Apfels schwer geahndet wurde. Für solche Massenexekutionen reichten die Kräfte des alten Herrn Rektors Gideon Kapps nicht aus, und der Gemeindediener mußte aushelfen. Jeder Delinquent bekam mindestens drei Rutenstreiche dorthin appliziert, wohin sie gehörten. Die Strenge des Büttels ging so weit, daß er mit der Rute doppelt so hoch ausholte, wenn die Reihe an seinen eigenen Sohn kam. Diese wegen ein paar unreifer Äpfel gemeinsam erhaltenen Strafen wurden von den Schuljungen nicht als entehrend empfunden, da die Apfeljagd als Sport galt.

Der Unterricht in der Schule war ausgezeichnet. Besonders sorgfältig wurde die Geographie der ganzen Monarchie gepflegt. Heute noch klingt es in den Ohren des alten Mannes: »Saaz hat Hopfenbau, Tüffer hat Steinkohlengruben, Eisenerz hat Eisenerz usw.« In der ausländischen Geographie wurde Italien ein Stiefel, Spanien ein Quadrat, Griechenland ein zerrissener Handschuh, Skandinavien ein Hund, die Neue Welt eine Sanduhr, Afrika eine Birne und Dalmatien ein Drachenschwanz genannt. Der Knabenwitz tat ein übriges: »Die Donau frißt die Sau, die Sau frißt die Drau, die Sau!«

Um den Unterricht in Musik war es nicht so gut bestellt. Durch falsche Griffe auf der Violine fühlte sich der Herr Kantor Minor weniger zur Belehrung als zu treffsicheren Ausfällen mit dem eigenen Violinbogen gegen das Haupt des Schuldigen angeregt. Im Gesange schnitt Adolfla besser ab, denn er hatte ein gutes Gehör und eine kräftige Altstimme.

Die Mutter wurde nicht müde, ihrem Sohn immer wieder einzuschärfen, warum er singen und Violinspiel lernen müsse: Mit elf Jahren sollte er ein Chorsänger und Student sein, er müsse besser lernen als alle seine Mitschüler, von denen kein einziger dazu bestimmt sei, ein Student und später »ein großer Herr« zu werden.

Um bei der Wahrheit zu bleiben, der Knabe kümmerte sich wenig um diese Belehrungen. War die Violinstunde an sich kein großes Vergnügen, so wurde sie an finsteren Winterabenden durch den Heimweg über den Kirchplatz noch unangenehmer. Als ehemaliger Friedhof war dieser ohnehin unheimlich genug; noch unheimlicher wurde er durch ein kleines Häuschen an seiner Peripherie, das bei der Schuljugend als Totenhäuschen im übelsten Rufe stand. Wenn schon nicht immer Tote, so barg es doch Totenbahren, alte Grabkreuze und dergleichen. Ein von der Violinstunde heimkehrender Junge faßte dann wohl seine Geige fester unter den Arm und wandte den Kopf krampfhaft zur Seite, wenn er im schnellsten Laufe das Totenhäuschen passierte. Kinder fürchten sich so gerne im Finstern, auch wenn sie sonst nicht furchtsam sind.

Die besseren Sänger und Geiger wurden bald auf dem Kirchenchor verwendet.

In der Kirche machte das so oft angestarrte große Altarbild, den Märtyrertod der heiligen Katharina darstellend, den tiefsten Eindruck. Die schöne, junge Heilige wendet in heiterer Ruhe, mit lächelnder Miene ihr verzücktes Gesicht gegen den Himmel, ohne des braunroten Henkers zu achten, welcher hinter ihr mit einem wuchtigen Schwerte zum Schlage ausholt. Im Hintergrunde sitzt auf weißem Zelter ein römischer Krieger, welcher der aufregenden Szene so teilnahmslos zusieht, als ob die Hinrichtung glaubensstarker Christen zu seiner täglichen Obliegenheit gehörte. Der Chorknabe bewunderte das liebliche Gesicht der Heiligen mit dem rosigen Inkarnat, die zarten, gestalteten Hände, den schönen Hals, und war glücklich in dem Gedanken, daß der drohende Schwerthieb des Henkers hier niemals zur blutigen Wahrheit werden konnte. Eine schaurige Erinnerung verdankt der Schuljunge dem Inneren der Kirche zur Zeit der nächtlichen Rorateandachten, wenn die Finsternis durch die kleinen Lichtlein der Wachsstöcke auf den Kirchenbänken nur noch undurchdringlicher wurde und in dämmeriger Ferne das Bild des Gekreuzigten wie eine Vision erschien. Die Inschrift I. N. R. I. zu seinen Häupten regte die Phantasie des Knaben mächtig an.

Hatte der Schüler für die Ermahnung seiner Mutter, fleißiger zu sein als alle seine Kameraden, taube Ohren gehabt, so rüttelte ihn ein eindrucksvolles Schulereignis aus seiner Verlotterung und erweckte in ihm alle guten Vorsätze.

Gelegentlich eines Besuches des Schulinspektors wurde eine allgemeine Prüfung abgehalten. Die Fragen dieses neuen Lehrers interessierten den meist zerstreuten Knaben und erweckten seine Aufmerksamkeit. Fragen, denen gegenüber seine Mitschüler stumm blieben, beantwortete er mit lauter Stimme. Dem Schulinspektor konnte es nicht entgehen, daß der Schüler unter seinem Flachshaar auch Grütze hatte. »Ein sehr intelligenter Junge«, bemerkte der Gestrenge und fragte nach dem Namen des Schülers.

Der Lehrer aber war anderer Ansicht und benützte die Gelegenheit zu einer öffentlichen Anklage. Der vom Inspektor belobte Knabe sei in der Tat ein fauler, nachlässiger und zum Schuleschwänzen geneigter Schüler, was bei einem so talentierten Jungen um so tadelnswerter sei. Niemals in seinem Leben hatte sich Adolfla so beschämt gefühlt. Sein Übermut schlug in völlige Verzweiflung um. Er brach in Tränen aus und fühlte sich gebessert, als diese versiegten. In Zukunft wollte er sich alles zu Herzen nehmen, was der Lehrer sagen würde. Er hatte sich doch wirklich schändlich benommen – er, dazu bestimmt, später ein Student, ein »großer Herr« zu werden!

Daheim verschwieg er dieses Erlebnis in der Schule und verbarg sich in der Rumpelkammer, um über seine bodenlose Verworfenheit nachzudenken. Dort fand er zufällig ein altes, zerfallenes Buch, welches wahrscheinlich seinen Onkeln gehört hatte, als sie Studenten waren. Es war ein lateinisches Wörterbuch!

Dieser Fund machte auf den Knaben einen größeren Eindruck als alle Ermahnungen seiner Mutter, er müsse ein großer Herr werden. Das also war endlich Latein!

Er beschloß sofort die Vokabeln auswendig zu lernen – wenigstens eine Seite jeden Tag –, bis er zur Erkenntnis kam, daß er sich eine unmögliche Aufgabe gestellt hatte.

II

Der fehlende Handschuh

Als Schulknabe pflegte Adolfla seinen Vater oft zu beobachten, wenn er Geschirre ausbesserte, wie er zuerst Löcher durch das harte Leder bohrte und dann die stumpfe Nadel mit dem gewichsten, starken Faden einführte. Wenn er den Faden, auch Draht genannt, fest anzog, so war es gefährlich, an seiner Seite zu stehen, weil er seine Arme, ohne Rücksicht auf einen Neugierigen, kräftig nach außen warf. Sein Sohn bewunderte die ruhige Geschicklichkeit der Hände seines Vaters. Manchmal durchwühlte der Knabe die auf einem Bett angesammelten Abfälle von Leder, Stoffresten, Nägeln, Schnallen usw. in der Hoffnung, darunter ein Spielzeug zu finden. Da fiel ihm eine schwarze Kugel von der Größe eines kleinen Apfels in die Hand. Ihre Oberfläche war gerunzelt wie eine abgeworfene Schlangenhaut. Mit bohrendem Finger versuchte er zwischen die Falten des fraglichen Gegenstandes einzudringen, und zu seinem Erstaunen wickelte er einen kurzen, schwarzen Schlauch heraus. Er bohrte weiter und zog einen zweiten heraus, dann noch einen, bis deren fünf aus einem schwarzen Sack herauswuchsen. Der Knabe brauchte einige Zeit, um zu entdecken, daß er einen linksseitigen Handschuh gefunden hatte, wahrscheinlich ein Überbleibsel von einem Leichenbegängnis vor vielen Jahren; denn schwarze Handschuhe waren, wenn überhaupt, nur bei solchen Gelegenheiten in Gebrauch.

Der Knabe steckte seine Hand in die muffigen Röhren und rannte zu seiner Mutter in die Küche. »Sieh, Mutter, was ich gerade gefunden habe, einen wirklichen Handschuh!« Und triumphierend streckte er ihr seine Hand entgegen. »Bin ich jetzt nicht wirklich ein großer Herr?« Die Mutter sah gedankenvoll auf den Jungen, lächelte und sagte endlich: »Mein liebes Adolfla, wenn du wirklich ein großer Herr sein willst, mußt du wenigstens zwei Handschuh haben. Such' dir den fehlenden Handschuh!«

Dieser Vorfall blieb dem Sohn für sein ganzes Leben unvergeßlich. Jahrzehnte verflossen, bis er glaubte: »Jetzt hast du den andern Handschuh gefunden« – nur um ihn sofort wieder zu verlieren. Ein andres Mal glaubte er beide Handschuhe verloren zu haben. Fast gab er auf, weiter zu suchen.

Aber ein Mann, der die Hoffnung aufgibt, gibt sich selbst auf. Endlich wurde ihm klar, daß er seit langem im Besitz beider Handschuhe war. Nur ihre Bedeutung hatte er verkannt.

Zu jener Zeit wurden die Handwerker, welche sich mit der Herstellung von Kirchenschmuck befaßten, »Staffierer« genannt. Wahrscheinlich heißen sie noch heute so. Der gewöhnliche Name »Vergolder« erschöpfte nicht die Kunst des Herrn Bauch, der nicht nur Rahmen, heilige Figuren und Tabernakel vergoldete, sondern sich auch auf das Restaurieren von Bildern und Kirchenornamenten verstand. Auch wußte er schöne Engel, künstliche Blumen und ähnliches zu gestalten.

Sein Weib war groß und hager. Sie und der kleine magere Mann mit dem spärlichen, fahlen Bart und Haar, dessen ganze Erscheinung seinem Namen Hohn sprach, bildeten ein sehr ungleiches Paar. Die Werkstatt des Staffierers war besonders im strengen Winter Adolflas

Paradies, nicht nur weil die Wände des niederen Raumes mit so vielen goldschimmernden Heiligen geziert waren, und weil kleine Engelsköpfe mit vergoldeten Flügeln von der Decke herabschwebten, sondern auch wegen der behaglichen Wärme, welche dort herrschte, eine Wärme, welche zum Teil vom vorigen Sommer herrührte, als die Fenster zum letzten Male offenstanden. Lüften des Raumes im Winter wäre als haarsträubende Verschwendung erschienen. Infolgedessen war die Werkstatt von den verschiedensten Gerüchen erfüllt. Es roch nach Öl, Farbe, Leim, Alkohol, Terpentin und nach vielen anderen Düften mehr animalischen Ursprungs. Man lebte in einer sichtbaren Wolke von Düften, welche selbst bei hellem Tage den Raum mit einem weichen Zwielicht zu erfüllen schienen. In der Mitte der Wolke thronte der Beherrscher dieses funkelnden Flitterreiches, Herr Bauch.

Wenn der Vergolder den auferstandenen Christus in seiner zarten, weißen Hand wendete und drehte, während er mit der anderen ein glitzerndes Goldplättchen mit seinem Pinsel auf die Spitzen der Dornenkrone des Heilands auftrug, da glaubte Adolfla in dem milden, doch ernsten Gesicht des Künstlers den Gottvater aus seiner Bibel zu erkennen und schaute mit verehrender Scheu zu ihm auf. War es ein Wunder, daß die Beobachtung dieser heiligen Dinge in ihrem Entstehen in dem Knaben den Wunsch erweckten, auch selbst solche Gegenstände zu besitzen und einen Altar damit zu schmücken? Er zimmerte sich ein kleines Kästchen und nagelte ein schmales, aufrechtes Brett daran, das sein Vater mittels einer alten, grünen Futterleinwand in einen wunderschönen Baldachin verwandelte.

Das mit alter Leinwand überzogene Kästchen diente als Altartisch. Papierblumen und kleine Heiligenbilder waren leicht zu beschaffen, aber die Leuchter boten einige Schwierigkeit. Schließlich wurden sie aus geschmolzenem Fensterblei hergestellt, das in Tonformen gegossen wurde.

Aber der wichtigste Gegenstand, das Tabernakel, fehlte. Nach dem Modell in der Kirche mußte es drei, um eine vertikale Achse drehbare Nischen besitzen. Das konnte nicht ohne weiteres hergestellt werden und blieb für den Jungen ebenso ersehnter, wie unerreichbarer Besitz.

Zufällig fand er in der Werkstätte seines alten Freundes ein Modell-Tabernakel. Es war in jedem Detail so vollkommen, daß der Junge das Verlangen nach dem kostbaren Besitz nicht unterdrücken konnte. Wäre die Sünde nicht zu groß gewesen, hätte er sich versucht gefühlt, das so leidenschaftlich verlangte Objekt zu stehlen. So mußte er sich begnügen, die Schönheit des Tabernakels laut zu preisen und vor Herrn Bauchs Augen so auffällig wie möglich damit zu spielen. Oft lagen ihm die Worte auf der Zunge: »Ach, Herr Bauch, dieses Tabernakel sieht gerade so aus, als wäre es für meinen Altar gemacht.« Aber immer wieder konnte er diese Anspielung nicht hervorbringen. Von Tag zu Tag wartete er auf die erlösenden Worte des Herrn Bauch: »So nimm dir das Tabernakel, wenn du einen so schönen Gebrauch dafür hast.« Doch diese leidenschaftlich ersehnten Worte kamen nicht. Entweder verstand der Künstler diese zarten Anspielungen nicht oder wollte sie nicht verstehen. Zu einer direkten Bitte hätte sich der kleine Knabe um alle Welt nicht entschließen können, ob aus Bescheidenheit oder Stolz bleibt ungwiß.

Aber schließlich kam der Junge doch noch in den Besitz des Juwels. Nicht als Geschenk, sondern weil er eine schwierige Leistung vollbrachte und sich das Recht eroberte, das Tabernakel als seinen Lohn zu verlangen.

Der Anlaß hierzu war für Herrn Bauch sehr traurig. Nach vieljähriger Ehe erfüllte sich endlich unerwartet seine schon lange aufgegebene Hoffnung. Der Storch brachte endlich einen kleinen, sehr kleinen Bauch. Das Kind glich durchaus nicht den pausbäckigen Engeln mit den goldenen Flügeln am Hals, wie sie von der Decke der Werkstatt herabhingen. Es war im Gegenteil ein kleiner, grüngelber, hohlwangiger Wurm mit dem Gesicht eines alten Mannes. Selbst zum Schreien zu schwach, schlief es hinüber in das Reich der Engel, als es kaum wenige Tage alt war. Der Schmerz der Eltern war groß. Ein feierliches Leichenbegängnis sollte dem Ausdruck geben.

Wessen Kopf entsprang wohl der verrückte Gedanken, den kleinen Adolfla als Leichenträger zu bestimmen? Wahrscheinlich teilten sich viele Freunde der Familie diese Schuld. Da nach dem Ortsbrauch in der Jugend Verstorbene von ihren gleichaltrigen Geschlechtsgenossen zu Grabe getragen wurden, so dachte man das Begräbnis dadurch besonders feierlich zu gestalten, daß man das tote Kind in die Arme eines lebendigen Kindes legte.

Der damals etwa Siebenjährige zweifelte nicht an der Weisheit der Älteren, vielleicht war er geschmeichelt, eine derartig wichtige Rolle bei einer so feierlichen Gelegenheit zu spielen; außerdem fühlte er sich geehrt durch das obligate Rosmarinsträußchen in seinem Knopfloche. So nahm er willig die kleine Holzschachtel mit ihrem dürftigen Inhalt auf seine ausgestreckten Arme.

Im Anfang schien ihm die Bürde leicht genug. Aber laß jemanden auch eine kleine Last mit nach vorne ausgestreckten Armen tragen, und er wird nach kurzer Zeit finden, daß selbst das leichteste Gewicht zum Zentner wird; ja das Gewicht seiner vorgestreckten Arme allein würde ihn erschöpfen. Der Weg vom Trauerhaus zur Kirche, mit langsamen Schritten durchmessen, schien endlos und der kleine Sarg drückte die Arme seines Trägers tiefer und tiefer, der bald das Gefühl hatte, daß sie abbrechen müßten. Wie in einer Vision sah er jeden Augenblick die dünne Holzschachtel auf den Boden fallen und auf dem Pflaster zersplittern.

Etwas so Entsetzliches durfte nicht geschehen. Der kleine Leichenträger biß die Zähne zusammen, nahm den Sarg mit stärker gebeugten Ellenbogen fest an sich und richtete sich auf. Es wäre eine unsterbliche Schande gewesen, in einem so großen Augenblick seines Lebens zu versagen. Aber die Tränen waren ihm nahe!

Da kam ihm ein Gedanke, der ihm über das letzte, härteste Stück des Weges hinweghalf, ein Gedanke, der ihn einer übermenschlichen Anstrengung fähig machte: Das Tabernakel! – In der Kirche wurde der Sarg endlich von seinen Armen genommen. In dankbarer Erleichterung atmete er auf. Seine Bürde war er los und das Tabernakel hatte er gewonnen. Mit dem Gange zur Kirche hatte er seine Willenskraft bewiesen.

Einige Tage später besuchte der Junge Herrn Bauch wieder und fand ihn bei seiner gewöhnlichen Beschäftigung. Ohne viel Umschweife brachte der Knabe das Tabernakel, welches er wie einen kostbaren Besitz unter allerlei Kram verborgen hatte, zum Vorschein und sagte mit berechtigter Sicherheit: »Herr Bauch, dieses Tabernakel könnte ich sehr gut für meinen Altar brauchen.«

Der trauernde Mann sah von seiner Arbeit auf und antwortete zerstreut: »Meinetwegen. Nimm dir auch zwei Engel, wenn du willst.« Und nach einer Pause schmerzlichen Brütens: »Ich habe meinen Engel für immer verloren.«

Adolf war etwa sieben Jahre alt, als die Familie von schwerem Unglück heimgesucht wurde. Der Vater erkrankte plötzlich schwer; sein Zustand wurde, nach allem was der Sohn darüber erfuhr, ernst und schließlich hoffnungslos. Doktor Münch ging fleißig ein und aus. Er sah zweimal des Tages nach dem Patienten, der mit fieberglühendem Gesicht halb bewußtlos auf seinem Rücken lag, während seine Hände ruhelos auf der Bettdecke herumtasteten. In der Stadt herrschte eine Typhusepidemie. Mehrere Fälle hatten tödlich geendet. Nach der Meinung des Arztes war der Vater schwer, sehr schwer krank und das Schlimmste zu befürchten. Der Sohn verstand und teilte den Kummer seiner Mutter. Die nahe Krise konnte den Tod bringen. Der kleine Junge quälte sich mit Zweifeln, ob er nicht irgendwie dazu beitragen könnte, daß die gefürchtete Krise, von der so viel die Rede war, dem kranken Manne neues Leben brächte. Da fiel ihm das junge Hasenbrot ein, jenes Gras, dessen kastanienbraune Blüten ein besonderer Schmuck der blühenden Juniwiesen sind. Hatte er doch erst gestern auf Großvaters mahdreifer Wiese davon gekostet und gefunden, daß die Hasen einen guten Geschmack bewiesen, wenn sie es bevorzugten. Ein schöner, großer Strauß von Hasenbrot, wenn man es kochte und die Brühe dem Vater gäbe, könnte ihn vielleicht noch retten. Früh morgens sammelte der Bub so viel von dem Gras, als seine Hände umfassen konnten, und brachte den farbensatten, lebenden Gruß der blühenden Frühlingswiese in das düstere Krankenzimmer, wo ein Mann mit dem Tode rang.

Aber der Patient hatte den Sieg schon errungen. Am gleichen Morgen hatte er das Bewußtsein wiedererlangt und sah erstaunt auf die altgewohnte Umgebung, die ihm so lange entschwunden war. Als Adolfla mit dem großen

Strauß blühender Gräser in das Zimmer trat und die ganze Last auf des Vaters Bett streute, so daß es einem blühenden Wiesenteppich glich, da strahlte helle Freude aus dem abgehärmten Gesicht des Kranken. »Das ist eine Medizin für dich«, rief der vor Eifer glühende Knabe. »Ja, wenn ich einen solchen Doktor habe wie Adolfla, werde ich sicher gesund«, antwortete der Vater.

Unter den Kindern ging das Gerücht, daß am nächsten Tage im großen Saale des Poppe-Gasthauses Impfungen vorgenommen werden sollten. Die ganz kleinen Kinder, welche noch auf den Armen getragen wurden und keinen Begriff von den Vorgängen hatten, spielten die Hauptrolle in diesem Ereignis, während die Schulkinder, die natürlich schon lange ihre eigene Impfung vergessen hatten, sich unnötig den Kopf über Zweck und Art der Operation zerbrachen und einander in den wildesten Spekulationen übertrafen.

Die vielen Mütter, die mit ihren schreienden Kindern vor der Impfstelle zusammenströmten, bildeten den Kern einer großen Volksmenge, welche durch die überall im Wege stehenden, gaffenden Schuljungen zu beunruhigender Größe anschwoll.

Die Unruhe, das Schreien der Kinder, die offenbare Aufregung der Mütter, von denen einige erst zur Idee der Impfung bekehrt werden mußten, brachte die aufgeregte Phantasie der Knaben zur Siedehitze. Schon drang der eine oder andere der Jungen bis ins Vestibül des Hauses vor und warf einen gierigen Blick durch die halbgeöffnete Tür des gedrängt vollen Saales, sobald Mütter mit ihren Kindern aus und ein gingen. Dann rannte er zurück auf die Straße zu den Kameraden, um ihnen die schrecklichen Dinge, die er gesehen, zu erzählen. Ein Junge hatte eine große, weiße Schüssel gesehen, in der rotes Blut zu

Schaum geschlagen wurde; ein anderer wieder ein Kalb, aus dessen aufgeschnittenem Hals Blut in ein großes Becken strömte.

Adolfla war ebenfalls einer dieser unverschämten Türgucker. Was er sah, machte sein Blut stocken: an einem Tisch saß ein junges Mädchen mit offenen Haaren, bekleidet mit weißem Kittel, der ihre Arme bis zu den Schultern frei ließ. Vor ihr stand eine flache Schüssel; darin ringelte sich ein Knäuel rötlicher Schlangen, in dem die blutbefleckten Hände des Mädchens wühlten. Eine beim Fleischer erworbene anatomische Erfahrung ließ den Knaben in den roten Schlangen frische Gedärme erkennen, die »natürlich« menschlichen Ursprungs waren. Diese Beobachtung wurde von seinen Kameraden mit angenehmem Gruseln aufgenommen.

Wenn Adolf damals oder zu irgendeiner späteren Zeit einen feierlichen Eid hätte ablegen müssen, bei allem was ihm heilig war, daß er das alles mit eigenen Augen gesehen habe, er hätte diesen Eid mit voller Überzeugung geleistet. Die Lebendigkeit des Eindrucks bleibt durch das ganze Leben ungeschwächt und beleuchtet drastisch den Wert der Kinderaussagen vor dem Richter.

Eine nicht minder aufregende Erinnerung knüpft sich an das folgende Erlebnis. Der Vorder- und Hintertrakt im großväterlichen Hause war durch einen Gang verbunden, in welchem auf der einen Seite die Stiege zum ersten Stockwerk führte. Gegenüber lag der Kellereingang, der durch eine weißgetünchte Holztür verschlossen gehalten wurde.

Als die Großmutter eines Tages, aus ihrer Hinterstube kommend, diesen Gang durchschritt, stieß sie, bei der Kellertür angelangt, einen Schrei aus, der Adolfla an ihre Seite rief.

»Das Bettelvolk wird immer unverschämter!« rief sie. »Schleicht sich das Mensch ins Haus herein, daß man zu Tode erschrecken könnt. – Marsch fort!«

Die Bettlerin, ein kleines, abgegriffenes, blasses Weib, nicht jung und nicht alt, stand regungslos mit dem Rücken gegen die niedrige Kellertür gelehnt. Ihr Kopf war nach vorne gesunken, die Hände hielt sie über den Bauch gekreuzt; sie schien in sich zusammenzusinken und immer kleiner zu werden. Sie hob den Kopf nicht und gab auch keine Antwort. Nur der plötzliche Schrecken konnte die Güte der alten Großmutter für einen Moment unterdrücken. Sie drehte sich wortlos um und ging zurück in die Stube, um einen mächtigen Keil von dem schwarzen Brotlaib herab zu schneiden.

»Gib 'och dem Weibe das Stickla Brot!« befahl sie dem ihr auf dem Fuße folgenden Enkel. Dieser war von dem Auftrage nicht sonderlich erbaut und näherte sich nur zögernd der Bettlerin, die wie eine Bildsäule an der Wand lehnte. Wiederholt hob er ihr das Brot entgegen und forderte sie auf, es zu nehmen. Aber das Weib rührte sich nicht. Adolfla trat nun nahe heran und legte die Gabe auf ihre gekreuzten Handgelenke. Sie ließ es geschehen, ohne sich zu rühren, ohne ein Wort des Dankes zu sagen.

Als der Junge sich scheu von dem rätselhaften Weibe zurückziehen wollte, geschah etwas Schreckliches. Die halb kauernde, dunkle Gestalt, deren Umrisse sich von der weißen Kellertür scharf abhoben, schien etwas nach rückwärts zu wanken, um plötzlich wie eine Geistererscheinung in einem pechschwarzen Abgrund zu verschwinden. Dumpfes Kollern – dann völlige Stille!

Die Kellertür hatte sich unter dem Druck des Körpers der stummen Bettlerin plötzlich geöffnet, und diese war rücklings die steilen Stufen hinab in die Finsternis gestürzt.

Entsetzt floh der Junge nach hinten zur Großmutter. Das Haus wurde alarmiert und die Verunglückte aus der schwarzen Tiefe rasch wieder ans Tageslicht gebracht.

Das Weib bot einen fürchterlichen Anblick. Nicht, daß sie aus Wunden blutete oder daß sonstige Verletzungen zu sehen waren! Weit schrecklicher war das gedunsene Gesicht mit den stieren Augen und dem aus dem Munde tretenden blutig roten Schaum, sowie die krampfigen Zuckungen des ganzen Körpers.

Die Unglückliche wurde aus dem Hause fortgebracht, wahrscheinlich in den Gemeindearrest; dort diagnostizierte der Arzt: hinfallende Krankheit.

Die Großmutter fragte am Abend jenes Tages ihren Enkel: »Nu, Adolfla, mecht's du ein Dokter wer'n?« Und der Knabe, der von dem Erlebnis sehr erschüttert war, antwortete eher kleinlaut: »'s müsst nie gerade ein Doktor für die hinfallende Krankheit sein.«

An einem regnerischen Frühlingsabend verbreitete sich in dem Städtchen die Nachricht, daß sich ein Bürger auf dem Dachboden seines Hauses erhängt habe.

Die auf dem großen Platze herumlungernden Jungen hatten die Gegend des schrecklichen Lokalereignisses an dem lebhaften Verkehr in der Richtung nach einem bestimmten, wohlbekannten, etwas baufällig aussehenden Hause neben dem Rathause sofort herausgefunden und trabten wie leichtfüßige Spürhunde nach dem Ziele ihrer Neugierde; sie fanden die sonst immer offene Haustüre verschlossen und von aufgeregt sprechenden Leuten belagert. Dann und wann öffnete sich die Türe zu einem schmalen Spalt, um den näheren Freunden des Hauses Einlaß zu gewähren.

Die kleinen Jungen hatten sich wie Bohrwürmer zwischen den Beinen der Türbelagerer hindurchgezwängt, und dem Vorwitzigsten gelang es, hinter einem der Zugelassenen durch den schmalen Türspalt mit hindurch zu schlüpfen.

In dem Hausflur war es für den ersten Moment stockfinster, so daß der kleine Frechling, dem schon jetzt angst und bange wurde, von den sich im Raume drängenden Menschen nicht bemerkt wurde und sich scheu in dem finstersten Winkel verkriechen konnte.

Das Stimmengewirr erstarb in dem Gepolter schwerer Tritte auf der steilen Holztreppe, von deren Höhe eine Gruppe dicht aneinandergedrängter Männer Schritt für Schritt langsam herab stapfte. Im Hausflur entwirrte sich der Menschenknäuel zu vier Männern, die eine schwere, mit einem dunklen Tuche zugedeckte, weiche, biegsame Masse auf die Holzdielen niederlegten – den Selbstmörder.

Glücklicherweise war von dem Gesicht des Toten nichts zu sehen. Der geängstigte Junge schrie in seinem Versteck laut auf und flog im nächsten Augenblick, nach Verdienst gepufft und gebeutelt, aus der Haustüre hinaus. Adolfla hatte genug und es fiel ihm nicht ein, sich mit dem Ereignisse noch weiterhin zu beschäftigen; das um so weniger, als er den Selbstmörder kaum gekannt hatte.

Um so besser aber lernte er später dessen Sohn kennen, einen der Schule schon entwachsenen Burschen, der sich zeitweilig immer noch mit der Schuljugend herumtrieb und wegen seiner überlegenen Kraft und häufigen Gewalttätigkeiten von den Kindern gefürchtet und gehaßt wurde.

Gelegentlich einer solchen Brutalisierung, gegen die selbst verbündete Kräfte nicht aufkommen konnten, schleuderte Adolfla in ohnmächtiger Wut dem Unhold eine Beleidigung ins Gesicht, die so schwer war, daß es der Beleidiger für geraten fand, schleunigst die Flucht zu ergreifen, noch ehe er die drei inhaltsvollen, von der entsprechenden Geste begleiteten Worte: »Häng dich auf!« ganz vollendet hatte.

Nun begann eine Flucht auf Leben und Tod. Tatsächlich schien das Eingeholtwerden und der Tod Adolfla in jenem Moment als gleichbedeutend. Er lief, was seine Beine hergeben konnten.

Aber sein Verfolger war nicht nur größer und älter, sondern hatte auch viel längere Beine als der Flüchtling. Dieser hörte bald das wohlbekannte leichte Klatschen der nackten Sohlen des Verfolgers auf dem Boden, bald auch das Keuchen seines Atems! Die verzweifelte Anspannung aller seiner Kräfte vermochte die Katastrophe nicht abzuwenden.

In seiner Todesangst verfiel der gehetzte Junge instinktiv auf einen genialen Trick: er ließ sich auf jede Gefahr hin lang zu Boden fallen und rollte kopfüber: sein Verfolger konnte nicht schnell genug den Haken schlagen, blieb mit dem Fuße irgendwo hängen und teilte das Schicksal des Verfolgten.

Ehe sich beide vom Boden aufraffen konnten, um das Drama zu beendigen, war die ganze Schar Jungen, lauter Gegner des Gewalttäters, hinterdrein herangekommen und es entwickelte sich eine gewaltige Schlacht, in der Adolfla eine ausgiebige Tracht Prügel erhielt, aber das nackte Leben glücklich rettete.

Diese Prügel waren reichlich verdient, denn im Hause des Gehenkten darf man nicht vom Strick sprechen.

Eine andere Begebenheit, die das ganze Städtchen in größte Aufregung versetzte, machte auf ihn ebenfalls tiefen Eindruck.

Mit mehreren Altersgenossen strolchte er in dem Bett der Weida, welche im letzten Frühjahr Hochwasser geführt hatte. Mehrere Tümpel waren zurückgeblieben und versprachen für den nahenden Sommer gute Bade- und Fischplätze. Vorderhand schienen sie so tief, daß die Kinder in gemessener Entfernung blieben und mit der Untersuchung des Zu- und Abflusses sich begnügten.

Plötzlich kam etwas Langes, Schwarzes herangeschwommen; der in den Tümpel führende Wasserarm war seicht, so daß das fließende Schwarze von Zeit zu Zeit sich am Grunde verankerte und nur schubweise näher kam.

Ehe die Kinder herbeispringen konnten, war der unheimlich schwarze Gegenstand, ein Riesenfisch mit leichtbewegten Flossen, in den Tümpel gelangt, die schwarzen Flossen breiteten sich auf der Oberfläche des Wassers aus und wiegten sich in den sanft plätschernden Wellen.

Entsetzt stob die Kinderschar davon, mit dem dunklen Gefühl, etwas Unbekanntes, Grässliches gesehen zu haben.

»Im Tümpel schwimmt was Schwarzes, Langes«, schrien sie den Leuten zu, denen sie begegneten, rannten nach Hause, die Nachricht weiterzugeben, und gleich wieder neugierig zurück, um den Männern zu folgen.

Eine ungeheure Aufregung bemächtigte sich der Jungen, als sie den langen Fisch mit den schwarzen Flossen aus dem Wasser ziehen sahen: ein Weib mit aufgelösten Haaren und klebendem Gewande. Um den Oberkörper der Leiche war ein schwarzes Umhängetuch geschlungen, das von den Armen krampfig festgehalten wurde. Als die Leute das Tuch lösen wollten, fanden sie die Arme der Frau um ein kleines totes Kind geklammert.

Der schreckliche Anblick verfolgte die Kinder im Wachen und Träumen.

Das Städtchen war in Aufruhr. Hier war kein Unglück geschehen, hier war ein Mord verübt worden. Die Tote war sofort als die Frau des Briefträgers Thanhäuser erkannt worden. »Wo ist Thanhäuser?« schrien die Leute. Der Briefträger war verschwunden. Also ist er der Mörder gewesen.

Noch heute steht der Briefträger Thanhäuser klar vor der Erinnerung Adolflas. Ein schlanker, großer, düster blickender, schweigsamer Mann, dem die Jugend scheu aus dem Wege ging, weil er niemals ein freundliches Wort für sie hatte. Seine Amtskappe und die umgehängte Brieftasche machten ihn zur Respektsperson gerade so wie den Gerichts- und Rathausdiener.

Die Gendarmerie hatte den mutmaßlichen Mörder bald dingfest gemacht und binnen zwei Tagen saß er hinter Schloß und Riegel im Bezirksgericht gegenüber dem großväterlichen Hause.

In dem Städtchen sprach man von nichts als von dem Morde; man nahm für und gegen den Briefträger Partei. »Der nüchterne, ordentliche Mensch ist einer solchen Tat nicht fähig«, sagten die einen. – »Er hat es schon lange mit einer anderen gehalten«, meinten die Gegner. Dieses Motiv war Adolfla vollkommen unverständlich. »Den seh' ich schon am Galgen baumeln«, weissagte der dicke Klempnermeister Pohl, den Adolfla aus besonderer Ursache nicht leiden konnte.

Aber der Thanhäuser hat dem Klempner den Gefallen nicht getan. Am nächsten Morgen nach der Inhaftnahme wollte der Gerichtsdiener, Gesirich war sein Name, nach dem Gefangenen sehen und konnte die Türe der Zelle nur zur Spalte öffnen, denn an der Türangel baumelte der Briefträger, der sich selbst gerichtet hatte.

Solche erschütternden Ereignisse, Schlag auf Schlag, hatten das träge fließende Leben des Städtchens seit undenklichen Zeiten nicht getroffen. Für Adolfla brachten die andauernden seelischen Aufregungen eine Nervenüberreizung, als sich der Grabeshügel über den Opfern des Thanhäuser schon geschlossen hatte. Das feierliche Begräbnis der ertränkten Mutter und ihres Kindes, an dem nicht nur die ganze Stadt, sondern auch die Umgebung teilnahm, hatte für den Jungen nicht das geringste Interesse. Sein ganzes Denken galt dem toten Mörder, für den er Teilnahme empfand, da er seine Tat so mutig und schnell gesühnt hatte. Gewiß hat er viel gelitten, weshalb hätte er sonst immer so ernst und traurig dreingeblickt!

Aus der Großelternstube konnte Adolfla über die Straße in den Korridor des Bezirksgerichtes und dort sogar eine Ecke der Zellentür sehen, hinter welcher der Selbstmörder lag. Wann wird er aus seiner Zelle fortgebracht werden? Auf dem allgemeinen Friedhofe würde er nicht begraben werden, das stand fest.

Nur zu gut kannten alle Jungen das kleine, von einem wackligen Holzzaun umfriedete Gärtlein an der abgelegensten Friedhofsmauer. Kein Kreuz stand hier, Unkraut wucherte auf einigen welligen Unebenheiten des Armensünderfriedhofs der Selbstmörder. Dort würde er begraben werden. Aber wann? Wird man ihm einen Sarg geben oder ihn wie eine tote Katze einscharren? Niemand wird ihm das Geleite geben; beim Begräbnis seiner Frau hatten sich die Leute förmlich gestoßen.

Alle diese Fragen regten Adolfla und seine Freunde, welche das fließende Schwarze im Tümpel entdeckt hatten, unmäßig auf. Unter den Genossen befand sich Willy, der Sohn des Gerichtsdieners. Ihm wurde die

Aufgabe gestellt, seinen Vater über Zeit und Umstände des Begräbnisses auszuholen; denn die Freunde hatten beschlossen, dem Mörder und Selbstmörder das Geleite auf den Armensünderfriedhof zu geben. War es Opposition gegen die allgemeine Volksstimmung oder knabenhafte Bewunderung einer unerhörten Tat?

Um neun Uhr abends sollte die Leiche aus der Zelle auf den Friedhof gebracht werden. Die Jungen hatten sich heimlich von zu Hause fortgeschlichen und im Hofe des großväterlichen Hauses hinter dem Tore versteckt, durch dessen Spalten sie alle Vorgänge vor der Türe des Gefängniskorridors beobachten konnten.

Es waren lange bange Viertelstunden, die Gier nach dem Schauerlichen verzehrte die ängstlich wartenden Jungen. Es wurde allmählich finsterer und noch immer blieb alles still. Zeitweise kam der Mondschein zum Durchbruch und übergoß die Straße nach dem Friedhofe mit seinem fahlen Lichte – die Kinder warteten noch immer.

Endlich hörten sie das Quietschen einer Radscheibe und sahen von der Gegend des Friedhofes her einen eisgrauen, gebückten Mann kommen – den Totengräber. Eine Radscheibe, wie sie zum Gras- und Heutransport verwendet wird, schob er vor sich her, und gerade vor der Türe des Bezirksgerichtes, die zum Korridor der Gefängniszelle führte, setzte er sie auf das Straßenpflaster nieder.

Die Spannung der stillen Lauscher war auf das höchste gestiegen. Jetzt endlich mußte ihnen der ersehnte Anblick ihres Helden werden, und wenn es nur sein Sarg wäre. Aber sie sollten voll belohnt werden.

Atemlos hörten sie die sich öffnende Türe knarren und sofort starrten aus der schwarzen Öffnung die Beine der in weiße Wäsche gekleideten Leiche, welche alsbald auf der Radscheibe festgebunden wurde. Die Beine kamen auf die Handhaben der Radscheibe zu liegen, der Rücken wurde gegen die kurze Lehne gestemmt, die Arme hingen rechts und links frei herab, während der Kopf hinten zurücksank. Der Totengräber spannte sich vor und zog die traurige Last hinter sich her.

Widerstrebend und doch von unüberwindlichem Zwang getrieben, wagten sich die Knaben aus ihrem Versteck und folgten dem unheimlichen Leichentransport.

Die stille Straße lag jetzt im vollen Mondlicht. Langsam holperte der Karren den Weg zum Friedhof entlang; der nach hinten überhängende Kopf der Leiche neigte sich bei den Stößen des Rades leicht von einer Seite zur anderen; wenn der Schlagschatten wechselte, schien das blasse, von einem schwachen Backenbart umrahmte Gesicht sich grimassenhaft zu bewegen.

Adolfla und seinen Genossen standen die Haare zu Berge; trotzdem fühlten sie sich unwiderstehlich von dem gräßlichen Anblick angezogen und schwelgten im Gruseln. Um sich Mut zu machen, hielten sich die Knaben bei den Händen und folgten in einiger Entfernung still und stumm der letzten Fahrt des Thanhäuser.

Da setzte der müde gewordene Totengräber seine Truhe mit der stillen Last zu Boden und wendete sich nach rückwärts.

»Ihr Ludersch – ich wer' euch helfen« – kreischte der Alte. Wie im Sturmwind stoben die Jungen auseinander und nahmen Reißaus.

Zu Hause wurde Adolfla mittlerweile in allen Winkeln gesucht; vor der angedrohten Prügelstrafe floh er zur Großmutter in die Hinterstube. »Großmuttala, laß mich heute bei dir schlafen, ich fürcht' mich so vor dem Thanhäuser!« »Oh, der tut niemandem nischt mehr«, antwortete die gute alte Frau. »Komm immer zu mir.«

Jene Nacht war ein einziger Fiebertraum, aus dem der Junge oftmals geängstigt aufschrie. Das Klappern der vom Sturmwind gerüttelten Fenster hielt er für das Geräusch von zahllosen, auf dem Fußboden tanzenden Totenschädeln, zwischen denen das weiße Gesicht des Thanhäuser sich grinsend hin- und herwegte. Die Fieberträume waren von zwingender Realität und dauerten den ganzen folgenden Tag.

Später wurde Adolfla zweifelhaft, ob das stille Leichenbegängnis des Selbstmörders wirkliches Erlebnis oder Ausgeburt der nächtlichen Fieberphantasie gewesen war. Der Eindruck war der gleiche und haftete unauslöschlich.

Sooft Adolfla in späteren Jahren seine Lieblingsoper Tannhäuser hörte, mußte er des armen Briefträgers gedenken und sein Schicksal mit jenem des Sängerhelden vergleichen. Dieser freudensatte Glückliche, der sich zur Abwechslung wieder nach Schmerzen sehnt, braucht nur auszusprechen, daß er fürderhin sein Heil in Maria suche, um die Fesseln seines holden Gefängnisses zu sprengen und im Maiensonnenschein einen neuen Liebesfrühling zu beginnen. Sein armer Namensgenosse Thanhäuser aber zahlte seine Buße mit einer freiwilligen Wallfahrt dorthin, von wannen es keine Rückkehr gibt.

Knaben, welche im Kampfe mit ihren Kameraden Schläge bekommen, ob es sich um eine gerechte oder ungerechte Sache handelt, sehen hierin keine Schande, sondern ehrenvolle Wunden. Doch Schläge von Eltern und Erziehern, mögen sie auch noch so verdient gewesen sein, leben in ihrer Erinnerung als Schande fort. Deshalb sollten Kinder überhaupt nicht, vor allem nicht ungerecht geschlagen werden.

Nur zweimal in seinem Leben erhielt Adolfla tüchtige Prügel von seinem Vater. Das erstemal gerechter-, das zweitemal ebenso ungerechterweise. Kinderglück ist ebenso verschiedenartig und leicht gestört wie das der Erwachsenen, und sein Verlust wird ebenso schwer empfunden wie im späteren Leben.

Eines Nachmittags vergnügte sich Adolfla im Stalle mit seinen Kameraden, von der bescheidenen Höhe eines Heuhaufens auf ein Bündel saftiger Runkelrübenblätter hinabzuspringen, die als Kuhfutter vorbereitet waren. Er freute sich ungeheuer über das Knirschen der spröden Stengel, wenn sie unter seiner Last zerbrachen, und über das Kreischen der fleischigen Blätter, wenn sie gegeneinandergerieben wurden.

Plötzlich stürzte Tante Karoline in den Stall und schrie erschreckt auf, als sie das wilde Spiel der Kinder sah: »Ihr verflixten Racker, ich werd's euch schon zeigen, mir das Kuhfutter so zu ruinieren.« Und puff, puff regneten die Schläge auf die auseinanderstiebenden Jungen, die in den Bereich ihrer harten Arbeitshände kamen. Adolf war leider unter ihnen. Schwer beleidigt schlich er aus dem Stalle in den Hof. In dieser Stimmung sah er seinen Vater auf sich zukommen, eine schwarze Flasche in der Hand. »Adolf, lauf schnell zum Kaufmann und hol mir frischen Terpentin.« Und schon hatte der Junge die klebrige, terpentinduftende Flasche in der Hand.

Solcherart aus allen Himmeln in die kahle Wirklichkeit zu fallen, war für das soeben noch freudentrunkene Gemüt des Knaben zu viel; seine Mundwinkel zeigten deutliche Zeichen des Mißvergnügens. Und schon fühlte er auf seinem Rücken die breite Hand des Vaters, die ihn mit kräftigem Ruck in der Richtung des Zieles vorwärtsschob: »Halts Maul, und mach fort.«

Von der Kraft dieses Impulses ließ sich Adolf vorwärtstreiben, und lässig einen Fuß vor den andern setzend, zottelte er die Straße entlang, bis die von dem Stoß ausgehende lebendige Kraft verbraucht war. Dann verlangsamte er seine Bewegung zu einem faulen Schlendern. Wie aus weiter Ferne hörte er von hinten die drohende Stimme des Vaters: »Adolf, ich werd' dir gleich Beine machen.«

Die Drohung hatte zur Folge, daß der Junge seine Schritte noch mehr verlangsamte. Eben wollte er sich umsehen, um die sichere Entfernung vom Vater abzuschätzen, als er beide Ohren von starken Händen erfaßt fühlte. Er hatte die Schnelligkeit des leise herbei geeilten Vaters sehr unterschätzt, und erhielt nun eine Vergeltung, welche der Rächer in seinem plötzlichen Zorne wahrscheinlich zu reichlich bemaß. »Tummel dich, Faulpelz«, befahl der Gestrenge. Heulend trottete der Junge seines Weges entlang, aber sicher nicht so schnell, als er es leicht gekonnt hätte. Der Kaufmann, Herr Reichel, mochte den Zusammenhang der Dinge aus dem verweinten Gesicht des kleinen Kunden ahnen und gab ihm zum Trost ein »Boxhörndel«, auch Johannisbrot genannt, wofür ihm Adolf immer dankbar blieb.

Außer dieser berechtigten, etwas zu freigebig verabfolgten Prügel erinnert sich Adolf mit unbesänftigtem Groll einer ungerechten Strafe. Eines Winterabends war der Knabe unbeobachteter Zeuge eines Wirtshausgespräches; die Kartenspieler hatten eine kleine Pause gemacht. Da schlug einer von ihnen eine Art Prüfung vor, deren Abhaltung die Wirtshausstube in ein Schulzimmer und die phlegmatischen, geistesträgen Gäste in kleine Schulbuben zu wandeln schien: »Wer kann das Wort Konstantinopolitanischerdudelsackpfeifer ohne einen einzigen Fehler buchstabieren?«

Und nun begannen die alten Kartenspieler mit schwerer Zunge zu stottern: K, o, n – Kon, st, a, n – stan, Konstan, t, i, ti – Konstanti – n, o, no – Konst – und nach einer halben Minute schien das rauchige Zimmer in einen Stall verwandelt, in dem Schafe blökten, Ziegen meckerten, Schweine grunzten und Kühe muhten, bis das vielstimmige Konzert mit schallendem Gelächter endete. Damit war die Absicht des Spaßmachers erreicht. »Sind wir hier, um Litanei zu beten oder Karten zu spielen! Klempner, du gibst!« Adolf schlich zur Tür hinaus und schloß die ganze Nacht kein Auge, bis er das lange, schwierige Wort ohne jeden Fehler buchstabieren konnte.

Am nächsten Morgen war sein Vater nicht in bester Laune. Die Sitzung mochte zu lange in die Nacht hinein gedauert haben. Dessenungeachtet wagte Adolfla die kühne Behauptung, daß es gar keine Kunst sei, das lange Wort fehlerlos zu buchstabieren; man müsse nur aufmerken und nicht zu gleicher Zeit an die Karten denken. Aber damit hatte er einen wunden Punkt berührt und es war nur seiner Schnelligkeit zu danken, daß der gegen Adolfs Kopf geführte Schlag des Vaters wenigstens etwas sein Ziel verfehlte.

»Hast du nichts Besseres zu tun, als solchen Unsinn zu treiben?«

»Keiner von euch war gestern imstande, diesen Unsinn richtig zu buchstabieren«, antwortete respektlos der Knabe und verließ die gefährliche Nähe seines Vaters.

Bei einer anderen Gelegenheit lud Adolf eine schwere Schuld auf sich, die um so drückender war, weil er sie seiner lieben Großmutter gegenüber zu verantworten hatte. Die alte Frau hatte eine Ziege erworben, welche die ganze Freude ihres Enkels war. Sein größtes Vergnügen bestand darin, die Ziege in ihrem Stalle zu besuchen und mit unermüdlichem Interesse zu beobachten, wie das Tier die einzelnen Blätter seines Futters zart und genäschig auswählte, sie kostete, und dann entweder verschmähte oder in ihrem Maul verschwinden ließ.

Aber wenn der Feinschmecker erst Hafer vor sich hatte! – Jedes kleine Körnchen war ein Leckerbissen für ihn! Und die geräuschvolle Musik der ruhelosen Kiefer. War die kleine Schale geleert, kamen die verstreuten Körner daran. Keines war so gut verborgen, daß die suchenden Lippen des Tieres es nicht gefunden hätten. Adolfla hatte den Eindruck, daß die Ziege immer hungrig blieb, und beschloß ihre Ration zu verdoppeln, um das appetitliche Schauspiel ihrer Mahlzeit zu verlängern.

Eines Tages legte er sich die Frage vor: kann eine Ziege überhaupt je satt werden? – Das verlockte zu einer Prüfung; denn die Haferkiste war voll. Also gut: eine dritte Portion – eine vierte –, die Ziege fuhr fort mit unvermindertem Appetit zu fressen – eine fünfte!

Nun begann der Knabe unruhig zu werden; denn jetzt schien ihm der Bauch der Ziege unnatürlich angeschwollen. Er verließ eilig den Stall mit dem unsicheren Gefühl, daß er möglicherweise ein großes Unglück angerichtet habe.

Sein Gewissen plagte ihn während der folgenden Nacht. Der nächste Morgen brachte das gefürchtete Unglück! – Tante Karoline erschien mit der Nachricht, daß die Ziege sehr krank sei. Sie lag mit aufgedunsenem Bauch auf der Seite und war augenscheinlich ihrem Ende nahe.

Die halbgeleerte Haferkiste, die der Patient unmöglich selbst geöffnet haben konnte, Adolfs häufige Besuche im Stall, sein schuldbewußtes Benehmen, alle diese Umstände machten es leicht, den Schuldigen zu finden.

Die Großmutter war ernstlich böse auf ihren Liebling. Natürlich bekam er von ihr keine Schläge, aber Großmuttalas Klagen über ihre Ziege schmerzten ihn weit mehr. Endlich brachte sie es fertig zu sagen: »O du niederträchtiger Racker, du.« Schluchzend ergriff der Übeltäter ihre Schürze. »Liebe Großmutter, sei nicht mehr böse auf mich, ich tat es ja nicht absichtlich, aber es schmeckte ihr so gut!«

»Vernünftige Menschen wissen oft nicht, wann sie genug haben, wie kannst du es von einem unvernünftigen Tier erwarten!« sagte die Großmutter besänftigt durch die Zerknirschung ihres Lieblings. Aber die Ziege genas, und selbst die unversöhnliche Tante Karoline war wieder zufrieden.

Eine andere, unverdiente Strafe blieb dem Knaben unvergeßlich. Eines Tages hörte Adolfla seinen Vater rufen: »Komm schnell, renn hinüber zum Tabakladen und bring mir eine Portoriko.«

»Was, eine Por – Por – –« – »Eine Portoriko, eine Zigarre, du Dummkopf«, antwortete der Vater. Der Knabe sah ihn verständnislos an und dachte mehr an das Wort als an dessen Bedeutung. Um den fremd klingenden Namen nicht zu vergessen, verfiel er auf die Idee, beim Rennen eine Silbe desselben bei jedem Schritt im Takte mitzusprechen: »Por-to-ri-ko, Por-to-ri-ko.«

Er hatte die Mitte des Marktplatzes erreicht, als er einer Schwierigkeit begegnete. Seine müßig herumlungernden Kameraden hatten bemerkt, wie er mit absichtlich rhythmischen Schwüngen daherkam, und waren ihm gefolgt. Um nicht abgelenkt zu werden, begann er mit lauter Stimme zu rufen: »Por-to-ri-ko, Por-to-ri-ko.« Aber bald war Anfang und Ende des fremdartigen Wortes nicht mehr zu unterscheiden; es wurde »To-ri-ko-por,

To-ri-ko-por.« Und als der atemlose Knabe die Türklinke des Tabakladens niederdrückte, da jagte nur ein wilder Tanz exotischer Silben durch sein Hirn. Er mußte zurückkehren, ohne seinen Auftrag erfüllt zu haben. Auf dem Heimweg mühte er sich vergeblich in das Chaos der Silben Ordnung zu bringen. Zögernd betrat er die Wirtsstube. »Wo bleibst du so lange?« fragte der Vater. »Gib mir die Zigarre.«

Mit leiser Stimme antwortete der Knabe: »Ich habe keine, ich verlor auf dem Weg den Namen.«

»Du Dummrian, du bist aber auch für gar nichts zu brauchen!« Und ein sehr unsanfter Rippenstoß war der Lohn für seinen Botengang.

Eine Tracht völlig unverdienter Prügel hatte Adolfla fahrenden Seiltänzern zu verdanken. Als Gipfelpunkt der Sommerfreuden galt den Kindern der Besuch fahrender Akrobaten, denn die berühmte festliche Beleuchtung des Schauplatzes versprach auch den nicht zahlenden Zuschauern reichlichen Genuß. Schon die Herstellung der ringförmigen Sitzreihe, das Anspannen des Seiles, das aus einer Giebelluke des benachbarten vornehmsten Wirtshauses über ein hohes in das Pflaster gerammtes Holzgestell geleitet und mit dem anderen Ende im Boden verankert wurde, das Zimmer des Podiums und nicht zuletzt die großen Salonwagen, deren verhängte Glasfenster die Neugierde stachelten, all das bot unerschöpfliche Unterhaltung.

Wenn dann gegen Abend vor der ersten Vorstellung die Künstlerschar zum Teil hoch zu Roß mit Pauken und Trompeten durch die Gassen zog, um die Bürgerschaft zu dem Besuche eines nie dagewesenen Schauspieles einzuladen, fühlte sich die Straßenjugend von einem wilden Taumel erfaßt und umschwärmte, vor Aufregung johlend, den bunten Festzug, so daß der Harlekin seine liebe Not hatte, den Weg freizuhalten.

Ging dann das große Schauspiel an, so wußten sich die kleinen Gauner durch den Ringwall der zahlenden Zuschauer geschickt hindurchzuschrauben und standen bald in der vordersten Reihe hinter der Bank oder fanden wohl gar ein enges Plätzchen auf ihr. Den Neugierigen war auch das noch nicht genug und sie wagten sich bis in den kunstgeweihten Kreis hinein.

Solche ungezähmte Neugierde sollte Adolflas Verhängnis werden. Die atembeklemmenden Darbietungen der Akrobaten erforderten zur Entspannung der Nerven des P. T. Publikums heitere Zwischenspiele, für die mit Vorliebe Tanzdarbietungen gewählt wurden. Für diese Unterhaltung hatten die Zuschauer selbst mit aufzukommen und es war nur recht und billig, wenn die im Schweiße ihres Angesichtes arbeitenden Künstler die Gratisblitzer zu dieser Leistung heranzogen.

Sehr großen Anklang fand beim Publikum ein chinesischer Tanz, ein Hüpfen der Künstlerschar im Gänsemarsch von einem Bein auf das andere mit möglichst hochgezogenen Knien; die Komik des Tanzes wurde durch ein taktmäßiges Vor- und Zurückwerfen des Kopfes bestritten, während die Hände mit ausgestrecktem Zeigefinger abwechselnd nach oben in die Luft gestoßen wurden. Während das Publikum vor Vergnügen johlte, rissen die längs der Sitzreihen des Publikums hüpfenden Künstler alle vorwitzigen kleinen Jungen, die sich zu weit vorgewagt hatten, in den Kreis und forderten sie durch ermunternde Gesten zur Nachahmung der Wackelbewegung auf. Die sich höchst geehrt fühlenden Buben waren begeistert bei der Sache und bildeten den dunklen langen Schwanz des bunten chinesischen

Drachens, der sich zappelnd in dem Zuschauerkreise hin und her schlängelte.

Für Adolfla sollte diese Lust ein tragisches Ende finden, denn er fühlte sich plötzlich von starken Armen gefaßt, aus dem Kreise gehoben und von dem Vater weidlich durchgeprügelt.

Die Berechtigung dieser Strafe wurde von Adolfla niemals anerkannt; er war im Gegenteil so empört über diese Störung und das erlittene Unrecht, daß er am liebsten zu den Akrobaten durchgegangen wäre. Hatte er doch kein anderes Verbrechen begangen, als den armen Leuten ihr Brot verdienen zu helfen. Das Los des Seiltänzers, von der Hand in den Mund zu leben, blieb ihm auch ohne diese Flucht nicht erspart.

III

Der Sängerknabe

Die Zeit verrann. Nach einem Briefwechsel zwischen Pater Gregor und seiner Schwester wurde beschlossen, daß Adolf nach St. Paul in Kärnten gebracht werden sollte; es war dies eine lange und komplizierte Reise, welche der zwölfjährige, unerfahrene und unerzogene Junge nicht gut allein machen konnte. Um dieser Schwierigkeit zu begegnen, sollte die Frau des Doktor Eduard Ehrlich, des älteren Bruders Pater Gregors, einen Besuch bei ihren Schwiegereltern in Weidenau machen und bei dieser Gelegenheit Adolf bis nach Trofaiach in Obersteiermark bringen, wo ihr Gatte die ärztliche Praxis ausübte. Für diese Gelegenheit wurde der Knabe halbwegs zivilisiert. Nach einer gründlichen Schur erhielt er seinen ersten regelrechten Filzhut und Fußsocken, Kleidungsstücke, die ihm bisher vollkommen unbekannt waren. Außerdem bekam er einen neuen Anzug: lange Hosen und einen langen, schwarzen Gehrock. Er glich mehr einem sehr jungen Küster als einem Studenten, aber für einen Chorsänger war seine äußere Erscheinung nicht ganz unpassend.

Das Verlassen der Heimat war für den Jungen nicht so schmerzhaft, wie er gefürchtet hatte. Das Reisefieber hatte ihn ergriffen, und die Aufregung, nunmehr jenseits der Hügel zu gelangen, welche bisher seine Welt umschlossen hatten, die Eisenbahn und eine Lokomotive zu sehen, von der er so viel gehört hatte, ließ ihn jeden Abschiedsschmerz vergessen. Den Kameraden, welche ihn gefragt hatten, wohin denn seine Reise eigentlich gehe, hatte er geheimnisvoll geantwortet: »Halt ins Königreich Illyrien.«

Er hatte mit Recht vorausgesetzt, daß keiner von seinen Schulkameraden wissen werde, wo dieses Märchenkönigreich liege und aus welchen Ländern es bestehe; verdankte er selbst diese Kenntnis doch erst seinem jüngst erweckten Interesse für das Kronland Kärnten. »Dei' Königreich liegt wohl auf dem Monde«, hatten ihn die Kameraden gehänselt, für ihn war die Reise nach Kärnten gleich viel wie eine Reise zum Monde. Nach umständlichem Abschiednehmen von den Eltern, Geschwistern und ganz besonders von den Großeltern nahm der Junge auf dem Kutschbocke Platz. Der Kutscher war niemand Geringerer als der Klußpate, der nicht müde wurde, seine Braunen zu loben, die er niemals anzutreiben brauche, sondern immer nur zurückhalten müsse.

Aber Adolf hörte ihm nur mit halbem Ohr zu. Seine neuen Röhrenstiefel waren zu knapp, die groben, knotigen, hausgestrickten Socken drückten um so tiefer ins Fleisch. Der Junge war gezwungen, seine Reise als Barfüßler fortzusetzen, da seine an Freiheit gewohnten Pedale an mehreren Stellen Druckblasen aufwiesen. Am Ziel der Fahrt, in Troppau, nahm Adolf gerührten Abschied für immer vom Klußpaten, ohne zu ahnen, welche wichtige Rolle dieser in seinem späteren Leben noch spielen würde.

Die Eisenbahn und alles, was er sah und hörte, waren Wunder für den Neuling im Reisen. In Wien wurde Nachtstation gemacht. Auf dem Wege vom Nordbahnhof zum Hotel erweckten der ungewohnte Großstadtlärm, die vielen Wagen, die Menschenmenge sehnsüchtige

Erinnerungen an die Ruhe der kleinen Stadt. Sonst sah er von Wien während seines eintägigen Aufenthaltes so gut wie nichts. Er mußte die ganze Zeit in einem bescheidenen Hotelzimmer verbringen, weil ihm die Tante verboten hatte, barfüßig auf die Straße zu gehen. Um sich die Zeit zu vertreiben, studierte er die vielen neuen Dinge, die er im Zimmer fand, z. B. den Gaslüster. Daheim wurde die Petroleumlampe als moderne Einrichtung noch mißtrauisch betrachtet. Die hausgemachte Talgkerze war die einzige Beleuchtung und die Großmutter pflegte noch beim Kienspan zu spinnen; zum Spinnen braucht man nicht viel Licht, denn dabei ist das Tastgefühl alles. Und was sollen denn die weißen Knöpfe oberhalb des Nachtkästchens bedeuten? »Für das Stubenmädchen einmal, für den Zimmerkellner zweimal.« – Einen elektrischen Knopf hatte der Knabe noch nie gesehen und er konnte der Versuchung nicht widerstehen, ihn niederzudrücken. Ein schrilles Läuten – ein zweiter Druck, dasselbe schrille Läuten. Der Knabe dachte: diese elektrische Klingel ist ausgezeichnet. Nach einer Weile öffnete sich die Tür und herein kam ein großer, mürrisch aussehender Mann und fragte: »Was willst du, Bub?« Erschrocken antwortete der junge Rufer: »Oh, nichts.« Der Kellner: »Aber du hast zweimal geläutet.« Der Knabe: »Ich habe nicht geläutet.« Mit einem saftigen Wiener Schimpfwort, das etwa wie »Lausbub, elendiger« klang, verließ der Kellner das Zimmer. Der bestürzte Lügner schwor sich, in Zukunft immer nur die Wahrheit zu sagen.

In Trofaiach in Obersteiermark brachte er einige Zeit im Hause seines Onkels, Dr. Edurad Ehrlich, zu. Dort fand er zahlreiche Vettern und Basen vor, welche offenkundig in einer andern Sprache redeten als er selbst. Beide Seiten hatten Schwierigkeiten, sich gegenseitig zu verstehen, und der ungebetene Gast wurde häufig verlacht und verspottet. Die hohen Berge wirkten bedrückend auf das Kind der Ebene, wo schon kleine Hügel als große Berge galten. Er fühlte sich in der Familie unwillkommen und freundlos. Sooft er an einem Knabenspiel seiner Vettern teilnahm, war er zum Schlusse immer der »schwarze Peter«. Er fühlte instinktiv, daß Onkel Eduard nicht sein Freund war. Der Doktor machte keinen Hehl aus seiner Meinung, daß es ein Unsinn sei, seinen Neffen ins Gymnasium zu schicken. Zum Studium brauche man wenigstens einige Mittel, und der Knabe sei arm wie eine Kirchenmaus. Wer würde später für ihn sorgen? Das Gymnasium dauerte acht Jahre und dann kam erst die Universität! Ganz unmöglich, über einen so hohen Berg zu kommen, ohne für die Besteigung gehörig ausgerüstet zu sein. Er hielt es für besser, den Knaben in ein Geschäft zu stecken, und hatte dabei ein Gemischtwarengeschäft in Graz im Auge, dessen Besitzer ihm persönlich bekannt war. Vielleicht hatte er recht; vielleicht wäre die Laufbahn des armen Jungen aus Schlesien auf diesem Wege leichter gewesen. Es war auffallend, daß der Knabe, obwohl er durch seinen Onkel und die ganze Familie eingeschüchtert war, doch allen diesen Vorschlägen hartnäckigen Widerstand entgegensetzte. Aber der durch seine Mutter immer wieder angeregte Traum seiner Kindheit war und blieb es, ein großer Herr zu werden. Nach einem Tränenausbruch war der verzweifelte Adolf mutig genug zu sagen, er danke dem Onkel Eduard für seine Gastfreundschaft, aber er müsse nach St. Paul, wo er einen Freiplatz habe und die nächsten Jahre niemanden etwas kosten würde. Onkel Eduard war erstaunt über diesen Mut, enthielt sich aber jeder weiteren Einmischung und zeigte ihm gegenüber sogar gelegentlich eine gewisse Geneigtheit.

Ende September verließ der Knabe Trofaiach, um nach St. Paul zu fahren. Onkel Eduard schien mit der Lage der Dinge ausgesöhnt und war gütig genug, seinen Neffen in einem kleinen Kabriolett zur nächsten Bahnstation – Bruck an der Mur – zu führen. Der Knabe saß schweigend an seiner Seite, tief versunken in Gedanken an die nächste Zukunft. Onkel Eduard fühlte sich verpflichtet, dem abreisenden Studenten ein paar freundliche Worte mitzugeben. »Hätte ich nicht selbst für zwölf Kinder zu sorgen, so würde ich gerne etwas für dich tun«, tröstete er. Von Herzen war er gut, aber zwölf eigene Kinder können einen Mann gegen anderer Leute Kinder wohl hart machen. Adolf war gerührt durch diese letzte Güte seines Onkels und schwur doch bei sich, lieber zu hungern als an seines Onkels Türe anzuklopfen.

Diesmal reiste Adolf allein in einem gemischten Zug. Es war ihm gesagt worden, daß er in Marburg den Wagen wechseln und in der Station Unterdrauburg an der Grenze Kärntens den Zug verlassen müsse. Am Bahnsteig ging ein großer und schlanker geistlicher Herr den Zug erwartend auf und ab; sein dünner Hals stak in einem schwarzen, oben weißgerandeten Halskragen, das lange, schwarze, reichlich Falten werfende Priesterkleid war durch eine Leibbinde zusammengehalten, deren Enden aus einer seitlich sitzenden Schleife bis zu den Knien reichten. Über das schwarze Kleid hing nach vorne und hinten, Brust und Rücken deckend, eine lange schwarze Fahne, deren Enden lustig im Winde flatterten. Auf dem Kopfe trug der Pater einen breiten schwarzen, etwas zerknitterten, ein wenig schief sitzenden Kalabreser, was dem in der Mitte der dreißig stehenden Manne ein etwas burschikoses Aussehen verlieh. Seine Füße staken in derben Stiefeln, deren glänzend geputzte Röhren bis in die Nähe der Knie reichten, wie der den Talar peitschende Herbstwind von Zeit zu Zeit erkennen ließ. In der Hand hielt der geistliche Herr einen derben, mit rundem Handgriff versehenen Stock, den er ungeduldig im Kreise schwang.

»Der Onkel Gregor?« schoß es dem Knaben, der eben aus dem Wagen gestiegen war und sein Köfferchen neben sich auf die Erde gesetzt hatte, durch den Kopf. Alles stimmte, nur das Gesicht war ihm völlig fremd. Der Herr konnte doch nicht der Onkel Gregor sein.

Der Pater trat auf ihn zu und fragte: »Bist du der Adolf?« Ohne auf die Antwort zu warten, fügte er hinzu: »Ich bin der Pater Odilo. Dein Onkel Gregor ist nicht in St. Paul, sondern in Klagenfurt. Ich soll dich hier abholen und nach St. Paul bringen.« Adolf vergaß nicht, dem Pater Odilo die Hand zu küssen und ein schüchternes »Danke auch vielmals!« zu sagen. »Du bist ja ein ganz netter Bub«, sagte Pater Odilo, »man sieht wirklich, daß du zur Familie des Pater Gregor gehörst. Der Gregor ist nämlich ein Freund von mir und ich habe ihm gerne den Gefallen getan, dich abzuholen. Bist hungrig und durstig, gel'? Du vom Fahren und ich vom Warten. Komm, wir stärken uns z'erst ein biß'l, der Weg nach St. Paul ist noch weit, und wir müssen über den großen Berg.« Vor dem Bahnhof stand ein Steirerwägelchen, fast ganz so wie das des Onkel Eduard. Ein mächtiges, breitkruppiges Pferd vor dem kleinen Gefährt versprach eine sichere, aber langsame Fahrt.

Pater Odilo ließ vor dem Wirtshaus des Ortes halten und bestellte für den Knaben eine Schale Kaffee mit einer Semmel. Er selbst ließ sich ein Glas Bier geben, über dessen Güte er sich wegwerfend äußerte.

»I' bin nämlich a Bayer«, sagte er, »und kann des G'schlader hier gar net leiden.« Dessenungeachtet ließ er sich ein zweites Glas geben und wäre augenscheinlich gerne noch länger am Wirtstische geblieben, wenn nicht ein Blick auf die Taschenuhr zum Aufbruch gemahnt hätte.

»Na, gehen wir«, sagte er, »der Paul is eines von den Prälatenpferden. Die lassen sich Zeit.« Nun ging es in gemächlichem Trabe aus dem Örtchen hinaus. Mit dem Finger auf den reißenden Fluß neben der Straße weisend, fragte der Pater seinen jungen Begleiter: »Weißt, wie das Wasser heißt?« »Die Mur«, antwortete rasch der Knabe. »Weit g'fehlt«, entgegnete der Pater, »das ist die Drau. In welchen Fluß mündet die Drau?« »Die Drau mündet in die Donau, ebenso wie die Sau«, gab der Gefragte rasch zurück. Denn ihm war der selbstfabrizierte Vers eingefallen: Die Donau frißt die Sau, die Sau frißt die Drau, die Sau!

»Und die Donau fließt ins Schwarze Meer«, fügte er ungefragt hinzu. »Schau, schau, ein biß'l Geographie habt's ihr in der schlesischen Volksschule doch gelernt!« sagte der Pater. Adolf fürchtete weitere Fragen und war froh, als nach zweistündiger Fahrt bei einer Biegung der Straße das auf einem Hügel gelegene Stift St. Paul in der Ferne auftauchte.

Nachdenklich betrachtete der Junge das Schloß von nie geträumten Dimensionen und fühlte sich glücklich, da er für Jahre hinaus hier sein Heim finden sollte. Pater Odilo wies mit der Hand nach rechts und links: »Das gehört alles dem Stift. Dort rechts liegt die Stiftsmühle mit dem Mühlbache aus der Lavant, längs der wir eine Zeitlang gefahren sind. Hinter dieser hohen Mauer beginnt der Stiftsgarten. Gerade hier hinter diesem Winkel liegt der Stiftsteich mit dem Geflügelhof. Hier links die Pfarrkirche des Marktes, und das große Gebäude daneben ist der Meierhof des Stiftes.« Zur Rechten folgte ein langgestrecktes, hohes Gebäude mit einer von Säulen flankierten großen, gewölbten Toreinfahrt. »Das ist der Eingang zum Stift«, erklärte der geistliche Herr. Vor den staunenden Augen des Jungen öffnete sich ein weiter Hof, der zur rechten Hand ein sanft ansteigendes, von Buschwerk und Bäumen umrahmtes Terrain umschloß, gegenüber dem Torbogen die mächtigen Grundmauern eines hohen Gebäudekomplexes. »Siehst, Adolf«, sagte Pater Odilo in seinem bayrischen Dialekt, »von da droben schaun g'rad die Fenster der Prälatur her. Dort wohnt unser Herr Prälat Augustin. Dem müss'n wir bald einen Besuch machen! Du mußt ein schönes Buckerl machen und ihm die Hand küssen; nimmst aber die, wo der Goldring mit dem grünen Smaragd dran ist und küßt den Stein und net die Hand! Verstehst, das ist so Brauch bei uns!«

Adolf hörte mit halbem Ohre auf die Erklärung seines Protektors und starrte in die Höhe nach der Reihe der mächtigen Fenster, hinter denen der oberste Gebieter des gewaltigen Palastes, der gnädige Herr Prälat Augustin, residierte. Die Fahrtstraße erreicht nach Umkreisung der Parkanlage im Vorhofe des Stiftes die Mauern des Prälatenstockes und erklimmt längs diesem in etwas steiler werdender gerader Linie, von mehreren tiefen Wasserrasten quer durchschnitten, das Plateau des Stiftshügels, dessen Mitte von der zweitürmigen mächtigen Stiftskirche eingenommen wird. Das Klostergebäude selbst legt sich wie ein dreiteiliger Mantel um die Kirche und umschließt sic im Norden und Westen mit zwei durch einen Eckturm verbundenen Flanken. Der östliche Flügel ist kürzer und erreicht trotz eines schmucklosen, zinshausartigen Zubaues, des sogenannten Neugebäudes, nicht die Länge des Gegenflügels. Nach Süden ist das Viereck, welches das

Klostergebäude nach offenbarer Absicht der Erbauer um die Kirche als Zentrum hätte bilden sollen, glücklicherweise offen geblieben. Hier bildet das Plateau des Stiftshügels eine prächtige, baumgeschmückte Terrasse, von welcher der südliche Teil des Stiftsgartens mit den Glashäusern in Stufen zur Straße abfällt. Von dieser Terrasse führt in ganz leichtem Anstieg nach links die Zufahrtsstraße längs der Basilika mit ihrem herrlichen Portal zu den außerhalb der Klausur, also der Priesterwohnungen, gelegenen Räumlichkeiten des Stiftes. Hier befindet sich der Zugang zur Stiftsküche und den dazugehörigen Wirtschaftsräumen, das Rentamt, die Beschließerei, im ersten Stock dieses selben Flügels die Prälatur, die Bibliothek sowie die Repräsentations-, Gast- und Gesellschaftsräume des Stiftes. Das alles erklärte Pater Odilo bei dem kurzen Halt auf der Terrasse seinem Schützling und unterließ es nicht, ihn auf den steinernen St. Paulus aufmerksam zu machen, der in der Prälatursecke als Brunnenfigur über dem großen steinernen Bassin thront, in welches die Wasserleitung mündet. »Nach jener Seite gehen wir später«, bemerkte Pater Odilo. »Unser Besuch gilt heute dem Herrn Konviktspräfekten Pater Eberhard.« Er führte den Knaben über die Terrasse und durchschritt mit ihm das Tor eines ebenerdigen, niedrigen Gebäudes, welches die Kirche mit dem früher genannten Neugebäude verbindet. Der Torweg führte in den mäßig großen Konviktshof, welcher links von der Kirche, geradeaus und rechter Hand von den breiten, offenen Korridoren des Hauptgebäudes mit ihren mächtigen Bogenöffnungen umrahmt ist.

»Jetzt schauen wir aber, daß wir den Präfekten erwischen«, sagte Pater Odilo. Und rasch ging's den großen Korridor entlang an dem Schlafsaal vorüber, um die

Ecke herum, und Pater Odilo hielt vor einer Tür mit der Aufschrift: »Pater Eberhard Katz, Präfekt«. Er klopfte energisch und horchte; auf das scharfe »Herein« öffnete er die Tür und schob seinen schüchternen Begleiter vor sich her. Ein großes gewölbtes, vierfenstriges Zimmer mit tiefen Fensternischen, welche wie kleine Kabinette aussahen, nahm die beiden auf. Die Einrichtung schien dem Jungen überaus prächtig zu sein; ein so hohes bauschiges Bett hatte er noch nicht gesehen. Über dem Sofa hing ein großer Farbendruck des segnenden Papstes Pius IX., daneben zahlreiche Heiligenbilder. In der Mitte des Zimmers stand ein schlanker, junger, schöner Mann, dessen ausdrucksvoller Charakterkopf im Schmucke brauner kurzer Locken prangte. Das glattrasierte Gesicht war von intelligentem und zugleich strengem Ausdruck; es konnte als schön gelten, hätten die tiefliegenden, stechenden, grauen Augen diesen Eindruck nicht gestört. Der Talar, das weiße Collar, die Schuhe, alles war von peinlicher Sauberkeit. In der Hand hielt der Präfekt ein zugeklapptes, kleines, dickes Buch. Er war offenbar im Lesen des Breviers unterbrochen worden und blickte aus seinen Katzenaugen unwirsch auf den störenden Besuch. »Das ist der Neffe vom Gregor«, erklärte Pater Odilo. »So so«, entgegnete der Präfekt kühl; er stand mit Pater Gregor vielleicht nicht auf dem besten Fuß. Mit einem frostigen: »Grüß Gott, sei brav!« war der Besucher entlassen.

Adolf wurde nun im Konvikt als sogenannter Konviktist aufgenommen. Die außerhalb des Klosters, im Markte wohnenden Schüler, wurden Marktisten genannt. Der Neuankömmling fühlte sich in seiner neuen Umgebung sofort zu Hause.

Pater Gregor, der um diese Zeit in Klagenfurt weilte, kam eigens nach St. Paul, um seinen Neffen dem Prälaten

Augustin vorzustellen. Die Wohnung des Prälaten, die Prälatur, erweckte des Klosterschülers größtes Erstaunen.

Der Weg dorthin führte durch lange gewölbte Korridore, welche auf der einen Seite riesige offene Bogenfenster hatten, während auf der anderen Seite Türen zu den Gemächern führten. An den Mauerwänden hingen große, geschwärzte Bilder von Heiligen und von ehemaligen Äbten des Schwarzwaldstiftes St. Blasien, aus welchem die Benediktiner nach St. Paul ausgewandert waren.

Endlich standen sie vor der Tür zur Abtwohnung, die im ersten Stockwerk am Südende des Westflügels des Stiftsgebäudes gelegen war. Pater Gregor ließ sich durch den Kammerdiener des Prälaten anmelden und trat mit dem Jungen an der Hand vor den Abt, einen frisch aussehenden, behäbigen, überaus freundlich aus blauen Augen blickenden Mann Mitte der Vierziger, mit schon etwas gelichtetem, braunem Scheitel. Auf seiner Brust glänzte an langer goldener Kette ein goldenes Kreuz. Am Ringfinger seiner rechten Hand funkelte ein großer Smaragd – Zeichen seiner hohen Würde. Den Ring sehen, die Hand des Prälaten erfassen und einen ehrerbietigen Kuß auf den grünen Stein drücken, war für Adolf das Werk eines Augenblickes. Noch mit tiefer Ehrenbezeugung beschäftigt, fühlte er die andere weiche Hand des Prälaten auf seinem Scheitel ruhen. »Was bringen's mir denn da für a blondes Büble, Gregor«, fragte der Abt. »Es ist mein Neffe«, antwortete dieser. »Er wird im Chor Alt singen und im Konvikt fleißig studieren.« – »Recht so, recht so, Büble, wie heißt du denn?« – »Adolf.« – »So, so! Adolf! Bist a richtiger Schlesinger mit deine gelben Haar. Bei uns in Böhmen, in meiner Heimat, gibt's auch genug solche Kanarivögel. Na, sei fleißig und brav und nimm dich im Singen zusammen, wenn's d' auch kein richtiger Kanari bist.« Und der würdige Herr lachte herzlich über seinen Witz. Mit einer gnädigen Handbewegung waren beide Besucher entlassen.

Adolf war entzückt von der Güte und Leutseligkeit des Herrn Prälaten, der so freundlich zu ihm gewesen war.

Onkel Gregor erklärte seinem Neffen, daß die Insignien der Abtwürde, Kreuz und Ring, ehemals von dem Fürstabt von St. Blasien getragen wurden.

Nach dieser Audienz fühlte sich Adolf nicht mehr als Gast, sondern als ein, wenn auch noch so bescheidenes Mitglied des Klosters. Durch seine angenehme Altstimme, welche in den Gewölben der Kirche widerhallte, stand er bald im Ansehen der Kameraden, obwohl er nur Schüler der ersten Klasse war. Kurz nach seiner Ankunft in St. Paul marschierte ein Regiment österreichischer Soldaten durch den Ort, und die Namen Custozza und Königgrätz waren in aller Munde. Die schicksalsschwere Bedeutung des Sieges und der Niederlage wurde aber von niemandem, am wenigsten von den jungen Studenten, gewürdigt. Weitaus wichtiger schien es Adolf, daß Pater Odilo am nächsten Morgen in dem Kirchlein oben auf dem Josephsberg eine Heilige Messe zu lesen hatte. Da der Aufstieg eine gute Stunde in Anspruch nahm, hieß es früh aufstehen, wollte man rechtzeitig an Ort und Stelle sein.

Sein erstes Auftreten als Ministrant in dem stillen Kirchlein fiel zur Zufriedenheit des Pater Odilo aus.

Nach der Messe führte dieser seinen Messdiener zum Frühstück in das der Kirche unmittelbar benachbarte Bauerngehöft, das zu Wallfahrtszeiten auch ein Wirtshaus ward, in welchem die Pilger ihren Durst mit dem landesüblichen Apfel- und Birnenmost stillen konnten. Als Zukost gab es zur Zeit nichts als ein Stück Schwarzbrot.

Der trinkfeste Pater Odilo schenkte seinem Schützling aus einer Literflasche den goldigen Trank in ein Wasserglas und füllte dasselbe bis zum Rand. Zugleich mahnte er den Jungen zur Eile, damit er nicht den ganzen Vormittagsunterricht versäumte. Adolf ließ sich das nicht zweimal sagen, denn er war ebenso durstig als hungrig. In einem Zuge leerte er das Glas voll süßen Birnenmostes bis zum letzten Tropfen, steckte das Schwarzbrot als Wegzehrung in die Tasche und empfahl sich, um den Berg rasch hinunter zu laufen. Hierbei war es ihm weniger darum zu tun, die Schule nicht ganz zu versäumen, denn für diesen Fall hatte er ja eine ausreichende Entschuldigung zur Hand – vielmehr wollte er von dem Soldatentreiben im Orte noch etwas zu sehen bekommen.

Er verließ den gebahnten Weg und schlug sich in den Wald, um geradeaus den Berg hinunter zu stürmen. Die Stämme flogen nur so rechts und links an ihm vorbei, seine Pulse klopften, bald begann der Wald vor seinen Augen zu flimmern, die Bäume fingen an zu tanzen, so daß er im Ausweichen unsicher wurde und schließlich mit voller Wucht gegen einen Fichtenstamm prallte. Mit einer blutenden Beule an der Stirn fiel der völlig Berauschte bald bewußtlos zu Boden und blieb dort einige Minuten betäubt liegen. Als er sich erheben wollte, sank er plump auf den weichen Waldboden zurück. Alles drehte sich im Kreise, und nur mit größter Mühe konnte er sich schließlich aufrichten, um sich von einem Baumstamm zum andern zu tasten oder vielmehr einen Baum nach dem andern zu umarmen, wobei es ohne neue Schrunden im Gesicht nicht abging. Zu dem einstündigen Wege brauchte er volle zwei Stunden. Als er sich dem Markte näherte, war er soweit ernüchtert, um seinen traurigen Zustand zu erkennen. Unmöglich, so vor den Menschen zu erscheinen! Vor allem empfand er unwiderstehliches Schlafbedürfnis. Lange suchte er nach einem ruhigen Plätzchen und fand es endlich hinter einem Stoß aufgeschichteter Bretter, im Schatten der alten Kastanienallee, welche vom Markt gegen St. Andrä führt.

Dort schlief er den Schlaf der Trunkenheit bis in den Nachmittag hinein. Man hätte ihn während des bleiernen Schlafes ermorden können, und er wäre eines schmerzlosen Todes gestorben; man hätte ihn bis auf die Haut ausziehen können, und er hätte es nicht bemerkt. Wie hätte er bemerken sollen, daß ihm jemand den neuen Filzhut stahl, den ihm Pater Odilo erst vor kurzem zum Geschenk gemacht hatte!

Barhäuptig, das Gesicht verbeult und verweint, todkrank, zermarterte er sein Gehirn nur mit dem einen Gedanken: Wie wird alles enden!

Mittlerweile war Pater Odilo berichtet worden, daß sein Ministrant beim Mittagessen im Konvikt gefehlt hatte.

Pater Odilo hatte sofort begriffen, auf wessen Seite die Schuld lag und tröstete seinen Schützling wegen des gestohlenen Hutes: »I' werd' dir schon an andern kaufen. Aber wer hätt' denn denken sollen, daß du ein solcher Schwachmatikus bist, den ein kleines Glaserl Most – in dem ja eh' kein Alkohol ist – so in Grund und Boden wirft; 's nächste Mal kriegst a zuckerte Milch mit recht viel Wasser drin, vielleicht kriegst davon auch an Rausch!«

Ereignislos flossen weitere Jahre dahin. Das Studium bereitete Adolf nicht die geringsten Schwierigkeiten. Schon in der zweiten Klasse verdiente er sich Geld als Korrepetitor bei Schülern der ersten Klasse. Er war bei allen, die ihn kannten, beliebt, fühlte sich aber verfolgt und bedroht von dem jungen Mönch, der trotz seines geistlichen Gewandes ein roher Bauer, leider aber auch ein Präfekt war. Wie sein Freund, der Mesner, ihm mitgeteilt hatte, waren Pater Gregor und Pater Eberhard nicht die dicksten Freunde. Es ist fast unglaublich, aber wahr, daß der Präfekt den Sängerknaben immer wieder auf Grund der Tatsache, daß er einen Freiplatz hatte, zu demütigen suchte, obwohl er Kost und Unterhalt nach Kräften mit seiner Stimme zu bezahlen suchte. Wiederholt drohte der Präfekt dem Knaben, er werde seine Mahlzeiten in Zukunft nicht im Konvikt, sondern mit den Knechten im Meierhofe einnehmen müssen. Er wußte zwar, daß Pater Eberhard aus eigener Machtvollkommenheit diese Drohung nicht verwirklichen konnte, fühlte sich aber doch sehr geängstigt. Zu seiner Verteidigung faßte er den Vorsatz, alles aufzubieten, um dem Präfekten keinen Vorwand zur Klage zu geben. Wieder lastete seine Bettelarmut schwer auf ihm. Für seine Privatbedürfnisse hatte er Geld genug, denn er verdiente nicht nur durch Lektionen, sondern auch als Ministrant seines Mathematiklehrers Pater Richard. Leider war der alte Herr ein Frühaufsteher aus Gewohnheit, der Ministrant wurde Frühaufsteher aus Zwang. Um sechs Uhr mußte er im Winter und Sommer aus den Federn. Ungekämmt und ungewaschen, sozusagen mit Asche auf dem Haupte, betete er das »Confiteor«. Wenn der Priester zum Beginn der Messe die Worte sprach: »Introibo ad altare Dei« (zum Altare Gottes will ich treten), und er zu antworten hatte: »Ad Deum qui laetificat juventutem meam« (zu Gott, der meine Jugend erfreut), dachte er nicht viel daran, daß es für eine glückliche Jugend angenehmer wäre, um sechs Uhr früh an einem kalten Wintermorgen im Bette zu liegen, als auf den kalten Marmorstufen des Altares zu knien. Für seine täglichen Dienste erhielt der Ministrant drei Gulden im Monat, ein Betrag, der im Verein mit seinen Lektionsgeldern für seine Kleidung ausreichte. Der Ärmste unter den Schülern trug immer den besten Anzug, weil er ihn selbst bezahlen musste und daher schonte.

Alle geistlichen Lehrer waren gütig und wohlwollend. Dennoch wurden manche ihrer Schwächen von den Schülern verspottet, was indessen das gute Einvernehmen nicht störte. Nur dreimal kam Adolf in scharfen, wenn auch unverschuldeten Konflikt mit dem Direktor des Gymnasiums Pater Othmar, mit dem Lateinlehrer Pater Hermann und seinem Griechischprofessor Pater Hugo. Der Direktor, der zugleich Religionslehrer war, machte es den Schülern zur Pflicht, einen kurzen, schriftlichen Auszug der sonntäglichen Exhorte vorzuweisen, eine Aufgabe, die bekanntlich um so schwieriger wird, je wortreicher und inhaltsärmer die Predigt ist. Nun hatte der Lateinprofessor Pater Hermann seine Lieblingsschüler um sich versammelt und ihnen nach und nach die Babelsberger Kurzschrift beigebracht. Es fiel Adolf leichter, die Exhorte des salbungsvoll und langsam sprechenden Pater Othmar zu stenographieren, als diese zu exzerpieren. In der nächsten Religionsstunde beschuldigte Pater Othmar irgendeinen seiner Schüler des Diebstahls. Es müsse ihm jemand seine Predigt zeitweise entwendet und wörtlich abgeschrieben haben. Wer war der Dieb? Ohne Furcht stand Adolf auf und sagte: »Ich habe die Predigt des Herrn Direktors wörtlich nachgeschrieben. Das war kein Diebstahl, sondern Stenographie!« Offenbar wußte der Direktor nicht, daß an seinem Gymnasium auch Stenographie gelehrt wurde.

Sein Zorn traf nicht den Schüler, sondern den selbstherrlichen Lehrer.

Derselbe Pater Hermann kam eines Tages aufgeregt in die Klasse und schrie seine Schüler an: »Wer hat die Lateintheken gestohlen?« Es stand nämlich der Besuch des Schulinspektors in Aussicht, dem die Hefte mit den lateinischen Schularbeiten vorzulegen waren. Adolf, sein Lieblingsschüler, nahm sich das Recht zu sagen: »Aber Herr Professor, ich habe Ihnen die Theken doch selbst in die Hand gegeben«, worauf der Erzürnte die Hand erhob und dem Vorwitzigen eine Ohrfeige gegeben hätte, wäre dieser nicht ausgewichen. Die ganze Schülerschaft geriet in Aufregung, die sich auch dem Lehrkörper mitteilte. Der Vorfall wurde in der Konferenz eifrig erörtert. Da sagte Pater Richard: »Habe ich nicht vor einigen Tagen Hefte an einem Orte gesehen, wo wohl Papier, aber nicht gerade Schulhefte hingehören?« Pater Hermann hatte offenbar seine Hefte dort vergessen, wohin auch der Kaiser zu Fuße geht!

Und so war es. Pater Hermann gelangte rechtzeitig in den Besitz seiner Hefte zurück. Sie waren bis auf das oberste unversehrt. Zufälligerweise gehörte dieses dem schlechtesten Lateinschüler, dessen Schularbeiten reichlich mit roter Tinte gezeichnet waren, wodurch die Besucher von weiterer Benützung desselben abgehalten wurden. So endete der Sturm in allgemeiner Heiterkeit, und Pater Hermann hatte für Spott nicht zu sorgen.

Ein andermal geriet Adolf in Konflikt mit seinem Griechischprofessor Pater Hugo, welcher ebenso gütig wie jähzornig war.

Zur Kirschenzeit, als die Sommersonne durch das Schulfenster lugte, aber nicht imstande war, die griechische Langeweile zu vertreiben, war Adolf in die

Beobachtung vertieft, daß die weit abstehenden Ohren seines Vordermannes in glühend roter Farbe leuchteten. Er benutzte sie als Zielscheibe für die schlüpfrigen Kerne eben gegessener Kirschen, die er durch Druck zweier Fingerspitzen gegeneinander abschnellte. Leider verfehlte er das Ziel, und der Kirschkern klatschte gegen die Wange des Pater Hugo, dessen Standplatz der Schütze nicht wahrgenommen hatte. Der Kern rutschte über Pater Hugos Wange und fiel als Corpus delicti in die vorgehaltene Theke. »Wer hat das getan?« fuhr Pater Hugo auf. Er dachte augenscheinlich an ein beabsichtigtes Attentat. Allgemeine Stille! – »Ich frage zum zweiten Male«, rief Pater Hugo mit erhobener Stimme, »wer hat das getan?« Noch tiefere Stille! – Dem armen Pater Hugo schoß das Blut ins Gesicht, er stellte sich in feierliche Positur, mit erhobenem Arm: »Ich frage beim Heiligen Geiste, wer hat das getan?« Adolf empfand es als schwere Sünde, daß der Heilige Geist eines Kirschkerns wegen angerufen wurde, stand auf und sagte: »Ich hab's getan, Herr Professor, aber es war Zufall, nicht Absicht.« Pater Hugo atmete erleichtert auf, denn er war sich seiner kritischen Lage bewußt geworden. »Du wirst eine Stunde nachsitzen«, lautete das Urteil. Und zur Klasse gewendet sagte er: »Bedankt euch beim Lorenz, sonst hättet ihr alle eine Stunde nachsitzen müssen« – und alles war wieder gut.

Im letzten Jahr seines Aufenthalts in St. Paul drangen unsichere Gerüchte über eine Schlacht bei Sedan in das friedliche Lavanttal. Über ihre Bedeutung blieben die in Latein und Griechisch vergrabenen Schüler unaufgeklärt.

Die vier Jahre Untergymnasium in St. Paul waren die glücklichsten im Leben des Knaben. Er liebte alle seine Lehrer und fand bei ihnen Gegenliebe. Sie waren durchwegs ausgezeichnete Menschen und Lehrer. Nur einer blieb dem Knaben verhaßt, der Präfekt Pater Eberhard, von dem er sich seines Freiplatzes wegen verfolgt fühlte. Diese Abneigung fand neue Nahrung, als der brutale junge Mann seinem »Liebling« den Hut vom Kopfe schlug, weil ihn der Junge vor einem Spaziergange aufgesetzt hatte, noch ehe er das Zimmer verließ. Übrigens waren alle seine Kameraden desselben Vergehens schuldig. Die eiserne Spitze des Stockes hinterließ eine schief über die Wange verlaufende Kratzwunde. Der Mißhandelte wußte, daß er seinem Peiniger diesen Schlag niemals vergessen würde, denn Jugenderinnerungen blieben unzerstörbar.

Adolf war nun ein großer, schlanker Junge von etwa sechzehn Jahren. Er war um zwei Jahre älter als seine Klassenkameraden, was ihm eine gewisse Überlegenheit gab. Mit den jungen Novizen, welche nach Absolvierung des Obergymnasiums ins Stift eingetreten waren, um sich auf ihre Tauglichkeit zum Mönchsleben zu prüfen, hielt er stets gute Freundschaft. Es waren deren immer drei bis vier. Bei seinen häufigen Besuchen im Noviziat liebte er es, sich die Ordenstracht anzulegen und gefiel sich darin außerordentlich. Nur noch vier Jahre, und er würde dieses Kleid mit Recht tragen dürfen. Dieser Gedanke wäre sicher zur Wirklichkeit geworden, hätte das Stift schon zu dieser Zeit ein Obergymnasium besessen, das erst einige Jahrzehnte später errichtet wurde. Dann wäre er als absolvierter Maturant sofort ins Noviziat eingetreten und sein Lebenskampf wäre damit zu Ende gewesen. Er brauchte ja nur auf Onkel Gregor zu sehen, welcher als Verwalter der großen Güter des Stiftes ein behagliches Leben führte.

IV

Draußen in der Welt

Mit einem Gefühl tiefer Trauer verließ Adolf das Kloster, das ihm durch vier Jahre eine liebe Heimat war. Da er nun, sechzehn Jahre alt, an der Schwelle zum Mannesalter stand, wollen wir ihn in Zukunft Lorz nennen. Von jetzt an hieß es auf eigenen Füßen stehen und nicht nur für seine Kleider, sondern auch für seinen ganzen Unterhalt selbst sorgen. Um seine Studien fortzusetzen, ging er nach Klagenfurt. Dort hatte das Stift St. Paul ein Nebenkloster, wo jene Mönche wohnten, die das Stift dem Klagenfurter Obergymnasium als Lehrer stellen mußte. Um dem früheren Sängerknaben weiterzuhelfen, hatte der Abt verfügt, daß diesem täglich ein Mittagessen im Kloster verabreicht werden sollte. Nachdem er einige dieser Freimahlzeiten genossen hatte, verzichtete Lorz sehr unvernünftig auf diese Wohltat. Es erfüllte ihn mit Widerwillen, daß er sich seinen Weg durch eine Schar von Bettlern, Männern und Weibern bahnen mußte, welche die Klosterküche belagerten, um ihre Suppe zu bekommen. »Noch bin ich kein Bettler«, sagte Lorz zu sich selbst, glücklich darüber, daß er sich in St. Paul einiges Geld erspart hatte. Damals war das Leben in Klagenfurt sehr billig, mit fünfzehn Gulden monatlich konnte man den Kopf über Wasser halten. Dank seiner Empfehlungsbriefe war es für den ehemaligen Sänger nicht schwierig, Privatlektionen zu bekommen, die mit sechs Gulden monatlich für eine Unterrichtsstunde täglich bezahlt wurden.

Lorz lebte mit einigen Freunden in einem Zimmer zusammen bei einer alten Frau, welche auch für die Studenten kochte. Es war ein armes, aber glückliches Leben, so ganz verschieden vom Klosterleben. Man war sein eigener Herr, konnte gehen, wohin man wollte, sah Leute, obwohl Klagenfurt damals eine sehr bescheidene Provinzhauptstadt war. Und dann sah man, was ganz neu und für einen angehenden Mönch höchst aufregend war – hübsche, junge Mädchen. Ein glücklicher Zufall fügte es, daß er auf seinem täglichen Schulweg einem jungen Mädchen begegnete, das den gleichen Weg zu ihrer Schule nahm. Sie besuchte die Lehrerbildungsanstalt. Es war nur natürlich, daß diese täglichen Begegnungen erst zu gelegentlichen Gesprächen, Verabredungen, zu Freundschaft und zur ersten unschuldigen Liebe führten. Diese erste Begegnung mit einem hübschen Mädchen genügte, um den jungen Mann seine Absicht, Benediktinermönch zu werden, vergessen zu lassen. Er wies diesen Gedanken von sich, lachte über seine frühere Vorliebe für das lange, schwarze Habit und begann mehr Geld für seine Garderobe als für sein Essen auszugeben. Mit geringen Auslagen brachte er es fertig, Provinzelegant zu werden, der nicht nur nette Kleider, sondern sogar Rüschen auf seiner Hemdbrust trug. Soweit es in Klagenfurt möglich war, strebte er nach vollendeter Eleganz, um nicht nur im allgemeinen, sondern ganz besonders auf Josefine einen guten Eindruck zu machen. Ein Zwicker mit Fensterglas durfte nicht fehlen. Es war eine glückliche Zeit. Der junge Student hatte niemals gedacht, daß es so leicht sei, sich selbst durchzuschlagen. Seine Studien machten ihm wenig Mühe. Hie und da widmete er Dingen eine müßige Stunde, die andern so schwer fielen.

Allein auf sich gestellt: Adolf Lorenz als Gymnasiast in Klagenfurt.

Eine gänzliche Veränderung erfuhr Lorz' Leben, als ihm die Hauslehrerstelle bei einem Knaben angeboten wurde, der in schlechtem Ruf stand. Hans war der Sohn einer wohlhabenden, vornehmen Familie der Stadt. Früheren Lehrern war es mißlungen, Hans davon zu überzeugen, daß das Gymnasium eine unentrinnbare Tortur für alle Knaben sei, welche im späteren Leben etwas erreichen wollten. Lorz kannte den Knaben und wußte, daß er ebenso hübsch und intelligent war, wie er früheren Lehrern als verstockt und widerspenstig galt. Lorz dachte, warum nicht versuchen, was anderen mißlungen war! So gab er alle seine Privatlektionen auf, um mit Hans in dem großen Haus seiner Eltern zu leben. Was für den Augenblick als Glücksfall erschien, erwies sich am Ende als das größte Mißgeschick, das dem Studenten bisher in seinem jungen Leben begegnet war. Im Anfang ging alles gut. Die Eltern waren liebenswürdig, besonders die junge, schöne Mutter, welche den neuen Hauslehrer mit allen möglichen Leckerbissen fütterte, um ihn seine Mühe mit Hans vergessen zu machen. Aber mit diesem Knaben zu leben und zu arbeiten, erwies sich als ein Martyrium, denn Lorz mußte nicht nur sein Lehrer, sondern auch sein Gefängniswärter sein. Hans dachte und trieb nichts anderes als böse Streiche und sträubte sich gegen jedes Lernen. Zwang machte ihn nur noch widerwilliger.

Trotzdem gelang es dem Lehrer, den Knaben sozusagen bei den Haaren durch zwei Klassen zu schleppen.

Lorz begann es tief zu bereuen, daß er seine Freiheit und die Arbeit mit angenehmen, willigen Schülern aufgegeben hatte. Das luxuriöse Leben in dem reichen Hause war ihm kein Ersatz dafür. Den Versuch, seine Stellung zu kündigen, beantworteten die Eltern mit der Bitte zu bleiben, und so blieb er. Man war im Griechischen bis zu den Verba auf »μι« gekommen. Hans mochte sich gesagt haben, bis hierher und nicht weiter. Eines Morgens im Frühwinter war Hans weder in seinem Bette, noch sonst wo im Hause zu finden. Er war während der Nacht aufgebrochen, aber nicht um sich zu töten, wie seine Mutter fürchtete. Er hatte es vorgezogen, zu den Eltern seines früheren Lehrers zu gehen, Bauersleute, bei denen er einmal früher zu Besuch war. Das war damals den sehr erschrockenen Eltern nicht bekannt. Nun sprachen sie in einem andern Tone. Nun war natürlich einzig und allein die Strenge des Lehrers an der Flucht des Knaben schuld, Lorz hatte ihn zur Verzweiflung getrieben, Hans konnte diese Quälerei einfach nicht länger aushalten. Selbstverständlich mußte der grausame Lehrer das Haus sofort verlassen und konnte gehen, wohin es ihm beliebte.

Der angeklagte Peiniger versicherte dem Vater des Hans, daß er sehr bedaure, jemals das Haus betreten zu haben. Nicht er, sondern der Vater selbst sei der Peiniger des Hans gewesen, da er darauf bestand, Hans müsse ein Doctor juris werden. Dazu werde sich Hans niemals zwingen lassen, und deshalb sei er aus dem Hause geflohen. »An Ihrer Stelle«, fuhr der Hauslehrer fort, »würde ich den Jungen in ein Geschäft stecken und einen guten Papierhändler aus ihm machen.« Diese Antwort war bissig, denn Lorz wußte, daß auch der Vater des Hans von seinem eigenen Vater zum Papierhändler gemacht worden war, weil er sich gegen Latein und Griechisch absolut gesträubt hatte. Wie der Vater, so der Sohn!

Aber diese billige Rache änderte nichts an der Tatsache, daß Lorz auf das Straßenpflaster gesetzt war, ohne einen Kreuzer Ersparnis, denn der »homo stultus« hatte sein ganzes Geld für Luxusgegenstände, seidene Halsbinden und seine Schuhe ausgegeben und war beim Schneider Raten schuldig; seine peinliche Situation ernüchterte ihn. Er warf verachtungsvoll seinen Zierzwicker fort, trennte die Rüschen von den Hemden, um an Wäschegeld zu sparen, und bat einen seiner Freunde um Quartier. Durch Verkauf seiner Sommerkleider um den zehnten Teil des Anschaffungspreises verschaffte er sich Geld für die unmittelbaren Auslagen. Die Sorge, wie er seine Studien fortsetzen könne, beunruhigte ihn weit weniger als die Frage, wovon er nun leben sollte. Die Nachricht von der Flucht des Zöglings und dem Hinauswurf des Lehrers verbreitete sich wie ein Lauffeuer in der Stadt. Der Direktor des Gymnasiums hatte für die Lage des entlassenen Hauslehrers Verständnis und bestätigte ihm, daß sich die Eltern schändlich benommen hätten. Er konnte ihm aber nicht helfen, da er zu dieser Jahreszeit keine Stunden mehr zu vergeben hatte.

Ein merkwürdiger Zufall fügte es, daß eine entfernte Tante eines Freundes, die auf ihrem Gute im südlichen Ungarn östlich von Arad lebte, einen Hauslehrer für ihren Sohn Artur brauchte, der seine Gymnasialstudien beginnen sollte. Der entlassene Hauslehrer bewarb sich um die Stellung, in der Hoffnung, daß sie noch nicht vergeben sei. Und so geschah es, daß ein neuernannter Hauslehrer Kärnten mit Ungarn vertauschte. Er verließ Klagenfurt höchst ungern, denn er hatte eine Menge

Freunde und war Mitglied des Männergesangvereines, dessen Übungsabende und Konzerte er nun nicht mehr mitmachen konnte. Es war ein trauriges Abschiednehmen. Viele seiner Freunde meinten, er wäre besser hier geblieben; sie fühlten, daß er in Gefahr war, seine Studien gänzlich abzubrechen. Aber das war Lorz' geringste Sorge. Er hatte nun eine Existenz und das übrige kümmerte ihn nicht. Freilich würde er seine Lehrer sehr vermissen, aber er konnte seine Studien allein fortsetzen und später zurückkommen, um die Maturitätsprüfung mit seinen Freunden zugleich abzulegen.

Der Ort, wo die Mutter seines zukünftigen Schülers lebte, war ein kleines Dorf, eigentlich nur ein Weiler mit wenigen, strohgedeckten Holzhütten, in denen rumänische Bauern wohnten. Die Häuschen hatten nicht einmal Schornsteine, der Rauch suchte sich seinen Weg durch das Strohdach. Nahe dem Flusse Körös erstreckte sich ein großer, aber vernachlässigter Park, in dem ein breites, einstöckiges Haus stand, das euphemistisch Kastell genannt wurde. Buchenbewaldete Hügel der Karpaten umschlossen das stille Tal. Das Gut bestand hauptsächlich aus Buchenwäldern und hatte nur eine geringe Ackerfläche. Es gab keine Eisenbahn, um gefällte Buchen abzutransportieren, und so ließ man sie stehen und an dem gleichen Platze fallen und verfaulen, auf dem sie zu Riesen herangewachsen waren. Frau v. R., die Eigentümerin des Gutes, war in bedrängten finanziellen Verhältnissen, da der Besitz schwer verschuldet war. Ihr einziges Bestreben blieb, das Gut vorteilhaft zu verkaufen. Die seltenen Besucher des Hauses waren meist Kauflustige, welche sich nach Besichtigung der verfallenden Wirtschaftsgebäude wieder zurückzogen. Das niedere, weitläufige Haus in dem verwilderten, großen Park war ein Bild tiefster

Einsamkeit. Frau v. R. wurde oft plötzlich nach Budapest gerufen, um dort mit ihren Gläubigern zu verhandeln. Dann blieb der Lehrer mit den Kindern allein im Hause, mit seinem etwa neunjährigen Schüler Artur, dessen kleinerem Bruder, der mit dem Lernen noch nicht begonnen hatte, und zwei allerliebsten Mädchen von fünf und sechs Jahren, Helene und Misa. An langen Winterabenden versammelten sich die Kinder um den großen Kamin des Wohnzimmers und sangen Kärntner Lieder, die Lorz sie gelehrt hatte. Diese Hauskonzerte wurden stets eingeleitet mit dem Motto des Klagenfurter Männergesangvereines: Was der Tau den Fluren, sind der Seele Lieder. Eine Haselnußgerte, in deren Rinde die schönen Worte des Mottos eingeschnitten waren, diente dem Kapellmeister als Taktstock. War Frau v. R. daheim, so ging dem Konzert eine englische Unterrichtsstunde voran, denn die Dame, deren Gatte englischer Abstammung war, sprach nicht nur Deutsch, Ungarisch und Rumänisch, sondern auch Englisch fließend. Sie war in der Tat eine ebenso vornehm aussehende, wie hochgebildete Frau. Von ihr empfing Lorz den ersten Unterricht in der Anstandslehre. Sie bemühte sich, aus dem ungehobelten Naturburschen einen Gentleman zu machen. Ihre Kritik nahm er stets mit Dank entgegen.

Es gab niemals Mißverständnisse zwischen der Dame des Hauses und dem Lehrer, eine einzige Gelegenheit ausgenommen. Während die Baronin auf einer Geschäftsreise abwesend war, erhielt Lorz die Einladung zu einem Balle in einem benachbarten Dorfe und nahm sie an. Er war hungrig, wieder einmal Menschen zu sehen, wahrscheinlich gab es dort auch schöne, junge Mädchen. Auf einer alten Mähre reitend, brauchte er bei dem herrschenden Glatteis über eine Stunde, um sein Ziel zu erreichen. Seine

Füße waren durch die kalten Steigbügel halb erfroren. Der Tanzlustige war ärgerlich, keine Handschuhe zu haben, während die anderen jungen Männer nicht nur weiße Handschuhe trugen, sondern auch darüber glitzernde Ringe aufgesteckt hatten. Trotzdem fand der schlanke, blonde, junge Mann mehr Beifall bei den Tänzerinnen, besonders bei einem gewissen hübschen jungen Mädchen, als seine schwarzäugigen, zigeunerhaften, ringgeschmückten Rivalen. Auf seinem Heimweg fühlte er sich ein wenig beunruhigt; es würde nicht angehen, die Nacht auf Bällen zuzubringen und bei Tage zu studieren. Er beschloß damit ein Ende zu machen und der Baronin seinen nächtlichen Ausflug zu verschweigen. Aber sofort nach ihrer Heimkehr erfuhr sie davon. Was sie zu ihrem Hauslehrer sagte, war schlimmer, als er erwartet hatte. Sie sei enttäuscht zu sehen, daß ihre Bemühungen, den jungen Mann besser zu erziehen, fehlgeschlagen seien. Sein moralisches Empfinden sage ihm nicht einmal, welche Gesellschaft er wählen sollte. Der Getadelte antwortete freimütig: »Die Gesellschaft war mir gut genug.« Dabei dachte er an das junge Mädchen, mit der er die Nacht so leidenschaftlich durchtanzt hatte. Aber darin sei er mit der Baronin einer Meinung, daß Studieren und an verschiedenen Orten zu tanzen, nicht vereinbar sei. Das Tanzen müsse jedenfalls ausfallen. Sie erwiderte darauf: »Diese Antwort habe ich von Ihnen erwartet.«

Die zehn Monate in Gurahonecz waren eine glückliche, aber anstrengende Zeit, da Artur unterdessen für die Aufnahmeprüfung in die dritte Gymnasialklasse vorbereitet werden sollte. Mit dem Lehrgang der Schule verglichen, galt es doppelte Arbeit in halber Zeit zu leisten. Dazu kam, daß Artur niemals eine Schule besucht hatte und nur höchst unregelmäßig und ungenügend von seiner Mutter unterrichtet worden war. Doch war er von großer Intelligenz und besonderem Eifer, gerade das Gegenteil von dem früheren Schüler Hans. Lorz und Artur wurden gute Freunde, unzertrennlich bei Arbeit und Spiel. In dieser Beziehung waren sie auf sich allein angewiesen; denn im Kastell gab es keinen Zeitvertreib für die Stunden der Erholung. Doch fand Lorz eines Tages in einem Winkel des Hauses ein altes Gewehr. Obwohl es verrostet war, fehlte kein wichtiger Teil und es versprach nach gründlicher Reinigung ein gutes Spielzeug zu werden. Die Knaben brauchten zwei Wochen, um alle zum Scheibenschießen nötigen Gegenstände herbeizuschaffen. Eine Schießstätte wurde nach langem Suchen auf einer weiten Wiese gefunden, die durch ein Bächlein in zwei Teile getrennt war, ihren Hintergrund bildeten bewaldete Hügel. Die Schützen befestigten die Papierscheibe auf einem kurzen Pfahl, den sie mitten in der Wiese in den Boden rammten.

Lorz erklärte seinem Zögling alles, was er selbst über das Scheibenschießen wußte. In den österreichischen Alpen, besonders in Tirol, ist es der Nationalsport. Jeder Tiroler ist ein Scharfschütze. Keine Festlichkeit ohne Scheiben- oder Böllerschießen! Lorz machte seinem Schüler begreiflich, was es für die nationale Verteidigung bedeute, wenn jeder Mann ein sicherer Schütze war und wie 1809 die Tiroler Bauern unter ihrem Nationalhelden Andreas Hofer selbst Napoleon widerstanden hatten.

Artur interessierte sich weniger für die Geschichte der Tiroler Landesverteidigung als für die Aufgaben des Zielers. Manches Mal, so erzählte der Lehrer, ist der Zieler als Harlekin verkleidet, der zur Scheibe rennt, sobald ihm das Zeichen hiezu gegeben wurde. Sein Verhalten vor der Scheibe bedeutet für den Schützen alles. Eine verächtliche Geste ist nicht mißzuverstehen, ein leichtes Kompliment hält den Schützen in Atem, während der Zieler mit seinem Stock den Treffer bezeichnet und die Zahl der Kreise durch Schwingen des Zielstockes bekanntgibt. Wenn die Kugel das Zentrum trifft, wird durch eine Maschinerie ein Böller gelöst und der Zieler springt wie ein Hanswurst herum, johlt und stellt sich sogar manchmal auf den Kopf.

Artur wollte sofort der Zieler sein. »Lieber nicht«, antwortete Lorz. »Besser wir gehen zusammen nach jedem Schuß zur Scheibe und machen uns dabei auch ein wenig Bewegung.« So galoppierten sie nach jedem Schuß über die Wiese, sprangen über den Bach zur Scheibe und markierten die Treffer. Diese forcierte Bewegung zwang sie zu tiefem Atmen. Da aber der Scheibenschütze während des Zielens seinen Atem besser ganz anhält, bevor er den Stecher berührt, beschloß Lorz an Ort und Stelle zu bleiben und erlaubte Artur, der Zieler zu sein. Er schärfte dem Knaben ein, sich weitab von der Scheibe in einem kleinen Wäldchen zu verstecken und erst dann zur Scheibe zu laufen, wenn er den Schuß gehört hätte. Einige Zeit hindurch ging alles gut. Zum Schlusse wollte der Schütze ein Zentrum erzwingen. Er zielte lange und sorgfältig bei angehaltenem Atem und versuchte immer wieder, bis die Mücke, welche die Umwelt vor ihm verbarg, im Zentrum der Scheibe stand – und los ging der Schuß! – Als der Schütze das Gewehr senkte, befiel ihn ein lähmender Schrecken, seine Knie begannen zu zittern und er ließ das Gewehr fallen. Vor der Scheibe stand Artur und deckte sie mit seiner Brust. Im selben Augenblick begann der Knabe zu schwanken und stürzte wie vom Blitz getroffen zu Boden. Der unglückliche Schütze starrte verzweifelt auf die gräßliche

Szene, mit weiten Sprüngen eilte er der Stelle zu, an der sich das Schicksal seines Lebens entscheiden sollte. Das arme Opfer des entsetzlichen Unglücks wand sich in letzten Zuckungen am Boden. Der schlanke Körper des Knaben krümmte sich zu einem Bogen, als ob er sich erheben wolle, fiel aber sofort wieder in sich zusammen. Entsetzt ergriff Lorz den Knaben und hob ihn vom Boden auf. Artur atmete noch oder schnappte vielmehr nach Atem; sein Gesicht hatte eine bläuliche Farbe und seine Augen schienen hervorzuquellen. »Artur, lieber Artur, was ist dir geschehen, bist du verletzt?« stöhnte tief erschüttert der junge Mann. »Artur, antworte, sag' ja oder nein!«

Zu seiner unbeschreiblichen Erleichterung antwortete Artur in seiner langsamen und überlegten Art: »Sie haben das Zentrum getroffen, zum erstenmal! Ich hab' nicht gedacht, daß es so schwer ist, auf dem Kopfe zu stehen.« – »Artur, sag', was ist mit dir?« unterbrach in Lorz.

»Ich verletzt? Ich verstehe Sie nicht. Ich versuchte auf dem Kopfe zu stehen, wie es die Zieler manches Mal tun, wenn das Zentrum getroffen ist.« Der Lehrer umarmte seinen Schüler und machte seiner seelischen Erschütterung in einem Tränenstrom Luft. Der Knabe war zur Scheibe gelaufen, weil ihm das Warten zu lange dauerte. Wahrscheinlich hatte er irgendein anderes Geräusch für den Schuß gehalten, der in einiger Entfernung von der Scheibe ein leicht überhörbares Schnalzen ist, und war gerade vor die Scheibe getreten, als einen Augenblick zuvor die Kugel ihr Ziel – das Zentrum – erreicht hatte. Als Artur die Situation begriff und inne wurde, welche Qualen sein älterer Freund erlitten haben mußte, fiel er ihm um den Hals und sagte: »Die Mutter darf davon kein Wort erfahren.« Das Geheimnis blieb gewahrt!

Ist es nicht merkwürdig, daß Artur in späteren Jahren selber ein guter Schütze wurde, was ihm sehr zustatten kam, als er und seine tapfere Frau während des Boxeraufstandes in Peking die österreichische Gesandtschaft zu verteidigen hatten.

Das Honorar des Lehrers sollte für den Unterricht der zehn Monate dreihundert Gulden betragen, die in Raten zu bezahlen waren. Obwohl diese höchst unregelmäßig eingingen, war Lorz bald ein Kapitalist im Vergleiche zur Dame des Hauses. Es war selbstverständlich, daß der reiche Lehrer dem häufigen Geldmangel der Dame aushalf. Die Buchführung wurde zum Schlusse so kompliziert, daß Lorz niemals wußte, was er besaß. Er betrachtete sich mit dem Schicksal des zusammenbrechenden Hauses und seiner tapfer kämpfenden Herrin als so eng verbunden, daß er sich in Gütergemeinschaft mit ihr fühlte. Die Vermögenssumme dürfte um die Ziffer Null geschwankt haben. Aber all das konnte sich durch einen guten Verkauf des wertvollen Waldbesitzes zum Guten wenden. Der Verkauf kam auch zum großen Vorteil des Käufers zustande, und die Familie verließ ihren wertvollen Besitz in Armut; aber das geschah einige Jahre später, als Lorz bereits Student der Medizin in Wien war.

Am Ende des zehnten Monats brachte Lorz seinen Schüler nach Klagenfurt, wo dieser eine sehr gute Aufnahmeprüfung für die dritte Gymnasialklasse ablegte, während sein Lehrer die Maturitätsprüfung mit Auszeichnung bestand. Als Lorz sich von Artur verabschiedete, wußte er nicht, daß er ihn bei der nächsten Begegnung als Seine Exzellenz den österreichischen Gesandten in China zu begrüßen haben würde.

V

Ein Student der Medizin

Nun, da Lorz zwanzig Jahre alt und ein erwachsener Mann geworden ist, nennt er sich bei seinem vollen Namen Lorenz.

Obwohl meine Lehrer mir rieten, Philosophie zu studieren, um Gymnasialprofessor zu werden, beschloß ich doch das Studium der Medizin zu wählen. In meiner Wahl war ich sehr beeinflußt durch Frau v. R., die mit dem Professor der Chirurgie Franz Schuh, dem Vorgänger des berühmten Billroth, weitläufig verwandt gewesen war. Außerdem hatte sie mir einen Empfehlungsbrief an den Professor der Anatomie Karl Langer mitgegeben, der längere Zeit in Ungarn gelebt hatte und derzeit als Nachfolger des berühmten Anatomen Hyrtl in Wien wirkte. Etwas sorgenvoll beschloß ich nach Wien zu gehen und dort wenigstens zu versuchen, Medizin zu studieren. Das Studium schreckte mich nicht, wohl aber das Problem, wovon ich in Wien leben sollte. Mein ganzes Vermögen betrug etwa dreißig Gulden. Es war in der Tat kein leichtes Unternehmen, als Student der Medizin seinen Lebensunterhalt in der Reichshaupt- und Residenzstadt Wien zu finden. Doch war das Leben in der Kaiserstadt an der Donau zu jener Zeit weit leichter und angenehmer als jetzt. Kost und Wohnung waren billig, und dreißig Gulden konnten für einen Monat zur Not reichen. Obwohl die Vorlesungen schon begonnen hatten, war vorläufig das Studium Nebensache. Hauptsache blieb die Sorge um einen Verdienst. Ich kannte mehrere Büros, in denen Privatstunden ausgeschrieben waren, und pilgerte mehrmals die Woche dorthin, nur um zu erfahren, daß es entweder keine Stunde gebe oder daß Philosophen den Medizinern als Privatlehrer vorgezogen würden. Selbstverständlich hatte ich meinen Empfehlungsbrief bei Hofrat Langer abgegeben. Er war nicht nur Lehrer der Anatomie, sondern auch Referent für medizinische Studienangelegenheiten im Unterrichtsministerium. Er empfing mich freundlich und gab mir eine Aushilfsbeschäftigung. Ich bekam den Auftrag, die Titelblätter von etwa tausend anatomischen Werken in den Katalog der Institutsbibliothek einzutragen, nachdem ich ihm eine Probe meiner Kalligraphie gegeben hatte. Ich arbeitete beiläufig eine Woche und erhielt fünfzehn sehr willkommene Gulden. Weit wertvoller als dieses Honorar war die persönliche Bekanntschaft mit Hofrat Langer, wie die Zukunft zeigen sollte. Aber diesmal half mir kein glücklicher Zufall wie damals in Klagenfurt aus der Verlegenheit. Ich konnte keine Lektionen finden und mein Geld schmolz trotz aller Sparsamkeit mehr und mehr zusammen.

Adolf Lorenz als Student der Medizin an der Universität Wien (um 1878).

Ich pflegte meine Mahlzeiten in der damals neu errichteten Volksküche zu nehmen, wo ich die Bekanntschaft eines Dienstmannes machte, der an der Ecke der Alserstraße seinen Standplatz hatte und dort seine Aufträge übernahm. Der schon ältere Mann schien an mir, um wienerisch zu sprechen, einen Narren gefressen zu haben, und ich erzählte ihm von meinen vergeblichen Versuchen, Arbeit zu finden. »Jessas, i wüßt' scho a Arbeit für Ihna! An jungen, starken G'hilfen wie Sö san, könnt' i ganz guat brauch'n. Do derspar'ns Ihna was und könnten nacha weiter studiern.« Ich überlegte diesen Vorschlag ernstlich und versprach dem hilfsbereiten Mann, nächstens bei ihm anzufragen. Meine Not wuchs, und ich war nahe daran, mich bei meinem alten Freund zum Dienstantritt zu melden.

Durch meine sorgenvollen Gedanken schoß plötzlich die Erinnerung an meinen Abschied von Weidenau, als ich auf dem Kutschbocke neben meinem Paten Kluß saß; hatte mir dieser doch wieder von seinem Bruder erzählt, der Beamter im Unterrichtsministerium war. Sofort schrieb ich an den Klußpaten und bat ihn um ein Empfehlungsschreiben an seinen Bruder. Der Herr Ministerialrat, dem ich den Brief seines Bruders übergab, empfing mich sehr freundlich und wollte sich meiner als kleinen Knaben erinnern, den er bei seinem Besuche in Weidenau gesehen hatte. Ich schilderte ihm meine große Not, die mich zum Äußersten treiben mußte: »Es bleibt mir augenblicklich nichts anderes übrig, als entweder Dienstmann zu werden oder nach St. Paul zu gehen, um ins Kloster einzutreten. Einmal war dies mein heißer Wunsch, aber ich bin während der letzten vier Jahre anderen Sinnes geworden; ich würde gewiß ein schlechter Mönch werden. Weit besser würde ich mich zum Dienstmann eignen.«

Der Herr Sektionsrat lachte: »Nicht so gach, junger Mann. Aber Gott behüte, daß Sie ins Kloster gehen, ohne den Beruf dazu zu fühlen. Zuerst wollen wir für den Augenblick vorsorgen.« Und er schrieb ein Gesuch an das Ministerium mit der Bitte um Unterstützung für einen würdigen, armen Studenten. »Das Gesuch wird durch meine Vermittlung sofort erledigt werden«, fügte er hinzu und forderte mich auf, ihm zum Herrn Sektionschef R. zu folgen, dem er das Gesuch mit warmer Empfehlung vorlegte. Der Herr Sektionschef, ein alter Herr mit schneeweißen, kurz geschorenen Haaren, musterte den Bittsteller lange und schwieg, wie in eine Erinnerung versunken. »Kopf hoch, junger Herr, machen Sie sich nichts draus. Die Zeit, als es Ihnen in der Jugend am schlechtesten ging, wird im Alter Ihre schönste Erinnerung sein. Mir ist es vor fünfzig Jahren genauso schlecht gegangen, und ich habe genau wie Sie fünfzig Gulden Unterstützung vom Unterrichtsministerium bekommen. Ich wollt', ich wäre so jung wie Sie und müßte noch einmal darum betteln.« Mit diesen Worten überreichte er mir einen Umschlag, der eine Fünfzig-Guldennote enthielt. Als mich der würdige alte Herr wohlwollend auf die Schulter klopfte, sah ich seine Augen feucht schimmern und ich schluchzte auf.

Hohes Unterrichtsministerium von heute, nimm dir zum Vorbild, wie nobel du vor zweiundsechzig Jahren warst, und wie dein Wohltun Zinsen trug, denn ich habe dir dein Geschenk hundertmal abverdient!

Der gute Sektionsrat Kluß wollte seinem Landsmann nicht nur für den Augenblick, sondern auch für die Zukunft helfen und wies ihn an, um ein Windhagsches Stipendium einzureichen. Er werde für eine günstige Erledigung des Gesuchs Sorge tragen. Und wirklich bekam ich das Stipendium von dreihundert Gulden jährlich für die ganze Studienzeit von sechs Jahren. Dazu kamen noch alle Prüfungstaxen, vorausgesetzt, daß die Rigorosen zum gesetzlichen Termin erfolgreich bestanden wurden. Allerdings war die Bedingung daran geknüpft, daß diese Gelder einschließlich der Promotionstaxe »bei zu erlangenden Zahlungsmitteln« an den Fonds zurückerstattet werden müßten. Was für ein Segen waren die vielen Stipendien für die armen Studenten der Vorkriegszeit und wie grausam haben die Kriegsfolgen diesen Segen vernichtet!

Nicht so gnädig wie der Herr Sektionschef im Unterrichtsministerium ging der damalige Dekan der medizinischen Fakultät mit dem angehenden Studenten um. Ich hatte als armer Student um Kolleggeldbefreiung angesucht. Da ich das hierzu nötige Armutszeugnis verspätet erhielt, konnte ich mein Gesuch erst am letzten Tage des Termins überreichen. Für den Herrn Dekan reichte dieser nur bis zum Ende seiner Amtsstunden. Da sie um einige Minuten überschritten und der Herr Dekan schon im Fortgehen begriffen war, verweigerte er die Annahme des Gesuches, und fuhr den Bittsteller mit krähender Stimme an: »Ich werde den jungen Leuten schon noch Ordnung beibringen.« Ich hätte dem krähenden Vogel ins Gesicht springen mögen. Die studentenfeindliche Haltung des Herrn Dekans kostete mich fast die Hälfte des ministeriellen Geschenkes. Entzünde nicht Rachsucht im Herzen der Jugend, sie wird erlittenes Unrecht nie vergessen und ruhig auf die Stunde der Vergeltung warten!

Ungeachtet dieses Mißgeschickes war nunmehr der Himmel blau und alle Sorgen vergessen. Es schien mir, als hätte ich meine Studien schon vollendet, denn dies war nur mehr eine Frage der Zeit und nicht mehr eine Frage an sich.

Im Laufe der Monate bekam ich auch eine Privatlektion im Hause eines Zeitungsmannes, so daß ich von nun an nicht mehr ein armer, sondern sogar ein reicher Student war. Jetzt endlich konnte ich mich sorglos dem Studium selbst zuwenden. Mein Lieblingsfach war Anatomie; nach einigen Monaten war ich imstande, faule Kollegen in die Geheimnisse der menschlichen Knochenlehre einzuweihen. Ein glücklicher Zufall wollte es, daß Hofrat Langer bei seinem Rundgang durch die Seziersäle den früheren Katalogschreiber zu seinem Erstaunen Osteologie vortragen hörte. Langer trat hinzu und sagte zu dem jungen Studenten, der sich aus eigener Machtvollkommenheit zum Lehrer aufgeworfen hatte: »Es scheint, daß Sie ein gutes Lehrtalent haben. Widmen Sie sich eifrig der Anatomie. Machen Sie sich in der Prosektur meinen Assistenten nützlich, legen Sie Ihre Prüfung mit Auszeichnung ab und ich werde Sie in zwei Jahren zum offiziellen Demonstrator der Anatomie an meinem Institute ernennen.« Dieser Tag bezeichnete den ersten Schritt in meiner Karriere. Fortan gab es für mich nichts in der Welt als Anatomie, und ich arbeitete mit wahrem Feuereifer.

Und Hofrat Langer hielt sein Wort. Nach meinem Anatomierigorosum wurde ich zum Demonstrator der Anatomie ernannt. Die neue Würde als Appendix des Lehrkörpers brachte mir ein weiteres Stipendium von dreihundert Gulden, so daß ich mir wie ein Krösus vorkam. Einmal wurde mir auch die Gelegenheit zu einem Privatkurs über Anatomie gegeben, der allerdings ganz außerhalb meiner amtlichen Verpflichtungen lag. Zwei junge Doktoren der Philosophie fühlten das Bedürfnis nach anatomischen Kenntnissen. Einer von ihnen war ein blonder, mit wienerischer Eleganz gekleideter, schöner junger Mann. Der andere, in seinem Radmantel und zerknittertem Schlapphut, glich eher einem armen Maler als einem Doktor der Philosophie. Sein ernstes, gebräuntes Gesicht war von einem kurzen dunklen Vollbart umrahmt. Ich nannte meine beiden Schüler den »Lichten« und den »Dunklen«, da ich mir die Namen, besonders den des letzteren nicht merken konnte. In seinem Munde klang der Name wie das Schlagen eines Hammers gegen den eisernen Amboß. Ich vernahm Laute wie: schick – schrack – schrick. Später lernte die ganze Welt den Namen dieses Mannes zu buchstabieren und auszusprechen, denn er war berufen, der Begründer und erster Präsident der Tschechoslowakischen Republik zu werden: Tomáš Garrigue Masaryk, der auch heutzutage sich von seinem Schlapphut nicht trennt.

Aber Medizin besteht nicht nur aus Anatomie. Ich mußte auch Zeit finden, die Kliniken zu besuchen. Zu Beginn meiner klinischen Studien wollte ich vor allem wissen: was ist der Krebs? In meiner Erinnerung hörte ich noch den Kicherchor aus dem geöffneten Schulfenster: »Das ist der Krebs.« Die kleinen Schulkinder wußten sogar, wie viel Füße er hat. Zu meiner Enttäuschung erfuhr ich, daß die medizinische Wissenschaft bis zur Stunde nichts Sicheres über die Natur des Krebses wisse, ja nicht einmal, ob das, was man im allgemeinen Krebs nennt, die Krankheit selbst oder nur ein spätes Symptom derselben sei. Wenn ich die Befunde des pathologischen Anatomen mit den unzulänglichen Mitteln verglich, durch welche die innere Medizin damals den Krankheiten beizukommen suchte, fühlte ich mich abermals enttäuscht. Die Anatomie schien mich besser für die Chirurgie vorzubereiten, die damals in großem Aufschwung begriffen war.

Finanziell nunmehr gesichert, hätte ich meine Privatlektionen ohne weiteres aufgeben können. Aber die vornehme Familie meines Schülers Heinrich war mein einziger Zufluchtsort in der großen Stadt, sozusagen meine einzige Verbindung mit der lebendigen Welt, wenn ich den ganzen Tag bei den Toten zugebracht hatte. Außerdem konnte ich meinen Schüler, obwohl er ein fauler Junge war, recht gut leiden. Die Dame des Hauses hielt es für notwendig, die gesellschaftlichen Manieren des unbeholfenen, jungen Mannes ein wenig zu verbessern. Frau H. war eine immer noch jugendliche, schöne und sehr gebildete Dame, welche Musik, die schönen Künste und das Reisen über alles liebte. Von ihr wurde der junge Demonstrator der Anatomie angeeifert, den Gesang wieder aufzunehmen, die Gemäldegalerien und die barocken herrlichen Bauwerke der alten Stadt zu studieren.

Sie begleitete den jungen Mann auf dem Klavier, wenn er Schubertlieder sang. Er verehrte die Dame als ein Wesen höherer Art und sie vergalt diese Verehrung mit allerhand Leckerbissen. Sie erklärte ihn für einen unterernährten, unreifen Jüngling, der erst sein Wachstum vollenden müsse, ehe er daran denken könne, Professor der Anatomie zu werden. Mein Leben war eher hart, denn mein Tag dauerte bis Mitternacht. Wenn ich abends um neun Uhr in mein Studentenzimmer kam, kochte ich meinen Tee und brütete bis zwölf Uhr über den Büchern. Das sogenannte Studentenleben lernte ich niemals kennen, denn ich hatte einfach keine Zeit dazu. Hingegen machte ich in den Ferien weite Reisen, vielfach zu Fuß, und gab dabei so wenig aus, daß Frau H. es kaum glauben wollte, ich sei wirklich in der Schweiz, in Rom und Neapel gewesen. Mit Ausnahme der Wahl der

Hotels hatte ich alle Ratschläge der erfahrenen Reisenden befolgt.

Als reichlich verdienender Student war ich sogar in der Lage, meinen kranken Vater zu unterstützen, der in seinem siebenundfünfzigsten Jahre an beiden Beinen gelähmt wurde. Er benötigte einen mechanischen Fahrstuhl, den er mit den Händen in Bewegung setzen konnte. Ich war glücklich, ihm diesen Fahrstuhl kaufen zu können. Hätte der unglückliche Mann länger gelebt, so hätte ich seine alten Tage freundlicher gestalten können. Einige Jahre vorher war meine Mutter in wenigen Tagen den schwarzen Blattern erlegen.

Im letzten Jahre meiner medizinischen Studien genügte ich meiner Militärpflicht; glücklicherweise wurde ich nicht nach Bosnien beordert, dessen Annexion der erste Nagel zum Sarge der Monarchie werden sollte.

Es fehlte mir an jedem militärischen Ehrgeiz. Er war schon drei Jahre vorher durch die Einladung meiner militärischen Behörde im Keim erstickt worden, im Brigadearrest Nr. 4 über das Verbrechen einer versäumten Kontrollversammlung vier Tage lang nachzudenken. Einem glänzenden Trinkgeld öffneten sich leicht die Pforten des Verlieses, dessen einziges Möbel ein großer, in der Mitte stehender Holzkübel war. Die ihm entströmenden Düfte verrieten deutlich seinen Zweck. Aber statt in ihm langsam zu ersticken, brachte ich meine Haft in der Wohnung des gestrengen Profosen zu, und wurde von dessen Frau und Tochter als willkommener Kostgänger verhätschelt.

Mein mangelnder militärischer Ehrgeiz ließ mich den Kanzleidienst wählen. Ich hatte die sehr lebhafte Krankenbewegung zu registrieren. Da die Statistik ohnehin nicht zu den exakten Wissenschaften zählt, machte ich mir kein Gewissen daraus, einander widersprechende Zahlen durch Abrundung in Harmonie zu bringen. Jedem Monatsbericht war, aus unerfindlichen Gründen, eine Tabelle über die Meteorologie der letzten vier Wochen beizulegen. Nachdem ich erfahren hatte, welche Störung die Erhebung aller Daten den Beamten der meteorologischen Anstalt auf der hohen Warte verursachte, ließ ich weiterhin die Winde nach eigenem Ermessen wehen oder die Richtung ändern, schätzte die Temperaturen saisongemäß mit der Hand, sprang mit dem Luftdruck höchst willkürlich um und unterbrach – gleich unserem Herrgott – Regenwetter zur Abwechslung mit Sonnenschein.

Trotz solcher dienstlicher Vergehen wurde leider das Spiel gewonnen und Bosnien samt der Herzegowina annektiert. So ging das Militärjahr vorüber, ohne daß ich den Dienst im Seziersaal aufzugeben brauchte.

Ohne jede Schwierigkeit legte ich im sechsten Jahre meines Studiums das Rigorosum ab und wurde zum Doktor der gesamten Heilkunde, aber noch keineswegs zum »großen Herrn« gestempelt. Als neugebackener Doktor der gesamten Heilkunde, so genannt, weil derselbe »ex singulis aliquid, ex toto nihil« weiß, war ich durch eine Verkettung von Zufällen dazu berufen, mir meine ersten ärztlichen Sporen in der sogenannten praxis aurea zu verdienen, noch ehe ich auch nur die allergeringste praktische Erfahrung im Umgang mit Kranken, geschweige denn in ihrer Behandlung haben konnte, da ich mich bisher sehr wenig mit dem lebenden, sondern fast ausschließlich mit dem toten Menschen beschäftigt hatte.

Als gelerntem Anatomen war mir indessen die Lage und Beschaffenheit noch so tief im menschlichen Körper versteckter Organe so wohlbekannt, daß es nur einer oberflächlichen Anleitung durch einen Spezialisten bedurfte, mich in den Stand zu setzen, einem mehr oder weniger gelähmten Hohlorgan seinen Inhalt abzuzapfen, wenn eine selbsttätige Entleerung nicht möglich war.

Dieser Fall traf leider bei einem noblen alten Herrn zu, der um etwa dreißig Jahre zu früh auf die Welt gekommen war, um noch der Segnung der modernen Chirurgie teilhaftig werden zu können. Sein an sich harmloses und dennoch tödliches Leiden, das ein Vorrecht der älteren und alten Männer ist (Prostata-Hypertrophie), wäre seinerzeit durch eine zwar brutale, aber lebensrettende Operation heilbar gewesen. Nun aber war der arme alte Herr zu einem Leben verurteilt, das für jeden Menschen unerträglich sein muß, auch wenn diese Leiden durch die ärztliche Kunst einigermaßen erleichtert werden können.

Mit dieser Aufgabe wurde ich als Leibarzt Seiner Durchlaucht des Fürsten X. während seines Sommeraufenthaltes auf Schloß Y. in Steiermark betraut. Zwar hätte seine Durchlaucht selbst meine Aufgabe nicht minder gut erfüllen können, aber als Doktor der gesamten Heilkunde mußte ich – so glaubte man wenigstens – jeder Eventualität gewachsen sein. Trotzdem scheiterte ich einmal bei meinen Bemühungen und mußte einen Spezialisten zu Hilfe rufen. Dieser tröstete mich mit der Versicherung, daß nicht meine Ungeschicklichkeit, sondern die vollständige Unbrauchbarkeit der Instrumente an meinem Versagen schuld war. Als dieser Fehler behoben wurde, hatte ich keinen Anstand mehr – aber als Schloßarzt viel zu wenig zu tun. Vergebens spähte ich nach einem weiteren Opfer meines ärztlichen Tatendranges. Aber die ganze fürstliche Familie erfreute sich der besten Gesundheit. Da wollte es das Unglück des jüngsten

Familienmitgliedes – des Prinzen Georg, eines Babys im Alter von noch kaum zwölf Monaten, daß mir seine »wet nurse« mitteilte, die kleine Durchlaucht leide an den »Vierzigern«, welche die Unverschämtheit hätten, den zullenden Prinzen schon weit über die gebührliche Zeit von vierzig Tagen zu belästigen. Man wußte zwar damals nicht und weiß es auch heute nicht, weshalb und wieso diese Vierziger immer noch auf der Welt sind, wußte aber genau, daß der Ausschlag heilbar ist, weil er nach einer gewissen Zeit immer von selbst heilt.

Aber der tatendurstige Leibarzt wollte die Heilung möglichst beschleunigen und glaubte dieser Absicht am besten zu dienen, wenn er das nichts weniger als schöne Aussehen des von eitrigen Krusten bedeckten Kopfes zunächst dadurch etwas freundlicher gestaltete, daß er mit in Öl getauchter Watte die Grinde abrieb – wodurch weder Nutzen noch Schaden angerichtet werden konnten, hätte das Öl nicht fünf Prozent Karbolsäure enthalten. So sehr war die ärztliche Jugend auf Karbolsäure dressiert.

Tags darauf brach im fürstlichen Schlosse Feuer aus. Nicht veritables Feuer, denn es wäre schade um das herrliche alte Schloß gewesen, sondern das Feuer der Entrüstung über den ahnungslosen Leibarzt, der seine Befugnis überschritten und seine Obsorge vom ältesten zum jüngsten Familienmitglied erstreckt hatte.

Es waren nämlich auf den Windeln der kleinen Durchlaucht schwarzbraune Landkarten mit eigensinnig verschlungenen Grenzlinien erschienen, welche an kein bekanntes Land, am wenigsten aber an das Fürstentum erinnerten. Seine Durchlaucht Prinz Georg war mit Karbolsäure vergiftet worden, und seine gesunde Konstitution hatte das Gift auf dem natürlichen Wege wieder ausgeschieden – wie sein ungestörter Appetit bewies.

Aber das Vertrauen auf meine ärztliche Kunst war verscherzt. Als Fürstin Henriette, die Mutter des Prinzen Georg, über Schmerz beim Schlucken klagte, erlaubte sie mir wohl, in ihren Hals zu schauen, und sagte sogar: ah, ah! Aber irgend welche Behandlung von meiner Seite lehnte sie entschieden ab.

Ich bewohnte ein im Turm des Schlosses gelegenes kleines Zimmer, das einen herrlichen Blick auf die Landschaft bot. Die Mahlzeiten wurden in dem großen Speisesaal des Schlosses genommen, dessen Kredenztische mit schwerem Tafelsilber geschmückt waren. Das hätte sich übrigens jede gleich reiche Familie leisten können, aber in diesem Hause war das Silbergeschirr mit Goldmünzen geziert, welche von Ahnen der Familie geprägt und mit ihren Reliefbildern versehen waren. An dieser sogenannten Marschallstafel nahmen teil: die beiden Töchter des Hauses, Prinzessin Fanny und Prinzessin Therese mit ihrer Erzieherin, ferner ein pensionierter Hofmeister und meine Wenigkeit.

Die Prinzessinnen standen im Alter der »sweet sixteens«, die ältere der Schwestern, Prinzessin Fanny, war groß, schlank, goldblond, pfirsichhäutig und von allen Reizen der Jugend umschlossen. Eine charakteristische Familiennase führte die Oberherrschaft über das typische Familiengesicht, in welchem Rosen mit zudringlichen Sommersprossen um die Wette blühten.

Die Erzieherin, eine schon angegraute Dame, war eine so fanatische Französin, daß sie einen roten Kopf bekam, wenn jemand »Straßburg« statt »Strasbuhr« sagte. Sie mag die beste Erzieherin der Welt gewesen sein, für mich blieb sie der Drache, der zwei Märchenprinzessinnen argwöhnisch bewachte und jeden Gedanken der harmlosesten Annäherung an die holden Fürstlichkeiten im Keim erstickte.

Die berühmte Wagnersängerin Materna war einmal ihres Weges gekommen und hatte durch einige Arien, welche sie mir leise vorsang, meine Begeisterung für Wagner derart in Siedehitze gebracht, daß ich bei passender und unpassender Gelegenheit Verse von Wagner zitierte.

Als mir einmal bei Tische eine Schüssel gereicht wurde, die mir besonders glatt vorkam, deklamierte ich halblaut: »Nicht fasse, nicht halt' ich das schlecke Geschlüpfer«, woraufhin der Drache, wie von Siegfrieds Schwert getroffen, auffuhr und mir ihr »je vous défends« entgegenschleuderte. Trotzdem habe ich die verwunschenen Prinzessinnen, vor allem die Prinzessin Fanny in lebhafter Erinnerung behalten, und es war mir eine freudige Überraschung, daß ich ihr (mehr als ein halbes Jahrhundert später) zu ihrem Eintritt ins biblische Alter gratulieren konnte.

Die ganze fürstliche Familie blieb in meinem Gedenken stets verankert. Hatte ich doch im fürstlichen Hause an einem Säugling und an einem Greise meine ersten ärztlichen Erfahrungen gemacht, die sich später an meiner eigenen Person wiederholen sollten, wie aus dem weiteren Verlaufe dieser Geschichte erhellen wird.

Ich war ein guter Messeranatom geworden – wie man die Anatomen der alten Schule geringschätzend nannte, da sie sich mit dem Mikroskop wenig befaßten. Hofrat Langer, in dessen Gunst ich seit langem stand, wollte mich als offiziellen Assistenten in seinem Stabe behalten. Er wußte von seinem Schüler mehr, als dieser ahnte. Eines Tages nahm er ihn beiseite und »warf ihm das Hölzl«, wie man in Wien zu sagen pflegt, wenn man jemanden einfangen will. »Wenn Sie so fleißig wie bisher bleiben«, sagte der Medizingewaltige, »so kann Ihnen die Dozentur nicht entgehen. Für das weitere lassen Sie mich sorgen. Ich weiß, daß Sie sich für eine junge Dame interessieren, mit der Sie neulich auf dem Medizinerball so eifrig getanzt haben. Sie wissen, daß für die Assistenten der theoretischen Fächer kein Zölibat besteht wie für die klinischen Assistenten. Es stände also einer eventuellen Heirat nichts im Wege.« Ich dankte dem Hofrat gerührt, erbat mir aber Bedenkzeit. Schon hatte ich seine Gunst verloren, denn er fühlte sich durch mein Zögern gekränkt.

Dieser Entschluß war für mich höchst bedeutungsvoll, da ich aus sicherem Hafen durch stürmische See einem andern Ziele zusteuern mußte. Es wurde mir nicht schwer, als Operationszögling an der Klinik Johann von Dumreichers unterzukommen, der schon damals ein schwerkranker Mann war und nach einem Jahr starb. Das Interregnum wurde von seinem ersten Assistenten Professor Nikoladoni geführt, der sich während dieser »kaiserlosen, schrecklichen Zeit« wie ein Psychopath benahm und den klinischen Betrieb vollkommen desorganisierte. Als endgültiger Nachfolger v. Dumreichers wurde Professor Eduard Albert aus Innsbruck berufen, ein sehr energischer, verhältnismäßig noch junger Mann, der sich in Wien rasch einen Namen machen wollte. Als Rivale des genialen Billroth war ihm diese Aufgabe nicht leicht gemacht. Sein großer Ruhm bestand darin, daß er neben der Sonne Billroth noch mit eigenem Licht leuchten konnte. Unter allen meinen Lehrern haben Billroth und Albert auf mich den nachhaltigsten Eindruck gemacht.

Albert begann sein Werk damit, daß er den großen Besen zur Hand nahm und den Augiasstall säuberte. Wer nicht mit Leib und Seele bei der Sache war, wer nicht sofort anbiß und ihm gestellte wissenschaftliche Themen nicht literarisch bearbeitete, erhielt den Laufpaß.

Wiederholt hatte ich Gelegenheit, mich als Anatom zu bewähren. Außerdem schrieb ich eine Broschüre über Darmwandbrüche, für die sich Albert wegen eines aktuellen Falles sehr interessierte und die er zum Gegenstand eines Vortrages in der Gesellschaft der Ärzte machte. Die chirurgische Klinik wurde meine Welt. Als sogenannter Hausoperateur war ich Tag und Nacht zur Hand, leistete allen Verunglückten chirurgische Hilfe, und Professor Albert lobte manche meiner Leistungen. Meine Kollegen bezeichneten mich einstimmig als den zukünftigen Assistenten der Klinik. Der klinische Assistent ist stellvertretender Chef, oder wie Albert zu sagen pflegte: »Die Mutter der Klinik.« Als erste Vorstufe zur akademischen Laufbahn ist die Stellung des klinischen Assistenten das Ziel des Strebens aller ehrgeizigen, jungen Ärzte.

Adolf Lorenz' wichtigster Lehrmeister: der Chirurg Eduard Albert.

»Vox populi vox dei.« Bei nächster Gelegenheit wurde ich befördert. Nun fühlte ich mich ganz sicher, daß ich mein Ziel, die Dozentur und schließlich die Professur, erreichen müsse. Ich war ein guter Lehrer, und meine Operations- und diagnostischen Kurse waren immer überfüllt. Wenn Stellung, Reichtum und Ehre – all dies stand mir in sicherer Aussicht – den fehlenden Handschuh bedeuteten, wie ich damals irrtümlich glaubte, dann hatte ich ihn gefunden und war damit ein großer Herr geworden. Mein Glück schien vollständig zu sein, zumal Hofrat Albert, der bisher ein strenger und schwer zu befriedigender Chef war, sich zu einem wohlwollenden und liebenswürdigen Freund verwandelte.

Nur bei einer einzigen Gelegenheit hatte ich das Unglück, daß mein Lehrer die volle Schale seines Zornes über mich Unschuldigen ausgoß. Hofrat Albert hatte die Gewohnheit, den Beginn jedes Semesters mit einer glänzenden Antrittsvorlesung zu feiern. Bei solchen Gelegenheiten war der Hörsaal noch mehr als gewöhnlich überfüllt. Er sprach diesmal von den neuesten Fortschritten der Chirurgie, pries die Narkose als größte Wohltat für die Menschheit. Er selbst habe noch die Patienten unter dem Messer des Chirurgen schreien gehört. Damals galt es weit mehr als heute, schnell zu operieren. (Sein Kollege Hebra war teilweise anderer Ansicht, indem er sagte: »Wir haben die Patienten wenigstens schreien gehört, die heutigen Studenten hören sie nicht einmal mehr schreien, aber sehen tuns von den Operationen auch nichts.«) Weiterhin hob Albert die Verdienste Esmarchs, des Erfinders der Blutleere, in den Himmel; wie herrlich, daß man an den Extremitäten operieren konnte, ohne einen Tropfen Blut zu vergießen. Aber was war das alles gegen die Erfindung der Antisepsis durch den großen Lister. War die Quelle der Infektion durch das Karbol verlegt, so konnte das chirurgische Messer nunmehr ungestraft bis an die Wurzeln des Lebens vordringen. Welch herrlicher Gegenwart erfreute sich die Chirurgie und welche unvorstellbare Zukunft steht ihr noch bevor! (Albert liebte es, sich als Prediger auf der Kanzel oder als Schauspieler auf der Bühne sprechen zu hören.) Er schloß mit den Worten: »Und nun, meine Herren, wollen wir uns der praktischen Arbeit zuwenden, die Ihnen alles bestätigen wird, was ich Ihnen gesagt habe.«

Es war meine Aufgabe, vor Beginn der Operation dem Auditorium interessante Fälle aus der Ambulanz vorzuführen. Ich hatte ein allerliebstes, kleines Mädchen von etwa fünf Jahren unter den Wartenden als höchst interessanten Fall gefunden, ohne zu ahnen, daß gerade dieser für die Antrittsvorlesung Alberts wie die Faust aufs Auge paßte. In ihrem Naturzustande stellte ich die niedliche kleine Eva auf den Operationstisch. Die vielen hundert forschenden Blicke aus dem Auditorium beantwortete die herzige Kleine mit einem süßen Lächeln. Während Hofrat Albert aus einiger Distanz das Kind prüfend betrachtete, sah ich zu meinem Erstaunen, daß sein grimmiges Gesicht (er sah mit seinem slawischen Knebelbart aus wie ein Hussitenführer) sich vor Zorn rötete. Wären seine Augen Dolche gewesen, der junge Assistent hätte nicht einen Moment länger gelebt. Aber was war geschehen? Das Kind war so liebenswürdig und lachte über den ungewohnten Anblick der großen Menschenmenge. Allerdings zeigte das kleine Mädchen trotz ihres weiblichen Charmes eine merkwürdige Verunstaltung ihres ganzen Körpers. Ihr Gesäß ragte stark nach hinten. Ihr Bauch ebenso stark nach vorn; die Lende war hinten tief eingesattelt, Hüft- und Kniegelenke leicht gebeugt, während ihre Arme affenähnlich zu weit hinunterreichten. Vom Tisch gehoben watschelte die Kleine wie eine Ente aus dem Hörsaale. Professor Albert hatte natürlich die Diagnose auf Distanz gemacht. So interessant der Fall an sich sein mochte, zu dem gegenwärtigen Anlaß war er schlecht am Platze. Der ärztliche Stab der Klinik konnte sich das Benehmen des Chefs nicht erklären, zuletzt beruhigte sich dieser und sagte mit unsicherer, an ihm ganz ungewohnter Stimme: »Hochmut kommt vor dem Fall. Der Prahler verdient Nackenschläge. Soeben habe ich

Ihnen die Fortschritte der modernen Chirurgie gerühmt und nun will es ein böser Zufall, daß der erste vorgestellte Patient Ihnen die Hilflosigkeit, die völlige Unfähigkeit der modernen Chirurgie zeigt. Schon Hippokrates kannte und beschrieb sogar solche Fälle. Seit zweitausenddreihundert Jahren bemüht sich die medizinische Wissenschaft, solchen Kindern zu helfen. Alle bisherigen Bestrebungen waren vergeblich. Erst vor kurzem hat sich der berühmte französische Chirurg Dupuytren neuerlich um diese Frage bemüht und ist daran gescheitert.« Er erklärte zum Schlusse, daß der Zustand nicht einmal gebessert, geschweige denn geheilt werden könnte.

Der Fall, den wir vor uns hatten, ist die sogenannte angeborene Hüftgelenksverrenkung. Ich hatte dieser Szene in gedrückter Stimmung beigewohnt. Und es wäre mir nicht im Traume eingefallen, daran zu denken, daß ich, gerade ich, der passionierte Bauchchirurg von damals, dazu bestimmt sein sollte, eine Verunstaltung zu heilen, an welcher die Bemühungen der Ärzte durch dreiundzwanzighundert Jahre gescheitert waren!

Die ernste Arbeit wurde zweitweilig auch durch heitere Geselligkeit unterbrochen, deren Schauplatz stets der nahe gelegene »Riedhof« war, eine Gaststätte, die viele Jahrzehnte hindurch als Hochschule der Wiener Kochkunst sozusagen Weltruf genoß, denn sie war der Sammelplatz nicht nur der Ärzte des Allgemeinen Krankenhauses, sondern auch aller Ärzte aus der Fremde. Hier hatten sie Gelegenheit, den berühmten Billroth im Sommer zur Abwechslung das Messer gegen seinen Kruspelspitz führen und sich am Wiener Apfelstrudel delektieren zu sehen. Es konnte ihnen zu einer gewissen Beruhigung gereichen, daß dem Halbgott auch Menschliches nicht fremd war. Wir jungen Ärzte fanden uns an unserm Stammtisch im schattigen Garten des »Riedhof« versammelt und nahmen einen »Outsider« gastfreundlich bei uns auf. Der fremde Gast war ein untersetzter, fast mehr als wohlbeleibter Mann im mittleren Lebensalter. Das einzige Auffallende an ihm war der mächtige kahle Cäsarenkopf, zu welchem der naiv kindliche Ausdruck des glattrasierten Gesichts schlecht passte. Ein weiter, schwarzer Lüstersakko schlotterte um seinen Oberkörper, und die kurzen Beine staken in weiten lichten Hosen, die wie eine Ziehharmonika quergefaltet, daher bodenscheu waren und das grobe Schuhwerk den Blicken preisgaben. Der Gast wurde offenbar durch die für ihn gruseligen Spitalsgeschichten angezogen, welche ihm zu Ehren stärker gewürzt und gepfeffert waren, als es der Wahrheit entsprach. Einmal über das andere unterbrach der fremde Herr die Erzählungen der jungen Ärzte mit dem stereotypen Ausruf der Bewunderung: »Na, de Herr'n!« (Nein, diese Herren.) Wir kannten wohl seinen Namen – war er doch Lektor an der Universität – und doch wußten wir nicht, konnten auch noch nicht wissen, wer unser Kiebitz war, denn die großen Symphonien Anton Bruckners, besonders die dritte und vierte, ruhten vielleicht noch im Schreibpult oder waren doch noch nicht allgemein bekannt und berühmt: Der Musikant Gottes – das Gefäß Gottes –, wie Anton Bruckner später mit Recht genannt wurde, war sozusagen unerkannt lange unser Gast gewesen. Er sah nicht aus, wie man sich ein »Gefäß Gottes« gern vorstellen möchte – er war kein Geistesheroe und doch ein Gottgesegneter – ein zweiter Beethoven.

VI

Der Schüler kritisiert seine Lehrer

Hier will ich eine kleine Pause machen, um einige meiner Lehrer näher zu beleuchten, aber nicht etwa, um ihre wissenschaftlichen Leistungen zu kritisieren, denn das steht keinem Schüler zu, sondern um ihrer als Menschen und Lehrer in Dankbarkeit zu gedenken. Den Lehrer zu beurteilen ist der Schüler in erster Linie berufen. Allerdings kommt auch hier wieder zum Vorschein, daß die größten Wissenschaftler die schlechtesten Lehrer sein können. Die Schüler erinnern sich kleiner, persönlicher Eigentümlichkeiten derselben weit länger als ihrer Vorlesungen. Welche Monstra von Gelehrsamkeit wären die jungen Doktoren, hätten sie alle vorgetragene Weisheit so stets im Gedächtnis behalten wie die lustigen Anekdoten, die sich wie Legenden um das Andenken an ihre Lehrer schlingen. Ich begann das Medizinstudium zu einer Zeit, als weltberühmte Leuchten der Wissenschaft sich vom Lehramt schon zurückgezogen hatten, aber noch lebten und arbeiteten, wie Oppolzer, Škoda, Rokitansky, Hyrtl. Škodas Ansehen als Kliniker und Erfinder der Perkussion und Auskultation stand damals in höchster Blüte. Sein Verdienst kann nicht dadurch geschmälert werden, daß schon Hippokrates auf anderen oder ähnlichen Wegen dieselben Symptome gefunden hatte. Schließlich beginnt fast jede medizinische Spezialität mit dem Satze: »Schon Hippokrates …« Škodas Verdienste können auch durch die neuesten Fortschritte der inneren Medizin, durch alle Laboratoriumsproben und Hormonspritzen nicht geschmälert werden.

Viele lustige Geschichten waren von ihm im Umlauf. Er wurde nicht nur von hoch und niedrig, sondern auch von Mitgliedern des Kaiserhauses konsultiert. Die spanische Etikette schrieb dem Besucher der kaiserlichen Gemächer auch am hellen Tage den Frackanzug vor. Als Škoda in seinem altmodischen langen schwarzen Gehrock die Anticamera betrat, äußerte der Kammerdiener Zweifel, ob er den Besucher im Gehrock vorlassen dürfe. Škoda soll das Zimmer mit den Worten verlassen haben: »Ich habe geglaubt, man braucht den Škoda. Meinen Frack werde ich sofort schicken.« Sein barsches Wesen war allbekannt. Als er einmal bei einer alten Aristokratenfamilie zu Tisch geladen war und ihm als besondere Delikatesse fein zubereitetes Bries angeboten wurde, untersuchte er mit der Gabel sorgfältig das Gericht und sagte zur Hausfrau: »Danke sehr, Drüsen esse ich nicht.« Zu jener Zeit wußte weder Škoda noch irgend jemand in der Welt etwas über die Drüsen und ihre Hormone. Sonst hätte er vielleicht die Wirkung des betreffenden Hormons erörtert, worüber übrigens die gegenwärtige Wissenschaft auch herzlich wenig weiß. Im Gegensatz zu Škoda war Oppolzer ein Aristokrat. Auch über den alten Rokitansky, der seine pathologische Anatomie in einem Bretterschuppen begonnen und zu ungeahnten Höhen geführt hatte, kursierten viele Geschichten, aber man kann sie nicht drucken.

Professor Heschl, der pathologische Anatom, war ein vorzüglicher, hingebender und gütiger Lehrer, der niemand etwas zuleide tat, den er als Besucher seiner Vorlesung und seiner ausgezeichneten Demonstrationen kannte. Leider hatte er die üble Gewohnheit, seine

Prüflinge zu hänseln oder, wie man in Wien sagt, zu frozzeln. Zur Prüfung in pathologischer Anatomie trat ich mit einem etwa drei Jahre jüngeren Kollegen an, der als fleißiger Student bekannt war. Ein dünnes Bärtchen zierte seine Oberlippe, dagegen reichte eine dichte, kurzgeschorene, dunkelbraune Bürste auf seinem Kopfe über die Stirn herab bis unfern der Augenbrauen, unter denen kluge, dunkle Augen hervorlugten. Er sah eher finster aus und machte im ganzen einen verstockten Eindruck. Bei der äußeren Beschreibung der Leiche bediente er sich eines gebräuchlichen Ausdruckes, den Heschl nicht leiden mochte. Der Kandidat sagte nämlich: »Der Unterleib ist kahnförmig eingezogen.«

Wie von einer Tarantel gestochen fuhr Heschl auf: »Was hams g'sagt? Wie hams g'sagt? Kahnförmig? Setzen Sie sich in den Kahn und fahrens damit auf der Donau, da werden's sehen, was es für ein Kahn ist.« Der Kandidat ließ den unverdienten Spott schweigend über sich ergehen, und sah nur noch verstockter drein. Trotz allem erhielt er »Auszeichnung«.

Professor Meynert, der berühmte Psychiater und Gehirnanatom, hatte behauptet, Heschl könne nicht einmal ein Gehirn richtig sezieren. Es bleibe dahingestellt, ob Heschl nicht manchmal aus Bosheit seinem Kollegen ein Gehirn verdarb. Jedenfalls hatte er mit seiner Behauptung unrecht, da es Heschl gelang, seinen Namen in der Anatomie des Gehirns zu verewigen. Ebenso hatte Heschl unrecht, sich über einen jungen Mann lustig zu machen, der berufen war, ein spirochätenkrankes Gehirn zu heilen und Todgeweihte dem Leben wiederzugeben. Der Gehänselte war nämlich niemand anderer als Julius Wagner, damals allerdings noch nicht »von Jauregg«. Ein Prüfer sollte niemals vergessen, daß sich unter seinen

Prüflingen möglicherweise Große der Zukunft befinden, daß der Kandidat selten sein seelisches Gleichgewicht besitzt und daß es ein zu billiges Vergnügen ist, mit dem Kandidaten wie die Katze mit der Maus zu spielen. Der Prüfer aber, der den Kandidaten verhöhnt, schändet sein hohes Amt.

Professor Hebra, der Begründer der Lehre von den Hautkrankheiten, war ein kleiner dicker Herr, mit vortretenden kurzsichtigen Augen und einem grauen, aufgezwirbelten Schnurrbart. Er war schlecht auf die Machthaber der Akademie der Wissenschaft zu sprechen, welche dem Ehrgeizigen bisher den Eintritt in diese hohe Gemeinschaft verwehrt hatten. Krätzmilben in ihren Gängen aufzufinden und Patienten an Stellen zu untersuchen, die gewöhnlich finster sind, sei freilich, wie er sagte, keine eines Akademikers würdige Beschäftigung. Ich wunderte mich oft darüber, wie der kleine untersetzte Herr im Hörsaale seine Patienten, oft genug baumlange Kerle, die ihn wie eine Fliege hätten leicht abschütteln können, hinter sich herzog, um sie auch in den hinteren Bankreihen zu demonstrieren. Einmal war ich Zeuge einer lustigen Episode. In den Hörsaal trat eines Tages gegen alle Regel ein elegant gekleideter Mann und begrüßte Hebra wie einen alten Bekannten mit den Worten: »Leider habe ich den Herrn Hofrat nicht zu Hause getroffen und wurde hierher gewiesen.« Sprachlos sah Hebra den Eindringling an und sagte: »Ich habe leider nicht das Vergnügen. Aber da Sie schon hier sind, lassen Sie sich anschaun und ziehen Sie sich aus.« Der Fremde tat, wie ihm geheißen, und nahm, bis aufs Hemd entkleidet, jene Körperhaltung ein, welche die Gegend am Ende des Rückgrates näher bringt. Hebra bückte sich, inspizierte, drehte den Patienten um und sagte erfreut: »Herr Baron, jetzt kenne ich

Sie wieder.« Es ist bekannt, daß viele Ärzte sich besser der Krankheit als ihres Trägers erinnern.

Hofrat Karl Langer, der Nachfolger Hyrtls im Lehramt, war ein großer Studentenfreund und ein ausgezeichneter Lehrer. Bei seinen Vorlesungen redete er sich oft in Feuereifer und erntete donnernden Beifall seiner Zuhörer. Ich bin ihm sehr dankbar, obwohl ich ihm mit Undank gelohnt habe. Er konnte sich leicht damit trösten, daß ein besserer als ich, der später berühmte Anatom Karl Rabl, der Schwiegersohn Virchows, die von mir verschmähte Stellung erhielt.

Joseph Hyrtl, der weltberühmte Anatom, war nicht mehr im Lehramte, als ich meine Studien begann. Er war vielleicht weniger durch seine anatomischen Entdeckungen als durch seine Kunst bekannt, die Gefäßbäume der Organe mit seinen Korrosionspräparaten nachzubilden. Er dürfte der einzige Anatom gewesen sein, der durch die Anatomie reich geworden ist. Als kinderloser Mann widmete er sein großes Vermögen wohltätigen Zwecken. Und das Waisenhaus in Mödling bei Wien bleibt ein leuchtender Beweis seiner Menschenfreundlichkeit. Hyrtl war nicht nur ein großer, sondern auch ein hervorragender Redner, der es mit jedem Prediger und mit jedem Schauspieler aufnehmen konnte. Er liebte das schwulstige Latein Ciceros und gehörte zu denen, welche behaupten, daß die Engel im Himmel lateinisch miteinander sprechen. Ihm wurde noch bei seinen Lebzeiten die Ehre eines Marmordenkmals in der Aula der neuen Universität zuteil. Bei dieser oder irgendeiner anderen Gelegenheit dankte er seinem Lobredner mit folgenden Worten:

»Rogamus Deum optimum ex maximum ut ex gratiarum suarum flumine rivulum aliquem in caput tuum amatum derivare – dignetur.«

Unzählig waren die lustigen Geschichten um Hyrtl. Einige von ihnen mögen hier Platz finden. Bei einem Rigorosum legte er einem Kandidaten eine Anzahl von Handwurzelknochen zur Agnoszierung vor. Die Aufgabe ist für einen, der nicht Spezialist ist, sehr schwierig, aber bei einiger Übung lassen sich die kleinen Knöchelchen nicht nur durch das Gesicht, sondern auch durch das Gefühl voneinander unterscheiden. Unser Kandidat war ein solcher Spezialist und Hyrtl war über die Schnelligkeit und Sicherheit desselben erstaunt und, seinem Humor freien Lauf lassend, fragte er den Kandidaten: »Sind das Knochen von einem Mann oder einer Frau?« Der Kandidat antwortete ohne zu überlegen: »Von einer Frau.« Hyrtl: »Vielleicht haben Sie recht. Können Sie mir auch das Alter der Frau sagen?« Und wieder antwortete der Kandidat: »So um die Zwanzig.« Hyrtl: »Jetzt sagens mir noch den Namen und die letzte Adresse.« Wieherndes Gelächter im Auditorium.

Ein andermal imponierte Hyrtl ein Prüfling durch seine genaue Kenntnis der Schilddrüse, ihrer Umgebung und ihrer Gefäße, und er fragte launig den Kandidaten: »Was wissen Sie mir über die Funktion der Schilddrüse zu sagen?« Der Kandidat antwortete nach längerer Pause: »Das habe ich gewußt, aber leider wieder vergessen.« Zu jener Zeit war die Funktion der Schilddrüse ebenso unbekannt wie die Epithelkörperchen und zu nichts zu gebrauchen, nicht einmal zum Rösten mit Butter wie das Bries!

Hyrtl war ein ausgesprochener Gegner seines Kollegen Ernst von Brücke, den er den professionellen Hundemarterer nannte. Als er erfuhr, daß Brücke Hungerexperimente an Hunden ausführte, bestach Hyrtl den Hundewärter, der dafür sorgte, daß die Hunde den Hunger aushalten konnten.

Eines Tages prüfte Hyrtl einen Kandidaten namens Jerusalem. Als er den Prüfungssaal verlassen hatte und den Korridor betrat, begegnete er einer Schar von Kollegen des Prüflings, die dessen Chancen lebhaft erörterten. Hyrtl trat unter sie und sprach mit wehmütig zitternder Stimme: »Trauert Ihr Söhne Zions, denn Jerusalem ist gefallen.«

In unangenehmer Erinnerung ist mir Salomon Stricker, Professor der allgemeinen Pathologie, geblieben. Seine Vorlesungen bestanden darin, daß er Hekatomben von Hunden hinschlachtete und daß er nicht müde wurde, sich immer wieder in heftigsten Ausbrüchen gegen jene Wissenschaftler zu wenden, welche seine Entdeckung von dem Durchgange der Blutkörperchen durch die Kapillarwand bezweifelten oder ihm diese Entdeckung streitig machten. Der tausendfach gehörte Name »Bizzozero« klingt mir heute noch in den Ohren. Stricker war trotz seiner wissenschaftlichen Bedeutung höchst unbeliebt und wurde häufig »Judas Ischariot« geheißen.

Der Professor der Physiologie, Ernst von Brücke, stand als Gelehrter im höchsten Ansehen, war aber als Lehrer geradezu kläglich. Er wiederholte jedes Jahr seine, übrigens in Schriften vorliegende Vorlesung mit so penibler Genauigkeit, daß man jede Pause voraus wußte. Man brauchte seine Vorlesung nicht zu besuchen, um den langweiligen Lehrer in- und auswendig zu kennen; da er auf der genauesten Kenntnis der Zubereitung verschiedenster Stoffe bestand, nannten wir seine Schriften das »Brückesche Kochbuch« und ihn selbst die alte Köchin. Er ist mir als unansehnlich und klein in der Erinnerung und sein wie in Stein gemeißeltes Gesicht mit dünnem Kotelettenbart sah kalt und teilnahmslos auf seine Schülerschar. Gott verzeih mir, wenn ich ihm Unrecht tu!

Mit Vorliebe weilt meine Erinnerung bei Ernst Bamberger, dem Professor für innere Medizin. Er war eher klein und unansehnlich, aber stets aufs sorgfältigste gekleidet. Er trug die Haare lang geschnitten und ließ eine schon angegraute Locke über die rechte Schläfe fallen. Sein freundliches Gesicht war durch Koteletten seitlich verbreitert und mit einem kurzen Schnurrbart geziert. Die chemische Untersuchung eines Falles beschränkte sich auf Zucker, Eiweiß, Galle, obwohl Professor Neusser, sein damaliger Assistent, schon mit seinen Blutstudien begonnen hatte. Bamberger pflegte im Hörsaal vor dem Rollbett des Patienten mit untergeschlagenen Beinen auf einem bequemen Sessel sitzend mit dem Stethoskop und einem Handschuh zu spielen. Mit stets zur Seite geneigtem Kopfe besprach er mit leiser, aber deutlich vernehmbarer, fließender Stimme den vorliegenden Fall und dessen vieldeutige Symptome, erörterte alle Möglichkeiten und kam oft auf dem Wege der Ausschließung in geistvoller Weise zu seiner Diagnose. Auch heute kann das niemand besser machen. Die Vorlesungen Bambergers waren das reinste Vergnügen für die Hörer.

Der Professor der Augenheilkunde Ferdinand Arlt, stets liebenswürdig und wohlwollend, war von rührender Genügsamkeit und Bescheidenheit. Wenn er zur Klinik ging, unterließ er es niemals, seine noch so kurz gerauchte Zigarre auszulöschen und in die Rocktasche zu stecken, um den Stumpf nach der Vorlesung wieder anzuzünden. Er hatte einen Charakterkopf, ein glattrasiertes Gesicht und war der geborene Schulmeister. Gelegentlich eines Jubiläums wurde er heftig angestrudelt. Statt der erwarteten Dankesrede wandte sich der Gefeierte der schwarzen Tafel im Hörsaale zu, malte in aller Schnelligkeit einen Bulbus darauf und sagte als Feind vieler Worte: »Meine

Herren, arbeiten muß man.« Eines Tages kam ein junger Mann mit Strabismus. »Wollen Sie sich noch operieren lassen?« fragte Arlt den Patienten. »Jawohl«, sagte dieser, »das Aug' geniert mich beim Photographieren.« – »Ja so«, erwiderte Arlt, »Sie sind Photograph.« – »Nein«, entgegnete der junge Mann, »aber ich möchte mich gerne photographieren lassen.« Arlt wandte seinen feinen Kopf dem Auditorium zu und machte mit der Hand gegen den Patienten eine bezeichnende Geste. Als Prüfer war Arlt milde und wohlwollend, als Lehrer unermüdlich. Er hatte einen ungleich größeren Zulauf an Hörern als sein Amtskollege Professor Stellwag von Carion, der nicht begreifen wollte, daß die Augenheilkunde nicht nur aus Refraktions- und Akkommodationslehre besteht, in deren genauester Darlegung er schwelgte. Wenn er, das Gesicht der Tafel zugewandt, die Tür hinter sich gehen hörte, sah er von seinen Zahlen nicht auf und pflegte nur zu sagen: »Aha, da wird's wiederum einem zu dick!« Stellwags scharfe Zunge war gefürchtet. Er fühlte sich berufen, ex cathedra sein Mißfallen über die Kaiserin Elisabeth auszudrücken, was er als österreichischer Beamter eigentlich hätte unterlassen müssen. Mit den kleinen Kindern, die an Lichtscheu litten und den Kopf krampfhaft zur Erde gesenkt hielten, ging er beim Aufrichten desselben nicht allzu zart um. Er galt als sarkastischer Sonderling. – Sein Gegenstück in dieser Beziehung war der ebenso wohlbeleibte wie gutmütige und studentenfreundliche Professor der Geburtshilfe und Gynäkologie Carl Braun von Fernwald, der den Adel seinen Diensten als Geburtshelfer der kaiserlichen Familie verdankte. Seine Lieblingsoperation war die Erweiterung des Muttermundes, und er behauptete, daß ein großer Teil der Wiener Bevölkerung dieser Operation das Leben verdankte. Er liebte es auch, im täglichen

Leben gynäkologische Ausdrücke zu gebrauchen. Das Wort »Reinigung« blieb ihm untrennbar mit »monatlich« verbunden. Wenn er die Bänke im Hörsaal und seinen Tisch und Stuhl verstaubt fand, rief er dem Saaldiener zu: »Karl, Ihre monatliche Reinigung ist diesmal sehr dürftig ausgefallen.« Als Prüfer war Braun die Güte selbst. Sein Kollege, Professor Späth, konnte in keiner Weise mit ihm konkurrieren.

Kinderheilkunde war damals noch nicht Pflichtfach, sonst hätten wir Professor Widerhofer als Lehrer kennengelernt. Als Kinderarzt der kaiserlichen Familie hatte er eine riesige allgemeine Praxis. Er war vollendeter Hofmann. Als er sich nach dem Tode der Kaiserin Elisabeth aus ihrem Nachlasse ein Andenken wählen durfte, erbat er sich einen Seidenpantoffel der Verewigten.

Der alle medizinischen Größen der Fakultät überstrahlende Stern war Theodor Billroth, der Begründer des »Rudolfinums«, eines Musterhospitals, das der Ausbildung chirurgischer Wärterinnen für den Kriegsfall gewidmet war. Weder Billroth noch sein Protektor, Kronprinz Rudolf von Österreich, erlebten den Krieg, für den sie als Menschenfreunde das Vaterland vorbereiteten. Billroth war eine faszinierende Erscheinung, obwohl nur mittelgroß und ziemlich beleibt. Sein geistvolles Gesicht war von einem üppigen, dunklen Vollbart umrahmt. Unter seiner hohen Stirn leuchteten prachtvolle Augen von unbestimmter Farbe. Seine Persönlichkeit strömte einen Zauber aus, dem niemand widerstehen konnte. Einem solchen Meister hätte wohl jeder Schüler gerne die Schuhriemen lösen wollen. Er war ein Fürst von Geistes Gnaden und freigebiger und großzügiger als mancher Fürst von Geburt. Wir Studenten verglichen ihn gerne mit dem Maler und Diplomaten Peter Paul Rubens,

Strahlendes Vorbild von Adolf Lorenz: der Star-Chirurg Theodor Billroth.

denn Billroth war eine echte Künstlernatur. Seine neuen Operationen am Magen und am Kehlkopf waren von unerhörter Kühnheit. Billroth arbeitete vierzehn Stunden des Tages. Trotzdem verstand er es, auch das Leben eines Grandseigneurs zu führen, der an seine Zukunft nicht zu denken braucht. Als Lehrer war Billroth bei den Studierenden keineswegs geschätzt. Von rücksichtsloser Härte als Chirurg, ließ er bei vielen Zweifel an seiner Herzensgüte aufkommen. Er hatte wenig Freunde an der Fakultät, interessierte sich sehr wenig für die Sitzungen des Kollegiums und machte sich durch seine Schrift über Lehren und Lernen bei vielen Studierenden nicht allzu beliebt. Selbst ein Künstler auf dem Klavier, war er mit Brahms innig befreundet. Einem derart aufreibenden Leben hielt er nicht stand und starb, lange bevor er das biblische Alter erreicht hatte, in dürftigen Verhältnissen. Für seine entfernteren Schüler blieb er immer ein unnahbarer Halbgott.

Professor Eduard Albert hatte weder die imposante Persönlichkeit noch die vollendete Geschicklichkeit seines Rivalen Billroth, war aber diesem als Lehrer weit überlegen. Nur Hyrtl hätte ihm in dieser Beziehung den Rang streitig machen können. Sein Hörsaal war stets zum Bersten voll, denn seine Vorlesungen waren eindrucksvolles Theater. Die Bronzeplakette in der Aula der Wiener Universität stellt ihn, wie er leibte und lebte, als Lehrer vor. Er war kein bahnbrechender Chirurg wie Billroth, aber als Gelehrter, Philosoph, Historiker, Mathematiker, kurz als Polyhistor, hoch geschätzt. Die mangelnde Eleganz seiner Technik machte er durch seine profunde Kenntnis der Gewebe und äußerste Sorgfalt beim Operieren wett. Als Redner bei feierlichen Gelegenheiten war er unübertroffen, obwohl er bei gewissen Worten den geborenen Tschechen nicht verleugnen konnte. Albert interessierte sich sehr für Orthopädie, welche von Billroth sehr abfällig beurteilt wurde, und leistete wichtige Beiträge hierzu. Es muß als großer Erfolg Alberts gewertet werden, daß er von einem Manne wie Billroth nicht in den Schatten gestellt werden konnte. Der Ruhm der Schule Billroths wurde für die nächsten dreißig Jahre durch Anton von Eiselsberg gesichert, welcher in dieser langen Zeit eine weit größere Anzahl von Schülern heranbildete, als es seinem Lehrer Billroth beschieden war.

Alle diese bedeutenden Männer sind seit langem nicht mehr. Selbst viele ihrer Nachfolger wie Nothnagel, der berühmte Internist, der nicht weniger berühmte Augenarzt Ernst Fuchs, die Pathologen Kundrat, Weichselbaum, Maresch, die Gynäkologen Kleinwächter, Chrobak und von Rosthorn, ein Bruder meines Zöglings Artur, Schauta, Wertheim, die Anatomen Toldt und Zuckerkandl, der Physiologe Exner, der Kinderarzt Pirquet und viele andere sind seitdem dahingegangen.

Obwohl die alte Wiener medizinische Schule ausgestorben ist und die jungen Nachfolger noch nicht den Ruhm ihrer Vorgänger erreicht haben, so bleibt die Wiener medizinische Fakultät dennoch ein Anziehungspunkt für alle Jünger Hippokrates', weil sie als Lehrstätte einzig in der Welt dasteht. Das Wappen der Stadt Wien sollte die Inschrift tragen: »Vindobona docet.«

Während meiner Dienstzeit als klinischer Assistent sah ich gelegentlich eines Chirurgenkongresses in Berlin den berühmten Lister, der von der Gesellschaft der deutschen Chirurgen mit donnerndem Applaus empfangen wurde. Ich bemerkte bei dieser Gelegenheit, wie der große Billroth sich mühselig einen Weg durch die Menge zu bahnen suchte. Neben Lister war er zum Niemand geworden, eine schreiende Ungerechtigkeit, welche in der nächsten Zukunft gutgemacht wurde; denn die Karbolsäure als Heilmittel gegen Wundinfektion ist längst der Vergessenheit anheimgefallen, während die genialen Operationen Billroths in segensreicher Übung bleiben werden, solange es eine Chirurgie gibt.

Auf einem internationalen medizinischen Kongreß in Kopenhagen hatte ich Gelegenheit, einen Vortrag des berühmten Pasteur zu hören, allerdings ohne ihn zu verstehen und richtig einzuschätzen. Ich hörte nur, wie der dicke, kurze, struppige Mann nach jedem zehnten Wort schrie: »La rage« und dabei mit der Faust auf das Pult schlug. Einige junge Leute machten sich über den schlechten Redner lustig und meinten, Pasteur benehme sich als Vortragender, wie wenn er selbst »wütig« geworden wäre. Zu seiner eigenen Schande muß der Schreiber gestehen, daß er sich unter dieser vorwitzigen Bande befand.

Bei einer anderen derartigen Gelegenheit lernte ich den berühmten Pathologen Virchow kennen, dessen Zellularpathologie »omnis cellula ex cellula« schon nicht mehr der allein selig machende Glaube war. Der häßliche, alte Zwerg hatte das Aussehen einer ausgewickelten Mumie. Es schien für ihn das höchste Vergnügen zu sein, wenn junge Leute ihn auf die Schulter nahmen und im Triumph durch den Saal trugen. Ich war erstaunt zu hören, daß der Triumphator Virchow sei. Ein neben mir stehender, älterer Herr sagte: »Das ist nicht mehr der wirkliche, sondern nur mehr der ausgestopfte Virchow, der wirkliche Virchow ist schon lange tot.« Es ist traurig für alte Menschen, wenn sie ihren Ruhm überleben.

VII

Durch Unglück zur »trockenen« Chirurgie

Mein Glück währte kaum vier Jahre. Eine ebenso unvorhergesehene wie schreckliche Katastrophe machte ihm ein Ende. Ich war dabei, die Dozentur für Chirurgie zu erlangen, als ich in einen Abgrund fiel, aus dem es keine Rettung gab. Für meinen Beruf als Chirurg war ich mit einem Schlage ebensowenig geeignet wie ein Mann ohne Hände. Schon dreißig Jahre alt und am Beginn einer glänzenden Karriere, sah ich mich plötzlich in das Nichts zurückgeworfen und dazu verurteilt, irgendwo von vorne anzufangen.

Der zweite Handschuh, den ich gefunden zu haben glaubte, fehlte wieder und es schien, als sei er für immer unauffindbar geworden.

Und das alles, weil ich das Unglück hatte, in die sogenannte Listerära der Chirurgie hineingeboren zu sein. Karbolsäure war Trumpf. Die Chirurgen jener Tage lebten sozusagen von und in der Karbolsäure. Jedenfalls atmeten sie in dem erstickenden Nebel des Karbolsprays und vergifteten damit sich selbst und den Patienten. Sie wuschen und badeten sich sozusagen in Karbolsäure. Es fehlte nur, daß sie diese zu ihrer inneren Desinfektion auch tranken. Der Karbolspray zischte wie eine Schlange, und unter seinem nassen Gifthauch erstarrte die leichenhaft blaß gewordene Haut der Hände zu steifen Runzeln. Die Wunden der Operierten wurden außerdem mit Strömen des Giftes überschwemmt. Die feierliche Liturgie eines

Hochamtes war von kindlicher Einfachheit gegenüber den antiseptischen Zeremonien des Listerismus und besonders des Listerverbandes.

Die Mode herrscht in der Wissenschaft genauso tyrannisch wie im Leben überhaupt!

Um sich nicht dem Vorwurf auszusetzen, ein lässiger Listerianer zu sein, waren besonders die jungen Chirurgen päpstlicher als der Papst und verwendeten eher zu starke als zu schwache Lösungen. Leider war die Zeit noch nicht gekommen, da die deutschen Chirurgen einmütig beschlossen: »Fort mit dem Spray.« Ich wurde leider sein Opfer. Jahrelang hatte ich dem Einflusse des Giftes widerstanden. Nun aber revoltierte mein ganzer Körper dagegen. Das aber wäre Nebensache gewesen. Von einem Tag zum andern bedeckten sich meine Hände mit kleinen, heftig juckenden, prallen Bläschen, welche platzten und die nässende Fläche des Coriums freilegten. Keine Möglichkeit, ein chirurgisches Instrument überhaupt nur anzurühren. Als Chirurg war ich erledigt. War es zu verwundern, daß ich oft Angstträume hatte. Einer haftet in meiner Erinnerung. Ich sitze tieftraurig, ein armer Bettler, am Wegesrand. Da kommt hoch zu Roß mit ragender Lanze der heilige Georg einher, als ob er zum Kampf mit dem Drachen auszöge. Ich sah auf und glaubte in dem jugendlichen Gesicht des Ritters die Züge des kleinen Prinzen Georg wiederzuerkennen – des einen meiner beiden ersten Patienten. Heiliger Georg, rief ich aus und streckte meine wunden Hände zu ihm empor, rette mich und töte den Drachen, der den Karbolspray aus seinen Nüstern bläst und alle Menschen um sich herum vergiftet! Da zog der Heilige ein weißes bekleckstes Tuch aus seiner Brusttasche, warf es mit abweisender Gebärde dem Bittenden als Antwort zu und setzte unbekümmert seinen Weg fort. Erstaunt entfaltete der Bettler das Taschentuch des Heiligen und sah auf demselben merkwürdig verschlungene Linien, wie die eigensinnigen Grenzlinien auf den Landkarten. Dem prüfenden Auge des Beschenkten ordneten sich die Schnörkel der schwarz-braunen Linien endlich zu den Worten: Was du nicht willst, daß man dir tu', das füg' auch keinem andern zu!

Das Geschenk war gar nicht das Taschentuch des heiligen Georg, sondern die Windel des Prinzen Georg von Heiligenschein, die er als Andenken an seine Karbolvergiftung bei sich getragen hatte, um dem Giftmischer gelegentlich damit heimzuzahlen. Um mich meiner Trübsal zu entziehen, gab mir mein Chef einen sogenannten wissenschaftlichen Urlaub; ich benützte ihn zur Abfassung eines Buches über den statischen Plattfuß. Selbst das Schreiben machte mir mit den wunden und verbundenen Händen Schwierigkeit.

Ich wollte mit den verschiedenen verschrobenen Theorien über den Plattfuß aufräumen, welche geeignet waren, den Leser für die Irrenanstalt reif zu machen. Für mich war der statische Plattfuß nichts anderes als eine durch Überlastung bei verminderter Festigkeit der Bänder und Übermüdung der Muskeln zustande kommende, extreme Pronationskontraktur des unteren Sprunggelenkes. Alles andere war sekundär. Um das Thema dem Studierenden verständlicher zu machen, ließ ich das Sprungbein in der Richtung nach innen unten von dem Fersenbein teilweise abrutschen, also den inneren Fußbogen von dem äußeren teilweise abgleiten. Ich verglich den Talus mit einem schlüpfrigen Kirschkern, der zwischen zwei Fingern (der Malleolengabel und dem Fersenbein), aus dem Knochengerüst des Fußes hinausgepreßt wurde, eine Anschauung, welche sich die Therapie in extremen Fällen durch Exstirpation des teilweise außer Verbindung geratenen Talus zu Nutze gemacht hat. Einen Teil meines Urlaubes verbrachte ich in München und hospitierte (mit Lederhandschuhen) bei dem originellen Chirurgen Nußbaum, der schon damals seine klinischen Visiten im Rollstuhl machte. Ich überreichte ihm als Empfehlung mein Buch, das ihn zu dem Ausruf veranlaßte: »Jessas Marand Josef, an ganz's Büchl, g'rad übern Plattfuß!«

Adolf Lorenz' erste große Monografie: »Die Lehre vom erworbenen Plattfuße« (1883).

Die Wiederaufnahme meines klinischen Dienstes beantworteten meine Hände mit einem flammenden Protest – einer fürchterlichen Rezidive. Ein anderes Antiseptikum, etwa Sublimat oder Jodoform zu verwenden, hieß den Teufel mit Beelzebub austreiben. Ich entwickelte eine förmliche Idiosynkrasie gegen alle Antiseptika. Es blieb mir nichts übrig, als um meine Entlassung zu bitten. Eine Zeitlang hatte ich die Absicht, »Wald-und-Wiesen-Arzt« zu werden, und verbesserte verblaßte Kenntnisse in verschiedenen andern Fächern der Medizin. Hofrat Albert, der mich ungern fortließ, hielt mich davon ab, indem er sagte: »Lieber Freund, wenn's mit der nassen Chirurgie nicht geht, dann probieren Sie's halt mit der trockenen.« Und so wurde ich Orthopäde und in Zukunft mein eigener Lehrer. Durch Verwendung Alberts erhielt ich ein Reisestipendium und besuchte alle großen medizinischen Zentren in Europa mit dem geringen Ergebnis, daß ich nur in London klägliche Versuche sah, den angeborenen Klumpfuß mit portativen Apparaten zu heilen. Die Orthopädie stak, in Europa wenigstens, damals noch in den Kinderschuhen, wurde jedoch in Amerika schon eifrig gepflegt. Die hervorstechendste Leistung war das Sayresche unabnehmbare Gipskorsett zur Behandlung der Skoliose und der Spondylitis.

Nach Hause zurückgekehrt, übernahm ich auf Professor Alberts Einladung die Behandlung der orthopädischen Fälle in seiner Klinik. Um mich über Wasser zu halten, verwendete er mich als Narkositarius in seiner Privatpraxis. Ich mietete eine kleine Wohnung, um mich nach und nach auf eigene Füße zu stellen, und hing mein Schild als Orthopäde vor die Tür. An der Klinik wurde der aus seinen Himmeln gefallene Lorenz (er wollte ja Bauchchirurg und nicht Gymnastiklehrer werden) verächtlicherweise der »Gipsdozent« genannt. Ich lachte zu diesem Ehrentitel, denn ich wußte, daß ich mir auch mit diesem von den Chirurgen so mißachteten Material einen Namen machen könnte.

In meiner Hauspraxis hatte ich meist Kinder zu behandeln und benötigte dringend einen weiblichen Assistenten. Dieser Assistent sollte dieselbe junge Dame werden, mit der Hofrat Langer mich seinerzeit an das anatomische Institut hatte binden wollen. Als älteste Tochter eines Zeitungsmannes, Z. K. Lecher, des ersten Präsidenten des Schriftstellervereines »Concordia«, verkehrte sie viel im Hause meines Schülers Heinrich, mit dessen Schwester Mathilde sie eine lebenslängliche Freundschaft verband. Sie war zweiundzwanzig Jahre alt, von mittlerer Größe, schlank, sehr gesund und lebensfrisch. Über ihre

Schönheit konnte man verschiedener Ansicht, über ihren schlagfertigen Witz und gesunden Menschenverstand nur einer Meinung sein. Sie hatte auffallend frische, rote Wangen, denen ein Grübchen nicht mangelte, ein etwas vorstehendes, blendendweißes Gebiß, in Wien Mauszahnderl genannt, und einen etwas zu breiten Mund mit frischroten Lippen; die Nase und besonders die Ohren waren eher etwas zu klein geraten. Ihre Augen sahen manchmal grün aus wie die einer Katze, ihr lockiges Haar war dunkelblond. Alles in allem hatte ich recht, wenn ich meine Braut ein lebendiges »Farbenkastel« nannte. Sie war eigenwillig, energisch und ebenso arm und fleißig wie ich selbst. Nach sieben Jahren Wartens kam es zu einer bescheidenen, stillen Hochzeit. Ich war gerade um diese Zeit schlecht bei Kasse, da ich mein verfügbares Geld für ärztliche Einrichtungen ausgegeben hatte. Die Auslagen für zwei goldene Eheringe schienen mir überflüssig. Die Braut sollte natürlich ihren schönen, vollen Goldreif haben. Ich selbst begnügte mich trotz des heftigsten Protestes meiner Braut mit einem Ehering aus Messing. »Ein Chirurg, also ein Handwerker, trägt überhaupt keine Ringe, und für die Westentasche ist einer aus Messing auch gut genug, geputztes Messing glänzt wie Gold und niemand wird die kleine Täuschung merken«, plädierte ich. Aber in dieser Annahme irrte ich mich. Denn ich sah den Kirchendiener während der Zeremonie die beiden Ringe miteinander vergleichen, leicht gegen die Tasse klingen und nachdenklich den Kopf schütteln, offenbar ohne das Rätsel lösen zu können. Ein unerwartet reiches Trinkgeld beruhigte ihn über seine etwaigen Zweifel. Leider verlor ich später den Ehering aus Messing, der ein Beweis dafür war, daß das Glück einer Ehe nicht von der Kostbarkeit der Eheringe abhängt. Der Honigmond des jungen Paares dauerte sieben Tage. Diese glückliche Zeit verlebten wir in der kleinen Sommervilla der Familie Lecher in Altenberg, einem kleinen Dörfchen an der Donau, etwa zwanzig Kilometer oberhalb Wiens. Gegenüber der Villa stand ein altes, baufälliges Bauernhaus mit einem schönen Garten an seiner Rückseite. Die Höhe gewährte einen prachtvollen Blick auf das fruchtbare Tullnerfeld, dessen weite Ebene südöstlich von buchenbewaldeten Hügeln des Wienerwaldes begrenzt und auf der andern Seite mit dem blauen Bande der Donau geschmückt war.

Meine Frau, welche alle Bauern von Kindheit auf kannte, bemerkte, daß der Besitzer dieses Gartens vieler Schulden wegen sein Anwesen verkaufen müsse, und daß es herrlich wäre, diesen schönen Garten zu besitzen. Diesmal pries Eva zur Abwechslung nicht den Apfel, sondern den Garten, in dem er wuchs: »Wie können Leute, die noch lange von der Hand in den Mund werden leben müssen, einen so tollen Gedanken haben«, erwiderte ich. Meine Frau gab zu, daß es sich nur um ein Luftschloß handle.

Eine Woche nach der Hochzeit begann ich die orthopädische Praxis. Meine Erfahrung mit dem ersten Privatpatienten hätte einen Abergläubischen zu übler Vorhersagung verleiten können. Ein etwa sechsjähriges Kind sollte ein Gipskorsett in leichter Suspension angelegt bekommen. Als es die Vorbereitungen sah und aufgehängt zu werden fürchtete, flüchtete das Kind blitzschnell hinaus auf die Straße.

Andere Patienten aber blieben, und die orthopädische Praxis war bald in voller Blüte, was bei dem Mangel jeder Konkurrenz sehr erklärlich war. Zu meinen ersten Fällen zählte ein Patient, der durchaus nicht in mein

Fach gehörte. Im selben Hause, Tür an Tür, wohnte einer meiner früheren Lehrer im wohlverdienten Ruhestand. Mitten in der Nacht wurde ich zu ihm gerufen und fand ihn in tiefer Bewußtlosigkeit. Seine rechte Seite war gelähmt und das Gesicht nach links verzogen. Es handelte sich offenbar um einen schweren Schlaganfall, der auch tödlich enden konnte. Ich überlegte nicht lange und machte einen gründlichen Aderlaß, bis der Kranke seine Augen öffnete und verwundert um sich sah. Zu jener Zeit wurde der Aderlaß als eine veraltete und eher schädliche Prozedur betrachtet. Ich wußte, daß die innere Medizin meine Tat scharf verurteilen würde. Aber der Patient pries mich als den Retter seines Lebens. Nach einiger Zeit sandte mir der reiche Hofrat mit dem Ausdrucke überströmender Dankbarkeit einen kleinen, silbernen Becher als ein Geschenk für meinen zu erwartenden Erstgeborenen. Ich dankte ihm mit denselben überschwenglichen Ausdrücken für sein generöses Geschenk. Er merkte den Stachel nicht und protestierte der Wahrheit gemäß: »Aber die Kleinigkeit ist ja nicht der Rede wert.«

Mein Leben als Arzt war viel angestrengter als das in der Studentenzeit. Der Vormittag war der Arbeit an der Klinik, der Nachmittag der Praxis, der Abend und ein großer Teil der Nacht der Schreibarbeit gewidmet. Hofrat Albert hatte verlangt, daß ich ein Buch über Pathologie und Therapie der habituellen Rückgratsverkrümmung schreibe, um mich gewissermaßen als Fachmann zu legitimieren. Ich bezog also abermals den Leichensaal, um nach frischen Präparaten zu fahnden. In meinem Buche stellte ich eine Theorie der Skoliose auf, an der ich trotz aller Kritiken bis zur Stunde festhalte. Die Grundlagen aller pathologischen, äußeren Formveränderungen des Rumpfes fand ich in den kleinen Knorpelfugen, welche die Bogenwurzeln mit den Wirbelkörpern verbinden, sowie in der Knorpelfuge des Wirbelkörpers selbst. Jede Seitenbiegung irgendeines Abschnittes der Wirbelsäule bedingt eine Gleichgewichtsstörung, welche durch Gegenkrümmungen ober- und unterhalb des abgewichenen Segmentes ausgeglichen wird. Wird eine solche Seitenbiegung infolge der Rechts- oder Linkshändigkeit oder bei professionellen Haltungen (Schreibhaltung) immer wieder, ohne Abwechslung eingenommen, so geraten die konkavseitigen Teile der Wirbelkörper unter stärkeren Belastungsdruck, wachsen in ihren Knorpelfugen weniger in die Höhe als in die Breite, während die konvexseitige Hälfte in ihrem Wachstum ungestört bleibt; so wird der Wirbelkörper keilförmig umgestaltet. Der schärfste Wirbelteil liegt im Scheitel der Seitenabweichung und behält seine senkrechte Stellung mehr oder weniger bei. In den Schenkeln der Krümmung sind die Wirbelkörper natürlich in geneigter Stellung (Inklination), am stärksten an den sogenannten Interferenzpunkten, welche den Übergang einer Krümmung in die Gegenkrümmung vermitteln. Mit der stärkeren Neigung der Wirbel wird ihre Keilgestalt geringer, um am Interferenzpunkte zu verschwinden. Wie der einzelne Wirbel aus Körper und Bogen, so besteht die ganze Wirbelsäule aus der Körper- und Bogenreihe. Während die Körperreihe durch die zwischen den Wirbeln eingeschalteten, elastischen Bandscheiben nach allen Seiten eine gewisse Beweglichkeit besitzt, ist die durch Gelenke ineinander verschränkte Bogenreihe weniger mobil und hat die Aufgabe, die Bewegungen der Körperreihe zu hemmen und richtunggebend zu wirken. Infolge ihrer geringeren Beweglichkeit bleibt die Bogenreihe hinter der durch die Körperlast zur Seite gedrängten Körperreihe zurück, aber nicht ohne selbst Formveränderungen zu erleiden. Diese bestehen darin, daß die Bogen gegenüber der zum Beispiel nach rechts abweichenden Körperreihe nach links abgeknickt werden. Dadurch gerät der konvexseitige Bogen in eine mehr sagittale, der konkavseitige in eine mehr frontale Stellung. Diese Stellungsveränderung muß von dem mit dem Wirbel und seinem Querfortsatz eng verbundenen, hinteren Rippenende mitgemacht werden. Da der seitliche und vordere Anteil der Rippe durch die Muskulatur festgehalten ist, muß es zu einer stärkeren Knickung des konvexseitigen Rippenbuckels und zu einer Streckung des konkavseitigen Rippenwinkels kommen. Das ist das Wesen der sogenannten longitudinalen oder senkrechten Knochentorsion, welche durch eine gleichsinnige Rotation in den Gelenken der Wirbelsäule eingeleitet werden mag. Neben dieser senkrechten unterliegt der Wirbel aber auch, und zwar besonders an den Interferenzpunkten, einer sagittalen Torsion, welche dadurch entsteht, daß die Bogenreihe der Inklination der Wirbelkörper ebensowenig zur Gänze folgen kann wie ihrer Seitwärtsbewegung. Dadurch kommt der Bogen in eine zur Oberfläche des Wirbelkörpers verschiedene Ebene zu liegen. Alle Veränderungen des skoliotischen Rumpfes sind auf die Vorgänge in den genannten Knorpelfugen zurückzuführen. Keine Knochenfaser, keine Band-, keine Muskelfaser entgeht bei der Skoliose einer Veränderung. Um für Studenten und Laien verständlicher zu sprechen, habe ich folgendes Gleichnis gewählt: Der Wirbelkörper sei ein talabrollendes Automobil, dessen stets angezogene Bremse (Bogen) den Lauf des Autos wohl hemmt, aber durch den Widerstand selbst verbogen wird. Dieser Vergleich wurde mir im Lande des Automobils als unangenehm höchst übelgenommen. Wurde die

Skoliose ursprünglich durch eine Gleichgewichtsstörung hervorgerufen, so lag der Gedanke nahe, an der Lendenwirbelsäule eine entgegengesetzte Gleichgewichtsstörung herbeizuführen und den Patienten dadurch zu zwingen, die oberen Krümmungen durch seine Gleichgewichtsbestrebungen selbsttätig zu korrigieren. Diese Idee, welche übrigens, wie ich später erfuhr, schon der alte Salenus geäußert hatte, scheiterte an dem hartnäckigen Bestreben der Kinder, die gesetzte Gleichgewichtsstörung nicht in der Brustwirbelsäule, sondern durch eine vermehrte Kopfneigung auszugleichen.

Heute bin ich der Überzeugung, daß diese tiefgreifenden Gestaltveränderungen des Skelettes, welche an benachbarten Segmenten der Wirbelsäule entgegengesetzter Natur sind, jeder Therapie unzugänglich bleiben müssen. Leider gilt für die Skoliose auch heute noch das wegwerfende Wort Billroths: »Der Schneider ist der beste Orthopäde.« Damit ist nicht gesagt, daß die Skoliose nicht behandelt werden solle. Ganz im Gegenteil erfordern gerade die vorgeschrittenen Fälle unsere erfolgreiche Hilfe, da die Kranken vielfach von Schmerzen geplagt sind.

Neben den skoliotischen hatte ich namentlich Patienten mit tuberkulösen Knochen- und Gelenksleiden zu behandeln. Für solche Fälle galt die amerikanische Traditionsmethode als Alleinheilmittel. Da eine solche Behandlung dauernden Zimmerarrest und Bettruhe oder einen komplizierten, kostspieligen, unwirksamen Apparat erforderte, beschloß ich, diese Art der Behandlung durch die Fixation zu ersetzen, dies um so mehr, als solche Kinder in der Klinik keine Aufnahme fanden und ungenügender häuslicher Pflege überlassen blieben. Von dem Grundsatz ausgehend, daß die Tuberkulose geheilt werden könne, trachtete ich, die kranken Kinder aus Bett- und Stubenluft möglichst viel ins Freie zu retten. Ich hatte die Freude zu sehen, wie tuberkulös hüftkranke Kinder, welche wegen ihrer nächtlichen Schmerzensschreie die Qual ihrer Familie waren, in einem gut angelegten Gipsverband die Nächte ruhig schlafend verbrachten und sogar auf dem kranken Beine wieder stehen und gehen konnten. Es war klar, daß nicht der Druck der erkrankten Gelenkflächen aufeinander, sondern die Bewegung derselben gegeneinander die Ursache der gräßlichen Schmerzen war. Dies Spicacoxae wurde erst nach Monaten gewechselt, da die Haut durch ein unter dem Trikot des Verbandes eingezogenes Kratzbändchen rein und gesund erhalten wurde. In milden Fällen war gar nichts weiter notwendig. Die Kinder konnten in Verbänden sogar zur Schule gehen; anstatt im Bett zu liegen, konnten sie frische Luft und Sonnenschein genießen. Heutzutage ist man geneigt, die mechanische Behandlung zu vernachlässigen und sich ausschließlich auf Sonnenschein, gute Nahrung und Röntgenbehandlung zu verlassen. Aber das ändert nichts an der Tatsache, daß während der schmerzhaften Phase der Krankheit ein gut fixierender Gipsverband weitaus das sicherste Mittel ist, die Schmerzen zu beseitigen. Der Vorwurf, daß durch die Fixation die kranken Gelenke schließlich ankylotisch (knöchern, versteift) würden, ist hinfällig. Im Gegenteil begünstigt die Fixierung des Gelenkes während der Erkrankung die Erhaltung einer gewissen, beschränkten Beweglichkeit, da dem zerstörenden Prozeß durch die Ruhigstellung des Gelenkes Einhalt getan wird. Übrigens ist es noch eine große Frage, ob dem Patienten mit einem komplett steifen Gelenk in guter Stellung des Beines nicht besser gedient ist als mit einem beschränkt beweglichen, aber überaus empfindlichen Gelenk ohne funktionelle Ausdauer. Ich pflegte in meinen Vorlesungen zu sagen: »Hätte ich nur gute Nahrung für meine Kinder, so würden sie in ihren Verbänden ohne spezielle Sonnenbehandlung gesund werden, da sie Bewegung in frischer Luft und die Sonne genießen können, soweit sie für alle Geschöpfe scheint.« Ich hatte großen Erfolg mit meiner Behandlung und mein Ruf verbreitete sich.

Ein interessantes Problem war es für mich, die schrecklichen Schmerzen der an tuberkulöser Wirbelentzündung leidenden Kinder zu stillen. Diese Schmerzen können schon durch die leisesten Erschütterungen des Fußbodens hervorgerufen werden. Das weichste Bett ist nicht imstande, das Kind vor solchen Erschütterungen oder vor Eigenbewegung zu schützen. Es war ein naheliegender Gedanke, das kranke Kind in ein möglichst hartes Bett, am besten in ein Bett aus Stein zu lagern. So entstand das Gipsbett, nichts anderes als ein vom Rücken des Kindes genommener und gut ausgepolsterter Gipsabdruck, in welchem das Kind wie eine Uhr im offenen Etui lag. In diesem Gipsbett konnte der kleine Patient nun in seinem Kinderwagen frische Luft und Sonnenschein genießen. Die Schmerzen wurden dadurch so weit gemindert, daß die Kinder selbst die Erschütterung des Wagens auf dem rauhen Pflaster nicht fühlten. In meinen Vorlesungen pflegte ich das Bett den Schmerztöter zu heißen. Um bei meinen Hörern den Eindruck zu verstärken, wie wichtig dieses einfache Hilfsmittel sei, sagte ich oftmals: »Wenn ich am Tage des letzten Gerichts sehen sollte, daß die Schale mit meinem guten Werke in die Höhe steigt, so halte ich für diesen Fall das schwerste Gipsbett bereit, um damit die zu leichte Schale zum Sinken zu bringen. Wenn das nicht hilft, so ist mir nicht zu helfen.« Es war eine Freude für mich zu hören, daß das Gipsbett auch jenen unglücklichen Opfern des Weltkrieges, welchen durch das Rückgrat geschossen worden war, Erleichterung brachte. Mit dem Gipsbett waren sie transportfähig, um im Hinterland entsprechende Pflege zu finden. Einer meiner eigenen Patienten schilderte mir die Qualen, die er mit durchschossenem Rückgrat bei einem Transport in einem Viehwagen zu erdulden hatte. In Sibirien fand er einen Wiener Arzt, der ihn durch ein Gipsbett schmerzlos und transportfähig machte. Der Patient blieb auch nach seiner Genesung dem Gipsbett treu, weil er in einem andern Bette nicht mehr schlafen konnte. Die Anwendung des Gipsbettes in der Behandlung der tuberkulösen Wirbelentzündung führt auf dem Wege der Hebung des allgemeinen Gesundheitszustandes durch gute Nahrung, Luft und Sonne zur Heilung, ohne daß schwere Zertrümmerungen entstehen. Außer in besonderen Ausnahmefällen können eingreifende Operationen, wie die Einpflanzung eines Schienbeinspanes zwischen die gespaltenen Dornfortsätze der Wirbel, vermieden werden. Es war niemals mein Bestreben, kühne Operationen zu erfinden, sondern solche durch einfachere Eingriffe, noch besser, durch unblutige, mechanische Behandlung überflüssig zu machen.

VIII

Der Bau des Vaterhauses

Meine Praxis wuchs und ich war materiell bald besser daran, als wenn ich klinischer Assistent geblieben wäre. Wenn ich mit meiner Frau nach Altenberg fuhr, geschah dies vornehmlich zu dem Zwecke, die schöne Aussicht von jenem Garten aus zu bewundern, der nächstens samt dem Bauernhause verkauft werden sollte. In der klaren Atmosphäre eines schönen Herbsttages wurden wir durch den Anblick des Ötschers überrascht, der als letzter Vorposten der Alpen in die Ebene des Tullnerfeldes herüberlugt. Gerade hinter ihm ging die Herbstsonne unter und umstrahlte die trotzige Felspyramide mit ihrem Farbenmantel. Das entschied unseren letzten Zweifel. Der Garten mußte unser werden, noch ehe ein anderer Naturfreund das Juwel entdeckt hätte: der Preis des Hauses samt Garten war viertausend Gulden. Als in der Notariatskanzlei der Kaufvertrag abgeschlossen wurde, mußte der Bauer erfahren, daß er mehr Schulden hatte, als ihm bewußt war. Nach Deckung aller seiner Verbindlichkeiten wäre der Verkäufer nackt wie sein Zeigefinger aus der Kanzlei herausgekommen. Das konnte ich nicht zugeben und bezahlte dem Bauern über den Kaufpreis hinaus seine vergessenen Schulden, so daß er nicht stärker enttäuscht zu sein brauchte, als er vorausgesehen hatte.

Die neuen Eigentümer waren auf den Besitz eines kleinen Fleckchens Erde sehr stolz: das ebenerdige Haus hatte zwei rechtwinklig verbundene Trakte. Der kleinere, gegen die Donau stehende Flügel enthielt die Bauernstube und eine gewölbte kleine Küche. Der andere, größere, gegen das Tullnerfeld gerichtete Trakt bestand aus dem großen, gewölbten Kuhstall und einer ebenfalls gewölbten Futterkammer. Dieser Teil des Hauses stand auf einem dem höhergelegenen Garten abgewonnenen Grund. Das Schindeldach reichte hier fast auf den Erdboden: »Ein verstockter Hausherr«, spottete Hofrat Albert bei seiner Besichtigung der neuen Erwerbung. »Wenn die Katze auf dem Dache sitzt, liegt ihr Schwanz am Boden.« Aber die Schönheit der Aussicht verschlug ihm weiteren Spott. Das Haus, speziell der Kuhstall, der mit seiner schönen Wölbung als Refektorium eines kleinen Klosters hätte dienen können, war sehr solid gebaut und konnte leicht ein weiteres Stockwerk tragen. Es war uns ein ganz neues Vergnügen, die Umwandlung des alten Bauernhauses in eine komfortable, nette Villa zu beraten. Gründlich gereinigt, das Gewölbe weiß gestrichen, Wände weiß verkachelt, den Fußboden mit blauweißen Fliesen bedeckt, die kleinen Fenster vergrößert, ein großer Herd an der Schmalseite durch ein breites Fenster erleuchtet, weiße Küchenmöbel, glänzende Kupfer- und Nickelgeschirre, blinkende Kaffee- und Teekannen auf den Stellagen – so sah meine Frau im Geiste ihre neue Küche. Der verhältnismäßig große Raum schien ein gleichgroßes Speisezimmer über seine Wölbung zu fordern. So kam es, daß das umgebaute Haus hauptsächlich dem Kochen und Essen geweiht schien, während für Wohnzwecke nur geringer Raum verblieb. Eine große, verglaste Veranda an der Aussichtsseite mit einer anschließenden Terrasse machte diesen Mangel reichlich wett.

Es wäre vielleicht zweckmäßiger gewesen, das alte Haus vollständig einzureißen und von Grund auf ein neues zu bauen. Aber die alten Wölbungen hatten es dem Bauherrn angetan, und es lag in seiner Natur, das Alte zu schonen, zu erhalten und zu verbessern. Statt einer modernen Schablonenvilla entstand so ein Umbau auf historischem Grunde, vom Kreise der Altertümlichkeit umschlossen. Während des Baues hätte ich den Maurern gern geholfen, Ziegel zu legen und Mörtel zu mischen, aber meine Arbeit hielt mich in der Stadt zurück. Doch jeden Abend kam der Bauherr und verfolgte beim Scheine einer Laterne den Fortschritt jedes Tages. Es schien, als ob magische Hände, Heinzelmännchen, am Werke gewesen waren, diesmal nicht in der Stille der Nacht, sondern bei Tageshelle. Das Dach des Hauses war mit Schiefer gedeckt. Als dieses fertig war, fühlte ich mich von Schöpferfreude beseelt, welche selbst durch die Tatsache, daß ich mein Geld bis auf den letzten Heller ausgegeben hatte, nicht gedämpft werden konnte. Hatte ich nicht jene Aufgabe erfüllt, welche nach meiner Meinung Pflichten jedes Mannes in meinem Alter waren: ein Kind gezeugt und ein Haus gebaut zu haben.

Dieses Haus sollte das Vaterhaus meiner Kinder werden. Als das Dach noch nicht fertig war, hatte ich an einem Regentage meinen kleinen Sohn Albert auf den Arm genommen und ihn in eine regensichere Ecke des Hauses gebracht, um ihm den Begriff des Schutzes beizubringen, den ihm das Vaterhaus gegen Kälte, Wind und Regen geben würde. Für Nahrung, Kleidung und andere Bedürfnisse müsse er später einmal selbst sorgen, mittlerweile machte es dem Papa Freude, ihm alles Nötige zu geben. Aber man sollte niemals etwas ganz sicher versprechen, »because you never know – – –.«

Eines Abends im Frühling fühlte ich mich durch und durch elend. Plötzliches, heftiges Fieber, dessen Ursache noch niemand kannte, schüttelte mich. Erst am nächsten Morgen fühlte ich einen stechenden Schmerz am Ende meines rechten Zeigefingers. Nicht die kleinste Verletzung war zu sehen. Nur dunkel erinnerte ich mich, daß ich wenige Tage vorher bei der Manipulation mit einem orthopädischen Apparat eine ganz kleine Kratzwunde erlitten hatte. Was nun kommen würde, wußte ich voraus: phlegmonöse Entzündung des Fingers, der Hand, des Armes und so weiter. Hand und Vorderarm schwollen an von Augenblick zu Augenblick, Fieber und Schmerzen nahmen zu. Am nächsten Abend lag der Patient halb bewußtlos im Delirium. Chirurgen kamen von der Klinik, machten tiefe Einschnitte an Finger und Hand, legten fixierende Bandagen an und schüttelten den Kopf wegen der roten Streifen am Oberarm und den schmerzvollen Achseldrüsen. Es lief das unverbürgte Gerücht, daß der Arm amputiert werden müsse oder der Patient würde sterben. Solche Bulletins wurden dem Kranken natürlich vorenthalten. In seinem Dämmerschlaf quälten ihn zwei Visionen. Die eine betraf einen krassen Fall, welchen ich an der Klinik beobachtet hatte. Ein junger, gesunder und starker Arbeiter war mit der Diagnose »Phlegmone der Hand und beginnende Lymphangitis« in die Klinik aufgenommen worden. Ungeachtet aller chirurgischen Maßnahmen ging es dem Patienten schlechter und schlechter. Am nächsten Morgen waren an der Hand Zeichen beginnenden Gangräns zu konstatieren. Es wurde dem Kranken mitgeteilt, daß sein Arm amputiert werden müsse. Er verweigerte die Operation. »Aber Sie werden sonst sterben«, hatte ich ihn gewarnt. »Ja«, antwortete der Patient. »Ich werde dann kein Bettler sein.« Bei der Abendvisite fand ich alle Patienten, welche das Bett verlassen konnten, um die Lagerstätte des Sterbenden kniend im Gebete. Damals hatte ich geweint und daran gezweifelt, ob ich aus jenem harten Holze geschnitten sei, das für einen Chirurgen notwendig ist!

Die zweite Vision, die den Fiebernden quälte, war von weniger aufregendem Charakter. Ich sah den Dachdecker auf meinem noch unfertigen Hause sitzen und die Lücken zwischen den Sparren mit Banknoten statt mit Schiefertafeln ausfüllen. – Ich schrie in meinem Fieber dem Dachdecker zu: »Nimm doch Schiefer, statt Banknoten« – was schließlich auf dasselbe hinauskam. Die Ursache dieser Angstträume lag in der Erkenntnis, daß ich nun Schulden hatte, die ich nicht würde bezahlen können, und daß meiner Witwe und meinem Sohne nur Schulden und ein unfertiges Haus bleiben würden, wenn ich sterben sollte. In einem anderen Fieberwahn fühlte ich mich am Grund eines tiefen Brunnens liegen. Ringsum schwarze Finsternis; hoch oben in unerreichbarer Ferne glitzerte funkelndes Tageslicht. Mit krampfhaft ausgestreckten Armen quälte ich mich vergebens, dem hoffnungsvollen Funkeln näher zu kommen, nur um kraftlos wieder zurückzusinken. Zu genau war mir das Schicksal eines Freundes im Gedächtnis, der sich bei einer Patientin mit Erysipelas angesteckt hatte und gestorben war. Der ärztliche Beruf stellte seinen Adepten gefährliche Fallen.

Aber meine Zeit war noch nicht gekommen. Ich genas langsam und war durch das hartnäckige Fieber so ausgebrannt, daß ich zusammenstürzte, als ich den ersten Versuch machte, mich auf die Füße zu stellen. Ich verbrachte die Karwoche in Altenberg. Als ich bei der Auferstehungsprozession im nahegelegenen St. Andrä-Wördern die Osterglocken klingen hörte und der Priester sang »Christus ist erstanden«, wurde mir faustisch zumute. »O tönet fort, ihr süßen Himmelslieder, die Träne quillt, die Erde hat mich wieder.«

Um die Gebrauchsfähigkeit meiner Hand möglichst rasch wieder zu erlangen, spielte ich nach orientalischer Sitte mit einer Holzperlenschnur und fühlte mich als Sieger, als ich imstande war, mit Daumen und Zeigefinger meine Uhr wieder aufzuziehen. Die Einschnitte an meiner Hand waren nahezu geheilt, als die Virulenz meiner Infektion sich dadurch erwies, daß meine Frau, die sich wahrscheinlich beim Verbinden mit einer Sicherheitsnadel verletzt hatte, an einem Abszeß in der Achselhöhle erkrankte und ebenfalls operiert werden mußte. Diese traurigen Krankheitswochen waren um so entmutigender, als nunmehr Baurechnungen über hundert Dinge eintrafen, welche im Voranschlag vergessen waren. Meine Frau, welche feine Worte liebte, wenn sie vorstellig sein wollte, sagte zu mir: »Herr Dozent, hätten Sie nicht besser daran getan, mit dem Bau zu warten, bis Sie das nötige Kleingeld dazu haben?« Ich entgegnete: »So können wir uns ein Jahr länger an dem Hause erfreuen.« Aber die Rechnungen mußten sofort bezahlt werden, und wenn wir darüber verhungern sollten. Um diesem Schicksal zu entgehen, beschloß meine Frau, deren Haushaltungsgeld eine beträchtliche Kürzung erfahren hatte, ihre Kücheneinkäufe in der Vorstadt (hinter der Verzehrungssteuerlinie) zu besorgen. »Der Spaziergang wird dir gut tun«, glossierte der Gatte, »aber den eigentlichen Vorteil davon wird der Schuhmacher haben.« Aber wir hielten durch, obwohl wir wieder für lange Zeit hinaus von der Hand in den Mund leben mußten.

Um weitere Handwerkerrechnungen zu vermeiden, versuchte ich manche ihrer Arbeiten selbst zu machen, z. B. das Anstreichen der Türen. Hatte ich die Arbeiter nicht beim Streichen der Fensterrahmen beobachtet? Hatte ich meinen Vater nicht die Wagenkasten firnissen gesehen? – Und ich begann mit weit ausholendem Pinsel, die Pfeife im Munde, mein Werk; ich spottete über die Professionisten, welche ihre Arbeit anscheinend so lässig verrichteten, als ob sie mit ihr niemals fertig werden wollten. Statt ihre bedächtig langsame Methode nachzuahmen, arbeitete ich mit Feuereifer, um den Beweis zu liefern, was ein Mann leisten könne, wenn er mit Leib und Seele bei der Sache war. Meine Prahlerei nahm ein klägliches Ende, als der Pinsel meiner Hand entfiel und kalter Schweiß auf meine Stirne trat. Ich war einer Ohnmacht nahe. Nun spotteten die Arbeiter: »Aber Herr Dozent, sie ham halt net den Vort'l (Vorteil).« Ich konnte meine Hand durch acht Tage nicht auf und ab bewegen und rührte lange keine Pfeife mehr an.

Handwerksmäßige Arbeitsleistung kann nur durch hartes Training der Muskeln erworben werden. Ich betrachtete die Handwerker fortan nicht nur als meinesgleichen, sondern, was ihre Geschicklichkeit anbelangt, oft als die Überlegenen. Der einzige Unterschied zwischen ihrer Arbeit und der meinigen bestand darin, daß das Material, an dem ich arbeitete, so unendlich viel kostbarer war.

Nicht lange nach Vollendung unseres Hauses hatte ich Gelegenheit, dem Architekten bei einem Umbau ganz anderer Art beizustehen.

Die Zahl meiner Spitalpatienten wuchs von Tag zu Tag, und es wurde unmöglich, ihnen in dem beschränkten Raum der Klinik gerecht zu werden. Wir mußten ausziehen. Obwohl mir Professor Albert immer freie Hand gelassen hatte, so betrachtete ich diesen Auszug aus der Klinik als den ersten, entscheidenden Schritt zur

Loslösung der Orthopädie von ihrer Mutter, der allgemeinen Chirurgie. Die Küche im Allgemeinen Krankenhause war zu klein geworden und mußte in anderen Lokalitäten untergebracht werden. Die alte Küche mußte für die Orthopädie gut genug sein. Der verfügbare Raum war eine große gewölbte Halle, wie viele der großen Krankensäle des Spitals. Die Architekten Josephs II. schienen sorgfältig darauf bedacht gewesen zu sein, den Platz nicht an Nebenräume, wie Tag- oder Badezimmer und Teeküchen, zu verschwenden, und ließen ihrer Leidenschaft für möglichst große Räume mit hohen, breiten Fenstern freien Lauf. Es gibt in der Tat kaum ein Krankenhaus in der Welt, welches mit den geräumigen, lichten und gut ventilierten Krankensälen des Allgemeinen Krankenhauses in Wien konkurrieren kann, mögen die Nebenräume auch nur den Komfortbedürfnissen genügen, die man vor hundertfünfzig Jahren stellte. Der alte Bau ist von größter Solidität. Erfahrene Architekten sagen, daß kein moderner Bau so viele Umgestaltungen, z. B. Ausbrechen von Fenstern, Ausbohrungen von Ventilationsschächten und andere noch durchgreifendere Veränderungen ausgehalten hätte. Dieses ehrwürdige alte Hospital, in welchem mehr als zehn Generationen von Ärzten ihre Kenntnisse erworben hatten, in welchem die ärztliche Wissenschaft von Männern geschaffen wurde, deren Ruhm niemals vergehen wird, dieses strenge und dennoch liebenswürdige, alte Gebäude mit den herrlichen Gärten in seinen weitläufigen Höfen sollte der Spitzhacke zum Opfer fallen. Der Krieg brach aus und rettete dieses kostbare Juwel einer glorreichen Zeit!

Die große Küchenhalle wurde durch dünne Wände in ein Warte-, Verbands- und Operationszimmer abgeteilt. Ein schmales, doch sehr hohes Kabinett, welches wir scherzweise den »Zwischenrippenraum« nannten, sollte als Bibliothek und Sprechzimmer des neuen Eigentümers fungieren. Der Keller, eine frühere Vorratskammer der Küche, sollte als Dunkelkammer zur Entwicklung von Photographien und Röntgenbildern sowie als Rumpelkammer für orthopädische Apparate und Verbandmaterialien dienen. Dieser mehr als bescheidene Platz war meine Arbeitsstätte für die nächsten zwanzig Jahre. So einfach und unzureichend sie war, erregte sie doch die Eifersucht der Chirurgen, welche ihr Unterrichtsmaterial an Patienten nicht vermindert sehen und jede weitere Spezialisierung der Chirurgie verhindern wollten. Für meine verschiedenen Wünsche hatte man im Ministerium taube Ohren. Um hinter den Zeitläuften nicht zurückzubleiben, mußte ich vielfach in die eigene Tasche greifen und Instrumente, unter anderem einen Röntgenapparat, anschaffen und hatte Mühe, wenigstens einen Teil meiner Auslagen ersetzt zu erhalten. Man schrie Zeter und Mordio im Ministerium, als ich einen bezahlten Assistenten verlangte, den ich durch einige Jahre aus eigenen Mitteln honoriert hatte. Für mich selbst wagte ich für meine schwere Arbeit und großen Zeitverlust keine Entschädigung zu verlangen. Diese Bescheidenheit war ganz verfehlt, wie die Zukunft zeigen sollte.

Bald genügte die kleine Anstalt dem Andrange der Patienten nicht mehr. Ein anderer, nicht geringerer Übelstand lag darin, daß ich operierte Kinder, noch ehe sie ganz aus ihrer Narkose erwacht waren, sozusagen auf die Straße werfen mußte, da ich keinen Platz hatte, wo sie sich hätten ausschlafen können. Erst auf meine dringenden Vorstellungen hin erhielt ich für diesen Zweck zwei Gastbetten an der chirurgischen Abteilung meines Schwagers, Professor Dr. Frank. Um das Ambulatorium niederzuhalten, durfte es keine Betten haben, damit es auch nicht die entfernteste Ähnlichkeit mit einer chirurgischen Abteilung, geschweige denn mit einer orthopädischen Klinik bekäme. Wie kurzsichtig! Begründet doch erst die Pflege der Spezialzweige den internationalen Ruf einer medizinischen Fakultät.

IX

Entwicklung unblutiger Operationen

Trotz aller Widerwärtigkeiten wuchs der Ruf des orthopädischen Universitäts-Ambulatoriums. Ich war mein eigener Chef geworden, der sich um die Modekrankheit der Chirurgie, die Karbolsäure, nicht mehr zu kümmern brauchte. Allerdings mußte ich mir »heimlich« eine eigene Methode der Antisepsis erfinden. Unter dem Schutze derselben konnte ich gefährlich offene Gelenkoperationen in zweihundert Fällen mit nur eineinhalb Prozent Mortalität ausführen, bei denen die dem Karbol treu gebliebenen Chirurgen bis zu zehn Prozent Todesfälle zu beklagen hatten. Hätte man aber gewußt, daß meine drei Todesfälle sich unter meiner Alkohol-Antisepsis ereignet hatten, so hätte man mich des dreifachen Mordes angeklagt, denn auf den Verstoß gegen eine in der Wissenschaft herrschende Mode steht Todesstrafe! Ich blieb dem Alkohol, der später auch als Operationsantiseptikum eingeführt wurde, für die nächsten vierzig Jahre in jeder Beziehung treu, denn nicht nur Blut, sondern auch Alkohol ist ein besonderer Saft.

Die obenerwähnte Operation war die offene Einrenkung des kongenital dislozierten Hüftgelenkes. Der Zustand ist jedem Laien leicht verständlich. Die Natur ist oft eigenwillig und grausam, selbst gegen ein ungeborenes Kind. Aus unbekannter Ursache läßt sie zuweilen die Pfanne, welche den Schenkelkopf beherbergen soll, nicht in gehöriger Weise wachsen, so daß sie zu flach wird und den Schenkelkopf entschlüpfen läßt. Übrigens betrifft die Wachstumshemmung nicht nur die Pfanne, sondern das ganze Bein. Bei doppelseitiger Verrenkung beide Beine. Selbst der Fuß der kranken Körperseite ist bei einseitiger Verrenkung in allen seinen Dimensionen etwas schwächer als der andere. Verbleibt der Schenkelkopf beim neugeborenen Kinde zunächst in der zu seichten Pfanne, so wird er später durch Muskelwirkung und das Gewicht des Körpers aus derselben nach oben disloziert. Solche Kinder verweigern oft das Stehen, lernen erst spät gehen und zeigen dabei ein eigentümliches, gleitendes Hinken. Die charakteristische Haltung des ganzen Körpers bei doppelseitiger Verrenkung wurde schon oben beschrieben.

Wir sprechen von einer »sogenannten« angeborenen Verrenkung, weil diese, wie schon bemerkt, am neugeborenen Kinde nicht konstatierbar ist, sondern sich in der Regel erst nach der Geburt entwickelt.

Die »sogenannte« angeborene Hüftgelenksverrenkung ist ein zweifelhaftes Privileg des »sogenannten« schönen Geschlechtes, da acht Mädchen auf einen Knaben kommen. Die Ursache liegt wahrscheinlich darin, daß außer der Pfannenflachheit noch andere Umstände hinzukommen, welche die Disposition zur Luxation beim weiblichen Geschlecht steigern. Zweifellos muß die Beckenhöhe umfangreicher sein, da der Uterus, welcher beim neugeborenen Mädchen unglaublich groß ist, darin Platz findet. Infolgedessen nimmt die Beckenhöhle statt der trichterförmigen eine mehr zylindrische Form an, wodurch die Pfannenebene steiler gestellt und die Luxationsdisposition verstärkt wird. Selbst bei der neugeborenen Eva sind die Geschlechtscharaktere des Beckens schon deutlich markiert. Eine merkwürdige

Eigenheit liegt in der Tatsache, daß die Luxationskinder im übrigen vollkommen und fast immer von auffallender Schönheit sind. Es scheint, daß die Natur, wie um sich selbst zu verhöhnen, es liebt, ihren schönsten Geschöpfen die Vollkommenheit zu versagen. Mußte es nicht als verlockende Aufgabe erscheinen, die Natur zu überlisten und den Kindern jene Vollendung der Körperform zurückzugeben, die sie ihnen verweigerte? Dazu kommt, daß die Hüftgelenksverrenkung das weitaus häufigste angeborene Gebrechen ist. Unerklärlicher-, aber wahrscheinlich zufälligerweise gibt es Gegenden, in denen die Luxation besonders häufig ist (Luxationsnester). Leider ist die Hüftluxation vererblich. Nicht in dem Sinne, daß jede mit Luxation behaftete Mutter auch Luxationskinder haben müsse. Es gibt ganze Familien-Luxationsstammbäume, wobei immer die Frau die Erblasserin bleibt.

Obwohl immer wieder erklärt wurde, daß die Luxation unheilbar sei – denn was nütze es, den luxierten Schenkelkopf in die Pfanne zu führen, wenn ihn diese nicht zurückhalten könne –, so ließ sich die jüngere Generation von der Schwierigkeit des Problems nicht abschrecken. Hatte doch der Listerismus das Feld der operativen Chirurgie ungeheuer erweitert. Was lag näher als der Gedanke, das Hüftgelenk zu eröffnen, die flache Pfanne mit einem scharfen Löffel zu vertiefen und den Schenkelkopf in sie einzuführen. Leider wurden bei der Eröffnung des Hüftgelenks viele Muskeln durchschnitten, welche zur Führung des restaurierten Gelenks unbedingt nötig waren. Ich arbeitete eine Methode aus und beschrieb sie in einem Buche, die es ermöglichte, die ganze Operation auszuführen, ohne daß eine Muskelfaser verletzt zu werden brauchte.

Aber ich war mit dieser Arbeit niemals zufrieden. Ich konnte mich dem Gedanken nicht verschließen, daß die schwere Verletzung der Pfanne, welche das Wachstumszentrum des ganzen Beckens ist, dessen Wachstum schädigen müsse, was für zukünftige Mütter eine schwere Gefahr bedeutet. Leider sollte die Zukunft meine Besorgnisse rechtfertigen. Außerdem ließ die Beweglichkeit der operierten Gelenke viel zu wünschen übrig, und das Endresultat glich sehr häufig der Flexions-Adduktions-Kontraktur eines ausgeheilten tuberkulösen Hüftgelenkes.

Am schlimmsten war die Tatsache, daß die Eröffnung großer Gelenke sogar gefährlicher ist als die Eröffnung der Bauchhöhle. Drei operierte Kinder waren mir gestorben, und ich konnte besonders eine liebenswürdige und schöne junge Mutter, die sich über den Tod ihres einzigen Kindes verzweifelt gebärdete, nicht vergessen. Durfte ich ein junges, gesundes Geschöpf einer lebensgefährlichen Operation aussetzen wegen eines Gebrechens, welches das Leben durchaus nicht bedrohte? – Meine Antwort war: »Nein!« – Und bei dieser Antwort blieb ich bis zum heutigen Tage. – Mit Schrecken erinnere ich mich der Zeit steter Sorge um meine operierten Kleinen, bis sie die ersten paar Tage nach der Operation hinter sich hatten. Diese steten Aufregungen der Seele bei aufreibender Arbeit mußten schließlich die Gesundheit auch des stärksten Mannes untergraben. Eines schönen Sommermorgens äußerte mein Magen spürbar, daß er nicht länger mittue. Seine Majestät der Magen ist ein strenger Tyrann, der sorgfältig bedient sein will. Einmal schwer beleidigt, weist er alle Huldigungen unbedingt zurück. Ich blieb von dieser Zeit mein ganzes Leben hindurch ein Magenkrüppel. Damals konnte ich kaum eine Schnitte westfälischen Schinken oder Biskuit vertragen. Ich wurde zum wandelnden und bald zum bettlägerigen Skelett. Gute Freunde wisperten sich teilnahmsvoll ins Ohr, der Gipsdozent habe es mit der Lunge zu tun und sollte besser nach dem Süden gehen. Ich tat so, nicht um meine Lungentuberkulose zu heilen, sondern um für eine Zeit alles zu vergessen, was mir das Leben zu Hause sauer machte. Ein zeitweiliger Aufenthalt in Ägypten brachte keine Besserung. Ich hütete mich, einen Chirurgen zu konsultieren; denn ich wußte, daß diese Herren immer bereit waren, ihre diagnostischen Zweifel durch eine Vivisektion zu zerstreuen, und erst dann die Rolle des Haruspex zu spielen. Ich machte es wie die meisten Patienten und ging zu einem Arzt, der große Erfolge als Magenspezialist hatte, im übrigen aber als mehr oder weniger verrückt galt. Er gab mir auch ganz sonderbare Verhaltensmaßregeln: Niemals waschen, höchstens das Gesicht mit einem feuchten Handtuch abwischen, niemals baden – sonst würde ich sicher tuberkulös. Als erfahrener Magenarzt versicherte er mir, daß mein Magen gesund, aber meine Nerven krank seien: »Hören Sie auf zu arbeiten!« Als ich ihm erwiderte, daß ich dann lieber gleich sterben würde, polterte er: »Dann teilen Sie Ihre Arbeit vernünftig ein. Schaffen Sie von 8 Uhr früh bis 2 Uhr mittags, in sechs Stunden kann man viel vom Fleck bringen. Dann rasten Sie eine Weile, dann nehmen Sie Ihre genau abgewogene Mahlzeit von Fleisch und Gemüse, dann ziehen Sie sich aus, legen sich zu Bett und schlafen in dem Bewußtsein, daß die Welt für Sie nicht mehr existiert. Den Abend vertreiben Sie sich durch Arbeit am Schreibtisch, dann werden Sie bald gesund sein. Wenn Sie mit der Narretei fortfahren, täglich ein Bad zu nehmen, wird man Sie bald die Füße voraus aus dem Hause tragen.«

Ich befolgte die Vorschrift des guten Doktors mit peinlicher Sorgfalt, schlug aber seine Warnungen vor Waschen und Baden in den Wind. Trotzdem besserte sich mein Befinden zusehends. Die alte Regel: »Arbeite mit leerem und ruhe mit vollem Magen!« fand wieder einmal ihre Bestätigung. Trotzdem werden sich die Mitteleuropäer nicht davon abhalten lassen, ihren Arbeitstag durch die Hauptmahlzeit zu unterbrechen.

Nach und nach erlangte ich wieder meine volle Arbeitskraft, die ich für meine unblutigen Operationen sehr benötigte. Damals wußte ich noch nicht, daß es möglich sein würde, die angeborene Hüftgelenksverrenkung auf unblutigem Wege zu heilen. Ich hatte es damals fast ausschließlich mit etwas älteren Kindern zu tun, bei denen der verrenkte Schenkelkopf immer schon in beträchtlicher Höhe über der Pfanne stand, und hielt es für sehr schwierig, wenn nicht unmöglich, ihn gegen den Widerstand aller verkürzten Weichteile zum Pfannenniveau herabzuziehen. Die unblutige Behandlung des angeborenen sowie des erworbenen Klumpfußes gab mir reichlich Gelegenheit, den Widerstand verkürzter Weichteile überwinden zu lernen.

Jeder Laie kann das Problem des Klumpfußes verstehen, wenn er diesen mit einer gekrümmten Adlerklaue vergleicht, welche eine konvexe und eine konkave Seite hat. Setzt man voraus, daß diese Klaue elastisch wie eine Stahlfeder ist und durch verkürzte Weichteile an der Konkavseite in ihrer Krümmung festgehalten wird, so ist es begreiflich, daß jeder Versuch, die Klaue geradezustrecken, den Widerstand aller verkürzten Teile herausfordert. Durch jeden Versuch einer Korrektur wird die Elastizität der Klaue geweckt, und diese wird mit ihrer elastischen Kraft in ihre alte Stellung zurückgefedert.

Hindert man dieses Zurückfedern durch den Widerstand eines Apparates oder eines angelegten Gipsverbandes, so antwortet der gefesselte Fuß mit Gangrän an den Druckstellen. Die Behandlung ist mißlungen und muß nach Monaten unter denselben Gefahren wieder aufgenommen werden. Orthopädische Probleme erinnern an den Wunsch der Katze: »Wasch mich, aber mach mich nicht naß!« – Mit anderen Worten: »Mach mich gerade, aber rühr' mich nicht an.«

Es war mir klar, daß das französische, sogenannte Redressement forcé, welches die Elastizität des Fußes erweckt und ihn in dieser elastischen Spannung fixiert, durch eine neue Methode ersetzt werden müsse, welche die Elastizität des Fußes zunächst vernichtet und ihn erst dann in korrigierter Stellung fixiert, so daß es zu keiner Rückfederung kommt.

Diese neue Methode habe ich als »modellierendes Redressement« bezeichnet, welches durch eine ungezählte Reihenfolge manueller oder instrumenteller Korrekturversuche den Fuß ganz allmählich so weit ummodelt, daß derselbe, ohne Widerstand zu leisten, sogar in eine zur früheren entgegengesetzte Stellung gebracht werden kann. Wie der Bildhauer seinen Ton, modelt der Orthopäde lebendes Gewebe, welches ja am Ende auch nur Erde ist. Freilich lassen sich die Knochen des Fußes nicht ohne weiteres eine andere Gestalt aufzwingen; sie klaffen zunächst und wachsen nur allmählich in ihre normale Form.

Das »modellierende Redressement« hat aber auch seine Gefahren, denen man leicht dadurch begegnet, daß man wegen der zu erwartenden Schwellung des Fußes jeden zirkulären Verband strengstens vermeidet. Überraschend war für mich die fast völlige Schmerzlosigkeit des

Verfahrens während der Nachbehandlung, leicht erklärlich wegen des Fehlens aller Druckpunkte. Ich wagte die Behauptung, daß kein Klumpfuß irgendwelcher Herkunft dem »modellierenden Redressement« widerstehen könne. Selbst der Klumpfuß Erwachsener sei auf diesem Wege der Heilung zugänglich. Jeder blutige Eingriff am Skelett des Fußes sei überflüssig, verstümmele den Fuß durch Exstirpation von Knochen und verkürze den ohnehin zu kurzen Fuß noch mehr.

Die Kenntnis des »modellierenden Redressements« führte zu weiteren Erfolgen, auch bei paralytischen Deformitäten. Bei paralytischen Flexionskontrakturen des Kniegelenkes konnte die ziemlich blutige Operation der Transplantation des zweiköpfigen Beugers auf die Kniescheibe durch den Trick umgangen werden, die Kontraktur zu invertieren, d. h., das Knie etwas zu überstrecken. Dadurch kommt die quere Knieachse etwas hinter die Schwerlinie des Oberkörpers zu liegen, dessen Gewicht dann im Sinne des gelähmten vierköpfigen Kniestreckers wirkt. Ich habe es bei den paralytischen Deformitäten immer als meine Hauptaufgabe betrachtet, vor allem die normale Form wiederherzustellen und die Transplantation, deren Indikationen ziemlich beschränkt sind, erst an zweiter Stelle zu setzen. Zeigt doch die tägliche Erfahrung, daß ein Mensch mit einem vollständig gelähmten Bein leidlich gut zu gehen erlernt, falls sich seine Gelenke in richtiger Stellung befinden. Die Wichtigkeit und Notwendigkeit der Sehnentransplantation habe ich niemals geleugnet, ihren Mißbrauch aber immer bekämpft, was mir sehr verargt wurde. Man kann paralytische Deformitäten erfolgreich ohne Sehnentransplantation – aber sicherlich nicht ohne »modellierendes Redressement« behandeln, wenn auch nur die geringste Kontraktur vorhanden ist. Wer sich darauf verläßt, daß eine Deformität durch die transplantierten Sehnen geradegezogen werden kann, wird nur Enttäuschungen erleben. Es darf nicht überraschen, daß sehr starke Sehnen, so namentlich die Achillessehne, dem »modellierenden Redressement« unzugänglich bleiben und operativ verlängert werden müssen.

Merkwürdigerweise versagte das »modellierende Redressement« gegenüber dem angeborenen Schiefhals. Diese Deformität ist eine durch Verkürzung des Kopfnickers bedingte Skoliose der Halswirbelsäule, bei welcher der Kopf nach der einen Seite geneigt und das Gesicht nach der anderen Seite gedreht ist. Man kann sich die Erfolge Andrys vorstellen, der Ende des achtzehnten Jahrhunderts den Müttern vorschrieb, ihre schiefhalsigen Kinder zu Feuersbrünsten mitzunehmen und sich so zu stellen, daß die neugierigen Kinder das Gesicht dem Feuer zuwenden und den Hals dadurch geradeziehen sollten. Die einzig mögliche Behandlung besteht in der Durchschneidung des Kopfnickers, darauffolgendem »modellierendem Redressement« der Halswirbelsäule und Fixierung des Kopfes und des Halses in überkorrigierter Stellung. Die subkutane Durchschneidung des Halsmuskels ist durchaus nicht schwierig und erzielt nach gründlichem Redressement der Halswirbelsäule die denkbar besten Dauererfolge. Dennoch ziehe ich die Durchschneidung des Muskels in offener Wunde vor. Es ist keinem Geringerem als Billroth bei der subkutanen Ausführung der Operation widerfahren, die unmittelbar hinter dem Muskel gelegene Halsvene zu verletzen und die kleine Patientin, das Töchterchen eines Kollegen, infolge Lufteintretens in die Vene auf dem Operationstisch sterben zu sehen.

Den größten Erfolg meines Lebens, die Heilung der kongenitalen Hüftgelenksverrenkung, verdanke ich dem »modellierenden Redressement«. Dieses ermöglichte es nämlich, den bei älteren Kindern – und nur mit solchen hatte ich es damals zu tun – schon sehr hochstehenden Kopf durch die Dehnung der verkürzten Weichteile in das Niveau der Pfanne herabzuziehen. Bei kleinen Kindern gelingt das natürlich spielend leicht und das »modellierende Redressement« hat für solche Fälle keinerlei Bedeutung.

Aber mit dem Herabholen des Kopfes in das Pfannenniveau ist noch nichts getan, solange es nicht gelingt, den Kopf in der flachen Pfanne zurückzuhalten. Die Pfanne ist aber nicht nur flach, sondern auch nach oben zu offen, denn der obere Pfannenrand wurde durch den nach oben austretenden Kopf plattgedrückt (gewissermaßen wie mit einem Bügeleisen ausgebügelt). Das ganze Problem der unblutigen Behandlung der angeborenen Hüftgelenksverrenkung besteht in der Frage, wie es zu erreichen sei, daß der durch den Kopf niedergetretene obere Pfannenrand »wieder ersteht«, die Pfanne dadurch nach oben abschließt und den Wiederaustritt des eingerenkten Kopfes aus der Pfanne verhindert. Nur in der Lösung dieser sogenannten Retensionsfrage unterscheiden sich von meinen Nachahmern vorgeschlagene Methoden von dem originären Verfahren, welchem ich unentwegt treu geblieben bin, weil es das sicherste ist.

Durch irgendwelche Modifikation des Einrenkungsverfahrens kann keine Methode Anspruch auf Selbstständigkeit erheben, während jene Methoden, welche ein Retentionsverfahren überhaupt nicht kennen, als Rivalen vollständig ausscheiden.

Die Lösung des Problems liegt meiner Meinung nach darin, den defekten oberen Pfannenrand bei der Einrenkung sowohl wie während der ganzen Dauer der Behandlung vor jedem Druck, vor jeder Belastung durch den Kopf zu schützen und ihm die Möglichkeit zu geben, der ihm innewohnenden normalen Wachstumstendenz ungehindert Folge zu leisten. Langwierige Versuche ergaben, daß dieses Ziel nur dann erreicht werden konnte, wenn der Schenkel nach der Reposition des Kopfes in die Pfanne in extremer (ultra-physiologischer) Stellung fixiert wurde. Diese Stellung glich bei doppelseitiger Luxation jener eines aufgezogenen Hampelmannes. Die Hinterbeine eines auf dem Boden sitzenden Frosches erinnern gleichfalls an diese Stellung. Ich kam mit meinem Gewissen in Konflikt, ob ich einem Kinde diese unnatürliche Haltung der Beine aufzwingen dürfe, und war auf das angenehmste überrascht, daß die kleinen Patienten nicht über Schmerzen klagten und bei der Aufforderung: »Everl, wo hast du deine Knie?« immer dorthin zeigten, wo sich diese bei normaler Beinstellung befunden haben würden. Die Schmerzlosigkeit erklärt sich leicht aus der Tatsache, daß durch das »modellierende Redressement« jede Spannung der Weichteile vermieden wurde. Ich will nicht unerwähnt lassen, daß ich die Korrektur der ultraphysiologischen Stellung am liebsten den Kindern selbst überlasse. Je länger sie dazu brauchen, ein desto besserer Erfolg steht in Aussicht.

Das normale Hüftgelenk wird erfahrungsgemäß schon im mittleren Lebensalter häufig von der sogenannten Arthritis deformans befallen. Nicht ungestraft ist es nebst dem Knie der größten funktionellen Beanspruchung unterworfen. Es ist deshalb nicht zu verwundern, daß das luxiert gewesene Hüftgelenk, dessen Gelenkkörper von ursprünglich geringerer Vitalität und im Wachstum einigermaßen zurückgeblieben sind, der Arthritis deformans noch häufiger unterliegt. Vielfach wurde irrtümlich das Trauma einer schwierigen Einrenkung hierfür verantwortlich gemacht, da auch nach spielend gelungener Einrenkung das Gelenk vor späterer Arthritis nicht sicher ist. Man hat sich sogar zu der Behauptung verstiegen, die unblutige Reposition sei die alleinige Ursache der Arthritis und müsse deshalb wieder durch die offene Einrenkung ersetzt werden. Man wird – gleich mir – finden, daß die Arthritis dann erst recht nicht ausbleibt, ganz abgesehen von den sonstigen Nachteilen der offenen Operation. Daß aber in Zukunft auch die Pfanne wieder operativ vertieft werden soll, halte ich aus schon angeführten Gründen für eine »Sünde wider den heiligen Geist«. Wenn niemand mehr an die Erfahrung des Nächsten glaubt, muß er eben seine eigenen machen!

Es dauert freilich lange, bis der platte obere Pfannenrand nachwächst und den Schenkelkopf fixiert. Diese Fixation geschieht aber nicht nur durch das Nachwachsen des oberen Pfannenrandes, sondern auch dadurch, daß der reponierte Schenkelkopf dem Wachstum der Pfanne Ziel und Richtung gibt, so daß sie sozusagen ihren Gast allmählich umwächst, wie jahrelang nach der Reposition aufgenommene Röntgenbilder beweisen. Solche Geduld ist allerdings nicht jedermanns Sache und bei amerikanischen Ärzten wenig beliebt; sie fordern »quick results«.

An Halbwüchsigen und Erwachsenen ist die unblutige Einrenkung nicht mehr ausführbar, ebensowenig die offene Operation, falls es sich um eine hochgradige Verkürzung handelt, denn der Hüftnerv beantwortet jede übermäßige Zerrung mit zeitweiser Einstellung seiner Funktion. Außerdem wird die offene Operation

Adolf Lorenz umringt von jungen Patientinnen und Patienten, die er zu Demonstrationszwecken auf Fachkongresse mitnahm (um 1894).

mit zunehmendem Alter noch gefährlicher. In solchen Fällen kann die unblutige Methode der sogenannten Inversion wenn nicht Heilung, so doch bedeutende Besserung bringen. Dieselbe besteht in der Überkorrektur der begleitenden Kontraktur.

Für den Fall des Versagens der besprochenen Methode habe ich die ebenso gefährliche wie schwierige blutige Einrenkung durch einen einfachen und ungefährlichen Eingriff – die sogenannte Bifurkation – ersetzt. Das Ziel der Operation besteht darin, den Oberschenkel durch eine Einknickung zu zwingen, seinen Weg über die Pfanne zu nehmen, um derselben eine direkte, knöcherne Stütze zu geben. Dies wird durch eine Durchtrennung des Oberschenkels im Pfannenniveau erreicht, worauf das obere Ende des unteren Fragments (statt des Kopfes) in die Pfanne gestellt und das obere Fragment mit dem unteren in zweckmäßigen Kontakt gebracht wird.

Zu den schwierigsten und eingreifendsten Operationen am Hüftgelenk gehören die sogenannten Rekonstruktionen bei Schenkelhals-Pseudarthrose, schweren Fällen von Arthritis deformans und anderen ähnlichen Zuständen. Durch die Bifurkation wird das Gelenk nicht rekonstruiert, sondern von der Funktion ausgeschaltet.

Wenn nach sogenannter Ausheilung der tuberkulösen Hüftgelenksentzündung schwere Funktionsstörungen mit heftigen Schmerzanfällen bestehen bleiben, kommt die Bifurkation ebenfalls in Frage.

Wie ersichtlich, finden die unblutigen Operationen nur beschränkte Anwendung, und sehr häufig müssen offene Operationen an ihre Stelle treten. Es war mein Bestreben, gefährliche Eingriffe entweder durch unblutige oder, wenn dies nicht möglich ist, durch harmlose blutige Operationen zu ersetzen.

X

Kaiserliche Anerkennung

Obwohl ich, mit Arbeit überhäuft, keine Zeit hatte, an Ehren und Titel auch nur zu denken, ließ sich die Fakultät schließlich herbei, meine Verdienste um mein neues Fach mit dem Titel »Professor extraordinarius« anzuerkennen. Als mein Ruf wuchs und mir Patienten nicht nur vom Auslande, sondern auch von Übersee zuströmten, fand das Ministerium, daß meine Tätigkeit für die Stadt Wien auch von volkswirtschaftlicher Bedeutung sei, und legte mir die Frage vor, ob ich lieber mit einem Orden oder mit einem Titel ausgezeichnet sein wollte. Da der Orden ein verborgenes Dasein in der Schublade führt, ein Titel aber gangbare Münze ist, ließ ich mich zum Regierungsrate ernennen, obwohl ich zehnmal lieber Chef einer Krankenhausabteilung gewesen wäre. Aber Krankenbetten wären eine Auslage gewesen, während der Titel die Regierung nichts, mich aber die Anschaffung einer teuren Uniform kostete, in der ich Seiner Majestät, dem guten alten Kaiser Franz Joseph I., den alleruntertänigsten Dank für meine Ernennung auszusprechen hatte.

Beinkleid von feinstem, dunklem Tuche mit breiten, goldenen Borten besetzt, der dunkle Gehrock mit einer Unzahl von glänzenden goldenen Messingknöpfen geziert, ein Schwert mit Goldquaste, an goldenem Gehänge, waren die wichtigsten Bestandteile der Uniform. Ein dreieckiger Hut, von dessen Spitze ein Strom von schwarzgrünschillernden Federn herabwallte, welche noch vor kurzem den Steiß eines tapferen Hahnes geschmückt hatten, bildete das auffallendste Stück der glänzenden Ausrüstung. Er wurde entweder auf dem Kopfe oder in der Hand getragen, wohl auch wie eine Geliebte mit dem Arm umschlungen gegen den Leib gedrückt. Ein Gesuch um Zulassung zur Audienz bei Seiner Majestät mußte eingereicht werden und wurde gnädigst bewilligt.

Als der neue Regierungsrat den großen, mit Schlachtenbildern geschmückten Vorsaal von Seiner Majestät Audienzzimmer betrat, fand er diesen mit Wartenden überfüllt. Beamte in großer Uniform, glänzende Offiziere, hohe Geistlichkeit und andere Würdenträger, nebst einigen befrackten, armseligen Zivilisten, flüsterten miteinander in Erwartung ihres Aufrufes. An der Schmalseite des Saales standen in strahlender Uniform die Leibgardisten mit ihren blinkenden Hellebarden, durchwegs Rivalen »der langen Kerle« Friedrichs des Großen. Beim Mustern der Menge entdeckte ich einen alten, kleinen Herrn in verblichener goldgestickter Uniform, Seine Exzellenz den Exminister X. Lange Zeit hatte ich ihn an einem schweren Anthrax behandelt und in Anbetracht seiner bescheidenen finanziellen Verhältnisse nur ein nominelles Entgelt für meine Bemühungen verlangt. Froh, einen Bekannten gefunden zu haben, begrüßte ich den kleinen, alten Mann mit gewohnter Herzlichkeit, nur um mich von ihm geschnitten und mit einem hochmütigen Kopfnicken bedankt zu sehen. Er hatte rechtzeitig erkannt, welche niedrige Stufe in der Beamten-Hierarchie ich erklommen hatte. Es wurde mir klar, daß ich mich in einer andern Welt befand. Ich versicherte Seiner Exzellenz, daß mir der schwererworbene Titel »Professor« weit wertvoller sei als der geschenkte Regierungsrat.

Beim Eintritt in das Audienzzimmer Seiner Majestät sah ich zuerst das schöne Porträt der Kaiserin Eugenie. Der Kaiser stand über den Schreibtisch gebeugt, um die Liste der Audienzbewerber nachzusehen. Ich rezitierte die ziemlich komplizierte Dankesformel, ohne einen Fehler zu machen, denn ich hatte sie vorher gut memoriert. Der Kaiser lächelte gütig und fragte mich: »Was haben Sie für ein Fach?« Ich antwortete kurz: »Orthopädie, Euer Majestät.« – »Or - tho - pä - die?« buchstabierte fragend der Kaiser. »Ja, was ist denn das? Das Wort hör' ich heut' zum erstenmal.« Statt einer gewundenen, wissenschaftlichen Erklärung erwiderte ich: »Majestät, das ist die Kunst, die Krummen gerade und die Lahmen gehend zu machen.« – »Ausgezeichnet«, replizierte der Kaiser, und wie von einem Gedanken durchblitzt, fügte er hinzu: »Hören's, das ist ja höchst wichtig für den Kriegsfall.« – Wer konnte denken, daß der alte Kaiser diesen Fall selbst noch erleben sollte. Sein kurzes Kopfnicken und die stereotype Formel: »Es hat mich gefreut, Sie ernennen zu können« verabschiedeten mich. Da es unehrerbietig war, Seiner Majestät den Rücken zu kehren, zog sich der gnädig Entlassene mit tiefen Verbeugungen im Krebsgang zurück, während der diensthabende Adjutant darauf achtete, daß die blinde Seite des Rückzüglers das Loch nicht verfehlte, welches auch in der k. k. Hofburg vom Zimmermann gemacht ist. Ich verließ das Audienzzimmer in gehobener Stimmung, weil kein Geringerer als der Kaiser selbst scharfsinnig die Wichtigkeit meines Spezialfaches erkannt hatte, während die Herren Chirurgen eine solche Erkenntnis kurzsichtig ablehnten. Der Weltkrieg bestätigte die Richtigkeit der Kaiserworte.

Nach Hause zurückgekehrt, wußte ich, daß meine Rolle als k. k. Regierungsrat ausgespielt und die schöne

Uniform ein Fraß für die Motten sei. Aber: You never know ...

Dezennien waren im harten Lebenskampf vorübergegangen, und die ruhigen Tage, welche ich als Sängerknabe im Stifte St. Paul zugebracht hatte, waren vergessen. Eines Tages erhielt ich einen Brief aus St. Paul, in dem mir mitgeteilt wurde, daß Prälat Augustin hochbetagt das Zeitliche gesegnet hatte und die Wahl eines neuen Prälaten bevorstehe. Zwei Kandidaten waren aufgestellt, der eine von ihnen Pater Gregor. Dieser führte damals als Verwalter der großen Weingüter des Stiftes ein ruhiges und unabhängiges Leben in seinem kleinen Barock-Palais in Marburg in Südsteiermark. Da er alles eher als ein Streber war, hatte er seine Kandidatur unter dem Vorwand abgelehnt, daß er schon siebzig Jahre alt sei. Tatsächlich sah er kaum älter als fünfundfünfzig aus und war ein Bild der Gesundheit.

Der Gegenkandidat war derselbe Pater Eberhard, der sich ehemals gegen mich, den »Sängerknaben mit Freiplatz«, so unfreundlich benommen hatte. Unter seinen Mönchsbrüdern schien er einen ziemlich großen Anhang zu haben. Der ehemalige Chorknabe wurde von einem Freunde des Pater Gregor aufgefordert, seinen Einfluß bei diesem aufzubieten und ihn davon zu überzeugen, daß es seine Pflicht sei, die ihm zugedachte Ehrung anzunehmen. Am nächsten Tag war ich auf dem Wege nach Marburg an der Drau, um, wenn nötig, dem halsstarrigen Kandidaten vorzustellen, was es bedeute, ein Nachfolger des Fürst-Abtes von St. Blasien zu werden. Vielleicht verdiente er die hohe Ehre schon deshalb, weil er niemals in seinem Leben ehrgeizig gewesen war. Es wurde mir nicht schwer, ihn zu seiner Pflicht zu bekehren. »Nur in einem Falle«, bemerkte ich scherzhaft, »hätte ich Sie gebeten zurückzutreten.« – »Vor wem zurückzutreten?«

fragte er überrascht. »Vor mir«, antwortete ich. »Denn wenn St. Paul ein Obergymnasium gehabt hätte, so wäre ich Kapitular des Stiftes und heute Ihr Gegenkandidat. Ich versichere Ihnen, es hätte mich dies viel weniger Mühe gekostet, als ein berühmter Spezialist zu werden.« – »Deinem Wunsche hätte ich mit Vergnügen entsprochen«, antwortete lachend der zukünftige Abt, nach Art jener weisen Männer, welche es lieben, ihr Leben nach eigenem Ermessen einzurichten.

Wenige Monate später war Pater Gregor der neue Abt des Stiftes von St. Paul. Ich wurde natürlich eingeladen, an der großen Zeremonie seiner feierlichen Benediktion durch den Fürstbischof von Gurk unter Assistenz vieler anderer geistlicher Würdenträger sowie der Mönche des Klosters beizuwohnen. Um meinen bescheidenen Beitrag zum Glanze des seltenen Festes zu leisten, beschloß ich, meine Regierungsratsuniform anzulegen, durch deren Goldborten ich den Mönchen zu imponieren hoffte. Aber bald sah ich mich als dunklen Punkt hinter der Schar der in goldene Gewänder gekleideten Geistlichkeit.

Der Mittelpunkt dieses prachtvollen Bildes war der neue Abt. Seine hierarchische Erscheinung wurde durch die hohe Inful (Bischofsmütze) auf seinem Haupte zu übermenschlicher Größe gesteigert. Alle Schätze des Klosters an kostbaren Gewändern und Geräten waren zur Verherrlichung des Festes ans Licht gebracht. Die geheimnisvolle Liturgie des Hochamtes wurde an einer Stelle durch eine eindrucksvolle Zeremonie unterbrochen: Einer nach dem anderen nahten sich die Mönche dem Thronsessel des Abtes, um ihm kniend den Treueschwur zu leisten und seinen Smaragdring zu küssen, worauf sie die Umarmung und den Bruderkuß des Abtes empfingen. Ich wartete gespannt, bis Pater Eberhard an die Reihe kam, und empfand ein unheiliges Gefühl befriedigter Rache, als ich ihn vor dem neuen Abt knien sah.

»Doch den Schlag ins Gesicht, den vergeß ich dir nicht«, sang mir Millöcker ins Ohr!

Schlage einen jungen Hund, und er wird dir nie mehr in die Nähe gehen; entehre ein Kind durch eine ungerechte und rohe Strafe, und es wird dich, seinen Peiniger, auf ewig hassen. Sei vorsichtig in der Erziehung der Kinder, du kannst dir ihre heiße Liebe ebenso leicht erwerben wie ihren unauslöschlichen Haß zuziehen.

Nach der langen Feier empfing der ermüdete Abt seinen Neffen in der Prälatur, um seine Gratulation entgegenzunehmen. Als ich das große, hohe Empfangszimmer betrat, erinnerte ich mich deutlich des Tages, an dem ich von Onkel Gregor als armer Sängerknabe und Freischüler dem seligen Abte Augustin vorgestellt wurde. Dieser sah von einem Bilde an der Wand ebenso gütig auf mich herab wie damals. Prälat Gregor stand in der Mitte des Zimmers, die goldene Prälatenkette mit dem goldenen Kreuz schmückte seine Brust; an dem vierten Finger seiner rechten Hand glänzte der vielbewunderte Smaragd, der einen so unvergeßlichen Eindruck auf den Knaben gemacht hatte. Ich küßte den grünen Stein und sagte nicht ohne Rührung: »Ich danke Euer Gnaden für alles, was Sie für mich getan haben. Ohne Ihre Hilfe wäre ich nicht, was ich bin. In Ihre Hände lege ich meinen tiefen Dank an das Kloster, welches mir den Beginn meiner Studien ermöglichte. Ich weiß sehr gut, daß ich diese Wohltat mit meiner Altstimme nicht bezahlte; fast bin ich in der Stimmung zu bedauern, mein Leben nicht ganz dem Kloster gewidmet zu haben.«

Der Abt erwiderte ernst: »Bedaure lieber nicht. Denn was hättest du schon als Mönch für die Menschheit tun können! Es ist besser, dieser ein großer Helfer als ein Mönch zu sein, und wäre es selbst ein Abt.«

Einige Zeit nach meiner Rückkehr aus St. Paul wurde ich von Ihrer kaiserlichen Hoheit der Kronprinzessin Stefanie eingeladen, ihr Töchterchen Elisabeth, die Enkelin des Kaisers, zu besuchen. Erzherzogin Stefanie gab sich gutbürgerlich und reichte mir beim Kommen ihre schlanke, weiße Hand zum Kusse. Ihre klugen Augen musterten mich lange und eindringlich, endlich sagte sie: »Merkwürdig, wie Sie meinem Vater ähnlich sehen.« Ich wußte, daß Leopold II., der König der Belgier, hochgewachsen war und einen Vollbart trug, fühlte mich aber von dem Vergleiche nicht besonders geschmeichelt. Fast hätte ich laut aufgelacht; denn ein nächtliches Erlebnis stand vor meinem geistigen Auge. Ich war nämlich vor längerer Zeit in Paris als »König Leopold« agnosziert worden. Auf dem Wege in mein Hotel kam ich spät nachts an einem glänzend beleuchteten Kaffeehaus vorüber und trat ein, um noch eine Erfrischung zu nehmen. Als ich Platz genommen hatte, entstand im Lokal Aufruhr. Junge und ältere Weiblichkeit drängte sich an mich heran, bereit auf meinen Knien Platz zu nehmen. »Voilà Popol!«, »Bonsoir Popol« schrien die Damen durcheinander. Ich wußte nicht, daß ich in den Venusberg eines Pariser Nachtkaffees geraten war. »Pardon, mes dames, je ne suis pas Popol!« Die enttäuschten Damen bedauerten das offenbar mehr als ich.

Ich riß mich von dieser heiteren Erinnerung los und wunderte mich, daß diese blühende, schöne junge Frau die Tochter des finsterblickenden Königs sein sollte.

Ebenso schön und liebenswürdig wie ihre Mutter war die kleine Prinzessin. Als Knabe wäre sie berufen gewesen, später Kronprinz und Kaiser von Österreich zu werden, falls die Monarchie dann noch bestanden hätte. Die kleine Prinzessin mußte entkleidet werden und ließ das unter einigem Widerstande geschehen. Als aber das Hemd herunter sollte, hielt sie es mit beiden Händchen fest und sah ihre Mutter und mich so flehentlich an, daß ich nicht umhin konnte, ihr die letzte Hülle zu lassen. Ein dankbarer Blick der süßen Kinderaugen war mein Lohn, und ich hatte das Herz der kleinen Prinzessin gewonnen. Wieder angekleidet, nahm sie mich zutraulich bei der Hand und führte mich durch die Zimmer, um mir ihre Spielsachen zu zeigen. Mehr als diese interessierte mich das lebensgroße Porträt der Kaiserin Elisabeth im vollen Krönungsornat. »Ist Großmama nicht schön?« fragte die Kleine. »Leider kommt sie nur selten zu mir.« Sie stellte mir alle ihre Puppen mit Namen vor und fuhr fort: »Aber wo sind meine Schlittschuhe, was mache ich ohne Schlittschuhe, wenn der Laxenburger Teich zufriert.« Ich tröstete sie: »Wir sind ja erst im Juli.«

Die Zukunft hielt schwerere Sorgen für die Enkelin Franz Josephs bereit!

Da Krankheit weder die Paläste der Könige noch die Hütten der Armen verschont, hatte ich einen ernsten Fall in der Familie des Erzherzogs zu behandeln. Dort gab es kein höfisches Zeremoniell, keine gnädige Herablassung, sondern die vornehme Höflichkeit einer Alt-Wiener Patrizierfamilie.

Der Erzherzog, ein liebevoller Vater, scheute sich nicht, mir als Assistent in Hemdärmeln beizustehen. Die kleine Patientin von damals bewahrt mir heute noch ihre Freundschaft.

XI

Steckenpferde

Galenus dat opes«; ein witziger Kollege suchte diesen alten lateinischen Vers zu verbessern und setzte denselben folgendermaßen fort: »et si non dat opes – dat ›eppes‹ (etwas)!« – Jedenfalls genug, ein oder selbst mehrere Steckenpferde zu reiten. Mein erstes Steckenpferd war, Bilder zu kaufen. Natürlich nicht alte Originale, sondern schöne Kopien oder farbenfrohe Bilder irgendwelcher Herkunft. Der Name des Malers, das Alter des Bildes war mir gleichgültig; ich brachte eine kleine Sammlung zustande, ohne mich um deren Marktpreis zu kümmern.

Auch alte Möbel hatten es mir angetan. Es war mir ein Vergnügen, alte Maria-Theresia-Schränke wieder auf den Glanz herstellen zu lassen. Geschickte Tischler bewiesen, daß die Einlegekunst in ihrem Gewerbe noch nicht vergessen war. Es lag mir überhaupt mehr, das Alte zu konservieren und wiederherzustellen als Neues zu erwerben.

Ein anderes Steckenpferd waren alte Steine, natürlich nicht Edelsteine, sondern bearbeiteter Marmor. Das Bruchstück eines antiken Unterschenkels, das ich auf unrechtmäßige Weise auf der Akropolis erworben hatte, ist noch zur Stunde mein heiliggehaltener Briefbeschwerer. Von jeder Italienreise brachte ich Cäsarenbüsten mit abgeschlagenen Köpfen, Gartenfiguren, Steinlöwen, Hermesbüsten und ähnliches mit. Ich pflegte von meiner Steinzeit zu sprechen. Meine Frau sah diesen Launen ihres Mannes kopfschüttelnd zu. Als aber Wagenladungen von Marmorsäulen ohne Sockel und Kapitell und zwei mächtige Steinkaryatiden in Holzsärgen, von den Dorfkindern »die toten Frauen« genannt, in Altenberg ankamen, machte sich ihr Erstaunen in dem Ausrufe Luft: »Herr Professor, sind Sie verrückt geworden?« Ich antwortete: »You wait and see, Steine rosten nicht.«

Inzwischen war unser Garten durch den Ankauf benachbarter Anwesen vergrößert worden. Eines der zugehörigen Bauernhäuser adaptierten wir als Quartier für unsere Gäste.

Durch die Regulierung und teilweise Überwölbung des Wienflusses waren die Tegetthoff- und Elisabethbrücke überflüssig geworden. Letztere war ein Andenken an den feierlichen Einzug Elisabeths als Braut des Kaisers. Die herrlichen Marmorbalustraden dieser schönsten Brücke von Wien waren mit von Künstlerhand geschaffenen Statuen altösterreichischer Helden geschmückt. Diese Statuen wurden durch den Abbruch der Brücke heimatlos und fanden schließlich ihren Standplatz in der Avenue, die vom Burgtheater zum Rathaus führt. Vergebens hielt man nach dem verschwundenen Geländer Umschau, denn dieses harrte in unserem Garten seiner Auferstehung. Dasselbe Schicksal erwartete das Geländer der Tegetthoffbrücke, denn beide hatte ich bei meinen »Steinzeit-Forschungen« in einem Wiener Vorort »auf der Schmelz« bei einem alten Steinmetz billig erworben, und damit neuerdings meine Frau in Schrecken versetzt.

Meine Vorliebe für schöne Pferde sollte mich dem Ideale meiner Kindheit, »ein großer Herr« zu werden, näherbringen.

Aus dem Stalle des Thronfolgers Erzherzog Franz Ferdinand erwarb ich einen zum Verkauf stehenden

Vollblut-Hunter, auf welchem ich meine in der Reitschule erworbenen Kenntnisse zu vervollkommnen gedachte.

Da man einem Pferdeverkäufer niemals trauen darf, auch wenn er ein Erzherzog ist, ließ ich das schöne Tier gründlich untersuchen. Seine Sehnen waren in bester Ordnung, aber die Stute scheute, wie ich später erfahren sollte, vor ihren eigenen Äpfeln. In einem Punkte glich das edle Pferd dem gemeinsten Karrengaul: Faul beim Ausreiten, fühlte es sich als Hunter auf dem Weg zur geliebten Krippe, und das wäre mir einmal beinahe zum Verhängnis geworden. Die Herbstwiesen und Stoppelfelder des Tullnerfeldes gaben dem Reiter ein erweitertes Terrain. Der Hunter war lebhafter als sonst, da er tags zuvor nicht bewegt worden war. Als ich nach einem weiten Spazierritt schon ermüdet den Kopf des Pferdes heimwärts wandte, erwachte der Ehrgeiz des Hunters in ihm, und ehe ich stoppen konnte, flog er »ventre à terre« querfeldein in der Richtung nach Hause. Ich übersprang Gräben, an die ich mich freiwillig niemals herangewagt hätte, verlor dabei die Steigbügel und war jeden Moment darauf gefaßt, auch den Sattel zu verlieren, als das Pferd glücklicherweise ein frischgeackertes Feld unter den Hufen hatte, in dem es tief einsank und seinen rasenden Lauf verlangsamen mußte. Es wurde mir klar, daß ich für dieses Pferd ein viel zu schlechter Reiter war, zweifelte jedoch, ob der dicke Erzherzog diese Reitprobe besser bestanden hätte. Ich ritt auf dem übermüdeten Pferde langsam nach Hause und sagte zu mir selbst: »No Sir, dazu sind Ihre Knochen zu kostbar.« Und doch wollte ich das Pferd nicht aufgeben, bis ein Unfall, der einem Reiter selten erspart bleibt, meinem Sport ein Ende machte. Dieser Unfall brachte mir die Lösung des Rätsels aus meiner Kindheit.

Es war eines Abends im Spätherbst. Während der Ferien hatte ich mein Pferd durch harte Arbeit zu einem ruhigeren Benehmen gezwungen. Ich ritt meinen gewohnten Weg in den Auen der Donau, welche Hochwasser führte, so daß viele Gräben mit Wasser gefüllt waren. Beim Überqueren einer Wiese, welche von weißem Bodennebel zu rauchen schien, flog mit betäubendem Geräusch plötzlich ein im Grase sitzender Fasan auf. Das Pferd tat einen Seitensprung und warf den unaufmerksamen Reiter ab. Ich fiel kopfüber auf die rechte Schulter und fühlte ein leichtes Krachen. Ich wußte, daß ich das Schlüsselbein gebrochen hatte. Aber das bildete nicht den ganzen Inhalt meines Erlebnisses. Noch auf dem Rücken liegend, sah ich dem Hexentanz weißwallenden Nebels zu, aber nein, ich sah in diesem eine greifbare, sich langsam schwebend bewegende weiße Gestalt ohne Kopf, mit weit ausgebreiteten Armen, im dichteren Nebel des Hintergrundes verschwinden. »Großmuttala, ich ha a Gespenst gesehn«, schoß es mir durch den Kopf. Das Rätsel meiner Kindheit hatte sich als weißer Storch enthüllt, ein in Schlesien und Niederösterreich seltener Gast.

Aber das Abenteuer war noch nicht zu Ende. Das Pferd graste derweil ruhig nebenan. Ich schob den verletzten Arm unter meine Weste und suchte aufzusitzen, natürlich vergebens. Es blieb mir nichts übrig, als das Pferd am Zügel zu führen, tiefe Wassergräben zu durchwaten, um erst spät abends zu Fuße nach Hause zu gelangen. Das Reiten war also für einen Schwerarbeiter doch eine zu kostspielige Passion. Wäre das Motorrad nicht ein verlässlicheres Reitpferd? Man sitzt niedriger, die Maschine scheut nicht, und man kann die Geschwindigkeit wählen. So kaufte ich für mich und meinen achtzehnjährigen Sohn Albert die besten Motorräder, die zur Zeit zu haben waren, und wir machten weite Ausflüge miteinander. Sobald man auf der fahrenden Maschine im Sattel saß, war alles gewonnen, die Schwierigkeit lag darin, in den Sattel zu gelangen. Da die Maschine damals noch keinen Starter hatte, mußte man sie dadurch in Gang bringen, daß man neben ihr herlief. Erfolgten die ersten Explosionen, so wollte die Maschine durchgehen, und es bedurfte einiger Geschicklichkeit, sich in den Sattel zu schwingen. Wehe, wenn man mit dem Magen auf ihm landete!

Der Krug geht so lange zum Brunnen, bis er bricht. Auch dieser Sport endete mit einer Katastrophe, bei der ich mir auf einem schlechten Schotterweg hätte leicht den Hals brechen können. Ich sah mich gezwungen, in Zukunft mein Leben nicht auf dem Motorrade, sondern im Automobil zu riskieren, und beneidete meinen Sohn, wenn er auf seinem Rad weite Touren unternahm. Ich pflegte zu sagen: »Ein gutes Motorrad zwischen den Beinen, und ein wenig Geld in der Tasche macht einen jungen Motorradfahrer zum Herrn der Welt.« Mit Bedauern sah ich mich vom Sport der Jugend ausgeschlossen.

Wer an den Ufern der Donau lebt, muß auch ein guter Schwimmer sein; denn oberhalb Wiens ist der schöne Strom noch ein reißender Wildbach. Ganz besonders gefährlich sind seine Wirbel, welche am häufigsten am unteren Ende eines Schutzdammes auftreten. Als ich einmal unversehens in einen solchen Wirbel geriet und unerfahren gegen denselben bis zur Erschöpfung ankämpfte, statt mich wie ein Stück Holz treiben und auswerfen zu lassen, glaubte ich mein Leben schon verloren. Da sah ich eine grüne Linie an meinem Auge vorüberschießen, die ich als das schwere Wasser an der Peripherie des Wirbels erkannte. Mit einem letzten Kraftaufgebot rettete ich mich dorthin. Schon lange hatte ich es aufgegeben, die

Adolf Lorenz, hier mit Gattin Emma, war einer der ersten Motorrad- und Autobesitzer Österreichs. Im Alter bevorzugte er das Auto.

Donau schwimmend zu überqueren, von nun an hieß es auch beim Baden vorsichtig sein. Ich getraute mich nicht, daheim von dem Abenteuer zu erzählen; denn meine Frau war weitaus der bessere Schwimmer, und ich hatte mich in dem Wirbel gerade so benommen wie das Vieh, welches in den brennenden Stall zurück will. Später erzählte ich ihr davon, und sie bemerkte: »Herr Professor, ich bin nur froh, daß Sie kein Jäger sind, denn Sie würden einmal erschossen ins Haus gebracht werden.« Nein, ich war kein Jäger. Einmal hatte ich einen Hasen geschossen und hörte ihn wie ein Kind schreien, während er seine gelähmten Hinterbeine nachzog. Das verdarb mir diesen Sport für immer. Nur die Fasane, welche mein Pferd so oft scheu machten, hätte ich gerne zur Strecke gebracht; denn sie sind ebenso schön wie dumm.

Mein liebstes Steckenpferd, das Reisen, konnte ich nicht nach Herzenslust pflegen, obwohl mein Programm den ganzen Erdball umfasste. Allerdings nur jene Länder, die man in sicherer Bequemlichkeit erreichen konnte. Von meinem Programm konnte ich leider nur einen Teil bewältigen. Hatte ich Zeit, fehlte das Geld, hatte ich Geld, fehlte die Zeit. Der Gedanke, ich könnte im endlichen Besitze dieser beiden notwendigsten Dinge aus Furcht vor Strapazen die Lust am Reisen schon verloren haben, machte mich rastlos. Aber allen Plänen bereitete der Weltkrieg ein Ende, er ließ mir die Zeit, aber nahm mir das Geld! Immerhin konnte ich Oberägypten und den Sudan besuchen, kurz nachdem die Engländer den Mahdi beseitigt hatten. Ich bereiste Tunis und Marokko sowie Algier. Da es damals noch keine Automobil-Routen in der Sahara gab, mußte ich leider in Biskra umkehren. Zweimal reiste ich nach Schweden und Norwegen, um dort statt des Nordkaps immer nur Nebel zu sehen. An der ersten Gesellschaftsreise nach Spitzbergen, welche die Hamburg-Amerika-Linie veranstaltete, nahm ich ebenfalls teil. Der große, später im Russisch-Japanischen Kriege versenkte Dampfer »Columbia« landete eine große Gesellschaft von Amateur-Polarforschern in der Adventbai, welche damals noch vollkommen verödet und ohne jede menschliche Niederlassung war. Ein Eisbärenjäger war das einzige menschliche Wesen, dem wir begegneten. Beim Ausbooten der Passagiere wurde jeder einzelne dringend gemahnt, Punkt fünf Uhr zurück zu sein, oder er würde Gefahr laufen, auf der einsamen Insel eines elenden Todes zu sterben. Unter den Reisenden befanden sich auch einige »Pulverpaviane«, professionelle Töter, welche den dringenden Wunsch hatten, ein ahnungsloses Rentier zu erlegen. Ich ging mit meiner Kamera auf die Jagd und schoß damit eine Art Schneehühnchen, welches mir ohne Scheu um die Füße lief. Einige Gräber zeigten den Wagemut von Männern, die es versucht hatten, in Spitzbergen zu überwintern. Als die tiefe Stimme des Dampfers in den teilweise noch schneebedeckten Bergen widerhallte, begann ein Wettlauf der Touristen nach den Booten. Als alle an Bord waren, wurden die Nasen gezählt. Zwei fehlten: die Pulverpaviane! – Der liebe, alte Kapitän Vogelsang fluchte und wetterte, mußte aber warten und ließ die Schiffssirene in kurzen Zwischenräumen erdröhnen. Endlich sah man die Jäger um ihr Leben auf das Schiff zurennen. Der Kapitän hätte sie am liebsten als Meuterer in Fesseln geschlagen, umarmte sie aber vor Freude über ihre Rückkehr. Die Ursache ihrer Verspätung? – Sie hatten Rentiere gesehen und eines davon geschossen. »Getötet?« fragte ich. »Das nicht«, antworteten sie, »denn es sprang nach seinem Fall wieder vom Boden auf.« – Pulverpaviane! – Die Strafe folgte auf dem Fuße, traf aber die ganze Reisegesellschaft, denn ein furchtbarer Sturm warf am folgenden Tage das Schiff wie eine Nußschale hin und her und machte jede Lebensfreude zunichte.

In Bergen erwarb ich Skibretter, welche damals in Österreich so gut wie unbekannt waren. Ich bin wohl einer der ersten, einsamen Skifahrer im Wienerwald gewesen! Doch dünkte mich hier der Sport zu zahm, und ich wollte eine Skipartie auf die Rax machen, um von der Heukoppe abfahren zu können. Dabei geriet ich mit beiden Brettern unter einen im Schnee verborgenen, langen Latschenast und vollführte einen Salto mortale, der mich leicht hätte das Leben kosten können. Ich ließ meine Skier im Karl-Ludwig-Haus zurück für den, der sie haben wollte. Heute betreibt jeder kleine Bauernbub in Österreich diesen Sport. Nach der Heimkehr des Skifahrers ohne sein Sportgerät sagte seine Frau zu ihm: »Herr Professor, werden Sie nicht endlich mit Ihrem grauen

Bart im Gesicht und dem ›Fünfziger auf dem Buckel‹ vernünftig werden? Sie tragen leichtsinnig Ihre Knochen zu Markte und haben für unser Alter noch nicht vorgesorgt.« Sie war im Recht. Das Herannahen des Alters hatte der alte Skifahrer ganz vergessen.

XII

Berufung nach Amerika

Man darf nicht denken, daß ich diese Jahre ausschließlich dem Sport gewidmet hätte. Nur dann und wann exzedierte ich in dieser Richtung. Meine wienerische Lebensphilosophie gebot mir: Arbeite, arbeite hart, wenn es notwendig ist, aber vergiß nicht, daß du ein menschliches Wesen und nicht ein Lasttier bist, das bestimmt ist, in den Sielen zu sterben. Am Ende ist es billiger, dann und wann zu rasten und das Leben leicht zu nehmen, als überarbeitet vorzeitig zugrunde zu gehen. In Wien ist der nervöse Zusammenbruch seltener als in amerikanischen Städten. Obwohl ich noch nicht fünfzig Jahre alt war, nannte mich meine Frau oft einen alten Mann. Worauf ich protestierte: »Ich stehe doch erst auf der Höhe des Lebens.« – »Herr Professor, wenn Sie fortfahren, so zu verschwenden wie bisher, werden Sie auf Ihre alten Tage ein Bettler sein.« – »Ich habe noch Zeit genug, das zu verhindern«, antwortete ich. Als ich gerade mit dem Ordnen meiner Korrespondenz beschäftigt war, fiel mir ein Brief mit einer unbekannten fremdartigen Marke und schwer leserlichen Adresse auf: Puntas Arenas Magalhaes-Straße Chile. »Wissen Sie, Frau Lorenz, wo die Magalhaes-Straße ist?« fragte ich. »Wie sollte ich das nicht wissen?« antwortete sie. »Ist nicht in jener Gegend der unbotmäßige Erzherzog Johann Orth mit seinem Segelschiff ›Margaretha‹ zugrunde gegangen?« – »Es trifft sich gut, daß die Magalhaes-Straße nicht weit vom Kap Hoorn entfernt ist«, spottete ich. »Das Unglück des Erzherzogs kam Ihren geographischen Kenntnissen sehr zustatten.« »Wo die Magalhaes-Straße ist, habe ich immer gewußt«, fuhr sie auf. Ich tröstete sie mit der Erinnerung an einen Theaterabend vor vielen Jahren. Wir sahen L'Arronges berühmtes Lustspiel »Dr. Klaus«. »Ich war damals noch Student und du wohntest in der Gärtnerstraße. Dr. Klaus war in der ganzen Stadt ein berühmter Arzt, sogar sein Faktotum beteiligte sich heimlicherweise an seiner Praxis und litt schwere Gewissensqualen wegen des Unglücks, das er glaubte verursacht zu haben. Wenn du einmal als Arzt in der kurzen Gärtnerstraße so berühmt wärest, wie Dr. Klaus in der ganzen Stadt, sagtest du mir leise ins Ohr, dann könnten wir leicht heiraten. Ist es nicht komisch«, fuhr ich fort, »daß ich auch jetzt noch in der nahen Gärtnerstraße völlig unbekannt bin, während man in der fernen Magalhaes-Straße meinen Namen und meine Adresse so genau kennt, daß nächstens von dort eine Familie samt einer kleinen Patientin zu mir kommen wird?« Das entzückende Kind litt an einer Hüftgelenksverrenkung, und meine Aufgabe war eine Freude von Anfang bis zum Ende. Zu jener Zeit hatte ich in der Tat eine internationale Praxis, nicht nur aus europäischen, sondern auch aus überseeischen Ländern. Es fehlte nur noch eine Berufung dahin!

Und die kam! Eines Tages brachte mir meine Sekretärin, Frau Lorenz, ein Kabelgramm, welches mich einlud, nach Chicago zu kommen, um das Töchterchen eines Industriekönigs zu behandeln. Das Kind litt an doppelseitiger Hüftgelenksverrenkung und war von einem ausgezeichneten Chirurgen mit unbefriedigendem Erfolg operiert worden. Vom orthopädischen Standpunkt aus war der Fall keineswegs verlockend. Das Alter des Kindes, etwa sieben Jahre, war schon etwas zu vorgeschritten und ich vermutete auch ungünstige anatomische Verhältnisse, sonst wäre die erste Operation nicht misslungen. Alle diese Umstände ließen mir die Übernahme des Falles bedenklich erscheinen. Aber da war meine Sekretärin ganz entgegengesetzter Anschauung. Sie wollte das Kabel nicht nur bejahend beantworten, sondern bestimmte auch zugleich das Honorar.

Kurz vor dem Gipfel des Ruhms und der ersten USA-Reise: Adolf Lorenz im Jahr 1902.

Meinem Erstaunen darüber begegnete sie mit den Worten: »Herr Professor, Sie verstehen famos, Ihr Geld auszugeben, aber wenn es sich darum handelt, den Lohn für Ihre Bemühungen zu verlangen, so erröten Sie wie ein junges Mädchen. Das Unternehmen kostet dich den Verdienstentgang von mindestens sechs Wochen. Stelle dir vor, daß alle Operationen, die du jemals gratis ausgeführt hast – ich schweige von den zukünftigen –, dir auch nur ein minimales Honorar gebracht hätten, so wäre deren Summe weit, weit größer als das, was ich verlange.« Ich verschloß mich diesen Gründen nicht; im Vergleich zu dem fabelhaften Vermögen meiner Patientin war das Geforderte doch nur eine Brotkrume.

Das Kabel ging ab und wurde zu meiner Überraschung schon am nächsten Tage zusagend beantwortet.

Kurz darauf, im Herbst 1902, schiffte ich mich mit meinem Assistenten, Dr. M., in Genua ein. In Neapel hielt der Dampfer für einige Stunden, gerade lange genug, um eine Fahrt durch die Stadt zu machen und alte Plätze wiederzusehen. Es war zufällig der neunzehnte September, einer der Tage, an welchen das Blut des heiligen Gennaro in seinem Reliquiarium flüssig wird, was mehrmals im Jahre zu geschehen pflegt. Von einem Menschenstrom verlockt, betraten die beiden Doktoren die Kirche und sahen, wie Tausende das Reliquiarium küßten. Die dunkelrote Flüssigkeit war wässerig und sehr beweglich, wie aus seiner sofortigen Anpassung an die verschiedenen Neigungen des Behälters hervorging. Nach jedem Kuß eines Gläubigen wurde es mit einem trockenen Tuche abgewischt; eine gute Gelegenheit, Krankheiten zu verbreiten, aber der Heilige wird seine Frommen schützen. Ich beneidete die Andächtigen um ihren Wunderglauben. Hätte ich den zehnten Teil davon besessen, wie gern hätte ich die wundertätige Phiole geküßt, um mich des guten Erfolges meiner Pilgerfahrt zu versichern.

Die Überfahrt war nicht allzu ruhig. Aber das hätte mir nicht geschadet; denn ich habe ziemlich gute »Seebeine«. Mein Verhängnis war ein kleines Stückchen von einem Faisan de Bohème, der wahrscheinlich ein Jahr vorher in den böhmischen Wäldern geschossen worden war und mich so vergiftete, daß ich für den Rest der Reise zu Haferschleim verurteilt war. Ich langte in New York an, leer wie ein ausgeblasenes Ei.

Dort nahm mich ein Abgesandter des Industriemagnaten, den wir in Zukunft kurzweg »König« nennen werden, in Empfang. Bei der Zollrevision erregte eine Kiste, gefüllt mit sonderbaren Instrumenten, die Aufmerksamkeit der Beamten. Die Frage: »Wie ist Ihr Name?« wurde von meinem Mentor beantwortet: »Das ist Dr. Lorenz aus Wien«, worauf der Beamte mir mit den Worten: »You are welcome to this country!« die Hand so kräftig schüttelte, daß ich aufschrie. Mein Adjutant sagte lachend: »See, Doctor, you are found out already.«

Im alten Hotel Waldorf-Astoria (heute steht das Empire-State-Building, das höchste Gebäude der Welt, an seiner Stelle) waren Vorbereitungen zu meinem Empfange getroffen. Als ich meine Appartements betrat, schoß mir der Gedanke des Knaben durch den Kopf: »Muttala, bin ich jetzt ein großer Herr?« – Und ich beschloß, gegen den mich begleitenden Hotelmanager möglichst leutselig zu sein. »Das Hotel hat wirklich wunderbare Räume«, schmeichelte ich ihm. »Seine Königliche Hoheit Prinz Heinrich von Preußen, der Bruder des deutschen Kaisers, hat diese Appartements vor kurzem innegehabt und dieselben sehr gelobt«, entgegnete er. – »Ich hoffe, daß dieselben auch mir, wenigstens für eine Nacht, genügen werden.« – Ein sehr bescheidener Gast, mochte sich der Manager gedacht haben.

Weniger zufriedengestellt fühlte ich mich beim Betreten des großen Speisesaales. Nach mehrtägiger Hafergrützendiät schwelgte ich in der Vorstellung eines herzhaften Mahles, reichlich mit Pilsner Bier begossen. Aber welche Enttäuschung! – Auf den Tischen standen Batterien von Flaschen – – – mit Eiswasser gefüllt! – Ich bat um ein Glas Bier, aber: »In diesen heiligen Hallen kennt man das Faßbier nicht.« Ich verlangte also ein Glas Wein. Man brachte mir eine große Flasche statt einer kleinen; ich fühlte mich in dieser alkoholfreien Atmosphäre wie ein Verbrecher, obwohl die Zeit der Prohibition noch ferne lag. In den feinen Hotels war es damals nicht Sitte, zu den Mahlzeiten Bier oder Wein zu nehmen. Das besorgte man, ebenso wie heute, lieber vor dem Essen. Wurde darum ein höchst mäßiger, soeben in Amerika gelandeter Mitteleuropäer zum Trinker?

Was das Essen anbelangt, so mochte Seine Königliche Hoheit, der Prinz Heinrich von Preußen, damit zufrieden gewesen sein. Der an die schmackhafte Wiener Küche gewöhnte Gast war es jedenfalls nicht.

Nach der Enttäuschung der ersten amerikanischen Mahlzeit machte ich einen Spaziergang durch die nächstgelegenen Gassen. Man lief damals noch nicht Gefahr, von Automobilen – vier in einer Reihe – niedergestoßen zu werden.

Ich passierte eine Halle, deren Tor nach der Straße zu weit offen stand. Neugierig trat ich näher und fand die Halle mit Feuerwehrwagen angefüllt. Der diensthabende Offizier fragte höflich: »What can I do for you?« Als er mich eine Weile fixiert hatte, fügte er hinzu: »How do you like America, Doctor Lorenz?« Erstaunt erwiderte ich: »How do you know me?« Als Antwort überreichte er mir eine Zeitung mit meinem Bildnis und sagte: »Wer hat in New York noch einen solchen Bart wie Sie, Herr Dokt'r?« »Die polnischen Juden«, antwortete ich lachend, mußte aber seine Diagnose bestätigen!

Im nächsten Augenblick zog er seine Pfeife und ließ einen schrillen Pfiff ertönen. Im Hintergrunde dröhnten schwere Hufschläge und im Nu standen zwei große, starke Pferde zu beiden Seiten der Deichsel des Wagens. Das Geschirr wurde von der Decke auf sie herabgelassen, zugeklappt, ein Mann schwang sich auf den Bock und der Wagen donnerte auf die Straße hinaus. Als der Lärm verhallte, sagte der Offizier: »Ich wollte Ihnen nur zeigen, wie die New Yorker Feuerbrigade Anrufe beantwortet.« Mit herzlichem Dank verabschiedete ich mich von dem freundlichen Offizier. Es war der erste Beweis amerikanischer Gastfreundlichkeit an dem ersten und diesmal einzigen Abend, den ich in New York verbrachte. Es gibt viele Wege, Gastfreundschaft zu üben, und der Offizier hatte den einzigen gewählt, der ihm zur Verfügung stand.

Der Verkehr in den Straßen von New York war damals bei weitem nicht so überwältigend wie heute. Viel eindrucksvoller war das Getriebe im Hafen, wo die vielen Ferry-Boote mit ihren gestikulierenden Hebelarmen hoch oben sich gegenseitig zur Eile anzuspornen schienen. Vom Wasser aus gesehen, imponierte die berühmte Sky-Line von New York als die Verkörperung phantastischer Unregelmäßigkeit. »The twentieth century limited« brachte mich am nächsten Tage nach Chicago. Bei dieser Reise lernte ich zum ersten Male die Vorzüge amerikanischer Eisenbahnen kennen. Es war nicht nur amerikanischer Unternehmungsgeist, der die Eisenbahnen so baute, wie sie sind, sondern sie konnten in diesem Lande der »magnificent distances« nicht anders gebaut werden, sonst wäre der Zusammenhang zwischen den Teilen des riesigen Ganzen verlorengegangen.

Als ich das Haus des »Königs« in Chicago betrat, fühlte ich mich ein wenig enttäuscht. Ich hatte einen Palast erwartet und fand eine gutbürgerliche Residenz wie hundert andere, natürlich sehr schön und kostbar, aber der Hauptluxus eines vornehmen Wohnhauses, die Geräumigkeit, fehlte. Die Plafonds schienen mir eher niedrig, und kein Zimmer erreichte die halbe Größe des Speisezimmers in unserem restaurierten Bauernhause in Altenberg.

Der »König« war ein äußerst sympathischer, liebenswürdiger Herr von gewinnender Bescheidenheit. Er stand in mittlerem Lebensalter, sah aber viel jünger aus. Seine noch junge Frau, »the Queen«, war eine sehr elegante und liebenswürdige Dame von jener Schönheit, wie man sie auf den Bildern Murillos sieht. Ich war gespannt, die kleine Prinzessin zu sehen, ein etwa siebenjähriges Mädchen. Herbeigerufen, lugte sie erst mißtrauisch in das Zimmer, um zu sehen, was vorging. »Come in, darling«, mahnte die Mutter, »und begrüße Doktor Lorenz, der deinetwegen von so weit her kam.« Voll Misstrauen näherte sich das Kind zögernd und scheu. Widerstrebend reichte sie mir die Fingerspitzen, bereit, sie sofort wieder zurückzuziehen. Sie wandte dabei ihr liebliches Kindergesicht dem ernst blickenden bärtigen Manne zu, der ihr, wie allen kleinen Patienten, eine Erscheinung war, die Scheu und Liebe zugleich einflößte. Nicht umsonst nannten seine französischen Patienten ihn »Père noel« und die englischen »Santi Claus«. Endlich reichte sie mir voll die Hand, die ich, von ihrer kindlichen Schönheit gerührt, zärtlich zwischen meine Hände nahm.

Niemals glaubte ich ein so anmutiges Kind gesehen zu haben. In dem blühenden Antlitz glänzten kluge, dunkle, große Augen unter fein geschwungenen Brauen. Das Lächeln ihrer vollen roten Lippen ließ die glänzend weißen Zähne sehen und zauberte zwei unerwartete Grübchen in die rosigen Wangen, welche im Verein mit dem kurzen Näschen dem Gesicht einen schelmischen Ausdruck verliehen. Seidenweich schmiegte sich das reiche, kastanienbraune Haar um die kleinen Ohren als Rahmen des herzigen Gesichtcs. Ich liebte das Kind auf den ersten Blick, sonst hätte ich nicht so tiefes Mitleid mit ihm empfunden. Der Gedanke, daß ich diesem Kinde Schmerz bereiten mußte, war mir schrecklich. Wieder einmal war ich mir selbst aus zu weichem Holz geschnitzt!

Die Operation war leichter, als ich gefürchtet hatte, und versprach vollen Erfolg. Ich fühlte mich von einer schweren Last befreit und gedachte San Gennaros, dessen flüssiges Blut ich – im Geiste – doch geküßt hatte.

Nach einer Woche glaubte ich mich still verabschieden zu können, aber darin hatte ich mich gründlich getäuscht; denn ich wurde häufig eingeladen, in öffentlichen Spitälern vor großem Auditorium zu operieren. Auch viele Fälle aus dem Freundeskreis meines »Königs« hatte ich zu behandeln, für welche ich – noblesse oblige – kein Honorar annahm.

Interessant war für mich die Besichtigung der großen Viehhöfe (stockyards), der Quelle des Reichtums des Industriemagnaten. Ich verließ diese Stätte des organisierten Schlachtens, dessen Anblick mich krank machte, sobald wie möglich, aber ich hatte viel Neues gesehen und gelernt. Bisher war es mir unbekannt, daß diese amerikanischen Riesenunternehmungen, handle es sich nun um Fleischkonserven oder Automobile, auf wissenschaftlicher Grundlage beruhten. Die Stockyards waren eine Hochschule wissenschaftlicher Organisation. Die Tatsache, daß alle Teile eines geschlachteten Tieres zweckentsprechend verwendet wurden (ausgenommen der Atem) erfüllte mich mit Bewunderung. Als ich die Kanzleien mit ihren Hunderten von Clerks sah, welche mit ihren Federn ebenso eifrig arbeiteten wie andere Angestellte des Riesenwerkes mit Schlagbeil und Schlachtmesser, als ich endlich in das Allerheiligste, das Office des »Boß«, vordrang, der Befehle gab, telefonierte, diktierte und auf seinen eigenen Drähten Telegramme in alle Welt sandte, fühlte ich, daß ich ihm zu Recht den Titel »König« gegeben hatte. Seine Majestät unterbrach seine Regierungsgeschäfte mit einem verbindlichen Lächeln, als ob er zur Zeit nichts anderes zu tun hätte, als einen durch das Gesehene verwirrten Besucher zu empfangen. Wenn es wahr ist, daß Leben nur durch Zerstörung des Lebens erhalten werden kann – Tiere fressen Pflanzen oder sich selbst, Menschen nähren sich von beiden –, dann ist eine konzentrierte, wissenschaftliche Großschlächterei dem Abschlachten der Tiere allüberall vorzuziehen.

Während meines Aufenthaltes in Chicago besuchte ich Frau Misa B. Sie war die Schwester der kleinen Helene und Arturs, meines ehemaligen Zöglings. Ich hörte in meiner Erinnerung die Kärntner Lieder klingen, welche wir an manchem Winterabend in dem weit entfernten Gurahoncz am Kamin gesungen hatten. Ein merkwürdiges Schicksal hatte Misa als die Frau eines berühmten Arztes Dr. B. nach Chicago geführt. Nicht weniger merkwürdig war es, daß ihre jüngere Schwester Helene einen Bruder meiner Frau heiratete und nun meine Schwägerin war. Artur hatte als Diplomat eine glänzende Karriere gemacht und war derzeit österreichischer Gesandter in Teheran. Alte Erinnerungen erwachten und es wurde mir warm ums Herz, als Frau Misa ihr Schatzkästlein öffnete und einen vertrockneten Haselnußstock hervorzog, in dessen harter Rinde die Worte eingeschnitten waren: Was der Tau den Fluren, sind der Seele Lieder! – Außer dem Taktstock entnahm sie dem Kästchen ein weißrotes Seidenband, das ehemalige Abzeichen der Mitglieder des Klagenfurter Männergesangvereins, das quer über die Brust getragen wurde. Um Auslagen zu sparen, war es am Rücken durch eine Schnur ergänzt. Diese Kostbarkeit wurde als Auszeichnung abwechselnd dem besten Sänger verliehen.

So werden die trivialsten Dinge als Andenken an die Jugendzeit kostbare Schätze! Es war ein Vergnügen, eine Stunde im fernen Jugendland zu verbringen, in diesem Falle im südlichen Ungarn.

Mein sorgloses Leben wurde eines Tages durch eine fettgedruckte Überschrift in den Zeitungen gestört:

»Doktor Lorenz soll verhaftet werden!«

Trotz meines reinen Gewissens war ich ein Gesetzesübertreter schwerster Art, weil ich in Chicago ohne legale Lizenz die ärztliche Praxis ausgeübt hatte. Da dieser Mangel nicht augenblicklich gutgemacht werden konnte, setzte ich meine Tätigkeit trotz erhaltener Warnung fort in der Absicht, dem Gesetz so bald als möglich zu genügen. Meine Besorgnis, die Behörden würden mit einem so hartnäckigen Verbrecher kurzen Prozeß machen, war nicht ganz unbegründet. Als ich eines Abends in mein Hotel zurückkehrte, sah ich mich von einem riesigen Polizeimann verfolgt: »Das Gesetz auf zwei Beinen«, dachte ich. Um die Situation zu klären, bog ich in eine Seitengasse ab. Der Policeman tat desgleichen. Nun wußte ich, daß ich mich dem Schicksal fügen mußte, und verlangsamte meine Schritte. Der Policeman tat das Gegenteil. Im nächsten Augenblick meinte ich, unter der schweren Hand des Riesen zusammenzubrechen. »Sind Sie Dakt'r Lorenz?« fragte er mit rauher Stimme. »Jawohl«, antwortete ich. »Ich vermute, Sie wollen mich arretieren? Nur kein Aufsehen, ich stehe zur Verfügung.« »Ich Sie arretieren?« entgegnete der blaue Riese. »Ich folgte Ihnen, um mich für die gute Behandlung meiner Nichte zu bedanken.« »Oh, ist das so?« entgegnete ich erfreut. »Ich las doch heute morgen in den Blättern, daß ich eingesperrt werden sollte.« Lachend antwortete der gute Onkel: »Wenn Sie hätten eingesperrt werden sollen, wäre es nicht in der Zeitung gestanden.« Statt meiner ganzen Person bemächtigte sich der gewaltige Irishman meiner Hand, wie in der Absicht, sie zu zermalmen.

Um weitere Schwierigkeiten zu vermeiden, bat ich um die Erlaubnis, die vom Gesetz zur Erlangung der Lizenz vorgeschriebene Prüfung ablegen zu dürfen.

Wenn ein Mann durch fünfundzwanzig Jahre nichts von Chemie, Physiologie und Pharmakologie gehört hat, wenn außerdem in dieser Zwischenzeit neue Zweige der Medizin entstanden sind, von denen er kaum eine Idee hat, wenn er, last not least, durch all die Jahre, in seine eigenen, spezialistischen Studien vertieft, kaum nach rechts und links gesehen hatte, ist es eine schwere Aufgabe für ihn, von einem Tag zum andern das Doktorexamen zu wiederholen. Daß er an Stelle des erkrankten Billroth öfters selbst Prüfer gewesen war und nun wieder zum Prüfling herabsank, machte seine Situation nicht angenehmer und war nun ein Beweis für die Wandelbarkeit menschlichen Schicksals. Es ist bekannt, daß jeder Prüfer als Kandidat eines lieben Kollegen vom andern Fache geworfen würde. Meine Bitte, den Prüfungstermin zu verschieben, um Zeit zu gewinnen, meine theoretischen Kenntnisse aus dem Unterbewußtsein wieder heraufholen zu können, wurde mit der tröstlichen Antwort abgelehnt, daß nur praktische Fragen in Betracht kämen. Trotzdem war die Stimmung des alten, grauen Kandidaten am Morgen des Prüfungstages nicht allzu rosig, obwohl er davon überzeugt war, daß es den Kopf nicht kosten würde. Die Prüfung war ein feierlicher Akt. Um den ovalen, langen, grünbespannten Tisch hatten sich die Mitglieder der Prüfungskommission versammelt. Fast alle von ihnen waren von beneidenswerter

Jugend. Nur der Vorsitzende war vielleicht einige Jahre älter als ich. Ein glattrasierter, weißhaariger, blauäugiger, höchst soignierter Gentleman. Wir prüften uns gegenseitig zunächst mit den Augen. »Der liebe, freundliche Herr wird dir nichts tun«, sagte sich der Kandidat und erwartete gespannt die erste Frage mit demselben leeren Gefühl im Magen, welches er vor fünfundzwanzig Jahren bei ähnlichen Gelegenheiten empfunden hatte.

Endlich fragte der Examinator: »Hm, hm, how do you like America?« Meine Antwort war: »Oh, very much indeed.« Zweite Frage: »What impresses you most in America?« Ich antwortete: »Amerikanische Wohltätigkeit und Gastfreundschaft.«

»Auf diese Antworten des Kandidaten Jobses geschah ein allgemeines Nicken des Kopfes.«

Ich war über diese Art, mein Doktorexamen einzuleiten, nicht wenig erstaunt und gar nicht damit einverstanden, daß diese Prüfung zu einer Farce wurde. Aber ich befand mich in dem großen Irrtum, zu glauben, daß diese Fragen irgend etwas mit der Prüfung zu tun hätten. Es waren lediglich einleitende Höflichkeitsphrasen. Ich wußte damals nicht, daß: »How do you like America?« gleichbedeutend ist mit »How do you do?«

Nun nahm die Prüfung jenen ernsten Charakter an, den ich bisher vermißt hatte. Zu den übrigen Mitgliedern der Prüfungskommission gewendet, sagte der Vorsitzende: »Gentlemen, bei dieser außerordentlichen Prüfung sind die Rollen vertauscht. Ich werde dem Herrn Kandidaten eine Frage stellen, die wir selbst nicht beantworten können. Erzählen Sie uns etwas von Ihren Arbeitsmethoden, speziell von der unblutigen Behandlung der angeborenen Hüftgelenksluxation.«

Ich hielt nun einen kurzen Vortrag über den Vorzug der Fixations- gegenüber der Extensionsbehandlung bei tuberkulöser Koxitis, betonte meine Bestrebungen, eingreifende und gefährliche Operationen durch harmlosere oder, wenn möglich, durch unblutige zu ersetzen, denn in der orthopädischen Chirurgie gäbe es sozusagen keine vitalen Indikationen. Als spezielles Beispiel dafür führte ich die angeborene Hüftluxation an. Die Prüfungskommission hörte mit Interesse zu und erklärte mich »cum laude« approbiert.

Als mir die Herren zu meinem Prüfungserfolge gratulierten, erzählte ich ihnen, daß ich soeben eine ähnliche Prüfung abgelegt hätte, welche in Wien als Dozentenprüfung gilt. Merkwürdigerweise war mir diese Prüfung seinerzeit auf die Empfehlung von Dittel und Billroth hin erlassen worden, und nun hatte ich sie nachgeholt. Seinem Schicksal kann niemand entgehen.

XIII

Ein schwer arbeitender Tourist

Nachdem ich länger in Chicago verweilt hatte, als ursprünglich beabsichtigt war, hätte ich nun wieder nach Hause reisen können. Aber ich fühlte ein unwiderstehliches Verlangen, mehr von Amerika zu sehen. Natürlich zog mich Kalifornien vor allem an. Ich wollte dorthin als einfacher Tourist reisen, sollte aber erfahren, daß ich in dem freiesten Lande der Welt der unfreieste Mann sein würde. Schon in Denver – meiner ersten Station – mußte ich die Rolle des »sight-see'ers« wieder mit der des Arztes vertauschen. Meine ärztliche Tätigkeit wurde mit ausgesuchter Gastfreundschaft und einer großen Gesellschaftsfahrt durch die Stadt und ihre Umgebung belohnt. Die prächtigen Wohnhäuser der Silberkönige wurden mir mit besonderer Beflissenheit als Merkwürdigkeiten gezeigt. Die Lage der Stadt, fünftausend Fuß über dem Meeresspiegel, ist so herrlich, die Luft so balsamisch und kräftigend, der Himmel so tief und klar, daß Denver dazu berufen scheint, die vornehmste Luftheilstätte Amerikas für alle chronisch Leidenden zu sein. Als Tourist hätte ich gern den Gipfel des leicht erreichbaren Pikes-Peak, den höchsten Gipfel der Rockys, besucht. Der Arzt mußte darauf verzichten, denn er wurde mit gebundener Marschroute unter Eskorte nach Salt Lake City befördert. Meine Begeisterung für den Westen wurde durch diese Stadt etwas gedämpft. Ich konnte mich weder für den Mormonentempel, noch für seine frommen Besucher begeistern, meine ärztliche Tätigkeit ließ mir auch keine Zeit dazu. Dennoch nahm ich von dort eine liebenswürdige Erinnerung mit. Ein wunderschönes junges Mädchen, etwa sechzehnjährig, die Tochter eines Arztes, erklärte allen Ernstes: »She had fallen in love with me.« Natürlich hatte sie nicht die leiseste Ahnung davon, was Liebe sei. Sie überschwemmte mich mit Blumen, Liebesgedichten und Andenken. Das süße, junge Geschöpf mußte eben ein Idol haben, um es anzubeten, und wählte dazu den alten Mann, weil dieser einigen Kindern Gutes getan hatte. Heute ist Miß N. wahrscheinlich schon lange vielfache Großmutter.

Auf halbem Weg nach San Francisco wurde ich von meiner Eskorte der aus San Francisco entgegenkommenden übergeben. Meine ärztlichen Demonstrationen in San Francisco unterschieden sich in nichts von jenen in Chicago. Ich war Sklave meiner liebenswürdigen Gastgeber, denen ich eines Tages entwischte, um einen Ausflug auf den Mount Tamalpais zu machen. Leider verhüllten dichte Herbstnebel jede Aussicht auf das »Golden Gate«. Auf dem Rückwege begegnete ich an Bord des Sausalito-Bootes einer Gesellschaft von Damen, welche sehr entzückt taten, mich zu sehen. Ich war meinerseits nicht weniger entzückt, so vielen vornehmen und liebenswürdigen Frauen zu begegnen. Einige von diesen Damen erwiesen sich später als wahre Freunde, als zur Nachkriegszeit den Wiener Kindern und ihren Eltern die nötigsten Lebensmittel fehlten.

Freie Abende verbrachte ich mit Vorliebe im Theater. In meiner Loge besuchten mich einige meiner neuen Freunde: ein junger norwegischer Arzt, der mir Grüße von einer kleinen Patientin Birgitt H. in den Bergen brachte; eine junge Dame aus Honolulu; ein Röntgenarzt aus New York; ein Kollege aus San Francisco; ein Bühnenkünstler, den ich aus dem Wintergarten in Berlin kannte. Wir sprachen davon, wie klein die Welt doch sei, obwohl damals noch nicht so viel davon gesprochen wurde, daß die Erde als kleines Stäubchen um die Sonne fliegt und dieser und dem ganzen Milchstraßensystem unbekannten und vielleicht niemals erkennbaren Zielen zustrebt.

Zu dieser Zeit, lange »before the fire«, gab es auch in San Francisco noch keine Automobile, und meine Gastgeber führten mich mit prächtigen Pferdegespannen zu den sehenswerten Punkten der Stadt und Umgebung.

Von San Francisco an wurde ich wieder Tourist. Meine nächste Station war Los Angeles, die erste und einzige Stadt, in der ich mein eigener Herr war. Ich sonnte mich, ließ es mir gut gehen und bewunderte das herrliche Panorama von Mount Lowe aus. So fremdartig mich die subtropische Umgebung anmutete, um so heimischer fühlte ich mich in dem prächtigen Hause der Mrs. I., einer Wiener Dame, die jetzt in Los Angeles lebte und mir beweisen wollte, daß sie ihre Wiener Kochkunst noch nicht vergessen hatte. Die Krone ihrer Gaben war ein richtiger Wiener Apfelstrudel. Mit dem »Apple-pie« verglichen, repräsentiert der Wiener Apfelstrudel die Kochkunst in ihrer höchsten Vollendung; der Apple-pie zeigt sie in ihren primitiven Anfängen.

Zu Ehren ihres Gastes veranstalteten einige medizinische Freunde eine vierspännige Wagenfahrt nach Pasadena, welches damals noch durch eine ziemliche Strecke von Los Angeles getrennt war. Der gemächliche Trab der schönen Pferde erlaubte eine bequeme Betrachtung der herrlichen Residenzen und Bungalows in ihren weiten Gärten.

Keine Automobilhupe störte die feierliche Ruhe der breiten Avenuen. Hätte ich damals doch einen Funken geschäftlicher Voraussicht gehabt! – Der Ankauf einiger Grundstücke an der Straße nach Pasadena, die zur Zeit als Ablagerungsstätten für weggeworfene Konservenbüchsen und ähnliche Dinge dienten, hätte mir ein sorgloses Alter gesichert. Zu jener Zeit gab es auch noch kein Hollywood, und doch würde ich Los Angeles vor allen amerikanischen Städten den Vorzug gegeben haben. Heute, wo ein Riesenverkehr seine Straßen mit Staub und Benzindämpfen erfüllt, dürfte es freilich seine Qualitäten als Luftkurort verloren haben. Ist es doch bestimmt, das New York des Westens zu werden. Jedenfalls war Los Angeles vor dreiunddreißig Jahren ohne Hollywood ein ruhigerer Platz als heute. Sicher beherbergt es heute unendlich mehr in ihren Hoffnungen getäuschte junge Menschen, ob Frau, ob Mann, die alle davon träumten, Filmstars zu werden.

Nur schwer riß ich mich von diesem Paradies des Westens los, die stille Hoffnung im Herzen, es vielleicht doch noch einmal in meinem Leben wiederzusehen. Gleich San Francisco war das Los Angeles jener Zeit eine Stadt »of women, wine and laughter«, und ist es wohl auch zur Stunde noch, nachdem der böse Traum der Prohibition vorüber ist und die Traube wieder zu Wein gekeltert wird.

Ein Amerikaner wird es verzeihen, wenn ein Mensch in Rom war und den Papst nicht gesehen hat, aber unverzeihlich scheint ihm die Sünde, in Amerika gewesen zu sein, ohne den Grand Cañon of the Colorado River besucht zu haben. Daher verließ ich bei meiner Rückreise die Hauptlinie in Williams. Zu meinem Erstaunen begrüßte mich ein Beamter der Seitenlinie. »How do you know me?« fragte ich. »Well«, antwortete der höfliche Mann, »wir lesen auch hier unten die Zeitungen und kennen Ihr Bild. Wir haben Ihren Besuch schon länger erwartet.« Also gab es selbst in Williams für mich kein Inkognito mehr.

Der Mann mußte ein gutes Gedächtnis haben, denn zwanzig Jahre später begrüßte er meinen Freund, den berühmten Augenarzt Professor Ernst Fuchs aus Wien, als Dakt'r Lorenz. Über seinen Irrtum aufgeklärt, entschuldigte er sich: »Well, diese alten langen Kerle mit den grauen Bärten sehen einander so ähnlich, daß man sie verwechseln muß. Grüßen Sie Dakt'r Lorenz von mir.«

Ich wäre gern eine Woche am Cañon geblieben. Die prickelnde Winterluft wirkte wie eine Peitsche auf den ganzen Organismus, man glaubte nicht tief genug atmen zu können, und der Appetit wuchs dermaßen, daß ich mich auch dann noch hungrig fühlte, wenn ich schon zuviel gegessen hatte.

Das Hotel war ein primitiver Adobe-Bau, dessen ebenerdige Räume durch reichliche indianische Boden- und Wandteppiche wohnlich gemacht waren. Ein großer Kamin mit lodernden Holzklötzen erhöhte die Behaglichkeit. Das Essen hätte schlechter sein können und wäre immer noch gut gewesen. Gewisse Eigentümlichkeiten eines gewissen Platzes außerhalb des Hauses erinnerten den Reisenden an Gebräuche, wie sie in einsamen Tälern Tirols zu finden sind. Um einer ganzen Familie Gelegenheit zu geben, ein höchst wichtiges Geschäft in Gemeinschaft zu erledigen, war eine lange Bank in dem großen Raume mit Löchern verschiedener Größe versehen, deren kleinstes durch Holzstufen bequemer erreichbar war.

Für den nächsten Tag war ein Abstieg nach dem Grunde des Cañon in Aussicht genommen, um die gurgelnden Wasser des Colorado in nächster Nähe zu sehen und vielleicht sogar ein Handbad zu riskieren. »But you never know!« Daß mich ein Telegramm aus Chicago in meiner Abgeschiedenheit am Rande des Cañon überhaupt erreichte, blieb mir rätselhaft. Aber es war da und enthielt die Nachricht, daß die Northwestern University of Chicago beschlossen hatte, den Wiener Arzt zum Ehrendoktor der juridischen Fakultät zu ernennen. Die feierliche Promotion sollte an einem bestimmten Tag stattfinden und man erwartete vom Kandidaten eine Rede von mindestens fünfundzwanzig Minuten Dauer.

Noch so flüchtiger Ruhm hat seine Schattenseiten. Statt zum Grunde des Cañon niederzusteigen, mußte ich zufrieden sein, an seinem Rande zu sitzen und meine Beine über dem Abgrund hängen zu lassen. Statt mich unbeschwert von Erdensorgen an dem herrlichen Anblick freuen zu können, mußte ich alle mir bekannten Gemeinplätze aus meinen zehn Fingern saugen, um die endlose Zeit von fünfundzwanzig Minuten damit auszufüllen, und hatte nicht einmal ein Buch zur Hand, aus welchem ich Anleihen hätte machen können. Für einen kurzen Augenblick vergaß ich mich so weit, den Beschluß der Northwestern University zu bedauern. Erst nachdem ich mich vom ersten Schreck erholt hatte, vermochte ich die große Ehre nach Gebühr zu würdigen. Ich begann eifrig zu arbeiten und war am Abend genauso müde, als wenn ich die Wände des Cañon per pedes apostolorum ab- und aufgestiegen wäre. Ein beschleunigter Abschied war notwendig, um den Termin der Überreichung der Insignien meiner neuen Würde nicht zu versäumen.

Das großartige Bild der Wände des Cañon und der gigantischen, buntfarbigen Gebirge und Türme, welche sich vom Grunde desselben bis zur Höhe seines Randes erheben, muß jedem Besucher unvergeßlich bleiben. Nirgends sonst kann man die Eingeweide der Mutter Erde in strahlendem Sonnenschein bis auf zweitausend Meter Tiefe sehen – das Resultat der Mühlarbeit des Colorado-Flusses seit Äonen. Das Wasser nagte und leckte und löste alles, was ihm nicht widerstehen konnte; in hunderttausend Millionen Jahren grub es die gewaltigste Kluft aus, deren steile Wände in allen Farben in der Sonne glänzen. Und der Fluß wird in dieser Arbeit durch weitere, ungezählte Millionen Jahre fortfahren, und der Zukunftsmensch wird dieses Naturwunder anstaunen, auch wenn er den höchsten Grad seiner Vollkommenheit erreicht haben wird.

Auf meinem Wege nach Chicago wurde ich in einer Station ziemlich rüde aus dem Schlaf geweckt, und eine Stimme fragte: »Sind Sie the Dakt'r, der für eine Operation eine Million Dollar bekommen hat?« Es dauerte eine kleine Weile, bis ich die Situation erfaßt hatte. »O nein«, antwortete ich, »ich habe zwei bekommen.« Mit dem Respekt, der einem Manne gebührt, der zwei Millionen wert ist, zog sich der Reporter zurück und sagte: »Entschuldigen Sie mich, Dakt'r, ich muß über Sie eine Neuigkeit bringen.«

Hatte man mir den legalen Doktor der Medizin nur auf Grund einer Prüfung zugestanden, so erhielt ich von der Northwestern University of Chicago den Titel eines »Doctor of Laws« ohne diese Formalität. Die Investitur gestaltete sich zu einer akademischen Feier, bei der es an Orgelklängen, Gebeten und Reden nicht fehlte, darunter auch mein Dauerspeech, der, wie ich fürchtete, die Druckerschwärze nicht wert war. Den Höhepunkt des Festes bildete meine Einkleidung in einen schwarzen, mit purpurblauem Samt geschmückten Seidenmantel und meine

Krönung mit einer merkwürdigen Kopfbedeckung. Ich sah in dieser akademischen Uniform einem alten Doctor Faustus ähnlicher als einem neugebackenen Doctor of Laws!

Nach der Zeremonie lernte ich zum ersten Male kennen, was ein amerikanisches »shakehands« bedeutet!

Meine arme rechte Hand wurde ergriffen, geschüttelt, gedrückt, gepreßt, gequetscht, zermalmt, von mindestens dreihundert anderen, kräftigeren Händen, gegen die die meinige machtlos war. Diese Art, freundschaftliche Gefühle zu äußern, hatte zur Folge, daß meine Hand bald geschwollen und wie gelähmt an ihrem Gelenk hing. Als ich vor Schmerz stöhnte, hörte ich jemanden sagen: »Habt doch Mitleid mit dem Manne! Renkt ihm seine rechte Hand nicht aus, er braucht sie notwendig, um anderer Leute Füße einzurenken.«

Ich mußte an den armen Präsidenten der Vereinigten Staaten denken, welcher hundertfach größere Torturen aushalten muß. Der gute, alte Brauch scheint einer Reform bedürftig, wenigstens soweit der Präsident der USA in Frage kommt. Seine Hand sollte schütteln dürfen, aber nicht geschüttelt werden. Das ist nur dann möglich, wenn die Hand des Besuchers wehrlos gemacht wird. Ist dieser durch strenge Etikette gezwungen, dem Präsidenten seine Hand mit nach unten gekehrter Handfläche entgegenzustrecken, so kann er zwar die Luft, aber nicht die Hand des Präsidenten zerdrücken. Dieser bleibt absoluter Herr der Lage und ist nicht mehr der kraftvollen Willkür seines Besuchers ausgesetzt. Ohne Furcht vor Mißhandlung und ohne jede Anstrengung legt er die Handfläche seiner rechten Hand auf den Handrücken seines wehrlosen Besuchers und kann die Gelegenheit benützen, denselben durch zärtliches Tätscheln seines

Wohlwollens zu versichern, oder ihm als Strafe auf die Finger klopfen. Voll guten Willens unterbreitet ein Mitfühlender dem Weißen Hause diesen wohlgemeinten Vorschlag! – – –

Einladungen von Hospitälern aus vielen Orten suchte ich nach Zeit und Möglichkeit gerecht zu werden. Reporter folgten mir überall hin auf dem Fuße und notierten, was ich tat und sagte. Liebkoste ich einmal ein nettes, kleines Negerkind, so hieß es in den Zeitungen: »Er liebt die Schwarzen.« Kniete ich zuweilen nieder, um alten Leuten schmerzhafte Bewegungen zu ersparen, so lobten die Zeitungen: »Wie gütig er ist!« Selbst meine Hände wurden hinterrücks von der Kamera gefangen. Während ein Reporter mich bat, ihm meine »wonderful hands« zu zeigen, knipste sie der andere, und die Zeitung brachte mein Bild, ohne mein Wissen und ohne meine Erlaubnis. Ich war den Reportern und den ärztlichen Komitees, welche mir ohne Gnade einen zwölfstündigen Arbeitstag diktierten, hilflos preisgegeben und jeder persönlichen Freiheit beraubt. Von einer Stadt zur andern reisend, wurde ich oft direkt vom Bahnhof in den Operationssaal geschleppt, wo mich die Studenten mit ihren »Yells« empfingen, z. B. »he is all right and more than all right – God bless him«; dann begann meine Arbeit. Diese von mir nicht angestrebte und eher beschwerliche Popularität hatte ihren Grund hauptsächlich darin, daß ich es mir leisten konnte, ohne Rücksicht auf Entlohnung zu arbeiten. Im Publikum sagte man: »Er arbeitet für die Armen, weil er selbst ein Armer war, der sich vom Pfluge in die Höhe arbeitete.« Ein Bild in der Zeitung zeigte mich, mit der rechten Hand den Pflug führend, und mit der linken ein Buch haltend, aus dem ich studierte – dennoch verlief die Furche gerade. Selbstverständlich mußte ich von Chicago aus die deutsche Stadt Milwaukee besuchen, um mich in ihrer feuchtfröhlichen Atmosphäre weniger der ärztlichen Tätigkeit als dem Studium der »Papst-Brauerei« und ihrer Erzeugnisse zu widmen. Dieses Programm war zum Schlusse mühsamer als alle Operationen. Gartengesellschaften mit Papstbier und deutscher Musik, üppige Diners mit Ansprachen und Toasten machten das Leben aufreibender als jede Berufsarbeit.

Das schlimmste von allem war ein Herrenabend von triefender Nässe; in Milwaukee hätte der bloße Gedanke an Prohibition Entsetzen erregt. Was aber meine Trinkfestigkeit anbelangt, so war ich im Vergleich zu meinen jüngeren und älteren Kollegen ein wahres Kind. Dank meiner Methode des Scheintrinkens, sooft mir zugetrunken wurde, bestand ich die feuchte Probe besser als mancher anderer Liebhaber von gutem Bier und leichtem Wein. Reporter quälten mich um meine Ansichten über totale Abstinenz oder Mäßigkeit. Antwortete ich ihnen: »Ich muß achtgeben, daß ich über einem Glasl Wein nicht mein Englisch verliere, das nicht allzu fest in meinem Gehirn wurzelt«, so schrieben sie: »Er kommt aus einem Lande, in welchem man Bier und Wein nach Behagen trinkt, ohne nach schädlich oder nützlich zu fragen, und ist dennoch ein fanatischer Prediger totaler Abstinenz.«

Nachdem alle meine Patienten gut versorgt waren, stand es mir frei, Chicago zu verlassen. Als kostbares Andenken nahm ich eine künstlerisch ausgestattete Adresse des Stadtrates von Chicago mit. Kurzer Aufenthalt in Baltimore und in Boston war mit ernster Arbeit ausgefüllt. Boston mit seiner herrlichen Umgebung hätte mich leicht für längere Zeit fesseln können. Da aber der österreichische Botschafter, Baron Hengelmüller, eine

Audienz beim Präsidenten Theodore Roosevelt arrangiert hatte, mußte ich eiligst nach Washington abreisen.

Bei einem langen Spaziergang durch diese schöne Stadt fühlte ich mich wie zu Hause; denn Washington erschien mir fast wie die einzige europäische Stadt in Amerika. In dieser Beziehung wurde ich in dem großartigen Hotel Arlington bitter enttäuscht. Der Speisesaal war herrlich genug, nicht weniger Tafelgeschirr und Tischwäsche. Zwei weißgekleidete, riesige Neger schoben einen Serviertisch auf Rädern durch den Saal. Dieser trug eine große Silberwanne, die mit einer silbernen Domkuppel zugedeckt war. Alles war dazu angetan, die Erwartung des verwöhnten Gastes aufs äußerste zu steigern! Als der Silberschrein geöffnet und ein Teil seines Inhalts mit schweren Silberlöffeln dem erwartungsvollen Gaste vorgelegt war, erkannte dieser die Delikatesse als – Hasenklein, zubereitet aus allen wenig geschätzten Teilen eines Hasen, der jedenfalls schon längere Zeit auf Eise gelegen hatte. Viel Lärm um nichts! Ein Stück Brot und ein Glas Eiswasser machten es mir völlig klar, daß ich nicht in Europa, am allerwenigsten in Osterreich war, wo Hasenragout, obwohl bescheidener serviert, durch seine Zubereitung genießbar wird, wenn auch Rücken und Lauf unter allen Umständen zu bevorzugen sind. Die Wiener sind in vieler Beziehung sehr bescheidene Leute, aber sicherlich nicht, soweit Kochen und Essen in Frage kommen. Der österreichische Botschafter, ein ungarischer Edelmann, und seine Gemahlin bewiesen dem Doktor, daß die ungarische Küche hinter der wienerischen nicht zurücksteht.

Es regnete und schneite zum ersten Male in diesem Winter, als ich in Begleitung des Gesandten im Tagesanzug zum Weißen Haus fuhr. In den aufgeweichten Parkwegen sanken die Räder des Wagens tief ein, und vor einer kleinen Steigung der Straße verweigerten die Pferde den Dienst. Wir mußten aussteigen und durch den Morast waten. Mit durchnäßtem Schuhwerk betraten wir durch eine kleine Tür an der Parkseite das Weiße Haus. Ein Mann im einfachen, braunen Anzug führte uns durch ein Labyrinth von Korridoren, deren Wände bis zur Decke mit Büchern gefüllt waren. »Der Präsident ist irgendwo hier unten und kann jeden Augenblick erscheinen«, sagte der Führer, während er uns die Tür zu einem Zimmer öffnete. Im selben Augenblick trat Roosevelt mit raschen, elastischen Schritten durch die entgegengesetzte Tür ins Zimmer, wobei die Schöße seines langen Rockes und seine Uhrkette leicht hin und her schwangen. Die Knie seiner Hose waren ausgeweitet, wie bei einem Manne, der viel vor seinem Schreibtisch sitzt. Er begrüßte mich mit ausgestrecktem Arm und schüttelte mir herzhaft die Hand. Sein Lachen entblößte ein gewaltiges Gebiß.

»Sind Sie der berühmte Doktor?« fragte der Präsident. »Wenn auch nicht berühmt, so doch ein legalisierter Doktor«, antwortete ich. »Gerade diesen Morgen sprach Mrs. Roosevelt von Ihnen. Sie sagte, es wäre ein glücklicher Zufall gewesen, wenn Sie hierher gekommen wären, als einer unserer Söhne lange Zeit an Kniebeschwerden litt.« Das Thema wechselnd fuhr er lebhaft fort: »How do you like America?« – »Very much indeed, I should like it but for the strenuous life.« Der Präsident lachte über den Ausdruck, den er selbst geprägt hatte, und sagte: »Das hält die Amerikaner in guter Gesundheit. Soviel ich weiß, mußten Sie hier auch ein aufregendes Leben führen, ob es Ihnen gefiel oder nicht. Aus welchem Lande kommen Sie?« – »Aus Schlesien, einer Provinz in Österreich«, antwortete ich. »Schlesier sind als fleißig und intelligent bekannt«, sagte der Präsident wohlwollend. »Meine Ahnen kamen aus Holland, von wo sie wegen der religiösen Streitigkeiten jener Tage auswandern mußten. Ich weiß, was die österreichische Flotte bei Lissa unter Admiral Tegetthoff geleistet hat. Die amerikanische Flotte verfügt über ebensogute Admirale und hat gezeigt, was sie leisten kann. Ich wünsche Ihnen eine glückliche Heimkehr nach Österreich, das ich noch zu sehen hoffe.« Mit einem zweiten, kordialen Handschlag war die Audienz zu Ende. Ich erinnerte mich an die Audienz bei Kaiser Franz Joseph, den loyale Untertanen aus Ehrfurcht kaum anzublicken wagten. Daß er einem von ihnen die Hand reichte, war eine große Ausnahme. Roosevelt sah aus wie ein vornehmer Bürger, der wenig Wert auf Äußerlichkeiten legte, während der Kaiser ein Sinnbild souveräner, durch Überlieferung und spanische Etikette gebundener Majestät war.

Als viele Jahre später Expräsident Roosevelt, von seinem afrikanischen Jagdzug zurückkehrend, einige Tage in Wien weilte, wollte er dem Kaiser einen Besuch abstatten.

Aber die spanische Etikette! Dennoch soll der alte Kaiser von dem Besuche Roosevelts im Bürgerkleide entzückt gewesen sein.

Der nächste Tag in Washington brachte mir das eingerahmte Bild des Präsidenten mit dessen Unterschrift und »kindest regards«. Vor diesem Bilde haben in meinem Hause sehr viele junge Amerikaner »ihrem Teddy« den Salaam gemacht.

Am folgenden Abend besuchte ich das Columbia-Theater. Bei meinem Eintritt in die Loge spielte das Orchester die schöne, alte österreichische Volkshymne. Ich wußte nicht, sollte ich feierlich oder gerührt aussehen

– eigentlich war ich verlegen – oder sollte ich doch jetzt ein großer Herr geworden sein?

Nach New York zurückgekehrt, bezog ich nicht wieder die »Prinz-Heinrich-Zimmer« im Waldorf-Astoria, sondern nahm ein einfaches Zimmer im Murray-Hill-Hotel. In der Halle begegnete ich einem kleinen, sehr beweglichen alten Herrn, den ich als Vater der Chicagoer Königin kennenlernte. »Sie bieten für Ihre Familie gute Aussichten«, sagte ich zu ihm. »Oh, is that so, how so?« Ich antwortete: »Weil Ihre Gesundheit bei so hohem Alter Ihren Enkeln ein gutes Erbe verspricht.«

»Ich bin nicht alt«, widersprach der Achtzigjährige, »solange mir das Frühstück schmeckt und ich gut laufen kann.«

Alt werden muß jeder, aber der Amerikaner gibt das nicht zu.

Die Gastfreundschaft meiner Freunde in New York war oft anstrengend. Ich freute mich, auf einige Tage nach Rochester (N. Y.) zu kommen, wohin ein Freund mich dringend eingeladen hatte.

Wie still und friedlich erschien diese schöne Stadt im Vergleich mit dem turbulenten New York, welches schon damals mit Recht die »Roaring City« hieß. In Rochester machte nur der schöne Wasserfall Lärm, der die Mitte der Stadt belebt. In einem der Spitäler hatte ich ein sehr amüsantes Erlebnis. Man forderte mich auf, die angeborenen Klumpfüße eines fünfzehnjährigen Jungen zu korrigieren, an denen bisher alle Heilungsversuche gescheitert waren. Der Fall war zweifellos sehr schwierig, um so mehr, als ich meine Instrumente nicht bei mir hatte, welche bei solchen Fällen fast unumgänglich notwendig sind. Ich erklärte mich trotzdem bereit, den Fall zu übernehmen und den Patienten wenigstens auf einer Seite zu operieren. Die Korrektur des anderen Fußes sollten die Herren Kollegen gefälligst selbst übernehmen und sich an das gegebene Beispiel halten. Im stillen hoffte man wohl, daß mir die gestellte Aufgabe mißlingen würde.

Die Operation sollte in einem großen Saale stattfinden, der viele Zuschauer fassen konnte. Der Operationstisch stand auf einem Podium, dessen Bretter man für diese feierliche Gelegenheit neu gestrichen und gefirnißt hatte. Der Boden war so glatt, daß ich jedesmal ausrutschte, sooft ich einen festen Stand brauchte. Mein wiederholtes Ausgleiten wirkte offenbar erheiternd auf das Publikum, welches nicht nur aus Ärzten bestand. Kichern und verhaltenes Lachen drang zu meinen Ohren. Ein Teppich wurde mir unter die Füße gebreitet. Die Situation verschlimmerte sich; denn nun rutschte der Teppich mit mir, und ich hatte einen lauten Heiterkeitserfolg. Dieser läppische Zufall, der eine ernste Arbeit so unwürdig unterbrach, machte mich wütend. Was konnte man tun? Entmutigt ließ ich von dem Patienten ab und setzte mich auf die Stufe des Podiums. Dort zog ich unter erwartungsvollem Schweigen des Publikums meine Schuhe und meine Strümpfe aus, und unter lautem Applaus betrat ich barfuß die Stätte meiner Niederlage, um die Operation erfolgreich zu beenden. Ich legte den Gipsverband an und erklärte alle notwendigen Vorsichtsmaßregeln. »Wenn Sie sie befolgen«, sagte ich zu meinen Kollegen, »so werden Sie auch bei der zweiten Operation keine Schwierigkeiten haben.« Die Abendblätter brachten die Schilderung dieser Demonstration in breiter Ausschmückung: »Er zog die Schuhe aus, und gleich Christus, dem großen Heiler, vollbrachte er barfüßig sein Werk!« Man liebt eben in Amerika Überschwenglichkeit in Lob und Tadel!

In New York erhielt ich Einladung, Fabriken, Warenhäuser und die neuesten Wolkenkratzer und vieles andere zu besichtigen. Nur wenigen konnte ich Folge leisten. In dem Palast der Western Union Telegraph Company wurden mir alle die wunderbaren technischen Einrichtungen vorgeführt, ohne daß ich davon großen Nutzen gehabt hätte. Da unterbrach der alte Judge Dillon die Führung mit den Worten: »Das ist alles sehr erstaunlich, aber das Erstaunlichste im Zimmer ist dieser Tisch. ›Um‹ ihn habe ich mehr als tausend Millionen Dollar repräsentiert gesehen, aber ›auf‹ ihm niemals etwas zu trinken.« Es war mir nicht klar, ob der Judge dies bedauerte oder sich darüber freute.

XIV

In den Fängen der Bankleute

Als Liebhaber des Theaters nahm ich die Einladung eines Freundes und seiner Frau an, mit ihnen ein vielbesprochenes Stück anzusehen, obwohl ich für denselben Abend auch eine Aufforderung hatte, dem jährlichen Bankett der Bankiers von New York als Gast beizuwohnen. Ich war stets davon überzeugt, daß mich das Stück mehr interessieren würde als alle Bankette in New York. So zog ich das Theater vor. Nach Beendigung der Vorstellung sagte mein Gastfreund: »Wir sind noch nicht zu Ende – nun will ich Ihnen ein anderes Theater zeigen, das Sie an keinem andern Platze als in New York sehen können – ›the annual banquet of the Bankers of New York‹. Es ist das bedeutendste gesellschaftliche Ereignis nicht nur der Stadt, sondern des ganzen Landes wegen der aktuellen, politischen ›afterdinner-speeches‹, die dort von unseren berühmtesten Rednern gehalten werden. Wir wollen diesem Bankett als Zuschauer beiwohnen. Ich besitze eine Loge in der Banketthalle des Waldorf-Astoria. Jetzt kommen wir gerade zu den ›afterdinner-speeches‹ zurecht.«

Ich dachte »Kismet«, seinem Schicksal kann man nicht entgehen, und nahm die Einladung an. Bei unserem Eintritt in die Loge, hoch oben an der Wand der riesigen Halle, begann gerade ein berühmter Rechtsgelehrter und Redner seinen speech. Gefesselt von dem Anblick des taghell erleuchteten Saales, sah ich in dessen gähnende

Tiefe hinab, wo Tausende Männer im Abendanzug an Hunderten von Tischen saßen. Von oben gesehen war die schwarze Masse nur belebt von den weißen Flächen der Frackhemden und den auffallend vielen spiegelnden Glatzen. Hartgesottene »Banker« sind in der Regel keine Jünglinge mehr, sondern Männer im mittleren oder höheren Lebensalter, die ihre Haare durch die Aufregungen des Tages und das Pläneschmieden bei Nacht leicht verlieren. Die Tische waren mit unzähligen, mehr oder weniger geleerten Champagnerflaschen übersät. Der strömende Redefluß wurde ebenso häufig als unehrerbietig durch den Knall der Champagnerpfropfen unterbrochen. Die Luft war erfüllt vom Dufte schwerer Havanna-Zigarren, deren Rauch sich gegen die Höhe in leichte Schleier auflöste.

Den großartigsten Anblick bot die Reihe der Logen, welche fast ausschließlich von Damen besetzt waren, die ein Recht darauf hatten, bewundert zu werden, nicht nur wegen ihrer Schönheit und der glänzenden Toilette, sondern auch wegen des überreichen Schmuckes an Perlen und Diamanten, der von keinem Juwelierladen der Welt hätte überboten werden können. Ruhelos flatternde Fächer von verschiedensten Farben ließen die Logen wie ein vom Wind bestrichenes Blumenfeld erscheinen. In der Tat ein unvergeßliches Schauspiel! Ich war ganz versunken in den einzigartigen Anblick, als ein junger Mann in unsere Loge trat, der mir die Botschaft des »Präsidenten« überbrachte, hinabzukommen und an seiner Seite auf der erhöhten Estrade Platz zu nehmen. Jede Weigerung wäre nutzlos gewesen, ich gehorchte dem Wunsche des »Präsidenten«, wie ein sich gegen die Leine sträubender Hund. Aber es kam nicht so schlimm, wie ich gefürchtet hatte. Der »Präsident« schüttelte mir die Hand und lud mich ein, neben ihm Platz zu nehmen. Niemand schien es zu bemerken. Auf der anderen Seite des »Präsidenten« hatte soeben ein Redner begonnen, seine Eindrücke von einer jüngst vollendeten Reise um die Welt zu schildern. Während der ganzen Tour war er bestrebt herauszufinden, wo eigentlich das Herz der Welt schlüge! Auf seiner letzten Etappe westwärts hatte er diesen Platz noch nicht gefunden. Aber als er eines Morgens vor der Bank von England stand, blitzte eine Erkenntnis in ihm auf: »Hier, an den Ufern der Themse, in der Bank von England pulsiert das Herz der Welt. Von hier aus strömt das belebende Blut durch alle Adern bis zu den entferntesten Teilen der Erde, von wo es auf tausend Wegen in das Herz zurückgesaugt wird. Wehe der Welt«, rief der Redner pathetisch aus, »wenn das pulsierende Herz auch nur einen Tag mit seinen Schlägen aussetzte. Wehe der Welt, wenn es auch nur unregelmäßig zu schlagen begänne.«

Kehrte der rechtsgelehrte Spezialist für Krankheiten des Weltherzens heute von seiner Reise zurück, so würde er vielleicht finden, daß dieses seinen Platz gewechselt hat. Es schlägt jetzt an den Ufern des Hudson lustig weiter, trotz der Enge der Wallstreet.

Gleich allen andern Zuhörern fühlte auch ich mich ergriffen durch den entsetzlichen Gedanken, das Herz der Welt könnte plötzlich stille stehen, und vergaß darüber ganz der erfreulichen Tatsache, daß mein eigenes Herz unter dem Einflusse von einem größeren Quantum Champagner, als ich hätte trinken sollen, lustig forthämmerte. Aber das beklommene Schweigen dauerte nicht lange; denn die Bankiers fühlten sich zu wohl, um sich einschüchtern zu lassen. In behaglicher Verdauungsstimmung erfreute sich die genießerische Menge an ihren starken Zigarren und schlürfte schwarzen Kaffee und noch mehr Champagner. In dem Augenblick glich sie einer satten Katze, die behaglich schnurrt. Aber einer Katze ist niemals zu trauen, grausam bleibt sie immer. Das sollte ich an mir erfahren. Die nach dem Beifall eintretende Stille dauerte nicht lange. Plötzlich erscholl aus hundert Kehlen gleichzeitig, wie ein »Yell« der Studenten, der Ruf »Lorénz speak, Lorénz speak, Lorénz speak!« Obwohl die Damen in ihrer Loge keinen Tropfen Champagner getrunken hatten, schlossen sie sich der Aufforderung der Bankiers in ihrer Weise an: Mit wehenden Taschentüchern und geschwungenen Fächern erteilten sie dem erschrockenen Kiebitz den schweigenden, aber um so strengeren Befehl, die Rednertribüne zu besteigen. Ich fühlte mich nicht nur erschreckt, sondern war auch wütend, wie ein Mann, der unversehens in einen Hinterhalt geraten ist. Ich wünschte, ein Erdbeben möchte die ganze Bankettseligkeit und mich dazu verschlingen! – Aus dieser Falle gab es keine Flucht, und ich schritt langsam dem Rednerpult zu, während ich mein Gehirn um eine glückliche Idee zermarterte. Die kam noch, bevor ich meinen Platz erreicht hatte, und ich begann: »Ladies and Gentlemen! – Ich weiß genau, warum Sie mich aus meiner bescheidenen Ecke ans Licht gezogen haben. Sie wollten mir die Frage stellen: ›How do you like America?‹ – Ich beantworte Ihre Frage: ›very much indeed‹.« Donnernder Beifall! – Ich hatte gewonnen. – »Außerdem wollten Sie mich fragen: ›what impresses you most in America?‹ – Und ich antworte Ihnen: ›Americas Charity and Hospitality‹.« – Noch lauterer Beifall! Ich fuhr fort: »Noch eine dritte Tatsache hat mir in Amerika imponiert: Die Abneigung gegen Ehrentitel, an denen die Mitteleuropäer so sehr hängen. Nur jene Titel haben Wert, die man sich schwer verdienen muß. Ehrentitel erhält man umsonst, als Äquivalent dafür, daß man von dem Fache, auf welches sich der Ehrentitel bezieht, keine blasse Ahnung hat. So bin ich österreichischer Regierungsrat, weil ich von der Regierung nichts verstehe. Aus Ihrer Machtvollkommenheit machten Sie mich vielleicht zu einem Finanzrat, weil ich von Finanzen nichts verstehe. Deshalb bitte ich um die Erlaubnis, abtreten zu dürfen. Ladies and Gentlemen, I thank you ever so much!« Unter Applaus verließ ich den heißen Platz, ohne mich durch meinen improvisierten speech bis auf die Knochen blamiert zu haben.

Ich konnte Amerika nicht verlassen, ohne auch Philadelphia besucht zu haben. Der Aufenthalt im Hause meines Freundes Dr. August Wilson erweckt in mir bleibende Erinnerungen. Der exklusive Union-League-Club öffnete dem Fremdling seine Pforten, ohne nach seiner politischen Gesinnung zu fragen. Dort wurde ich einem kleinen, alten Herrn von unscheinbarem Äußeren vorgestellt, der mich einlud, am nächsten Tage seine Werkstätte zu besuchen, obwohl, wie er bemerkte, die Art seiner Arbeit einigermaßen verschieden von der meinigen sei. Bei meinem Besuche entpuppte sich der bescheidene, alte Herr als der Besitzer von Cramps Schiffswerft, auf welcher soeben das neue Kriegsschiff »Maine« vollendet wurde. Zärtlich strichen die feinen, weißen Hände des alten Herrn über die rauhen Panzerplatten des mächtigen Stahlbaues, und er sagte: »Möge dieser neuen ›Maine‹ ein besseres Schicksal beschieden sein als der alten«, und er erklärte die Verbesserungen an der neuen »Maine«. Mit einer nonchalanten Geste wies er mich auf die gewaltigen Stahlrippen mehrerer im Bau begriffener Kreuzer hin und bemerkte: »Diese kleinen Kähne werden in vier Wochen anders aussehen.«

Meine ärztlichen Freunde versicherten mir, daß der alte Gentleman mit mir viel liebenswürdiger gewesen sei als mit dem Prinzen Heinrich von Preußen, der vor kurzem die Schiffswerft ebenfalls besucht hatte. »Warum sollte er gegen den Prinzen weniger scharmant gewesen sein?« war meine erstaunte Frage. »Weil er vom selben Metier ist. Man liebt ›Werkspione‹ nicht«, war die Antwort.

Ganz außerhalb meines Metiers lag ein Besuch in der Münze von Philadelphia. Ich bewunderte die Vorkehrungen gegen möglichen Diebstahl oder Einbruch. Ein langer Korridor, dessen Wände glänzten wie das Innere eines Kanonenrohrs, führte nach abwärts zu einer mächtigen Stahlpforte, deren Gewicht, wie man mir sagte, »neun Tonnen« betrug. Diese Tür trug drei Siegel, welche von drei Beamten erbrochen wurden. Durch drei verschiedene Schlüssel, wie durch magische Zauberstäbe, wurde eine elektrische Maschine in Bewegung gesetzt, und geräuschlos öffneten sich die schweren Flügel. An dem hohen Gewölbe leuchteten zahlreiche elektrische Lampen, welche jedoch nicht imstande waren, der Oberfläche der plumpen Goldbarren auch nur ein Fünkchen Glanz zu entlocken. Waren diese zu Hauf auf den Boden gelagerten Lehmklumpen wirklich gleißendes Gold, das die Welt regiert?

Man lud mich ein, einen von den lehmfarbigen Klötzen aufzuheben; ich konnte ihn kaum bewegen und wäre nicht imstande gewesen, auch nur den kleinsten davonzutragen. »Könnte das Gold nicht trotz der Stahlpforte gestohlen werden?« – »Nein«, antwortete der Beamte. »Moderne Diebe würden niemals versuchen, durch diese Tür einzubrechen. Sie würden den Weg durch einen unterirdischen Tunnel vorziehen und dabei einer unangenehmen Überraschung begegnen.«

Zum Andenken erhielt ich Muster der umlaufenden Münzen in Kupfer und Silber sowie eine Bronzeplakette mit dem Bildnis Mac Kinleys. Beim Verlassen des Gebäudes fand ich die Halle bevölkert von jungen und älteren Mädchen, Beamtinnen der Münze, von denen jede einzelne einen schöneren Anblick bot, als alle Goldbarren zusammen.

Viele angenehme Stunden verbrachte ich in Atlantic City in Professor Wilsons kleinem Hause, das er das Puppenhaus nannte. So klein das Haus war, hatte es doch eine große Terrasse, auf der eines Abends viele ärztliche Freunde des Hausherrn sich zu einer zwanglosen Gesellschaft versammelten. Keine Ansprachen und keine Adressen! – Dafür wurde ich um so intensiver ausgeholt über Wien und die Wiener medizinische Fakultät. Fast jeder dieser Herren hatte in Wien studiert und bewahrte an diese Stadt freundlichste Erinnerungen. Ich ließ sie darin schwelgen und wiegte mich dabei nachdenklich in meinem Schaukelstuhl. Wie schnell man sich doch an die Sitten eines Landes gewöhnt, dachte ich bei mir; war ich doch wenige Wochen vorher erschreckt wieder aufgesprungen, als der Schaukelstuhl, auf dem ich saß, unerwartet nach rückwärts schwang, während ich mich heute ohne die geringste Nervosität nach hinten sinken ließ, behaglich immer weiter und weiter – bis ich umkippte und einen verkehrten Purzelbaum machte. Alle Gäste waren bestrebt, dem gefallenen Manne wieder aufzuhelfen. »Ich hoffe, Sie haben sich nicht das Rückgrat gebrochen«, rief Doktor Wilson. »Wie konnte so etwas geschehen?« fragte ein anderer. »Während Sie Ihren Erinnerungen nachhingen«, antwortete ich, »fühlte ich mich vollkommen sicher in einem amerikanischen Schaukelstuhl.« »Aber das war ja gar kein Schaukelstuhl«, rief man durcheinander. »Sie saßen auf einem ganz gewöhnlichen Stuhl und mißbrauchten ihn« – was man in Wien »mit dem Sessel kippeln« heißt.

Unsere Laster folgen uns, wohin immer wir gehen. Wie oft hatte mir meine Frau dieses Unglück vorausgesagt als Strafe für ausgerenkte Stuhlbeine.

Nach der Arbeit das Vergnügen! Ich sollte nach dem Wunsche meines Freundes in Atlantic City alle Sehenswürdigkeiten bewundern: die interessanteste davon war für mich die auf dem »Boardwalk« promenierende Menge. Wie überall, wollte auch hier das Publikum unterhalten sein und fand, namentlich auf dem Pier, dazu die mannigfaltigsten Gelegenheiten. Neu waren mir die grotesken Negertänze, die große Taucherglocke und das Looping the loop, ein haarsträubendes, aber ungefährliches Vergnügen.

Ich wurde eingeladen, einige der eben fertiggestellten Hotelpaläste zu besuchen, und bewunderte die Pracht der Luxusappartements, deren schwindelerregende Preise mir Mitteleuropäer die Rede verschlugen. In einem dieser Hotels wurde ich Mrs. Varina Jefferson Davis vorgestellt, der Witwe des ehemaligen Präsidenten der Konföderation Jefferson Davis. Die trotz ihres hohen Alters geistig sehr lebendige Dame schien mir wie ein lebendes Monument aus der legendären Zeit des Bürgerkrieges.

Aber was ist alles Menschenwerk im Vergleich mit der Majestät des Meeres, dessen gewaltige Wogen gegen diese Sandbank donnern! Kann es einen andern Platz an den sieben Meeren geben, an welchem der Mensch vom Anblick der ewigen Wasser mehr überwältigt wird als in Atlantic City?

Die amerikanische Gastfreundschaft zeigte sich von ihrer liebenswürdigsten Seite bei einem Empfange, den das Jefferson-Medical-College mir zu Ehren gab. Die Musikkapelle der Studenten gab dem Fest einen feierlich akademischen Charakter. Außerdem hatten die jungen Herren einen neuen »Yell« komponiert: »Hip, hip, hurrah, hip, hip, Lorénz, hip, hip is out, hip, hip is in! (… Hüfte ist raus, Hüfte ist drin.)« Bei dieser rein gesellschaftlichen Veranstaltung gab es keine wissenschaftlichen Diskussionen, obwohl das große Bild Marion Sims' strenge auf die Rednertribüne herabsah. Der Präsident begrüßte mich, stellte mich der Gesellschaft vor, und ich hatte zu danken. Diesmal war ich für eine solche Aufforderung vorbereitet und erzählte eine Geschichte aus meiner Kindheit, die wir schon kennen. »Vor etwa fünfundvierzig Jahren suchte ein kleiner Knabe, der noch nicht zur Schule ging, in seines Vaters Sattlerwerkstätte nach einem Spielzeug und fand unter Tuch-, Leder- und anderen Abfällen einen zusammengeballten schwarzen Männerhandschuh. Der Knabe steckte seine Hand und den halben Vorderarm in den Handschuh, rannte zu seiner Mutter und rief: ›Sieh, Muttala, was ich gefunden hab'! Einen Handschuh, bin ich jetzt nie ein großer Herr!‹ Das war nämlich des Knaben stereotype Antwort auf die Frage: ›Adolfla, was willst du denn werden?‹ Die Mutter blickte nachdenklich auf den Knaben und sagte lächelnd: ›Mein liebes Adolfla, wenn du ein großer Herr sein willst, mußt du wenigstens zwei Handschuh haben. Such dir den fehlenden Handschuh!‹ Der Knabe fühlte sich enttäuscht und vergaß den kleinen Vorfall bald. Älter geworden, erinnerte er sich oft daran und suchte die Bedeutung des fehlenden Handschuhs zu verstehen. War nicht sein ganzes bisheriges Leben ein fortwährendes Suchen nach dem ›missing glove‹! – Er ist sich über dessen Bedeutung nicht ganz im klaren gewesen. Einmal – vor etwa zwanzig Jahren – glaubte er den Handschuh gefunden zu haben, denn ihm eröffnete sich eine große akademische Karriere – – mit ihr verlor er den Handschuh wieder. Aber heute bin ich überzeugt, ihn abermals gefunden zu haben; denn ich sehe mich im Besitze der Anerkennung und Achtung meiner Kollegen – ein Besitz, der, wie Sie alle wissen, am allerschwersten zu erringen ist.« Lachender Beifall lohnte den Redner, trotz dieser Anspielung auf berufliche Eifersüchteleien. Denn in jedem guten Arzt steckt auch ein Künstler, und die Eifersucht steckt jedem Künstler im Blute.

Meine kleine Ansprache fand auch in den Blättern Beifall, und ich erhielt viele Anfragen, wie man es machen muß, den fehlenden Handschuh zu finden. Zwei Briefe sind mir in besonderer Erinnerung geblieben.

Ein Farmer schrieb mir ausführlich und sachgemäß: Die Menschen suchen offenbar nicht alle denselben Handschuh. Für den Doktor ist er Achtung und Anerkennung, die er nicht mit den Augen sehen könne, für den Farmer ist es der fremde Acker, der zwischen seinen zwei eigenen Äckern liegt, den er aber nicht nur sehen, sondern auch greifen und doch nicht erlangen könne. Diesen Acker müsse er aber haben, denn dieser Augenschmerz würde ihn sonst noch blind machen. Aber Gott ist gnädig und sendet ihm den guten Doktor aus Wien zu Hilfe, der ihm in der Güte seines Herzens gewiß tausend Dollar schicken wird. Der Doktor antwortete dem Farmer, daß der fehlende Handschuh nur von dem Sucher selbst und nicht von einem andern gefunden werden müsse.

Ein zweiter Brief fragte, ob der Doktor die Freundlichkeit hätte, einem armen Photographen bei der Suche nach seinem Handschuh durch die Erlaubnis zu helfen, ein Bild von ihm machen zu dürfen. Dieser bescheidene

Wunsch wurde gerne gewährt. Von dem jungen Photographen stammt eines meiner besten Bilder; er wird seinen Handschuh gefunden haben. Aber das nützt ihm heute nichts mehr, denn er ist seit vielen Jahren tot.

Das große Jefferson-Medical-College war damals im Bau und versprach eines der größten und schönsten Spitäler Amerikas zu werden. Ich habe sehr bedauert, einigen akademischen Festlichkeiten des nächsten Sommers nicht beiwohnen zu können. Ein Programmpunkt sollte die Verleihung eines akademischen Grades an mich sein. Ich war aber damals in der City of Mexico und konnte von dort nicht rechtzeitig in Philadelphia eintreffen, weil es noch keine Flugzeuge gab.

Als ich Philadelphia verließ, traf ich auf dem Bahnhof eine große Schar älterer Kinder, die gekommen waren, von mir Abschied zu nehmen und ihre Geschenke – Federhalter, Bleistifte, Radiergummi und andere Schreibutensilien – gegen mein Autogramm einzutauschen.

Durch dieses Beispiel angeeifert, trat ein Mann auf mich zu, riß seine goldene Uhr samt Kette aus der Tasche und reichte sie mir mit den Worten: »Nehmen Sie dieses kleine Andenken.« Ich sagte: »Kostbare Geschenke werden nicht angenommen, Sie würden morgen die Uhr vermissen; ich lasse sie Ihnen gegen das Versprechen, für arme Kinder fünf Dollar zu spenden.« Bevor der Zug die Halle verließ, wurde ich vom Zugführer und seinem Assistenten begrüßt und nahm die Versicherung entgegen, daß sie alle stolz wären, mein kostbares Leben ihrer Obsorge für zwei Stunden anvertraut zu sehen, und daß sie mich in New York sicher absetzen würden.

Von soviel unverdienter Freundlichkeit übermüdet, sank ich endlich aufatmend in die Polsterkissen und wäre im nächsten Augenblick eingeschlafen, wenn nicht ein Zeitungsjunge mir seine illustrierten Blätter angeboten hätte. Ich traf meine Wahl und fragte, was ich schuldig sei. Er verweigerte die Annahme jeder Bezahlung, da er sich glücklich schätze, dem Doktor ein kleines Geschenk machen zu können. In ein paar Jahren hoffe er selbst Doktor zu sein, vorläufig verdiene er sich als armer Medizinstudent während der Ferien sein Geld als Zeitungsverkäufer in einem Expreßzug, weil dies mehr einbringe wie der Zeitungsverkauf in den Straßen. Man kann sich wohl vorstellen, wie ich mich für den netten Jungen erwärmte. Ich ermunterte ihn mit der Versicherung, daß Männer von seiner Art ihr Ziel gewiß erreichen. Sein Geschenk nähme ich unter der Bedingung an, daß er mich von einem unbequemen Zehndollar-Goldstück befreie. Der junge Mann war nur schwer davon zu überzeugen, daß er einen »Heckpfennig« für seine Börse notwendig brauche.

Viele Jahre später betrat ein eleganter junger Mann meinen Wiener Sprechstundenraum und stellte sich als der Zeitungsjunge vor, dem mein »Heckpfennig« so viel geholfen hatte, sein Ziel zu erreichen.

Bevor ich New York verließ, wurde ich von dem Bürgermeister Seth Low in das Rathaus eingeladen, um dort ein kostbares Dokument entgegenzunehmen: die vornehm ausgestattete Dankesadresse des Gemeinderates von New York. Mit kunstvoll gemalten Buchstaben füllte sie ein dickes Buch, dessen prächtiger Einband der amerikanischen Buchkunst alle Ehre machte. Dieses Geschenk lag auf dem Schreibtische Washingtons – so sagte man mir wenigstens – und wurde mir von dort aus überreicht. Ein daneben stehender Freund flüsterte mir ins Ohr:

»Nach allem, was hier gesagt wurde und in dem Buche geschrieben steht, können Sie in Zukunft ruhig schlafen. Wenn alle Stricke reißen, muß Ihnen die Stadt New York einen Platz im Armenhaus geben.«

XV

Königinnen als Mütter

An einem kalten Wintermorgen 1903 nahm ich Abschied von der New Yorker Sky-Line, um an Bord eines englischen Dampfers nach Liverpool zu reisen. Auf der Reede von Queenstown (Irland) erhielt ich zwei Kabel aus London. Eines davon kam von einem Londoner Verlagsbuchhändler, welcher mich aufforderte, gegen glänzendes Honorar sofort ein Buch über meine amerikanischen Eindrücke zu schreiben. Das andere kam aus einem Londoner Office mit der Anfrage, ob eine Familie aus Melbourne (Australien) mich in Wien finden würde, wenn sie sofort von dort abreiste. Auf die erste Anfrage antwortete ich: »Unmöglich wegen Mangel an Zeit«, auf die zweite: »Stehe zur Verfügung.«

Einige Zeit verbrachte ich in Liverpool als Gast eines berühmten Arztes. Sowohl hier wie in London hatte ich Gelegenheit, viel zu operieren. An Banketten und ärztlichen Empfängen mangelte es auch hier nicht. In London begegnete ich einer Dame, welche sich mir als die Schwester jenes schrecklichen Knaben Hans vorstellte, dessen nächtliche Flucht mir seinerzeit soviel Schwierigkeiten bereitet hatte. Ohne diese Flucht würde mein Leben vielleicht eine andere Richtung genommen haben. Nein, Hans hatte seine Studien niemals fortgesetzt, der Vater war gestorben und das Geschäft bankrott geworden; die unternehmende Schwester hatte nach London geheiratet und als gut beschäftigte Putzmacherin dort ihren

»Handschuh« gefunden. Als ich die Reise Dover–Calais antrat, fühlte ich mich sozusagen »dienstfrei«. Endlich wieder in der Heimat angekommen, dachte ich mir: es gibt in Amerika viele schöne Plätze, aber es gibt nur eine Kaiserstadt Wien. Sie stand damals allerdings noch in ihrem höchsten Glanze.

Von Kollegen, Studenten und anderen Leuten wurde ich mit Fragen bestürmt. Meine amerikanischen Erlebnisse erschienen mir wie ein Traum, aus dem ich in meiner bescheidenen akademischen Stellung erwachte, die in so krassem Gegensatz zu meinem Rufe stand. Ich hielt Vorträge über meine amerikanischen Erlebnisse und erzählte den heimischen Studenten, daß ihre amerikanischen Kollegen es sehr übelnehmen würden, wenn sie während des Semesters so viele Feiertage hätten. Sie würden ihre Professoren fragen: »Wofür bezahlen wir euch?« Spitalsärzte in leitender Stellung bekämen kein Honorar, und die Spitäler würden durch öffentliche Wohltätigkeit erhalten. Die physiologischen und chemischen Institute dagegen litten an fortwährendem Materialmangel und konservierten das wenige, was sie hätten, durch niedrige Temperaturen. Ich erinnere mich mit Entsetzen an den Anblick gefrorener Leichen, welche, am Kopfe befestigt, von der Wölbung der Kühlkammer herabhingen. Die Hospitäler seien glänzend ausgestattet, entbehrten aber in der Regel des größten Luxus, der Geräumigkeit, für die im Allgemeinen Krankenhaus in Wien so reichlich vorgesorgt war.

In Wirklichkeit hatten zwar alle anderen Raum, nur ich nicht, obwohl mir durch die Gastfreundschaft meines Schwagers, Professor Frank, zwei weitere Betten zur Verfügung standen, so daß ich nun vier Betten belegen konnte. Dieser Mangel wurde nicht erträglicher durch die Erinnerung, daß in Amerika meine bloße Unterschrift genügte, bestehende orthopädische Abteilungen zu erweitern.

Meine Zeit war zu kostbar, um sie nutzlos im Vorzimmer des Ministers zu verbringen. Patienten aus allen Teilen der Welt kamen zu mir, und ich war stolz, auch das liebe kleine Mädchen aus Australien begrüßen zu können. Sie ist heute mehrfache Mutter und mir immer noch eine liebe Freundin.

Dann kam ein Brief aus Christchurch (New Zeeland), in dem ich gebeten wurde, ein erwachsenes Mädchen mit Klumpfuß zu behandeln, wenn ich gelegentlich einer Visite in der Nähe der Antipoden vorüberkäme. Welch ausschweifende Phantasie!

Im stillen dachte ich, daß die Leute, welche auf einer kleinen Insel leben, offenbar jede Vorstellung von der Größe des Globus verloren hätten. But you never know! – Kurz nach der Anfrage aus New Zeeland kam ein Brief aus Yokohama mit der Bitte, ich möchte gelegentlich meiner Reise um die Welt mich dort aufhalten, um einen Knaben mit Hüftgelenksverrenkung zu behandeln. »Auf Ihrer Reise um die Welt!« klang es mir in den Ohren. Ein Traum aus meiner Knabenzeit. Natürlich konnte er niemals in Erfüllung gehen, außer man hat die nötige Zeit, vom Geld gar nicht zu reden. Auf eine Reise um die Welt braucht sich niemand etwas einzubilden, wenn er Zeit und Geld hat. Ein ganz anderes Ding wäre es, eine Reise um die Welt nicht als Tourist, sondern als Arzt zu machen, der von Ort zu Ort Einladungen folgt, die ihn schließlich dorthin zurückführen, woher er gekommen ist. Die Etappen Wien–Yokohama–Wien wären zu weit voneinander entfernt gewesen. Da ließ ein Brief aus Chicago, in dem ich eingeladen wurde, die Prinzessin im nächsten Frühling abermals zu besuchen, die Etappe Yokohama–Wien durch die Einschiebung von Chicago auf ein erträgliches Maß zusammenschrumpfen. Was mir als bare Unmöglichkeit erschien, als ich den Brief aus Christchurch las, war nun durchführbar geworden. Da zwei meiner Brüder in Australien lebten (beide sind schon tot) und ich dort auch Patienten hatte, so sollte Australien in die ärztliche Reise um die Welt aufgenommen werden. Wien–Chicago–Yokohama–Sydney–New Zeeland! Der große Zwischenraum zwischen New Zeeland und Europa machte mir keine Sorge, da Indien ohnehin die nächste Nummer meines Reiseprogramms war. Ich sonnte mich in dem Gedanken, daß eine ärztliche Konsultationsreise um die Welt ein nicht zu überbietender Rekord wäre. Aber der Russisch-Japanische Krieg machte diesen schönen Plänen ein Ende.

Etwa ein Jahr später wurde der japanische Knabe, ein Halbjapaner, nach Wien gebracht. Der erst fünfjährige Knabe war sich seiner Lage vollkommen bewußt. Schon auf den Operationstisch gehoben, sprang er auf und rief mit seiner schrillen Kinderstimme: »Banzai! Banzai! (Hurra!)« Seine Schwester, welche ich wegen des gleichen Leidens operierte, war eine seltsame Mischung von deutscher und japanischer Frauenschönheit.

Tag und Nacht hatte ich zu arbeiten, um allen Ansprüchen zu genügen. Geld strömte herein, ich wußte kaum etwas damit anzufangen. Jedenfalls hatte ich keine Zeit, es auszugeben. In dem Glauben, daß der Staat der sicherste und gewissenhafteste Schuldner sei, tat ich das Verkehrteste, was ich hätte tun können, und legte meine Ersparnisse in österreichischen Staatspapieren an. So brauchte ich mich um die Verwaltung der Papiere nicht zu kümmern.

»Tag und Nacht hatte ich zu arbeiten«: Adolf Lorenz umgeben von seinem Operationsteam (um 1905).

Meine Frau war sehr damit einverstanden, daß ihr Gatte endlich anfing, für die alten Tage zu sorgen. »Schon gut«, antwortete ich, »aber zuerst muß ich noch Geld auf die Seite legen, um ein neues Haus zu bauen, welches etwas anderes werden soll als ein überdimensioniertes Speisezimmer. Es soll ein Haus werden, das mit allem Komfort ausgestattet ist, so wie ich es in Amerika gesehen habe.« – »Ist unser Haus etwa nicht schön und behaglich genug?« protestierte meine Frau. – »Mit seinem Badezimmer neben der Küche, statt neben den Schlafzimmern«, entgegnete ich spöttisch.

»Gott sei Dank, daß du keine Zeit hast, deine verrückten Pläne durchzuführen«, sagte meine Frau und fuhr fort: »Hier ist ein Brief aus Madrid, der dich einlädt, eine wirkliche Prinzessin zu operieren, deren Vater sogar in Gegenwart des Königs von Spanien den Hut auf dem Kopf behalten darf.« Ich beschloß, meine spanische Visite in meine Reise nach Amerika einzubeziehen und das Schiff nach Gibraltar zu nehmen. Königin Christina, der soeben ihr Sohn Alfonso XIII. auf dem Thron gefolgt war, hörte von meiner Anwesenheit in Madrid. Zwischen den Zeilen der Zeitung konnte man lesen, daß der junge König die Lungenkrankheit geerbt hätte, an der sein Vater gestorben war, und daß seine eigenen Tage gezählt seien. Die Königin wußte, daß ich auf einer Reise nach Amerika begriffen sei, und hielt mich wohl für den richtigen Vertrauensmann, diese Gerüchte in Amerika Lügen zu strafen. So lud Ihre Majestät mich durch ihren Leibarzt ein, sie zu irgendeiner »mir passenden Zeit« im königlichen Schlosse zu besuchen. Meine Antwort war, ich stehe Ihrer Majestät zu jeder »ihr passenden Zeit« zur Verfügung. Aber das hätte ich nicht tun sollen; denn das involvierte eine schwere Beleidigung des österreichischen Gesandten am spanischen Hof, Grafen H. Der Besuch eines österreichischen Untertanen am königlichen Hofe ohne Vermittlung des Gesandten war einer persönlichen Beleidigung gleichzusetzen. Wofür wäre der Gesandte sonst überhaupt da. Ein eigenmächtiger Besuch bei der Königin! Welcher Affront!

Das sah ich auch ein, und so schrieb ich das etikettgemäße Gesuch an Ihre Majestät die Königin, Ihre Majestät die Königin mögen mir allergnädigst gestatten, den von Ihrer Majestät der Königin so dringend gewünschten Besuch morgen alleruntertänigst abstatten zu dürfen.

Ich fragte Se. Exzellenz: »Aber wird dieses Gesuch bis übermorgen erledigt sein? Ich muß übermorgen reisen, um mein Schiff nicht zu versäumen!« – »Lassen Sie das meine Sorge sein«, entgegnete der Diplomat mit einer beruhigenden Geste. Diesen Nachmittag wußte die Gesandtschaft, wozu sie da war, sie war durch meinen Besuch in Atem gehalten.

Als ich die großartige Halle des königlichen Palastes betrat und mich bewundernd umsah, konnte ich die Selbstzufriedenheit des ersten Napoleon begreifen, der die Hand auf den Löwen an der Stiege legte und sagte: »Enfin je te tiens, lion d'Espagne.« Aber was war mir der Löwe, ich wollte die Königin von Spanien selber haben. Mehrere entgegenkommende Hofgendarmen wußten um diese Absicht des Fremdlings. Eine Hofcharge des offenbar mehr äußeren Dienstes übergab mich einer anderen Wache, die vielleicht mehr dem inneren Dienst angehörte. Bei jedem Wechsel der Eskorte wurde die kriegerische Ausrüstung derselben weniger bedrohlich. Die Hellebarde verschwand, die Säbel wurden kürzer und schrumpften endlich zu einem lederüberzogenen Zahnstocher zusammen, während die letzte Instanz, der ich übergeben wurde, der Kammerdiener, nur mit Frackschößen und tadellosen weißen Handschuhen bewaffnet war.

Endlich durfte ich das Sanktuarium betreten, in welchem die Königin auf einem Sofa saß. Ich konnte der prachtvollen Ausstattung des Raumes keine Aufmerksamkeit zuwenden, denn ich fühlte mich durch die forschenden Augen der Königin sofort gefesselt. Christina war eine höchst vornehme, aristokratische Erscheinung, groß und schlank, im mittleren Lebensalter stehend. Ihre Kleidung war höchst einfach, aber sehr elegant.

Die Königin hieß mich herzlichst willkommen, reichte mir die Hand zum Kusse und wies mir einen Platz an ihrer Seite an. Dann sagte sie im liebenswürdigen Wiener Dialekt: »Aber gehn S', Herr Professor, ziehen S' doch Ihre engen Handschuh aus. Ich möchte Ihnen gern die bloße Hand schütteln.« Nachdem ich die Handschuhe abgezogen hatte, nahm die Königin meine eher etwas klobige rechte Pfote zwischen ihre langen, zarten Finger und drehte sie nach allen Seiten. »Hab'n Sie aber eine schöne Hand, Herr Professor«, bemerkte sie. »Halt eine Arbeitshand, Majestät«, entgegnete ich lachend, »obwohl sie keine Schwielen hat. Der Chirurg muß eine starke und doch weiche Hand haben.« Lächelnd meinte die Königin: »Aber es ist ja nicht die Hand, die mir g'fallt, sondern alles Gute, was Sie damit getan haben und, Gott geb's, noch tun werden.«

Die Königin erzählte mir viel von ihren eigenen guten Werken und den Schwierigkeiten, die sie dabei zu überwinden hatte. Auf den eigentlichen Zweck meines Besuchs übergehend, bat sie mich, ihren Sohn, den jungen König, genau anzuschauen. »Er muß jeden Augenblick von einem Spazierritt im Park zurückkommen.« Kaum hatte Christina zu Ende gesprochen, als Seine junge Majestät verschwitzt und staubbedeckt ins Zimmer stürmte. »Entschuldigen Sie, Professor«, sagte der König, »ich mußte ein wenig Luft schöpfen und habe einen schönen Ausritt hinter mir.« »Du wirst dich ausziehen müssen, Alfonso«, mahnte die Königin, und Alfonso verzog mißmutig seinen Mund. Die Königin: »Aber Alfonso, wie kann dich denn der Professor sonst anschaun!« Lachend gehorchte der König und ließ sich eine oberflächliche Untersuchung ohne weiteren Widerstand gefallen. Diese fiel zu meiner großen Zufriedenheit aus. Ein rasch wachsender junger Mann konnte nicht kräftiger aussehen und nicht tiefer atmen. Der erste Flaum nahender Reife sproßte auf seiner Oberlippe und versprach dem jugendlichen Adlergesicht einen noch energischeren Ausdruck zu geben. Ich mußte darauf hinweisen, daß Seine Majestät trotz aller seiner sonstigen königlichen Eigenschaften die Neigung bekunde, einen Katzenbuckel zu machen, »wie es alle hochgewachsenen Menschen zu tun pflegen«, fügte ich tröstend hinzu. Hatte ich nicht selbst, besonders in meiner Jugend, dagegen anzukämpfen gehabt! Aber einem König ist es absolut verboten, einen Katzenbuckel zu machen, obwohl er sich auch nicht übertrieben gerade halten darf. Eine ungezwungene, aufrechte Haltung wäre für Seine Majestät das beste. – »Siehst du nun, Alfonso, wie recht ich habe, wenn ich dir immer sage, halt dich grad'«, unterbrach die Königin. Der König fühlte sich nicht gerade geschmeichelt, weil er einsah, daß die andern recht hatten. Ich zeigte dem König einige gymnastische Übungen und schrieb Massagen der Rückenmuskeln vor. »Nebenbei würde ich Euer Majestät empfehlen, die Hosenträger abzulegen«, fügte ich hinzu, »denn dieselben ziehen durch das Gewicht der Beinkleider die Schultern herab; ein Sportgürtel wäre viel angezeigter.« Worauf der König in ein unbändiges, kaum stillbares Lachen ausbrach. »O nein, o nein, nicht das, keinen Gürtel, auf gar keinen Fall einen Gürtel!« rief er und brach neuerlich in Lachen aus!

»Was hast du nur, Alfonso?« fragte die Königin. Der König antwortete mir: »Wissen Sie, Professor, ich fress' immer so viel.« »Aber Alfonso!« mahnte die Königin, und zu mir gewendet: »Alfonso kommt aus der Übung im Deutsch.« »Ich verstehe sehr gut, was Majestät meint«, sagte ich, »übrigens soll ein junger Mensch, der noch wächst, viel essen.« Seine Majestät fuhr fort: »Wissen Sie, Professor, nach einem guten Diner muß ich mir oft den obersten Hosenknopf heimlich aufmachen, das könnt' ich mit einem Gürtel nicht tun oder könnt' es überhaupt nicht tun, weil sonst« – Lachanfall – »die Hose rutscht.« – Neuer Lachanfall. – »Denken Sie, Professor, ein Diner, der König zuviel gegessen, ein Empfang – und die Hose rutscht –« und vor Lachen kam er dem Ersticken nahe!

Alle Anwesenden stimmten in das Lachen ein, und der König schien jetzt in bester Laune zu sein. Wie im Tanzen von einem Bein auf das andere hüpfend, hockte er sich plötzlich vor seine Mutter, umschlang ihre Knie und, sie hochhebend, tanzte er mit ihr im Zimmer herum: »Liebe Mutter, meine liebe Mutter!« jubelte er übermütig. Die überraschte Mutter kreischte erschreckt auf, wie es jede andere Frau unter denselben Umständen auch getan haben würde. Seine Majestät stellte seine königliche Mutter wieder sanft auf den Teppich und verbeugte sich zeremoniell. »Ist er nicht ein übermütiger Bub?« rief die Königin halb ärgerlich, halb belustigt, ihre zerknitterten Röcke ordnend. »Wird er je ernst werden?«

»Jedenfalls war es ein einzigartiger Anblick, Seine Majestät, den allerchristlichsten König von Spanien, seine Mutter in den Armen hochhaltend, tanzen zu sehen«, war meine Antwort. Der König hatte ein Beispiel jugendlicher Kraft gegeben!

Alfonso wurde aber sehr ernst, als er von dem amerikanischen Schlachtschiff »Maine« sprach. Nach seiner Meinung hatten die Amerikaner das Schiff selbst in die Luft gesprengt, um einen Vorwand zum Krieg zu haben. Über diese Frage äußerte ich keinerlei eigene Ansicht!

Ich wurde mit einem signierten Bilde des Königs und der Königin beschenkt. Während Seine Majestät unterschrieb, mahnte Ihre Majestät: »Schreib deutlich, Alfonso, mit Tinte natürlich und, bitte, ohne Klecks!« In seinen Privatgemächern – es war noch lange vor seiner Verheiratung – war Alfonso im Verkehr mit seiner Mutter noch der übermütige Junge und nicht der König. Bevor ich Abschied nahm, stellte mich die Königin noch ihrer Tochter vor, einer jungen, ätherischen Dame mit schwarzem Haar und blassem Gesicht, das durch das müde Lächeln der farblosen Lippen kaum belebt wurde. Ihr Schicksal war ein vorzeitiger Tod, dessen Schatten schon damals über ihr zu lagern schien.

Beim Verlassen des königlichen Palastes hatte ich das Gefühl, daß mir nicht nur eine Audienz, sondern auch der Einblick in ein ideales Verhältnis zwischen Mutter und Sohn gewährt worden war.

Am selben Abend wohnte ich einem Empfange in dem vornehmen Hause meines Gastgebers, des Marquis P. R. de T., bei. Eine höchst exklusive adelige Gesellschaft war versammelt. Man wußte natürlich genau um meine Audienz, und jeder Gast interessierte sich für jedes Wort, das der König und die Königin gesagt hatten. Die jungen Damen, einige von ihnen blendende spanische Schönheiten, waren natürlich alle bis über die Ohren in den jungen König verliebt. Die Schönste unter ihnen, eine junge Komtesse, war ganz besonders begierig, möglichst viel über den König zu hören. »Was tat der König, was sagte der König?« examinierte sie. »Well, der König hüpfte von einem Bein auf das andere und hockte sich plötzlich vor der Königin nieder und umschlang ihre Knie –«, und indem ich dies sagte, faßte ich die junge Dame um die Knie, hob sie auf und tanzte mit ihr durch den Saal. Die junge Dame schrie, als ob sie am Spieße stäke.

»Was sagte die Königin zu diesem Benehmen ihres Sohnes?« fragte eine andere Dame. »Die Königin quietschte genauso wie die Komtesse«, war meine Antwort. »In gewissen Situationen benehmen sich alle Frauen mehr oder weniger gleich, sie kreischen auf.«

Hatte ich Alfonso in den Gemächern seiner Mutter als übermütigen Jungen kennengelernt, so sollte ich ihn am folgenden Tag bei einer Truppenvereidigung als König wiedersehen. Auf einem herrlichen Rappen sitzend, umgeben von einer zahlreichen Kavalkade, ritt er auf den Platz. In seiner militärischen Uniform, einen glänzenden Helm auf dem Haupte, sah er aus wie ein junger Kriegsgott. Trompetensignale, Trommelwirbel, schrille Pfeiftöne, laute Zurufe der Menge begrüßten den König, der so ernst und streng dreinschaute wie nur irgendein alter spanischer König aus früherer Zeit!

Es war mir ein Vergnügen, das ärztliche Geheimnis zu verletzen und mündlich und schriftlich der Wahrheit die Ehre zu geben, daß Alfonso XIII. von Spanien ebenso gesund und schön sei wie ein gesunder und schöner junger Sportsmann in Amerika, und daß seine Aussicht auf ein langes Leben nicht schlechter sei als die jedes anderen gesunden jungen Menschen. Die Zukunft bewies, daß meine Prognose richtig war.

Königin Christina, liebenswürdig, leutselig, mütterlich und umflossen von dem unbeschreiblichen Charme einer Wiener Aristokratin, bleibt für mich immer eine der schönsten Erinnerungen in meiner Sammlung von Königinnen.

Meine älteste Freundin war indessen Carmen Sylva, Königin von Rumänien, die gekrönte Dichterin. Ihre Mütterlichkeit galt nicht nur der eigenen Familie, sondern allen Familien ihres Landes, besonders den armen Kindern.

Sie pflegte ihren zu mir gesandten Schützlingen einen Brief um den Hals zu binden, in welchem sie um meinen »guten Willen« bat und meine Kunst über den grünen Klee lobte. Reisten die Kinder kuriert heim, band ich ihnen meinen Antwortbrief an die Königin ebenfalls mit einem Bändchen um den Hals. So sammelte sich mit der Zeit ein kleines Dossier von Briefen, Photos und Glückwünschen in meiner Bibliothek an. Die alte Dichterkönigin war eine ebenso würdevolle wie bezaubernde und schöne Matrone.

Ihre Nachfolgerin, Maria von Rumänien, fällt in eine ganz andere Klasse von Königinnen. Als ich ihr begegnete, war sie noch nicht Königin und ihr kleiner Sohn Carol noch nicht König. Sie brachte den kleinen Prinzen nach Wien, um mich zu konsultieren. Es schien sich bei dem Prinzen ein Zustand zu entwickeln, der nach der Meinung der Ärzte eine Operation erfordern könnte. Ich wurde in das Hotel gerufen, in welchem Maria mit ihrem Gefolge abgestiegen war. Sie stand wie eine schöne Bildsäule in der Mitte des durchaus nicht königlichen Raumes, in den ich geführt worden war, und dankte meiner höflichen Verbeugung mit einem kaum merkbaren Nicken ihres schönen Kopfes. Diese Art des Empfanges setzte mich in nicht geringes Erstaunen an einer Enkelin der Königin Viktoria von England. Ich sah in ihr nicht die königliche Frau, sondern die Mutter des Kindes, zu dem sie mich gerufen hatte. Ich wollte nichts von ihr, sie aber wollte etwas von mir. Meine Verstimmung verschwand bei der Erinnerung an die Königin Christina von Spanien, welche mich offenbar zu sehr verwöhnt hatte. Auf einen Wink Marias wurde der kleine, etwa vierjährige Prinz, ein reizender blonder Knabe von blühendem Aussehen, ins Zimmer gebracht. Er lief dem

»Onkel« mit ausgebreiteten Armen entgegen, um ihn zu küssen; offenbar hatte man ihm gesagt, ich sei ein Onkel, vor dem er sich nicht zu fürchten brauche.

Zu jener Zeit war Prinz Carol seiner Mutter noch gehorsamer als in späteren Jahren. Auch dem »Onkel« folgte er artig und ließ eine Untersuchung über sich ergehen, die weder bei Erwachsenen noch bei Kindern beliebt ist. Meine Versicherung, daß von der Notwendigkeit einer Operation nicht die Rede sein könne, belohnte die Königin mit einem liebenswürdigen Lächeln. Aber damit war ich nicht zufrieden, sondern wollte meine kleine Rache. Nach zärtlicher Verabschiedung von dem allerliebsten Knaben, empfahl ich mich der Königin hoch aufgerichtet mit demselben kaum merkbaren Kopfnicken, welches sie mir beim Empfang gegönnt hatte. Hoffentlich hat sie mir diesen Abschied ebenso verziehen, wie ich ihr den Empfang. Wer kann lange auf eine schöne Frau böse sein!

Nun wollen wir nach der höfischen Atmosphäre wieder in die Alltäglichkeit zurückkehren. Meine Reise von Madrid nach Gibraltar in einem gewöhnlichen Zug war unsicher und kompliziert, und ich mußte an die verläßlichen Sonderzüge denken, die von Paris nach Cherbourg zu den Amerikadampfern fahren. Ich hatte es nur einem glücklichen Zufall zu verdanken, daß ich mein Schiff noch rechtzeitig erreichte. Zufällig traf ich an Bord einen alten Freund, der irgendwo in Deutschland Professor der Chirurgie war. Obwohl im allgemeinen ziemlich seefest, fühlte ich mich doch auf einem Ozeandampfer niemals restlos glücklich und kann in meiner Diät nicht vorsichtig genug sein. Im Gegensatz hierzu entwickelte mein Freund einen erstaunlichen Appetit und schwelgte in kulinarischen Genüssen, deren bloßer Anblick mir

Beklemmungen verursachte. Ich gratulierte ihm wiederholt zu seinem vortrefflichen Magen. Die Überfahrt, die in die Karwoche fiel, war eher ruhig. Der deutsche Professor war voll Übermut und Lebensfreude. Eines Nachmittags läutete er wie verrückt eine Schiffsglocke und rief dabei: »Christus ist erstanden und mit ihm wird die Natur wieder erstehen.« Der unglückliche Mann war ahnungslos, daß der Wurm schon damals an ihm nagte und daß er bald an einer unheilbaren Krankheit jenes Organs sterben sollte, dessen vorzügliche Funktion er so gerühmt hatte.

Unmittelbar nach meiner Ankunft in New York reiste ich direkt nach Chicago, um die kleine Prinzessin zu besuchen. Bei der Verbandabnahme fand ich die Verhältnisse weniger günstig als bei der Operation, aber zu Pessimismus war keine Veranlassung gegeben.

XVI

Reise nach dem Osten

Nach kurzem Aufenthalt in Chicago reiste ich nach New Orleans, um einem Kongreß amerikanischer Ärzte beizuwohnen. Nur der internationale medizinische Kongreß in Europa kann mit diesem, nur von amerikanischen Ärzten besuchten Kongreß verglichen werden. Wie in Europa waren auch hier überfüllte Züge und vollbesetzte Hotels die Begleiterscheinung solcher großen wissenschaftlichen Versammlungen. Der Kongreßzug war so lange geworden, daß er in Carbondale (Pa.) geteilt werden mußte. Die Reisenden des vorderen Zugteiles waren gut daran, da sie den Speisewagen mit sich führten, die Insassen des Nachzuges aber sahen sich durch die Not zu einer kommunistischen Gemeinschaft verschmolzen. Wer etwas Eßbares oder Trinkbares besaß, stellte es der Allgemeinheit zur Verfügung. Die Damen besorgten die Verteilung der Speisen und servierten sie auf blütenweißen Kopfpolsterüberzügen. In der Nacht mußte der Zug wiederholt im Sumpfland haltmachen. Ein blasser Mond beschien gigantische Eichen und andere Riesenbäume, welche mit langen Moosfahnen behangen waren. Sie glichen jahrhundertealten Männern, deren graue Bärte im Nachtwinde wehten. Fremdartige Schreie unbekannter Tiere zerrissen die Stille der Nacht. Genug, um das Herz jedes Naturforschers mit dem Verlangen zu erfüllen, diese jungfräulichen Wälder zu durchforschen. Hütten auf hohen Pfählen bewiesen, daß der Mensch mit den Tieren um den Besitz der Sümpfe kämpfte.

Alle Reisenden waren froh, als Lake Pontchartrain in Sicht kam. Am Bahnhof in New Orleans wurde mir gesagt, daß der Polizeichef mich zu sprechen wünsche. »Lorénz to be arrested«, flog es mir durch den Sinn! – »Sie wollen mich doch nicht arretieren?« fragte ich den hohen Beamten. – »O nein, ich wollte Ihnen nur die Hand schütteln und Ihnen versichern, daß ich jeden arretieren werde, der Ihnen etwas in den Weg legt«, antwortete der Polizeichef lachend; um meine persönliche Sicherheit in New Orleans brauchte mir also nicht bange zu sein.

Das neue Saint-Charles-Hotel gewährte mir ein nobles Freiquartier. Hier machte ich die erste Bekanntschaft mit dem »Father of the Waters«, als ich meine Badewanne mit einer dunklen Flüssigkeit, dem Wasser des Mississippi füllte.

Der Kongreß wurde in dem Tulane-Theater eröffnet. Doktor Billings aus Chicago hielt als Präsident des Kongresses einen bemerkenswerten Vortrag über die Reorganisation der medizinischen Studien, ein Thema, das auch heute noch aktuell ist. Ich hatte die Ehre, einem der berühmtesten unter den führenden Chirurgen Amerikas vorgestellt zu werden: einem der Mayo-Brothers, die eine Zweifältigkeit bilden – einer in zweien und zwei in einem –, so daß sie voneinander nicht unterschieden wurden. Mir wurde die Aufgabe zuteil, in einem Auditorium zu operieren und vorzutragen, so daß ich mich weiterhin nicht viel um den Kongreß kümmern konnte. Kaum hatte ich einmal Zeit, über die niedere Ponton-Brücke zu gehen – wo ist sie heute? –, um einen Eindruck von dem mächtigen Mississippi zu bekommen. Auf der Brücke fragte mich ein halbwüchsiger Bursche: »Wissen Sie, wie lang dieser Fluß weit ist?« – »Sie sollten das besser wissen, wie lang der Fluß weit ist und wie man darnach fragt«, war meine Antwort. Perplex starrte der Junge den Mann mit dem fremden Akzent an.

Obwohl mich ein liebenswürdiger neugewonnener Freund in seinem schnellen Buggy den Tulane-Kanal entlang durch baumbepflanzte Avenuen fuhr, mich über den genauen Preis jeder der großen Marmorsäulen des prunkvollen Zollhauses unterrichtete, mir den französischen Markt und andere malerische Plätze zeigte, war es mir leid, daß ich nicht mehr von dieser schönen Stadt und ihren interessanten Einwohnern kennenlernen durfte. Ich mußte damit zufrieden sein, mich New Orleans' als einer Stadt der Gärten, der Magnolien, der Blumen und aller Reichtümer der Welt zu erinnern; empfängt sie doch die Schätze des größten Tales der Welt von einem der größten Flüsse der Welt, von dessen Gnade nicht nur ihr Reichtum, sondern ihre ganze Existenz abhängt. Auf der Dampfjacht meines Gastfreundes machten wir einen Ausflug über den Lake Pontchartrain und sahen, wie den Bewohnern des früheren Sumpflandes trockene Wohnplätze und gesunde Luft gesichert werden konnten. Am gegenüberliegenden Ufer des Sees folgte die Jacht einem malerischen, hier mündenden Fluß, dessen Ufer unter der moosbedeckten, üppigen Vegetation vollständig verschwanden, bis zu einer Niederlassung in abgeschiedenster Wildnis, einem natürlichen Blumengarten. Der Fluß soll von Alligatoren wimmeln, doch sah ich hier ebensowenig einen Alligator wie im Nil, oberhalb der Wabi-Halfa, ein Krokodil.

Zu den gesellschaftlichen Veranstaltungen des Kongresses gehörte ein Ausflug den Mississippi hinunter, auf einem altmodischen Riesendampfer mit überdimensionierten Schaufelrädern, wie Mark Twain sie beschreibt. Als eine Rast war mir dieser Ausflug sehr willkommen. Mir brummte der Kopf von den vielen Einladungen: »Have a drink!«, obwohl ich stets meiner Methode des Scheintrinkens treu geblieben war. Ich fand eine unendlich schmutzige Kabine dritter Klasse, die mir aber für ein kurzes Schläfchen höchst willkommen war. Dort wurde ich von einer Gruppe von »Negro-Minstrels« aufgestöbert, welche mich gegen ein reichliches Trinkgeld mit ihren »Rag-time-Melodies« umzubringen versuchten. In ebenso lebendiger Erinnerung wie die Schönheit der Stadt bleibt mir die hundertfach gehörte Einladung: »Have a drink«.

Bevor ich New Orleans verließ, war ich Gast bei einer »Fête Champêtre« im City-Park. Ein vornehmerer Platz für ein üppiges Frühlingsfest, als die von blühenden Magnolienbäumen umrahmten Rasenflächen des Parkes hätte nicht gefunden werden können. Es war nicht nur ein Fest des Kongresses, sondern der ganzen Gesellschaft von New Orleans, welche in Scharen in dem glänzend beleuchteten Park lustwandelte.

Keine andere Stadt wäre imstande, jeden Augenblick eine Schaustellung von so vielen, leicht exotischen Frauenschönheiten zu veranstalten. Es war in der Tat ein Bacchanal von Wein, Lachen, Musik und Schönheit. In einem Blumenzelt, eigens für ihn erbaut, geruhte Doktor Billings gleich einem König die Huldigungen der Schönen mit dem matten Teint und den glühenden schwarzen Augen entgegenzunehmen. Ein ehemaliger Präsident des gleichen Ärztekongresses und früherer Gouverneur des Staates Maine war eigens zweitausendfünfhundert Meilen nach New Orleans gekommen, um dort auf dem Kongreß seinen neunzigsten Geburtstag zu feiern. Als ich die Ehre hatte, ihm vorgestellt zu werden, glaubte ich ihn mahnen zu müssen, er möge sich bei seinem Alter doch schonen. Der alte Gentleman antwortete: »Solange ich noch irgendetwas unternehmen kann, bin ich nicht alt.« Dabei sah er so lebensfroh aus, als ob er »seiner Jahrhundertfeier« sicher wäre.

Vor die Wahl gestellt, von New Orleans nach Havanna oder nach Mexiko zu reisen, entschied ich mich für das Letztere. Als ich den Rio Grande überschritten hatte, war und blieb ich ein einfacher Tourist. Es war Mitte Mai, und die fremdartige Landschaft bot zu dieser Zeit, was sie an Schönheit zu bieten hatte. Aber das wollte trotz der grellfarbigen Kaktusblüten und vieler anderer blühender Bäume nicht viel bedeuten. In seinem jungen grünen Blätterschmuck und mit dem von Blumen übersäten Boden ist der Wiener Wald ungleich schöner. In Toluca lud mich der Lokomotivführer, ein energischer junger Amerikaner, dringend zu sich auf die Lokomotive ein, damit ich »die schönste Landschaft der Welt« besser sehen könne. Er hatte in der Tat nicht zuviel versprochen. Von La Cima an bieten sich dem Reisenden herrliche Aussichten auf das weite Tal mit seinen Seen, die Stadt Mexico im Mittelpunkt und die schneebedeckten, hohen Vulkane Popocatepetl und Iztaccihuatl im Hintergrund. Obwohl alle deutschen Schulkinder den Popocatepetl genau kennen und sich an seinem Namen ergötzen, hatte ich doch niemals geträumt, die persönliche Bekanntschaft dieses ganz großen Herrn zu machen.

Der Aufenthalt in Mexiko war höchst interessant, aber durch Erlebnisse kulinarischer Natur getrübt. Die Eingeborenen scheinen bei ranzigem Fett zu gedeihen, der aus den Vereinigten Staaten Kommende läuft Gefahr, sich damit zu vergiften.

Aber noch ein anderes Vorkommnis verdarb mir das Reisevergnügen. Der Vizepräsident und Minister des Äußeren der Republik Mexiko bat mich, seine Frau zu besuchen, welche, wie er sagte, ihre letzte Hoffnung auf mich gesetzt habe. Ich konnte die Einladung unmöglich ablehnen, obwohl ihre Dringlichkeit mich mit bösen Ahnungen erfüllte. Ich sah die Patientin, eine im mittleren Alter stehende, hochgewachsene Dame amerikanischer Abkunft, mit unverwüstlichen Spuren früherer Schönheit. Sie litt an einer unheilbaren Krankheit. Was konnte ich dagegen tun, ein Spezialist, der täglich Gott dankte, daß er mit dieser Krankheit nichts zu tun habe! Mir blieb lediglich die Aufgabe der Tröstung. Ich entledigte mich meiner Pflicht als berufsmäßiger »Sympathizer« – und als Notlügner, so gut ich konnte. Ein solches Erlebnis hätte auch einem härteren Mann als mir die Laune verderben können.

In meiner Erinnerung an die Kindheit hörte ich wieder aus dem offenen Schulfenster eine sonore Stimme: »Was ist das?« und den erkenntnisfrohen Chor der Kinder: »Das ist der Krebs.« Und fünfundvierzig Jahre später und bis heute hat die Wissenschaft diese Frage noch nicht gelöst. Wird ihr das je gelingen? –

Der Vizepräsident wollte mich dem Präsidenten Porfirio Diaz in seiner Sommerresidenz Chapultepec vorstellen, eine Ehre, die ich aus zwei Gründen ablehnte. Vor allem wollte ich den alten Herrn nicht in seiner Ruhe stören; außerdem war es mir unangenehm, ihn über den hoffnungslosen Zustand der Frau des Vizepräsidenten zu unterrichten.

An diesem Unglückstage beging ich unwissentlich ein Verbrechen, ich kaufte einen schönen Opal, den charakteristischen Stein Mexikos, für meine kleine Prinzessin in Chicago.

Nach der Erschießung Kaiser Maximilians waren die diplomatischen Beziehungen zwischen Österreich und Mexiko lange Zeit unterbrochen gewesen. Erst kürzlich waren sie durch den Grafen Hohenwart als österreichischen Botschafter in Mexiko wieder aufgenommen worden. Das Diner, welches Graf Hohenwart und seine liebenswürdige Gemahlin ihrem Landsmanne gaben, war der einzige Magentrost in Mexiko.

Ein Ausflug nach Cuernavaca brachte mich nach Acapancingo, der ehemaligen Sommerresidenz Kaiser Maximilians. Das Haus war in vollständigem Verfall, niemals war es etwas anderes als ein feuchtes Loch gewesen, das allerdings ein Schwimmbassin besaß, in dessen fauligem Wasser alles Ungeziefer der Tropen zu wimmeln schien. In dem kleinen Garten wuchsen Kaffeebäumchen und hohe Mangos. Trotz der großen Seehöhe des Ortes war die Hitze erdrückend. Hier auch nur kurze Zeit zuzubringen, dünkte mich eine Hölle; vor meinem geistigen Auge tauchte eine Fata Morgana auf: ein weißes Schloß an der blauen Adria, von herrlicher Architektur, umgeben von Klingsors Zaubergärten, in gesundem Klima, das Wunder am Meere – Miramare! – Und aus diesem irdischen Paradiese wurde ein sorgenfreier Mann durch den wahnsinnigen Ehrgeiz eines Weibes, das durchaus Kaiserin werden wollte, hinausgetrieben. Ihre Strafe war: bis zur letzten Stunde ihres endlos scheinenden, geistig umnachteten Lebens von der Vision gequält zu werden, wie ihr Gatte seine Brust den Gewehrläufen darbietet.

Den Tropen so nahe, wollte ich noch mehr davon sehen; hatte ich doch nur zur Tierra Caliente hinabzusteigen. Leichten Herzens nahm ich Abschied von der Kathedrale der Asuncion de Maria Santissima, von den Zogalo-Gärten, dem Blumenmarkt, der Alameda, um vom Hochplateau die Reise an die Meeresküste anzutreten. Leicht widerstand ich der Versuchung, den hohen Mount Orizaba zu besteigen, freute mich vielmehr an der einzigartigen Szenerie und bewunderte den hochinteressanten Bahnbau, der zur See hinabführte. Diese Bahnreise allein lohnt einen Besuch Mexikos. Von zwei mächtigen Lokomotiven gezogen, taucht der Zug in dunkle Wälder von tropischem Reichtum, und Orangenbäumen, Bananen- und Zuckerfeldern, Kaffeeplantagen und Baumgruppen von ungewohnter Gestalt. Der Zug durchfährt endlose Tunnels, überquert Felsschluchten auf schwindelerregenden Brücken und gelangt nach einer Tagesfahrt in den traurigen Ort Veracruz, wo die Aasgeier unbelästigt auf den Straßen spazierengehen oder auf den Dächern der niedrigen Häuser hocken.

Das Hotel in Veracruz sieht auf einen reizvollen Marktplatz, der von gutgehaltenen Häusern, echt spanischen Stiles, umgeben ist. Die Mitte des Platzes nimmt ein kleiner Garten ein, der von Kokospalmen und anderen tropischen Bäumen beschattet wird, in deren Zweigen unsichtbare Vögel ein ebenso lautes wie dissonantes Konzert aufführten. Aber das störte den Besucher aus dem Norden weniger als die fast greifbare Hitze, welche den schwitzenden Körper wie eine Daunendecke umgab und jeden Gedanken an Schlaf verscheuchte. Die Fenster waren schwarze Löcher ohne Glasscheiben, kein Lüftchen regte sich. Zwar wurde man unter dem Netz durch den aufreizenden Gesang der Moskitos nicht alarmiert, aber Fledermäuse, Käfer und anderes Getier sorgten für eine schlaflose Nacht. Unter solchen Umständen war die immer ranzige Butter verzeihlich!

Natürlich besuchte ich den Hafen und fand dort zu meiner Überraschung ein großes Schiff, welches den

Namen meines jungen Freundes Alfonso XIII. trug. An dem Platze, wo Cortez im Jahr 1519 landete, war ein spanisches Schiff, obwohl es den Namen eines spanischen Königs trug, ebenso ein Fremdling wie der Tourist aus Wien.

Nach einer ereignislosen Rückreise auf das mexikanische Hochplateau fühlte ich das dringende Verlangen, nach den Vereinigten Staaten zurückzukehren. Auf dem Bahnhofe in Mexiko-City wurde ich den Vertretern der Mexico-Mining and Exploration-Company vorgestellt, welche mich einluden, in ihrem Privatwaggon zu reisen und ihre Mahlzeiten zu teilen. Ich folgte der Einladung natürlich und mit Freuden. Diese Herren wußten, wie man in Mexiko reisen muß: Privatwaggon, eigene Küche, eisgekühltes Mineralwasser schützten sie gegen jede mögliche Vergiftung; ich fühlte mich sofort auf ein höheres Lebensniveau gehoben. Mr. M. C. B., der Präsident der Gesellschaft, stellte mich dem angesehensten Mitglied des Vorstands vor: Rear-Admiral Schley, U. S. N., einem liebenswürdigen, alten Gentleman, der mich mit den Worten begrüßte: »Wir alle kennen Sie besser, als Sie uns kennen.«

Der Zug hatte kaum die Stadt verlassen, als ein tropisches Gewitter mit einer Sintflut von Regen losbrach, eine Wohltat für das ausgedörrte Land. Wir alle fühlten uns sehr sicher in dem mächtigen Pullman-Car, obwohl er aus Stahl gebaut war.

Ich interessierte mich für den alten, unauffälligen Herrn, der, obwohl Rear-Admiral der amerikanischen Flotte, sich mit einer Ein-Dollar-Uhr begnügte. Er erzählte mir, daß er bayrischer Abkunft sei, aber nicht deutsch gelernt habe, da seine Mutter eine Hugenottin war. Er liebte Selchfleisch und Sauerkraut, war ein

Verehrer deutscher Musik und rühmte die Deutschen in Amerika als den wichtigsten und tüchtigsten Teil der ganzen Bevölkerung. Sechsundvierzig Jahre hatte er in den Tropen gedient und war niemals krank oder verwundet gewesen. Seine größte Tat war die Schlacht bei Santiago de Cuba, in der er das amerikanische Flaggschiff führte. Der »Cristobal Colon«, das größte spanische Kriegsschiff im Karibischen Meer, wurde vor seinen Augen in den Grund gebohrt, beiläufig an der gleichen Stelle, an der Kolumbus gelandet war. Bevor das Schiff sank, riß eine Kugel seine Flaggstange herab, die er auffischen ließ, um aus ihr – Spazierstöcke für seine Freunde machen zu lassen. Schley sagte mir, er hätte die ganze spanische Flotte zerstören können, doch als weichherziger Mann stoppte er das Feuer, nachdem der Feind wehrlos gemacht war. Schley nahm den schiffbrüchigen Admiral Cervera als Kriegsgefangenen auf sein Flaggschiff und stellte ihm seine Garderobe und seine Börse zur Verfügung. Als er ihn trösten wollte: »Admiral, Sie haben alles verloren, nur nicht Ihre Ehre«, antwortete der spanische Admiral: »Ich bin noch niemals einem Seefahrer begegnet, der nicht ein Gentleman war.«

»Eine feine Antwort, nicht?« unterbrach Schley seine Erzählung.

Cervera hatte die Aufgabe, seiner Regierung zu erklären, wieso es kommen konnte, daß die Spanier in dieser Schlacht siebenhundert Tote hatten, während die Amerikaner nicht einen einzigen Mann verloren. Die Erklärung dürfte ihm nicht schwergefallen sein. Der Sieg ist immer auf Seite der starken Geschütze. Wer weiter schießt, für den ist der Gegner ein wehrloses Opfer – eine Scheibe –, während ihm selbst nicht das mindeste geschehen kann. Zwei Flotten mit ungleich weit schießenden

Geschützen sollten sich überhaupt nicht messen; denn der Sieg ist von vornherein entschieden.

Schley erhielt ein Silberservice, zehntausend Dollar und einen goldenen Ehrendegen, der angeblich siebentausend Dollar wert war. »Später werden es wertvolle Museumsstücke sein«, erklärte Schley lächelnd. Der Admiral gab mir seine Unterschrift in mein Notizbuch und benutzte dazu einen Bleistift. »Nehmen Sie Tinte«, bat ich, »ich werde Ihnen gleich sagen, warum.« Und ich erzählte dem überraschten Admiral von meiner Visite bei dem König von Spanien und wie er von seiner Mutter ermahnt wurde, mir seine Unterschrift mit Tinte und nicht mit Bleistift zu geben. »Wie merkwürdig sich das trifft«, rief Schley aus, »ich bedaure sehr, diese noble Dame und ihren jungen Sohn, den König von Spanien, nicht persönlich zu kennen. Noch mehr bedaure ich, die beiden gegen meinen Willen so schwer gekränkt zu haben. Leider sind wir Soldaten Werkzeuge, um die Geschicke der Menschheit in Gang zu halten.« Mit Bedauern nahm ich Abschied von dem interessanten alten Herrn, als ich den »PrivateCar« verlassen mußte. Die Zollbeamten an der Grenze der Vereinigten Staaten ließen mein Gepäck ohne Revision passieren. Hingegen war die Untersuchung sämtlicher Passagiere durch die Quarantäne-Beamten hochnotpeinlich. Sie forschten, wie man sich fühle, wo man sich in der letzten Zeit befunden habe und ob man nicht etwa gar in dem verseuchten Veracruz gewesen sei. Da ich mich vollständig gesund fühlte und mir doch eine Quarantäne drohte, vergaß ich meine Visite in Veracruz. So wurden sämtliche Passagiere in die Vereinigten Staaten zugelassen, da niemand in dem verpesteten Ort gewesen war.

Und nun erstreckte sich rechts und links und vor dem Zug das endlose flache Texas, bis wir nach Tag- und

Nachtfahrt in Dallas etwa die Mitte des Staates erreicht hatten.

In Dallas wurde ich von dem Dekan der medizinischen Fakultät auf das herzlichste begrüßt. Unter den mich bewillkommnenden Herren war auch ein älterer Mann, der auf mich zutrat und mir eine Photographie mit der Frage überreichte: »Kennen Sie diesen Platz?« Überrascht rief ich aus: »Aber freilich kenne ich ihn, das ist ja der Marktplatz von Weidenau in Schlesien, meiner Geburtsstadt.« Der Landsmann stammte aus einem benachbarten Dorfe und war vor mehr als fünfzig Jahren auf einem Segelschiff herübergekommen. Er sagte, er müsse dem Manne die Hand drücken, der aus seiner Heimat kam, die er nicht mehr wiedersehen würde! Nichts haftet fester im Gedächtnis als die Erinnerung an die erste Jugend.

Als Stadt war Dallas weit jünger als ihr Besucher aus Wien. Immerhin hatte es schon sechzigtausend Einwohner. Die ganze Bevölkerung der Vereinigten Staaten, damals siebzig Millionen, hätte in Texas Platz gehabt, und es wäre doch nicht dichter bevölkert gewesen als Deutschland. Alle Möglichkeiten Amerikas schienen in Texas konzentriert zu sein – Vieh, Weizen, Baumwolle, Zucker, Pferde und noch vieles andere. In diesem Staate, so groß wie ein Kaisertum, schwamm alles im Überfluß. Wie erst, wenn man gelernt haben würde, die Stacheln der Kaktuspflanze zu beseitigen, um sie als Viehfutter zu verwenden! Alle diese Fragen mögen zur Zeit durch die höhere Entwicklung der Landwirtschaft und Industrie bereits gelöst sein. Aber das Klima ist dasselbe geblieben. Es gibt keine eigentliche Regenzeit, und die Trockenheit ist der größte Feind der Farmer. Aber Grundwasser ist reichlich vorhanden, und Sachverständige behaupten, es könnten genug Brunnen geschlagen werden, um mit deren Wasser das Land jeden Augenblick zu überfluten.

Ich war nicht nach Texas gekommen, um mich dort zu unterhalten. Hunderte von Kindern aus allen Teilen des Staates mußten untersucht und eventuell behandelt werden. Ich arbeitete mit Dr. Rosser, der gegenwärtig der Chef des neuen, palastartigen »Hospitales zum guten Samariter« ist. Zu jener Zeit war das alte »Good Samaritan-Hospital« ein bescheidener Holzbau; um so prächtiger war seine Umgebung, ein wunderbarer Magnolienhain, der mit Buggies und Kinderwagen angefüllt war. In diesem alten Holzschuppen arbeitete ich in glühender Hitze Vormittag und Nachmittag wie ein Maultier. Eine angenehme Unterbrechung meiner Arbeit war eine Deputation der Lehrerinnen der Stadt Dallas, die gekommen waren, um mich zu meiner Arbeit zu beglückwünschen. Sie waren mehr oder weniger jung, mehr oder weniger schön, aber alle in duftige, weiße Kleider gehüllt. Nachdem sie mir eine Weile zugesehen hatten, erklärten sie einmütig: »Wir ziehen es vor, den Geist der Kinder statt die Glieder zu strecken.«

Der Sonntag brachte eine längere Unterbrechung meiner Arbeit im Hospital. Die Frage des sonntäglichen Gottesdienstes wollte gelöst sein, keine so einfache Sache, wie es im ersten Augenblick scheinen mochte. Als Angehöriger der römisch-katholischen Kirche wurde ich mit Recht von Pater X. beschlagnahmt. Zu meinen Ehren sollte in der Kathedrale, damals dem einzigen monumentalen Bauwerk der Stadt, ein besonders feierliches Hochamt zelebriert werden. Meine ärztlichen Freunde gehörten einer katholischen Sekte an, deren Name mir bisher unbekannt war, und wollten mich durchaus bei dem feierlichen Gottesdienst in ihrer Mitte haben. Es gab ein scharfes Wortgefecht zwischen den Parteien. Pater X. war ein streitbarer Priester und befahl mir schließlich kategorisch, seiner Einladung zum Hochamt Folge zu leisten. Ich habe streitbare Priester nie geliebt und fühlte meinen Widerspruchsgeist durch das herrische Benehmen des von heiligem Eifer erfüllten Priesters gereizt. Andererseits war es mir immer interessant, Menschen verschiedener Konfessionen bei der Anbetung des alleinigen Gottes zu beobachten, während mir ein katholisches Hochamt von Kindheit auf vertraut war. Ich tat also, was ich nicht hätte tun sollen und heute bereue: ich folgte der Einladung meiner ärztlichen Freunde. Habe ich gesündigt, so hat Pater X. nicht weniger gesündigt, und wenn wir uns reuevoll die Hände reichen, so wird uns beiden vergeben werden. Ich hatte es nicht zu bedauern, der Einladung meiner Freunde gefolgt zu sein. Eine schönere und gehaltvollere Predigt wie die des Reverend Mr. M. habe ich niemals gehört. Ich fühlte mich in Gesellschaft von Freunden, welche sich alle untereinander kannten und mit ihrem Reverend eine geistliche Familie zu bilden schienen. An Stelle der bescheidenen Halle aus Holz mag sich heute wohl eine prächtige Kirche erheben.

Bevor ich Dallas verließ, wurde mir ein Bankett gegeben, an dem alle Prominenten der Stadt Dallas, sogar der Bischof M., teilnahmen. Einer der vielen Redner rühmte die Schätze von Texas, alle Entwicklungsmöglichkeiten einer glänzenden Zukunft und verweilte längere Zeit bei den Pferden, den Lieblingstieren Ihrer Majestät der Kaiserin von Österreich.

Zwei weitere gesellschaftliche Ereignisse in Dallas blieben mir in Erinnerung. Die Damen des Elk's-Club in Dallas gaben mir einen Empfang, der einzig in seiner Art war; denn ich fungierte dabei als alleiniger Repräsentant des starken Geschlechtes, war also buchstäblich »der Hahn im Korb«.

Außerordentlich interessant war mir der Besuch des Saint Mary's College, wohin mich Bischof N. einlud. In dieser höheren Töchterschule wurden mehr als hundert junge Damen von vierzehn bis achtzehn Jahren aus allen Teilen Texas' erzogen, vielversprechende Knospen künftiger Frauenschönheit. Ich konnte nicht genug Autogramme geben. Als Dank schrieben einige der jungen Damen ihren Namen in mein Notizbuch. Ein besonders liebliches, ihrer Reize noch unbewußtes Mädchen wollte mit ihrem Deutsch prahlen und schrieb folgende Reime in mein Tagebuch:

»Wenn du wirst weit gehen,
Ich werde dich im Herzen sehen.«

Beim Verlassen von Dallas empfand ich den tiefsten Wunsch, eines Tages dorthin zurückzukehren, aber bis heute ist dieser Wunsch nicht erfüllt worden.

Ende Mai 1903 erreichte ich auf der weiteren Rückreise St. Louis. Der erste Eindruck der Stadt war schwarzer Rauch und brauner Staub. Das braune Wasser des Mississippi in der Wanne lud mich abermals zu einem Schlammbade. Nach den anstrengenden Tagen in Dallas hoffte ich, mich in St. Louis ein wenig ausruhen zu können. Zu meiner großen Überraschung brachte am andern Morgen der »St. Louis Globe Democrat« auf seiner Stirnseite drei illustrierte Nachrichten: 1. Der General Luke E. Wright, Vizegouverneur der Philippinen, wird in seiner Heimat in Memphis mit königlichen Ehren willkommen geheißen. 2. Präsident Theodore Roosevelt hat eine bemerkenswerte Rede gehalten über die Notwendigkeit der Annexion der Philippinen. 3. Doktor Lorenz, der berühmte österreichische Chirurg, ist in St. Louis angekommen. Der bescheidenste Mann kann den amerikanischen Reportern nicht entgehen, wenn das Publikum einmal von ihm die geringste Notiz genommen hat.

Meine Tage in St. Louis waren nicht weniger mit Arbeit überhäuft als in Dallas; nur hatte ich dort in einem blühenden Magnolienhain und hier in einem düsteren Spital zu arbeiten. Ich hatte kaum Zeit, als Gast des großen Brauers Adolphus Busch die Vorbereitungen für die Weltausstellung von St. Louis zu sehen. Seine Gattin war die liebenswürdigste Hausfrau, die man sich denken kann. Welche treue Freundin ich an ihr gewonnen hatte, zeigte sich viele, viele Jahre später, als Adolphus schon längst im Himmel Bier braute. Unmittelbar nach Kriegsende sandte sie mir eine bedeutende Summe zur Linderung der Not der Wiener Kinder.

Natürlich mußte ich auch der Busch-Brauerei einen Besuch abstatten. In der Riesenhalle, deren Boden wie eine polierte Tanzdiele aussah, war nichts weiter zu sehen, als eine Reihe mächtiger Kessel, deren glänzende Kupfer- und Messingbeschläge den Eindruck vollendeter Sauberkeit noch erhöhten. Es war nirgends ein Tropfen Flüssigkeit zu sehen. Zu hören war nichts als das leise Zischen siedender Wässer, aus denen das herrliche Bier werden sollte. Aber Adolphus Busch gab seinen Gästen kein Bier zu trinken. Nur die kostbarsten Rhein- und Moselweine, die man in Deutschland haben konnte, waren gut genug für seinen Keller. Der Besucher erhielt als Andenken ein kleines Federmesser. Am Ende des Griffes war ein winziges Loch, das dem neugierigen Beschauer das vergrößerte Bild des großen Brauers Adolphus Busch zeigte. So machte er sich selbst zum Zielpunkt der Augen seiner Gäste.

Nach Chicago zurückgekehrt, fand ich meine kleine Prinzessin in bester Ordnung. Mein Geschenk, der mexikanische Opal, rief zu meinem Erstaunen schlecht verhehlte Bestürzung hervor; ich hätte wissen sollen, daß man Opalen niemals trauen darf, weil sie Unglücksbringer sind. Die Queen, als Sammlerin kostbarer ungefaßter Edelsteine, wußte dies mit Bestimmtheit. Bei meinem Abschied wurde vereinbart, daß mir die Prinzessin in einigen Monaten nach Wien folgen sollte, um sich dort einer längeren Nachbehandlung zu unterziehen. Während ich noch in Chicago war, teilte mir mein Schwager mit, daß meine Frau ein Baby erwarte – bei ihrem Alter von vierzig Jahren und einem Intervall von achtzehn Jahren seit ihrem ersten Kind eine schwierige Situation. Ich solle sofort nach Hause kommen. Worauf ich antwortete, daß für den Augenblick nichts zu unternehmen sei und man den Dingen ihren natürlichen Lauf lassen solle. Diese unerwartete Vaterschaft überraschte mich sehr. In der Annahme, daß es ein Sohn sein würde, taufte ich ihn »den Amerikaner«.

Ein Gynäkologe sagte mir, daß unter solchen Umständen eine frühzeitige Geburt oder sogar ein Abortus zu befürchten sei. Nach meinem Urteil war ein Abortus vorzuziehen; denn vorzeitig geborene Kinder bleiben immer ein fragwürdiges Geschenk für ihre Eltern. Sogenannte Siebenmonatskinder leiden häufig an der sogenannten spastischen Paralyse, von welcher später ausführlich die Rede sein wird. Viel schlimmer als die körperliche Krüppelhaftigkeit infolge spastischer Gelenkskontrakturen ist die mangelhafte Entwicklung der Intelligenz solcher Kinder, welche häufig genug Idioten bleiben.

Nun sah ich die Möglichkeit vor mir, selbst der Vater eines solchen Kindes zu werden, und hatte über mein Verhalten zu entscheiden, falls diese Möglichkeit zur Tatsache würde. Mein Entschluß war folgender: Man sorge für das neugeborene Kind in gleicher Weise wie für jedes andere normale Kind; kein Brutofen, keine sonstigen außerordentlichen Maßregeln! Das Neugeborene muß imstande sein, das extrauterine Leben zu ertragen, oder es stirbt besser. Ohne ein gewisses Maß von Lebenskraft sollen vorzeitig geborene Kinder das Leben lieber nicht versuchen wollen.

Mit diesem Entschlusse sah ich allen Eventualitäten ruhig entgegen, war aber doch nicht ganz sicher, ob mein Verhalten im Falle der vorzeitigen Geburt meines »Amerikaners« diesem Entschlusse auch entsprechen würde. Vor der Hand schlug ich mir alle Sorgen aus dem Kopfe.

XVII

Amerikanisches

Nach dieser langen, anstrengenden Reise hatte ich einige Ruhetage verdient, die ich in New York zubrachte. Ein Freund hatte mich in die Familie von George Gould eingeführt, der mich nach seinem Landsitze in Lake Wood (New Jersey) einlud. Ich konnte das Haus des Millionärs nicht bewundern; denn es enthielt außer der großen, aber düsteren Halle nur kleine Räume, welche mit den verschiedenartigsten Nippes überfüllt waren.

Eine seewärts gelegene Hintertreppe hatte ein marmornes Geländer, und Mr. George Gould konnte sich nicht enthalten, seinen Gast auf diese Tatsache aufmerksam zu machen. Aber da kam er an den Unrechten. Besaß dieser doch die historischen Marmorgeländer der Tegetthoff- und Elisabethbrücke in Wien, denen gegenüber das Gouldsche Marmorgeländer eine Armseligkeit war. »Soweit Marmorgeländer in Frage kommen, lieber Herr Gould«, sagte ich herablassend, »bin ich der große Millionär und Sie der Bettler.« George lachte herzlich über diesen Vergleich.

Hingegen erregte das Gäste- und namentlich das Sporthaus meine Bewunderung. Letzteres war mit allen nur möglichen Sportgeräten reichlich versehen. Zu Ehren des Gastes wurde in der Reitschule des Sportpalastes ein Hindernisrennen veranstaltet, das von den Söhnen der Familie, kaum halbwüchsigen Knaben, bestritten wurde. Es sah gefährlich aus, wenn die Jungen nach dem

Nehmen eines Hindernisses im Sattel wankten und zu fallen drohten. Mrs. Gould, welche der Steeplechase beiwohnte, stieß jedesmal einen Schrei aus, wenn sie einen ihrer Söhne in einer kritischen Lage sah. »Ich liebe dieses Spiel durchaus nicht«, bemerkte sie nach der glücklichen Beendigung. »Und ich liebe es sehr«, widersprach ihr Gatte, der seine Söhne hart machen wollte. Er war wettergebräunt und lenkte sein Auto selbst, ohne Mantel, Hut und Handschuhe.

Es waren auch liebliche Töchter im Hause. Edith Katherine versprach eine vollendete Schönheit zu werden, obwohl sie erst sechzehn Monate alt war, während Helen Vivian dieses Versprechen bereits erfüllt hatte. Mrs. Gould, eine elegante Dame, der man ihre vielen Kinder nicht ansah, schien alles daranzusetzen, ihren Gast mit dem Glanz ihres königlichen Haushaltes zu verblüffen. Der Speisetisch war ein raffiniertes Stilleben von kostbaren Spitzen, schwerem Silbergerät, geschliffenen Gläsern, seltsamen Blumen und hohen, mit zahlreichen Kerzen besteckten Kandelabern. Die glattrasierten Lakaien trugen weiße Kniehosen, weiße Seidenstrümpfe und niedere Schuhe mit Silberschnallen. König Ludwig II. von Bayern konnte sein Idol, den Sonnenkönig, nicht genauer nachgeahmt haben als Mrs. Gould den Speisetisch Ludwigs XIV.

Alles war königlich, nur nicht das Essen, das solcher Zeremonien unwert war. Es gab eine wässerige Suppe von undefinierbarem Geschmack, angeblich eine unerhörte Delikatesse. Aber was hat ein Mann davon, der kleine Schildkröten nicht liebt! Und es gab andere Gerichte unerkennbaren Ursprungs, fremden Namens und fragwürdigen Wohlgeschmacks. Ich stand von dem Königsmahl hungrig auf und dachte sehnsüchtig an unsere einfache, schmackhafte Wiener Küche. »Wenn Sie jemals nach Wien kommen«, sagte ich zu Mr. Gould, »so schenken Sie mir die Ehre Ihres Besuches. Ich werde Ihnen einige Marmorgeländer und die Kunst unserer Wiener Küche zeigen.« Viele Jahre später kam George Gould allerdings nach Wien, reiste aber, ohne Aufenthalt zu nehmen, nach der Riviera – um dort zu sterben!

Lake Wood war damals von den New Yorker Millionären noch mehr bevorzugt als heute. Sie bildeten eine große Familie. Ich sah einige von ihnen in Gouldhall und wurde aufgefordert, Herrn Pulitzer, den großen Zeitungskönig zu besuchen. Zu meinem Bedauern fand ich einen kranken und stockblinden Mann, der nicht viel älter war als ich selbst. Er ließ sich gerade von seiner Sekretärin vorlesen. Als ich ein Bild an der Wand bewunderte, sagte Herr Pulitzer: »Sie sollten meine Gemäldesammlung in New York sehen. Ich kann leider meine Bilder nicht mehr sehen, aber ich kenne sie alle auswendig.« Der arme Mann schien in seinem Unglück gefaßt und sogar heiter. Mir ging ein Spruch durch den Sinn:

> Alt, krank, reich,
> Liegst doch nicht weich,
> Und wirst du auch noch blind dazu,
> Herr, gib ihm bald die ewige Ruh'!

Und so geschah es auch, als sich die Zeit erfüllet hatte.

Mrs. Edith Gould war vor ihrer Verheiratung Schauspielerin gewesen und schien sehr erfreut, als ich ihr erzählte, daß ich mich für das Theater und seine Leute immer sehr interessiert hätte. »Sie haben, wie ich höre, in Amerika einige interessante Theatererlebnisse gehabt, wollen Sie mir nicht davon erzählen?« fragte Mrs. Gould.

Und so erzählte ich: »Irgendwann müssen die Schauspieler von meiner Anwesenheit im Theater benachrichtigt gewesen sein; denn sie nahmen davon immer Notiz. Als ich im Columbia-Theater in Washington meine Loge betrat, wurde ich zu meiner Überraschung mit der österreichischen Volkshymne empfangen, welche ich natürlich stehend und voll Zweifel anhörte, ob mir diese Ehre auch gebühre. In einem Theater in Rochester sah ich einer reizenden Liebesszene zu. Der jugendliche Liebhaber bewarb sich um einen Kuß, die spröde Schöne wußte ihm immer wieder zu entgehen, und der Zudringliche mußte sich zum Schlusse mit dem Duft ihrer Haare begnügen. In der großen Pause wurde ich hinter die Kulissen geladen. Ich gratulierte der schönen, jungen Darstellerin zu ihrer Leistung und versicherte ihr, daß ich ihren Anbeter beneide. ›Das brauchen Sie gar nicht zu tun‹, antwortete sie, ›denn er wird den Kuß niemals erhalten, den Sie jeden Augenblick haben können!‹ Und so küßte ich die junge Dame, umgeben von den lachenden Schauspielern auf die Stirn. ›Ich habe mich niemals so geehrt gefühlt‹, quittierte die junge Dame. ›Wäre ich noch so jung wie Sie, so würde mein Kuß weniger ehrenvoll, aber hoffentlich aufregender gewesen sein‹, scherzte ich. Ehrenküsse sind immer eine fatale Sache! Im Vaudeville-Theater hatte ich das Pech, die Aufmerksamkeit des Publikums auf mich zu ziehen, so daß der Schauspieler auf der Bühne, ein Negro-Minstrel, seine Geduld verlor und plötzlich ausrief: ›Look here, I am the fellow!‹ – Es blieb mir nichts anderes übrig, als zu verschwinden.

Zuweilen benutzten die Schauspieler meine Anwesenheit zu mehr oder weniger guten Witzen. ›Steh' gerade, Willy‹, sagte einer zu seinem Gegenspieler, ›damit Doktor Lorenz deine krummen Beine sieht!‹

Ein andermal beriet sich der Bühnenvater mit seinem Sohn, wie dieser am besten in der Welt vorwärtskommen könne. Plötzlich rief der Alte: ›Ich hab's! Laß dir einen so langen Bart wachsen wie der Doktor Lorenz und du wirst dein Glück machen.‹

Ein berühmter Schauspieler, der durch seinen deutschen Akzent besonders komisch wirkte, sang jeden Abend vor gefülltem Hause als Einlage in das Stück seine lustigen Couplets, welche immer mit dem Refrain endeten: ›It was Mr. Dooley‹. Mr. Dooley war nämlich ein Mann, der alles konnte, alles wußte, über alles ein richtiges Urteil hatte. Jede Strophe wurde mit steigendem Beifall belohnt. Immer sollte er noch weitere zugeben. Aber sein Vorrat schien diesmal erschöpft. Auf seinem Rückweg in die Kulisse blieb er plötzlich stehen, tippte an seine Stirn und sang:

> ›Den fremden Gast in unserer Mitte
> Laßt feiern uns nach Künstlersitte! –
> Zieht er die krummen Beine lang,
> Ist uns vor seiner Kunst nicht bang,
> Denn wir ziehn kurze Saiten lang! –
> Die Frage ist, wer lehrte ihn
> Die krummen Beine grade ziehn?
> It was Mr. Dooley.‹

Ein andermal brachte mich ein extemporierender Schauspieler in wirkliche Verlegenheit. Der Gegenspieler lobte einen Arzt, der sein Kind gerettet hatte. ›Was ist das gegen die vielen Kinder, die Doktor Lorenz heilte?‹ extemporierte der Schauspieler. Unter den lauten Beifall mischten sich Rufe aus dem Publikum: ›Lorenz speak!‹ Ich verbeugte mich und schwieg. Da trat der Schauspieler vor und bat: ›Just a few remarks, Doktor Lorenz.‹ Ich rief ihm mit einer bezeichnenden Geste zu: ›Sie haben das Wort, nicht ich‹, und verließ das Theater. Ein noch so kleiner und noch so ephemerer Ruhm hat seine großen Schattenseiten.«

Mrs. Gould lachte über diese Episoden und sagte, sie könnte aus eigener Erfahrung viel Ähnliches erzählen. Damals wußte ich noch nicht, daß ich fünfundzwanzig Jahre später versuchen würde, als »Stückeschreiber« mit dem Theater und den Schauspielern in Verbindung zu kommen. Aber es ist mir zweifelhaft, ob meine Stücke die Aufmerksamkeit des Publikums ebenso gefesselt hätten wie damals meine persönliche Anwesenheit im Zuschauerraum.

Vor meiner Heimreise mußte ich mich entscheiden, ob ich meinen zukünftigen Wohnsitz nicht in Amerika nehmen sollte. Die Verlockung war groß. Statt in meinen beschränkten Verhältnissen in Wien hätte ich hier Orthopädie in großem Stile betreiben können. Aber ich war mir darüber im klaren, daß ich mich hier zu Tode arbeiten würde. In zehn Jahren, dachte ich, würde ich die kleinen Engel im Himmel zu behandeln haben. Es ist Sitte in Amerika, daß man sich zu Tode arbeitet. Ich bin kein solcher Fanatiker der Arbeit, daß ich durchaus vorzeitig »im Geschirr« sterben wollte. Ich liebe es, Ruhepausen zur Würze in die Fron einzuschalten, ich will auch Zeit haben, Gott für den Sonnenschein zu danken, den ich genieße. Nicmals würde ich mir in Amerika das schöne Haus, welches meiner Phantasie vorschwebte, und das schöne Fleckchen Erde, das ich in Altenberg besaß, schaffen können. Und Wien war damals auch ein Ort, in dem sich's gut leben ließ! So wurde mir die Entscheidung nicht schwer, Wien treu zu bleiben.

Ich verließ New York auf dem Norddeutschen Lloyddampfer »Kronprinz« (unter Kapitän Richter) im Juli 1903. Zwei Vorkommnisse, so unbedeutend sie sein mögen, blieben mit der Erinnerung an diese Abreise verknüpft. Als das Riesenschiff langsam den Hudson hinabglitt, kam ein kleines Boot unter Volldampf schrill pfeifend im Kielwasser hinterdrein. Es hatte einen Passagier an Bord, der die Abfahrt des »Kronprinz« versäumt hatte und nun mit allen Mitteln versuchte, das Schiff zu erreichen, solange es noch im Hafen langsam fuhr. Der »Kronprinz« hemmte seinen Lauf und ließ den Zwerg an sich herankommen. Eine Strickleiter wurde herabgelassen, auf der eine korpulente Dame tapfer in die Höhe kletterte. Als sie ihr Ziel zur Hälfte erreicht hatte und zwischen Himmel und gurgelndem Wasser schwebte, riß ihr ein Windstoß den breitkrempigen Strohhut vom Kopfe und drückte ihn gegen ihr Gesicht, so daß sie blind und hilflos an der Strickleiter hing. Dort wäre sie hängen geblieben, solange ihre Arme und Beine ausgehalten hätten. Kräftige Matrosen brachten ihr rechtzeitig Hilfe. Alle Passagiere hatten natürlich den ganzen Vorgang mit ängstlichem Interesse verfolgt. Mit lautem Hallo und Glückwünschen wurde die tapfere Dame an Bord begrüßt. Klimme noch so tapfer nach deinem Ziel in die Höhe, ein blöder Zufall, ein widriger Wind – »that bloweth nobody good« – macht deinem Streben ein Ende!

Der Dampfer war stark besetzt, und die Stewards hatten Mühe, den vielen Passagieren im Speisesaal ihre Plätze anzuweisen. Zu jener Zeit speisten die Gäste noch gemeinschaftlich an der Table d'Hôte. Einer von ihnen, ein hochnäsiger Herr, weigerte sich, zwischen einem Arzt und einem Ingenieur zu sitzen. »Geben Sie mir den freien Sitz«, ersuchte ich den Steward. Als Antwort übergab er mir einen Brief des Kapitäns Richter, der mich einlud, an seiner Seite an der Kapitänstafel Platz zu nehmen. Scherzhaft sagte ich: »Ich trete diesem Herrn meinen Platz ab.« Der Steward flüsterte mir ins Ohr: »Der Kapitän würde sich weigern, neben einem so aufgeblasenen Kerl zu sitzen.« Dieses Urteil eines Mannes, der gewohnt war, mit Leuten aus allen Schichten der Gesellschaft zu verkehren, war ebenso gerecht wie streng.

Meine vierte Überfahrt war anfangs glatt und ruhig, und ich sah zum ersten Male den Nordatlantik im Sonnenschein lächeln. Aber das dauerte nur wenige Tage. Er wäre nicht der Nordatlantik gewesen, hätte seine Majestät nicht das mächtige Schiff gezwungen, sich immer wieder demütig vor seinen Wellenbergen zu verneigen.

Telegramme meldeten, daß Papst Leo XIII. im Sterben liege. Das machte auf solche Passagiere, die selber im Sterben lagen, wenig Eindruck. Kapitän Richter beklagte in wehmütiger Stimmung, daß die Tage seines schönen Schiffes gezählt seien, denn »sie frißt zuviel Kohlen«.

Die Zeitungsabschnitte, die meine amerikanische Reise betrafen, füllten drei mächtige Bände. Als ich sie in meine Bibliothek einreihte, wurde mir klar, daß ich ein schwerer Millionär wäre, wenn ich das Geld hätte, das ein Anzeigengeschäft dafür hätte bezahlen müssen. Obwohl ich nur für das Sammeln aufkommen mußte, waren diese drei Bände weitaus die teuersten in meiner Bibliothek. Zu Hause erwarteten mich viele Patienten. Meine Frau erfreute sich bester Gesundheit, und ihr Zustand gab keine Veranlassung zur Besorgnis.

An meine beiden ersten Amerikareisen schloß sich eine Dekade ruhiger, fleißiger Arbeit, und mein Leben floß wie ein sanfter Strom durch blumige Auen einer Hochebene. An ihrem Rande aber gähnte ein Abgrund.

XVIII

»Lorenz-Hall« um jeden Preis!

In meinen persönlichen Mußestunden war ich vollauf damit beschäftigt, Pläne für ein neues Haus zu entwerfen. Das alte sollte möglichst unverändert erhalten und dem neuen als Seitenflügel angepaßt werden. Pläne wurden entworfen und verworfen. Architekten konsultiert und gewechselt. Alle wollten ein hochmodernes Haus bauen, dessen Architektur seinem Besitzer immer ein Dorn im Auge gewesen wäre. Endlich fand ich einen Mann, der meine Wünsche verstand und ihnen entgegenkam. Leider war er verrückt, eine Tatsache, die erst später zum Vorschein kam. Es sollte ein Haus im Barockstil der Fischer von Erlach sein; in bescheidenen Dimensionen gehalten, sollte es an die anheimelnden Bauten aus der Maria-Theresia-Zeit erinnern.

Da, wo die Donau-Aussicht am schönsten war, sollte ein Hallenbau entstehen, dessen äußere und innere Ausgestaltung des Platzes würdig war. Es durfte selbstverständlich kein Palast werden, durch den sich ein übermütiger Emporkömmling lächerlich machen konnte, immerhin sollte der Bau an ein Schlößchen erinnern, das von den Abhängen des Wiener Waldes zwischen alten Bäumen eines schönen Gartens ins breite Donautal hinunter grüßt. Die beiden zu einer Einheit verbundenen Häuser konnten in der Tat einen solchen Eindruck hervorrufen, um so mehr, als ihre wirkliche Ausdehnung durch alte Lindenbäume teilweise verschleiert war. Ich hätte vielleicht eines der vielen alten Schlösser in der weiteren Umgebung von Wien erwerben können. Aber diese waren nicht nur zu groß, sondern auch für einen Mann, der Winter und Sommer seine Arbeitsstätte in Wien hatte, zu weit entfernt. Ein aristokratisches Schloß am Lande wäre, wie ich gestehen muß, meine Schwäche gewesen. Obwohl von Bauern abstammend, und vielleicht gerade deshalb, hatte ich immer große Hochachtung vor aristokratischen Familien, die, selbst Bauern höherer Ordnung, jahrhundertelang Grund und Wohnsitz behaupteten. Meine Bauernahnen hatten mehr oder weniger dasselbe getan, aber sie pflegten keine Familiengeschichte. Meine registrierte Ahnenreihe schließt mit meinem Großvater. Ich habe die Aristokraten immer um ihre Familientradition beneidet. Welcher Ansporn für einen jungen Menschen, einem würdigen Ahnen als Vorbild nachzueifern. Deshalb fällte ich so harte Urteile über alte oder junge Aristokraten, die ihre Familientradition vergaßen und auf Abwege geraten waren.

Andererseits schienen mir manche der besichtigten Schlösser nicht gut genug. Meine Frau und unser heranwachsender Sohn Albert pflegten mich wegen meiner aristokratischen Neigungen spottweise den »verarmten Edelmann« zu nennen.

Im Grunde wollte ich um jeden Preis eine große Halle bauen. Sie sollte, wenn nicht größer und schöner, so doch freundlicher und lichter sein als jene im »Gould House«. »›Lorenz-Hall an der Donau‹ würde nicht übel klingen«, neckte meine Frau. »Ich sehe voraus, daß unser neues Haus nur eine große Halle sein wird, so wie das alte nur ein großes Speisezimmer ist. Für mich ist das alte Haus schön genug. Du wirst dein ganzes Geld an deine verrückte Idee verschwenden und vergißt, für unsere alten

Tage zu sorgen. Denkst du alter Mann nicht daran, daß du in kurzer Zeit der Vater eines zweiten Kindes, vielleicht einer Tochter, sein wirst, für deren Mitgift du schon heute Sorge tragen solltest.« – »Immer wieder das alte Lied«, klagte ich. »Unsere zukünftige Tochter wird übrigens ein Sohn sein, ich habe ihn nicht umsonst im voraus den ›Amerikaner‹ getauft. Und ich werde nicht ein alter Mann, sondern wieder ein junger Vater sein. Und du älteres Mädchen wirst wieder eine junge Mutter werden. Wir haben noch genug Zeit, für unsere alten Tage zu sorgen. Stehe ich nicht mitten in der Arbeit und im besten Verdienen? Warum soll ich mir einen Wunsch versagen, den ich seit der Erbauung unseres ›großen Speisezimmers‹ mit mir herumtrage? Und dieser Traum soll sich an den Ufern der Donau verwirklichen, nur fünfunddreißig Minuten von Wien entfernt. Die Halle soll ein Kunstwerk werden. An ihrem Anblick werde ich mich mehr erfreuen als an den österreichischen Staatspapieren, an denen es überhaupt nichts zu sehen gibt. Das aufgewendete Geld ist ja nicht verloren, es hat nur seine Form gewechselt, die als Hallenbau beständiger ist als ein Schuldschein.«

Diese Meinung sollte von der Zukunft in trauriger Weise bestätigt werden! – Alles ging verloren, nur die Lorenz-Hall überdauerte alle Stürme.

So mußte die große Holzveranda des alten Bauernhauses dem Neubau Platz machen. Es ist wahr, daß die Schlafzimmer zugunsten der Halle etwas klein ausfielen, dafür waren sie niedlich wie amerikanische »bed-rooms« und hatten eine herrliche Aussicht aus ihren übergroßen Fenstern. Um die Geräumigkeit der Halle nicht zu beeinträchtigen, wurde nämlich die zu den Schlafzimmern führende Galerie nicht in das Innere der Halle verlegt, sondern um sie herumgeführt und so die Breite der Galerie den Schlafzimmern abgespart.

Die Halle war nicht nur als Raum-, sondern auch als Wärmezentrum des Hauses gedacht. Mittels breiter Flügeltüren war sie mit dem alten »Speisezimmer« und einem ebenfalls dem alten Hause angehörigen Salon verbunden, auf der andern Seite mit der großen, hellen Bibliothek, dem Arbeitszimmer des Hausherrn und einem Gartenzimmer; die Außenwände des letzteren wurden durch vom Plafond zum Boden reichende Glasfenster gebildet und vermittelten den direkten Ausgang in den Garten. Ein großes Vorzimmer gab vom Garten aus Einlaß in die Halle. Über der Haustür glänzte in goldenen Lettern der Spruch des Horaz: »Lucro appone, quem sors dierum cunque dabit.« (Als Gewinn betrachte jeden Tag, den dir das Schicksal noch schenken mag.) Eine Weisheit, die jedermann nach dem »Fünfzigsten« beherzigen sollte!

Die Schmalseite der Halle mit der Donau-Ansicht war eigentlich nur ein durch zwei Stockwerke reichendes Fenster. Im unteren Stockwerk führte eine Glastüre, von zwei Fenstern flankiert, auf einen Aussichtsbalkon; die obere Riesenfensteröffnung war durch einen steinernen Querbalken in eine obere große und untere kleine Lichtung geteilt. Eine breite Treppe mit geschnitztem Eichenholzgeländer führte an der einen Längsseite der Halle zu einer säulengetragenen Plattform vor dem großen Hallenfenster. Riesige Spiegelfenster in schweren Eichenholzrahmen schlossen diese Lichtung.

Die Wände des unteren Stockwerkes wurden durch Paneele aus naturhellem Eichenholz untergeteilt, die Füllung mit teegrünem Stoff verkleidet. Die größte Füllung war für das kostbarste Bild meiner Sammlung bestimmt. An dieses Bild werden später noch einige Worte

Die Lorenz-Villa in Altenberg mit dem Riesenfenster. Teile des Geländers stammen von der Elisabethbrücke.

zu verschwenden sein. An der der Stiege gegenüberliegenden Längsseite der Halle wurde ein etwas zu monumental geratener Kamin errichtet, dessen kupferne Haube bis zur Basis des zweiten Stockwerkes reichte und von sezessionistischen Neigungen des Architekten Zeugnis gab. Integrierende Bestandteile der Holzverkleidung des Kamins waren zwei Sitzbänke mit hohen Lehnen. Ein reichgeschnitzter eichener Zierschrank, eine Standuhr in der Herrgottsecke, deren melodischer Schlag die Feierlichkeit des Raumes erhöhen sollte, einige Fauteuils und niedere Tischchen bildeten vorläufig das ganze Mobiliar. Die eindrucksvollsten Bestandteile der Halleneinrichtung blieben die breite, reichgeschnitzte Eichenstiege und der übergroße Kamin. Der glänzende Parkettboden war stellenweise mit dicken, roten Teppichen belegt. Es dauerte eine Weile, bis die Krone des Hallenschmuckes: das große italienische Originalgemälde, von mir »Das Gericht der Diana« genannt, in die Eichenvertäfelung eingefügt war. Dieses Bild war lange Zeit ein Gegenstand des Streites zwischen Mann und Frau. Ich hatte es auf dem Dachboden eines abbruchreifen Hauses gefunden, dessen Besitzer ein berühmter Kunsthändler war. Meine Frau fiel beinahe in Ohnmacht, als eines Tages in die beengte Stadtwohnung eine zweieinhalb Meter hohe und einen Meter dicke Holztrommel gebracht wurde, auf der das besagte Bild ausgerollt war. Ein Versuch, das Bild abzuwickeln, hatte eine Staubwolke zur Folge, während ein Strom kleiner Partikelchen abgesprungener Ölfarbe den Zimmerteppich überflutete.

Aber der Gatte der verärgerten Hausfrau wußte, daß er einen verborgenen Schatz gehoben hatte, würdig, wieder ans Licht gebracht zu werden. Von sachkundiger Hand restauriert, sollte das Bild kunstverständigen Beschauern wieder Freude bereiten. Der Kaufpreis dieses Hauptstückes der Sammlung war sehr niedrig gewesen; denn wer anders als der Besitzer einer großen Halle konnte einen solchen Schinken verwenden.

»Mir scheint, dieses Bild ist die eigentliche Ursache deiner ›Hallensucht‹ und des Hallenbaues«, spottete meine Frau.

Sei es denn wie immer, das schöne alte Bild feierte in »Lorenz-Hall« seine Auferstehung. Der Maler des Bildes war völlig unbekannt. Aber ein Zufall brachte seinen Namen ans Licht. Bei einem Besuche einer Gemäldegalerie in Genua fand ich in einem Saale eine Sammlung von Bildern des Luca Cambiaso (aus dem sechzehnten Jahrhundert, wenn ich recht berichtet bin). Mir fiel das gelbliche Kolorit der Bilder auf, aber auch die Tatsache, daß mehrere von ihnen denselben Gegenstand behandelten, nämlich das »Das Gericht der Diana«. Einige Figuren waren genau die gleichen wie jene auf meinem Bilde, wenn auch in verschiedenen Gruppierungen. Kein Zweifel, mein Bild gehörte in diese Sammlung und stammte von demselben Meister. Nicht nur Bücher, sondern auch Gemälde haben ihre Schicksale! Welche Wanderungen mochte meine Diana hinter sich haben, wie viele Besitzer mochte sie gewechselt haben, in wie vielen Galerien mochte sie zeitweilig Unterkunft gefunden haben, bis sie endlich auf einem Dachboden Ruhe fand. Meine Diana aus ihrem unwürdigen Verlies befreit und in eine der Göttin würdige Umgebung gebracht zu haben, betrachte ich als ein Verdienst um die Kunst der alten Meister.

Mit Gemälden wurden auch viele andere Füllungen des unteren Stockwerkes geschmückt, mit zu vielen, wie meine Frau vielleicht nicht zu Unrecht meinte. Aber der Zweck eines Bildes ist ja doch, betrachtet zu werden.

Das zweite Stockwerk der Halle wird durch das monumentale Fenster belichtet. »Sollten deine doppelten, unversicherten Auslagenfenster einmal irgendwie in Trümmer gehen, so wird die Neuanschaffung deine Finanzen ruinieren«, kritisierte meine Frau. »Und zum Reinigen musst du Akrobaten engagieren, meine Mädchen können nicht fliegen«, nörgelte sie weiter, unablässig darauf bedacht, den Hallenwahn ihres Gatten zu geißeln. Doch solche und ähnliche Nadelstiche war der Hallenbauer schon gewöhnt.

Wenige Stufen führten von der Plattform der Stiege in die Galerie, welche die Halle auf zwei Seiten umfaßt. Sieben große Bogen, unten durch eine geschnitzte Barriere geschützt und von Marmorsäulen flankiert, verbinden die Galerie mit der Halle zu einem Raum. Gegenüber dem großen Fenster hat die Galerie einen kleinen Balkon, von dem aus man die Halle der Länge nach übersieht. Auf diesen Balkon pflegte der Hausherr seine

Gäste zu führen, um ihnen das schönste Bild im Hause zu zeigen, welches sich jede Stunde des Tages und jeden Tag des Jahres veränderte und doch immer herrlich blieb: die Aussicht auf die Donau, ihre Auen und die Hügel im Hintergrunde. Dieser Aussicht wegen liebe ich das große Fenster. Es mußte aus Spiegelglas sein, weil Fenster die Augen eines Hauses sind und klar sein müssen. Gegenüber der Galerie entsprachen den Bogen gleichgestaltete flache Nischen in der Wand, welche durch flache Reliefpfeiler aus künstlichem Marmor unterteilt sind.

Der Plafond der Räume des alten Hauses mußte der Übereinstimmung wegen gehoben werden; jener des Speisezimmers wurde mit reichem Stuckwerk verziert, das den Rahmen zu vier allegorischen Gemälden der Jahreszeiten zu bilden hatte.

Den Mahnruf, mit dem meine Frau einer weiteren Ausschmückung des Hauses Einhalt gebieten wollte, beschwichtigte ich durch die Konzession von vier Badezimmern. Vier reizende Dachstübchen erforderten wegen ihrer herrlichen Aussicht eine entsprechende Ausstattung. Eines von ihnen hieß das Dichterstübchen, da mein alter Freund Dr. Karl Schönherr hier eines seiner besten Stücke, »Die Erde«, geschrieben hat. Um auch das Dorf an den Verbesserungen des Hauses teilhaben zu lassen, wurde auf dem Dache des alten Hauses ein Glockenturm errichtet, in dem eine kostspielige Uhr eingebaut wurde. Ihre lauten Glockenschläge sollten nicht nur die Leute im Dorf, sondern auch die zahlreichen Bungalowbewohner an den Ufern der Donau an die Flucht der Stunden erinnern.

Aber auch außerhalb des Hauses gab es viel zu tun. Die Marmorbalustraden fanden ihren Platz am Rande der oberen und unteren Hausterrasse. Die Karyatiden und vier der großen Sandsteinsäulen dienten zum Bau einer der Donauseite des Hauses vorgelagerten Wandelbahn für die Zeiten des schlechten Wetters. Fünf alte Marmorbüsten, die ich in Neapel erworben hatte, sollten sie später schmücken. Vier kleinere Säulen an einer vorspringenden Ecke der oberen Terrasse hatten ein flaches Dach mit geschmiedetem Geländer zu tragen. Von dieser Pergola aus genoß man den schönsten Blick auf das Donautal und die Randgebirge des Wiener Waldes. Als alles vollendet war – soweit ein neugebautes Haus überhaupt vollendet sein kann –, kam der erste Besuch. Nicht zu früh, wie es ungebetene Gäste gern tun, sondern eher etwas später, als er erwartet worden war.

XIX

Ein arabisches Märchen

Es war natürlich der »Amerikaner«, der in das Haus als erster dauernder Gast einzog. Seine Mutter hatte eine schwere Zeit überstehen müssen. Frauen sollten ihre Kinder eher lange vor, als nach dem dreißigsten Lebensjahre bekommen, vom vierzigsten nicht zu sprechen, da Mutter und Kind dann in gleicher Gefahr schweben. Dank ihrer gesunden Konstitution überstand meine Frau die Krise. Unser zweiter Sohn, Konrad-Zacharias, war ebenso mager und lang, wie sein Bruder Albert es neunzehn Jahre vorher gewesen war. Letzterer absolvierte damals schon sein einjähriges Freiwilligenjahr in der österreichischen Armee. Ein Bild aus jener Zeit: der Ulan Albert mit seinem »Baby brother« auf dem Arm, hieß deshalb: »die beiden Einjährigen«.

Zur Erholung erhielt meine Frau einen fünfjährigen Urlaub, um sich in unserem grünen Paradies, wie wir es nannten, ganz unserem kleinen Sohn zu widmen. Sie fehlte mir sehr in der Praxis, denn niemand verstand es besser, erschreckte Kinder zu besänftigen und Unartige zu erziehen. Angestellte versagten in der Regel dieser Aufgabe gegenüber. Nicht nur die Kinder, sondern auch deren Mütter mußten erzogen und belehrt werden, wie sie ihre kleinen Patienten behandeln sollten.

Während ihres Urlaubes kam meine Frau nur nach Wien, um die Rechnungen einzusehen, und wurde bei dieser Beschäftigung ein sehr kritischer Finanzminister

Die Familie Lorenz Ende 1903, von links nach rechts: Sohn Albert (19 Jahre), Sohn Konrad (wenige Tage), Gattin Emma (40) und der Pater familias (49).

des Hauses. Sie konnte nicht genug den Leichtsinn ihres Gatten tadeln, der alles Geld in Säulenhallen statt in Staatspapiere anlegte.

Die kleine Prinzessin aus Chicago sollte, so war es verabredet worden, einen Teil des Sommers in Wien zubringen. Sie kam mit ihren Eltern, ihrer Erzieherin und einer Kammerfrau. Das liebenswürdige Kind war alles eher denn hochmütig und verkehrte mit ihren kleinen Leidensgenossen ebenso ungezwungen wie diese mit ihr. Während der heißen Monate übersiedelte sie mit ihrer Begleitung nach Lorenz-Hall, die diesem zweiten Gast einen würdigen Rahmen bot. Die kleine Prinzessin, damals etwa acht Jahre alt, war von lebhaftestem Temperament, ihr fröhliches Kinderlachen erfüllte das große

Haus. Immer war sie in Eile, und niemals wurde sie mit ihren Vorhaben fertig. Ich nahm sie mit mir zur Donau und hielt sie im strömenden Wasser an den Händen fest. Sie kreischte vor Vergnügen; aber die Schwimmstunden hatten bei der Prinzessin wenig Erfolg. Ihr Bulldogg Bluff, den sie über das große Wasser mitgebracht hatte, schien vom Wasser und vom Schwimmen gar nichts zu wissen; denn er watete einfach hinein und ging unter. Ohne meine Hilfe wäre dieser Dreitausend-Dollar-Hund bei seinem ersten Schwimmversuch elend ersoffen. Später lernte er allerdings um sein teures Leben schwimmen.

Die Prinzessin liebte es, in dem großen, parkartigen Garten einsame Wege aufzusuchen, in dem sicheren Gefühl, daß sie hier nicht gestohlen werden könne, wie vor kurzem ihr älterer Vetter in Chicago. Einer Verantwortung in dieser Beziehung war ich mir damals kaum bewußt, denn an Menschraub dachte bei uns niemand. Eigenartig war die Diät der Prinzessin. Zum Frühstück nahm sie Honig mit Schinken und schwelgte in fetten, süßen Mehlspeisen, was bei ihrer Neigung zur Körperfülle keineswegs angezeigt war. Bei einem Familienausflug in den Wiener Wald kehrten wir in einem ländlichen Gasthaus ein, das wegen seines Kaiserschmarrns berühmt war. Der Kaiserschmarrn ist ein Gedicht aus Mehl, Milch, Eiern, Zucker, Rosinen und Fett. Da ich selbst ein Liebhaber dieses Gerichtes bin, brachte ich es nicht über mich, meinen kleinen Gast in seinem Genuß zu stören, der ihr vorderhand ein fettglänzendes Gesichtchen und einige Rosinen auf den blühenden Wangen eingetragen hatte. Ich bedauerte später meine Nachlässigkeit, denn das arme Kind hatte eine schwere Verdauungsstörung durchzumachen, wie ich sie aus eigener Erfahrung kannte.

Um der »Königin« während ihres kurzen Aufenthaltes in Wien eine Ehrung zu erweisen, lud ich amerikanische Ärzte und Freunde mit ihren Damen – etwa hundert Personen – nach Altenberg. Ein Teil der Gäste fuhr von der Station in bereitgestellten Wagen zur »Hall«, obwohl die Entfernung leicht in zehn Minuten zu Fuß zurückzulegen war. Die meisten der Gäste, darunter die »Königin«, folgten meiner Einladung, einen kleinen Umweg zu einem berühmten Aussichtspunkt zu machen, von wo man das Band des Donaustroms bis Tulln verfolgt und bis zu den Wachauer Bergen sieht. Zeiselmauer, das »Ziselmure« des Nibelungenliedes, wo Brünhilde genächtigt haben soll, liegt zum Greifen nahe; man sieht die Gegend, wo Karl der Große einen Ring der Avaren eroberte und wo der heilige Severin das Land betrat, um das Christentum zu verkünden. Auf beiden Ufern der Donau erblickt man die Zwingburgen Greifenstein und Kreuzenstein, das von den Schweden im Dreißigjährigen Kriege zerstört, von Graf Wilczek wieder aufgebaut wurde. Die große Landschaft ist zum Teil von den Hügeln des Wiener Waldes eingefasst, und aus dem fernen Hintergrund grüßt der Ötscher als erster Vorposten der Alpen.

Aber meine Gäste wollten von diesen historischen Erklärungen nichts wissen; denn in dem Augenblicke, als die Gesellschaft die Spitze des Hügels erreicht hatte, erklang ein Wiener Walzer aus dem Gebüsch, um die Gäste zu begrüßen.

Auf dem Wege bergab mußte ich der »Königin« beistehen, da ihre hohen Absätze sich zu Bergpartien schlecht eigneten.

In der Halle verteilten sich die Gäste auf Sitzgelegenheiten, soweit diese reichten. Die Königin weigerte sich, den für sie vorbereiteten Thronsessel einzunehmen, und setzte sich auf die unterste Stufe der große Treppe. Es war vielleicht der beste Platz, den sie wählen konnte, denn das Stiegengeländer zu beiden Seiten und ein großes Gemälde im Hintergrunde bildeten eine prunkvolle Staffage für die schöne Frau. Nach kurzen Wechselreden zerstreuten sich die Gäste in Haus und Garten. Die Kinder durchstöberten das Haus und einigten sich schließlich in dem wilden Spiel: »Jagdverstecken«, ohne es auch im höchsten Spieleifer zu unterlassen, vor dem bekränzten Bilde Theodore Roosevelts haltzumachen und militärisch zu salutieren. Der Garten bot den Damen und Herren Gelegenheit zum Promenieren, Liebhaber des Kegelschiebens kamen auf ihre Rechnung, der Tennisplatz aber blieb Sportzwecken entzogen, denn er war in einen Speisesaal umgewandelt, dessen Decke von Laubgewinden und Ketten von vielfarbigen japanischen Lampions gebildet war. Hier fand bei beginnender Dunkelheit das Fest seinen Höhepunkt. Die Tische waren mit Leckerbissen der Wiener Küche reich gedeckt, herrliches Pilsner Bier floß aus eisgekühlten Fässern, und süffiger Klosterneuburger Wein funkelte in den Gläsern. Die Jugend tat den gebotenen Genüssen alle Ehre an, konnte es aber kaum erwarten, der Einladung der einschmeichelnden Weisen der Schrammelmusik zum Tanze zu folgen. Nur einen Tag später – und die ganze Fröhlichkeit wäre durch einen Gewittersturm und Wolkenbruch zu Wasser geworden.

Diesem Anprall von Wind und Wetter widerstand die Halle leicht, aber seit diesem ersten und einzigen großen Fest in ihren Mauern begann ihr Glanz zu verblassen, um niemals wieder zu erstehen.

Gegen unsern »Baby Boy« benahm sich die kleine Prinzessin wie eine junge Mutter. Viertelstundenlang stand sie bei seinem Bettchen, um seinen Schlaf zu behüten, spielte mit ihm, wenn er wach war, und greinte mit ihm, wenn er bös war, was oft genug vorkam.

Bei einem Ausflug nach Klosterneuburg machte die Prinzessin mit »Aunt Hedwig« einen Spaziergang durch die obere Stadt und beobachtete dabei eifrig die in den kleinen Verkaufsläden ausgestellten Waren. Plötzlich wies sie mit dem Zeigefinger auf ein kleines Silberkreuz, das an einem dünnen Silberkettchen im Fenster eines Ladens hing. »Look, how pretty, how pretty!« rief sie einmal über das andere. »Aunt Hedwig« kaufte ihr die Armseligkeit als Andenken. Das kleine Mädchen war davon so entzückt, als ob das wertlose Kettchen ein Diamantenhalsband gewesen wäre. Zur Feier ihres achten Geburtstages wurde eine kleine Maskerade veranstaltet, bei der sie als Königin des Festes in der farbigen Tracht eines niederösterreichischen Dirndls erschien. Um ihren Hals trug sie als einzigen Schmuck das Silberkreuz – ein Bild zum Malen. Bei jeder Schönheitskonkurrenz hätte sie den Preis gewonnen. Aber das ärmliche Silberkreuz erfüllte Miß B., ihre Erzieherin, mit Furcht vor bösen Geistern – denn ein Kreuz bringt Unglück, wenn es nicht aus Gold ist und farbigen Steinen. So mußte die reiche, arme Kleine ihren Schatz dem Aberglauben einer sonst sehr intelligenten Frau opfern. Nicht nur Opale, auch Silberschmuck scheinen Unglück zu bedeuten. So liebenswürdig die kleine Patientin war, so heftig wehrte sie sich gegen jeden Versuch, ihr irgendwelche Kenntnisse in der Geographie oder auch nur der primitivsten Himmelskunde beizubringen. Dennoch wurde sie, was man eine »accomplished lady« nennt. Zwanzig Jahre später sandte sie mir ihre Photographie als Mrs. M. Sie war die schöne Frau geworden, die sie schon als Kind zu werden versprach.

Lorenz' wichtigste Patientin als (spätere) »accomplished lady«: Lolita Armour auf einer von ihr signierten Porträtaufnahme.

Die sechste Dekade meines Lebens war ziemlich ereignislos und einer nur selten unterbrochenen ärztlichen Tätigkeit gewidmet. Den strengsten Wintermonaten wußte ich als Sonnensucher in Griechenland und Ägypten zu entgehen und machte dabei die Erfahrung, daß sich Gott Ra mit einiger Sicherheit erst in Oberägypten finden läßt. Den Versuch, bis nach Khartum vorzudringen, mußte ich in Wabi-Halfa aufgeben, da mein empfindlicher Magen sich auf die Dauer mit der ägyptischen Kost nicht vertrug.

Eine dieser Reisen verband das Angenehme mit dem Nützlichen. Der moderne »Pharao«, der Khedive, hatte unter andern gesunden Kindern ein krankes Töchterchen, das zu früh zur Welt gekommen war und das Gehen nicht erlernen konnte. Die Ärzte des Morgenlandes standen ratlos. Der Weiseste von ihnen, der vom Sultan in Konstantinopel an den Hof des Khediven gesendet war, erklärte, daß jeder Versuch, dem armen Kinde zu helfen, unterlassen werden müsse. Da schlug der Leibarzt des »Pharao« vor, einen berühmten Arzt aus Wien kommen zu lassen, der schon vielen solchen Kindern auf die Beine geholfen hatte. »Das wird Euch, o Herr«, sprach er zu dem Khediven, »einige Pfunde kosten, denn jener Arzt geht nicht umsonst aufs Wasser, und Ihr werdet Euch auch dazu bequemen müssen, ihm eine höfliche Einladung zu schicken.«

So geschah es, und der Ungläubige kam; denn er hatte kein Vorurteil gegen das Gold des Sohnes des Propheten. Der Arzt wurde von Abgesandten des Khediven an den Ufern des Nils empfangen und in den Palast geleitet.

Der Bevollmächtigte des Sultans und der fremde Arzt bestanden jeder auf seine Meinung. Da stellte sich der Khedive auf Seite des Fremdlings, offenbar weil die Mutter der Prinzessin verboten hatte, daß ihr Kind von dem Ungläubigen berührt werde. Dieser ordnete an, daß ein Saal des Palastes ausgeräumt, viel kochendes Wasser und weißes Linnen vorbereitet werde. Als er am nächsten Morgen die große Halle des Palastes betrat, sah er sich von orientalischer Pracht umgeben. Tiefes Schweigen herrschte in der parfümierten Luft des großen Raumes,

und niemand kam, den unwillkommenen Gast zu
begrüßen. Er mußte sich durch das Klirren aufeinandergestellter
Schüsseln auf seinen Weg leiten lassen und war
sich bewußt, trotzdem von vielen Augen beobachtet zu
werden.

Als nun der fremde Arzt den für ihn vorbereiteten
Raum betrat, bot sich ihm ein Bild aus Tausendundeiner
Nacht, ein Farbenspiel von Weiß und Rot, von Silber
und Gold. Der Boden war mit weißem Linnen bedeckt,
in der Mitte des Raumes stand eine niedere Ottomane,
welche unter weißen Decken und Polstern verschwand.
Durch die hohen Fenster strömte farbiges Licht auf fünf
riesige Neger, welche wie Statuen an der gegenüberliegenden
Wand aufgestellt waren. Die Kleider, die sie
trugen, waren so schwarz wie ihre Gesichter, dagegen
leuchteten auf ihren schwarzen Kraushaaren brennrote
Tarbusche. Der linke Arm jeder dieser schwarzen
Statuen umfing eine große Silberwanne, während
die rechte Hand einen silbernen bauchigen Krug mit
gekochtem Wasser bereithielt. Ein großer, goldgerahmter
Spiegel reflektierte das bunte Bild. Der von zehn
Beinen getragene Waschtisch enthielt wohl viel Wasser,
hatte aber weder Seife noch Nagelbürste anzubieten. In
weite, faltige, bunte Gewänder gehüllt, trugen tiefverschleierte
Weiber einen Ballen weißer Polster herbei, in
welche die kleine Prinzessin eingehüllt war. Mit wehklagendem
Wimmern legten sie das weiße Bündel auf
die Ottomane und traten mit röchelnden Worten des
Hasses – so verstand es der fremde Arzt – den Rückzug
in die Gemächer des Harems an. Um kein Mitglied des
lebenden Waschstandes eifersüchtig zu machen, mußte
sich der Giaur fünfmal waschen und jedesmal die Hände
trocknen, um fünf andere schwarze Sklaven, welche auf

fünf Silberschüsseln Berge von Linnen darboten, nicht zu kränken. Der Heilkünstler führte die kurze Operation mit vorgebeugtem Oberkörper aus und ließ vorsorglich keinen Blutstropfen sehen. Trotzdem war er überzeugt, daß im Harem Schauergeschichten über die Operation erzählt werden würden, denn Eunuchen müssen nicht nur entmannt, sondern auch geschwätzig sein. Der Ober-Eunuch, der sich an den Vorbereitungen nicht beteiligt, sondern sie nur angeordnet hatte, ein übermäßig langer Gentleman mit verfallendem, fahlem Negergesicht, verabschiedete den abendländischen Arzt unter vielen, orientalischen Höflichkeitsbezeugungen. Der Mutter des Kindes verboten offenbar die herrschenden höfischen Sitten, dem scheidenden Arzt »danke« zu sagen. Ein Gerücht wollte wissen, daß sie ehemals im Harem des Khediven eine zirkassische Sklavin von besonderer Schönheit gewesen war. – Aber wer kann orientalische Gerüchte ergründen? Sicher ist, daß der Khedive alle Mühe aufwandte, ihre Familie ausfindig zu machen, was ihm auch gelang; denn ihr Bruder lebte am Hofe des Khediven, aber nicht im Palaste, sondern in einem abseits gelegenen, recht unscheinbaren Häuschen. Der schwarzbärtige Zirkassier litt an einem Knieübel und wurde deshalb später vom Khediven nach Wien zu mir gesandt.

Bei dieser Visite im Morgenland besuchte ich auch Prinzessin Tauchida, welche ich Jahre vorher in Wien behandelt hatte. Da ihr Stadtpalast gerade ausgebessert wurde, wohnte sie auf dem Nil in einer geräumigen Dahabije, einem Segelschiff, welches dorthin fährt, wohin der Wind es bläst. Aus dem kleinen Mädchen von damals war eine frühreife, orientalische Schönheit geworden, deren Schicksal Allah günstig gestalten möge.

Der damalige Khedive von Ägypten, Abbas Hilmi, ein wohlgenährter, untersetzter, leutseliger Herr, sprach deutlich mit angenehmem Wiener Akzent, denn er war im Theresianum in Wien erzogen worden. Über seine politische Stellung vollständig im klaren, pflegte er verbittert zu sagen: »Der erste Mann in meinem Lande ist Mr. Cook, der zweite Lord Cromer, und der dritte bin ich.« Diese Sorgen quälen ihn heute nicht mehr, ebensowenig seine Nachfolger. Allah sei ihnen gnädig!

Auf meiner Rückreise fand ich in Alexandrien das Mittelmeer in tollem Aufruhr. Trotz des denkbar schlechten Wetters schiffte sich ein Vetter des Khediven mit einer Botschaft an den englischen Hof ein. Ich beglückwünschte mich zu meiner Freiheit und kehrte der aufgeregten See den Rücken, um noch acht Tage Sonnenschein in Ägypten zu genießen.

In Wien erwartete mich viel aufgelaufene Arbeit. Ich hatte unter anderem Gelegenheit, eine Dame aus der russischen Hocharistokratie zu behandeln. Sie wollte aus verläßlicher Quelle wissen, daß die Zarewna den Wunsch geäußert habe, mich wegen des Zarewitsch zu konsultieren, der an einer schmerzhaften Hüftgelenksentzündung litt. Der kranke Knabe ließ angeblich niemanden an sich heran, und die ganze Behandlung bestand darin, daß ihn ein alter Matrose auf dem Rücken herumschleppte. Wie viele Schmerzen hätten ihm durch einen Verband, der das Hüftgelenk fixierte, erspart werden können! Aber dieses reichste Kind war schlimmer daran als das ärmste Proletarierkind in Wien, dem die sorgfältigste ärztliche Behandlung zugänglich war. Die Bemühungen der Chirurgen der ganzen Welt wären nicht imstande gewesen, an dem Schicksal dieses Kindes, vielleicht des unglücklichsten, das je gelebt hat, auch nur das mindeste zu ändern. Es kam nicht zu dieser Berufung, die in der Öffentlichkeit lebhaft kommentiert worden wäre.

Um so eifriger war ich bemüht, daß kein Wort in die Öffentlichkeit drang über meine Berufung zu einem österreichischen Erzherzog. Er hatte sich auf der Jagd im Karst den Fuß gebrochen und erwartete in Triest im Spital meine Ankunft. So lautete die Einladung, welche ich von seinem Leibarzt, einem meiner ehemaligen Schüler, erhielt. Ich nahm den nächsten Morgenzug. Aber je näher ich nach Triest kam, desto größere Zweifel stiegen in mir auf. Ich konnte mich an Namen und Person des Berufers nicht klar erinnern. In Triest nun erfuhr ich am Bahnhofe, daß ich schon im März in den April geschickt worden war; denn es befand sich damals überhaupt kein Erzherzog in Triest, weder mit gebrochenen, noch mit ganz gesunden Füßen. Diese Erkundigungen hielten mich so lange auf, daß ich keinen Wagen mehr vorfand. Auf dem Weg zum Hotel überraschte mich ein Wolkenbruch. Im Augenblick war ich bis auf die Haut durchnäßt und watete im Dreck, anstatt mich in erzherzoglichem Dank zu sonnen.

Ich hatte einige Mühe, meinen gerechten Ärger in dem herrlichen Istrianerwein zu ersäufen. Am nächsten Morgen, bei meiner Rückreise, hielt ich am Bahnhof Ausschau, um etwa einen Mann zu sehen, der mich schadenfroh beobachtete. Man glaubt nicht, wie viele boshafte Menschen es auf der Welt gibt, denen »reine Toren« immer wieder in die Falle gehen. Ich habe den Namen dieses lieben Freundes nie erfahren! Das Geheimnis dieser Berufung blieb gewahrt. Heute tröste ich mich mit der Tatsache, daß gewisse Dinge auch dem »reinsten Toren« nur einmal im Leben passieren können.

Bei meiner Winterreise auf der Suche nach Wärme und der immer wieder eigensinnig entfliehenden Sonne hatte ich oft das Gefühl, ich müsse heimkehren, um das ersehnte, milde Klima in meinem wohldurchwärmten Hause zu finden.

Dennoch machte ich von Wien aus, dieser Pforte zum Orient, auch einen Ausflug nach Indien, dem Märchenlande des Ostens, nach dem Lande, in welchem man billig, aber dafür schlechter lebt als in irgendeinem anderen Reiseland. Nach dem Lande, wo ungeahnte Armut neben groteskem Reichtum herrscht, wo man kein Wasser und keine Milch trinken, kein ungekochtes Gemüse essen darf, wenn man nicht ein Opfer der Cholera- und Pestbazillen werden will. Nach dem Lande, welches den Reisenden nur im Winter anlocken kann, da die mörderische Hitze und der von Monsunen aufgewühlte Indische Ozean im Sommer jeden Besuch erschweren. Ich durchquerte das Land von West nach Ost und von Nord nach Süd und hatte stets den Eindruck, unter Ruinen zu wandeln. Immer wieder tauchte in mir der Gedanke auf, daß die dreihundert Millionen Eingeborenen imstande wären, ihre Beherrscher ohne jede Waffe ins Meer zu treiben – wenn sie einig wären. Das wird aber niemals der Fall sein, solange sie durch religiöse Streitigkeiten und den Kastengeist zersplittert sind.

Alle Erinnerungen an diese Reisen verblaßten im Laufe der Zeit, nur der Eindruck der eisgepanzerten Himalajakette, die ich von Dhawalagiri aus bei herrlichem Wetter sah, bleibt unvergeßlich. Was bedeuten alle zerfallenen Moscheen, Mausoleen und Hindutempel gegen dieses Bauwerk der Natur! Ich war erschüttert über die Armut des Volkes, mußte jedoch seine körperliche Schönheit bewundern, besonders die tadellosen nackten Rücken der Hindufrauen. Obwohl sie durch die Gewohnheit, ihre Kinder auf der vorgeschobenen Hüfte zu tragen, die Wirbelsäule in seitlicher Abweichung halten, konnte ich doch nie eine permanente Verkrümmung (Skoliose) konstatieren. Auch hielt ich vergeblich nach angeborenen Hüftluxationen Umschau. Hingegen schienen alle Hindus, Männer und Frauen, krummbeinig zu sein. Dieses Faktum hat keine pathologische Ursache, sondern ist als Rassenfehler zu betrachten. Jedenfalls hatte ich den Eindruck, daß ein orthopädischer Chirurg hier glatt verhungern müßte.

In der Dschamna-Moschee in Delhi, der größten des Islam, wohnte ich einem mohammedanischen Gottesdienst bei. Der große Marmorhof der Moschee war mit Tausenden von Gläubigen erfüllt, die in kniender Stellung verharrten und, auf ein unsichtbares Zeichen hin sich verbeugend, mit der Stirn den Boden berührten und längere Zeit in dieser Stellung verblieben, was wohl unserem »mea culpa, mea maxima culpa« gleichkommt. Der Augenblick war ebenso feierlich, wie der Anblick tausender gegen den Himmel gerichteter menschlicher Hinterteile grotesk war.

In Indien wurde ich zum ersten Male von den Menschen an mein Alter erinnert. In Udaipur (Radschputana), wo man doch an Bärte gewohnt ist, erregte mein weißer, wallender Bart die Aufmerksamkeit der Straßenjugend. Um weniger aufzufallen, war ich genötigt, ihn zur Hälfte zu kürzen. Ein früherer Versuch, sich dieses männlichen Schmuckes ganz zu entledigen, scheiterte an der Empfindlichkeit meiner Haut gegen das tägliche Rasieren. Übrigens verurteile ich die moderne Bartlosigkeit des Mannes als eine unwürdige Verweiblichung, ebenso wie ich jede Vermännlichung des Weibes mißbillige.

Sooft ich später meine große Sammlung von Photographien aus Indien durchblätterte, fand ich, daß die Erinnerung an die meisten Erlebnisse verblaßt, bis auf ein Bild, das ich niemals vergessen habe. Zwei junge Hindus hatten ihren sterbenden Vater auf einer Tragbare zum heiligen Fluß gebracht, diese in das seichte Wasser des Ufers gestellt. Ihre Blicke hingen an dem Gesichte des Sterbenden, während sie Gebete murmelten, die mit einem Aufschrei um Gottes Gnade endeten. Die Agonie des Sterbenden schien endlos. Aber die frommen Söhne ermüdeten nicht in ihren Gebeten und heiligen Gesängen. Die untergehende Sonne tauchte die Welt in goldiges Licht, das sich auf der weiten Fläche des Wassers spiegelte. Der arme Paria hätte sich keine schönere Sterbestunde und keine besseren Söhne wünschen können!

Meine großen Eindrücke in Indien waren spärlich. Ich hatte gehofft, in Kalkutta einer Dame meine Aufwartung zu machen, an die ich einige Jahre vorher in Ottawa (Kanada) schier mein Herz verloren hatte. Lady Minto, die Gemahlin des damaligen Generalgouverneurs von Kanada, hatte gewünscht, mich kennenzulernen, als ich zu kurzem Besuche in Ottawa weilte. Sie empfing mich am gemütlichen Kamin ihres Salons, der, wie das ganze Palais des Gouverneurs, von gutbürgerlicher Einfachheit war. Die Dame des Hauses konnte als Prototyp englischer Frauenschönheit gelten, denn sie war groß, schlank, rotblond, blauäugig und hatte einen herrlichen Pfirsichteint. Die leicht geschwungene Adlernase über einem Kirschenmund war eine weitere Pikanterie. Ihr Töchterchen versprach der Mutter gleich zu werden. Lady Minto begrüßte mich mit der von mir so oft gehörten Formel: »I heard and read so much about you!« Die Dame sprach auch fließend deutsch mit einem reizvollen Akzent. Ich hatte bisher nicht gewußt, daß die deutsche Sprache so anheimelnd klingen könne. Auf meine Frage, ob sie das feuchte, aber doch wärmere Klima Englands dem beißenden Frost Kanadas nicht vorzöge, antwortete sie: »Die Frau eines englischen Beamten muß sich dort wohl fühlen, wohin er berufen wird, selbst wenn er plötzlich Kanada mit Indien vertauschen müßte.« Lady Minto hatte recht geraten; denn zur Zeit meines Besuches in Kalkutta residierte Lord Minto als Vizekönig von Indien in seinem Palaste in der damaligen Hauptstadt Kalkutta. Natürlich hatte ich das Verlangen, meine vizekönigliche Gönnerin in ihrem neuen Glanze wiederzusehen. Als ich die weiten, den Palast umgebenden Anlagen betrat, fand ich diese belebt von marschierenden englischen Truppen unter fliegenden Fahnen; dröhnende Militärmusik, scharfe Kommandorufe, rasselnde Trommelwirbel erschütterten die heiße Luft – ein Schauspiel, danach angetan, nicht nur die Seele eines armen Hindu, sondern auch die eines friedliebenden Mitteleuropäers mit Schrecken zu erfüllen. Im Palaste erkundigte ich mich nach den Formalitäten einer Audienz bei Lady Minto. Ich bin nicht sicher, ob ich die Nachricht, daß die Herrschaften zur Erholung im Gebirge weilten, mit einem Gefühl des Bedauerns oder der Erleichterung entgegennahm. Jedenfalls fürchtete ich, daß meine freundliche Erinnerung an Ottawa durch die vizekönigliche Pracht in Kalkutta getrübt werden könnte.

Auf meiner Reise nach Südindien durchquerte ich das Reich des Maharadscha von Haidarabad, jetzt Seine Majestät des Nizam von Haidarabad, der einer der reichsten Männer von Indien, wenn nicht der reichste Mann der Welt ist. Außer seinen ausgedehnten Ländereien und Palästen, seinen Aktien und Bargeld besitzt er unermeßliche Schätze an Juwelen, Perlen, Goldschmuck und goldenen Geräten. Dazu kommen die Abgaben seiner zwanzig Millionen Untertanen. Niemand sollte sich um den Nizam Sorgen machen! – Wie hätte mir damals der Gedanke kommen sollen: »Nizam von Haidarabad, du kommst mir schon noch in mei Gass'n«, wie der Wiener Jargon lautet. Das Unwahrscheinliche wurde Ereignis. Alle seine Schätze konnten den Nabob nicht vor einem Gebrechen schützen, gegen das allein die moderne orthopädische Chirurgie Abhilfe schaffen kann.

So kam der Nizam später einmal nach Wien, um Hilfe zu finden. Ich empfand es auch für mich als eine große Ehre, daß der König meinem Schüler und ehemaligen Assistenten Professor Julius Haß sein Vertrauen zuwandte. Professor Haß führte eine schwierige und delikate Operation an Seiner Majestät dem indischen König durch, und zwar mit einem Ergebnis, das für den Nizam wenigstens einen minimalen Teil seiner Schätze wert sein mußte. Ich fürchte, daß mein ausgezeichneter Schüler und Freund sich besser darauf verstand, die schwierige Operation erfolgreich auszuführen, als ein seiner Leistung würdiges Honorar dafür zu verlangen. Jedermann erhält in seinem Leben wenigstens einmal den Besuch der spröden Göttin Fortuna, aber was hilft es ihm, wenn er diesen Besuch nicht ausnützt.

Auf meiner Reise nach Ceylon wurde ich in Tuticorin einer gründlichen ärztlichen Untersuchung unterzogen, da ich mich kürzlich an Plätzen aufgehalten hatte, in denen Pest und Cholera herrschte. Dem Umstande, daß die untersuchenden Ärzte meinen Namen kannten, hatte ich die Zulassung zur Überfahrt nach Kolombo zu verdanken. Auf dem langen Landungssteg mußten die Passagiere einige Zeit warten, um von einer kleinen Barkasse zu dem weit draußen im Meere liegenden Dampfer gebracht zu werden. Gelangweilt betrachtete ich einen Korb voll Bananen von niegesehener Schönheit. Während ich in dem Korbe nach besonders schönen Exemplaren klaubte, erhoben umstehende Hindus ein fürchterliches Geschrei, wagten es aber nicht, den Sahib in seinem Vorhaben zu hindern. Ich hatte geglaubt, die Bananen seien zum Verkaufe ausgestellt, sie waren aber Eigentum eines jugendlichen, mit seinem englischen Erzieher reisenden Maharadscha. Auf das Geschrei seiner Diener eilte er herbei und wollte, von der Sachlage unterrichtet, dem genäschigen Fremden den ganzen Korb voll Bananen schenken. Höflich lehnte ich ab und begnügte mich mit einigen Proben, nahm jedoch seine freundliche Einladung, mit ihm zu speisen, gern an. Auf dem kleinen Dampfer, der in einer Nachtfahrt die Strecke nach Kolombo bewältigt, wurde ich von dem Kapitän wie ein alter Bekannter freudig begrüßt. Auf meine Frage, wieso ich zu der Ehre käme, von ihm gekannt zu sein, antwortete er: »Glauben Sie denn, wir lesen an der Südspitze von Indien keine Zeitungen und hätten einen Mann übersehen, der im Handumdrehen eine Million Dollar verdient!«

Je größer eine Lüge ist, desto schneller rollt sie um den Erdkreis. Rasch Geld zu verdienen ist nur denen erlaubt, die schon viel von dieser Ware besitzen oder Finanzgenies oder Gründungsschwindler sind. Alle Welt schreit Zeter und Mordio, wenn ein Arzt, der so viel umsonst laufen muß, einmal in seinem Leben ein gutes Honorar erhält, und macht ihn durch tausendfache Übertreibung noch schuldiger, als er es in den Augen der Menschen ohnehin ist.

In Ceylon hatte ich schon Ende Jänner unter großer Hitze zu leiden. Ich fand es in dem berühmten Kandy, trotz seines künstlichen Tees, nicht viel angenehmer und den Blick vom Pedurntallagalla zum Adams Peak für einen an Tiroler Berge gewöhnten Touristen nicht eben überwältigend. Am interessantesten war mir der Aufenthalt in dem berühmten Buddhatempel von Kolombo. Seine heiligste Reliquie, den Zahn Buddhas, habe ich nicht gesehen, wohl aber, und zwar zum ersten Male, einen wirklichen »Ölgötzen« in der Gestalt eines ruhenden Buddhas. In jeder Falte seines steinernen Gewandes, soweit er ein solches trug, hatten fromme Beterinnen ein kleines Depot aus Butter angelegt, mittels eines Dochtes ein Lämpchen improvisiert und zu Ehren Buddhas entzündet. Zu Füßen des beleuchteten Heiligen hatte sich eine junge Mutter mit zwei reizenden Kindern niedergelassen und bereitete sich aus Ingredenzien, die mir bis auf die Reiskörner unbekannt waren, eine Mahlzeit. Ab und zu beschmierte sie den Heiligen mit einer klebrigen Opfergabe, in die sie Reiskörner steckte. Ihre Lippen bewegten sich dabei ununterbrochen in stillem Gebet. Gott leiht sein Ohr den Bitten aller Menschen, welcher Religion immer sie angehören mögen, wenn ihre Gebete aus reinem Herzen kommen!

Meinen Aufenthalt in Ceylon mußte ich jählings abbrechen, da ich Symptome von Malaria, Cholera, Pest, Dysenterie, Madurafuß und anderer tropischer Krankheiten an mir zu bemerken glaubte. Wer seine Eingeweide monatelang mit scharfem Curry verbrennt und den Brand nur mit Whisky löschen kann, fängt an zu begreifen, warum so viele Menschen aus dem Westen im Osten dem Teufel Alkohol verfallen. Wer im Private-Car und mit eigener Küche reisen kann, dem wird Indien sicher sehr gefallen. Für den kleinen Mann mit beschränkten Mitteln ist Indien ein Land, das den Geist nährt, den Magen aber verderben läßt. Ich war froh, mich auf einem Dampfer des Norddeutschen Lloyd einzuschiffen, wo ich den Glanz des Orients über der guten Küche des Abendlandes leichter verschmerzte!

Alle Erinnerungen an Indien verdämmerten im Laufe der Jahre, aber die farbigen, reichgestickten Seidenvorhänge, welche ich aus dem Himalajagebiet mitbrachte, um die Torbogen der Halle damit zu schmücken, leuchten heute noch unverändert so wie vor einem Vierteljahrhundert!

XX

Weltbrand

Nicht meinen wiederholten Bitten, sondern dem Zufall, daß eine benachbarte, innere Abteilung im Allgemeinen Krankenhaus verkleinert wurde, hatte ich es zu verdanken, daß ich endlich zwei große Säle zugewiesen erhielt, in denen eine orthopädische Abteilung errichtet werden sollte. Eine schwierige Aufgabe, der sich mein Assistent Dr. Haß mit solchem Eifer unterzog, daß er als der eigentliche Erbauer des orthopädischen Institutes bezeichnet werden muß. Operationszimmer, Verbandszimmer, Warteraum, Röntgenabteilung, ein Krankenzimmer für Männer, eines für Frauen ließen nichts zu wünschen übrig. Für die Kinder wurde ein eigener Pavillon im neunten Hof des Krankenhauses gegenüber den Krankenzimmern errichtet. Für ein Gymnastikzimmer blieb leider kein genügender Raum übrig.

Von dieser neuen zweckmäßigen Arbeitsstätte nahm ich mit bitteren Gefühlen Besitz. Welche Freude wäre es fünfundzwanzig Jahre früher für mich gewesen! Für einen Mann von fast sechzig Jahren war es etwas spät, orthopädische Chirurgie auf breiterer Basis betreiben zu wollen. Niemand konnte ahnen, daß selbst diese späte Genugtuung dem alternden Manne versagt bleiben sollte, obwohl seine Schüler, die in Deutschland in großen, wohleingerichteten orthopädischen Instituten arbeiteten, ihn mit dem Titel: »Vater der deutschen orthopädischen Chirurgie« ausgezeichnet hatten.

Mein Sohn Albert, der ältere der beiden »Jährlinge«, überraschte seine Eltern eines Tages mit der Mitteilung, daß er eine junge Dame, die er gleichzeitig vorstellte, zur Frau haben wolle. Albert war ein gesunder junger Mann, so groß wie ich selbst. Er erschien mir immer als ein jugendliches Ebenbild meines eigenen Vaters. Nach seinem Doktorat der Medizin bildete er sich an einer Klinik zum Chirurgen aus, um später mein Assistent zu werden. Finanzielle Hindernisse standen dem Wunsche meines Sohnes nicht entgegen, da seine Braut selbst einer begüterten Wiener Familie angehörte. Die junge Dame war von einer sozusagen ätherischen »beauté journalière«. Einen Tag sah sie aus wie eine Rose, mit blühenden Wangen und leuchtenden, dunkelblauen Augen, den nächsten Tag glich sie einer welkenden Blume, ohne sich irgendwie krank zu fühlen. Neben ihrer Schönheit besaß das junge Mädchen einen durchaus liebenswürdigen Charakter, und ich wußte nicht, welche Einwendungen ich gegen ihre Verbindung mit meinem Sohne hätte machen sollen. Aber ich konnte das Gefühl nicht loswerden, daß ihre Konstitution irgendwie pathologisch sein müsse.

Das nächste Jahr strafte meine Befürchtungen Lügen. Elisabeth wurde stärker und blieb ein Bild der Gesundheit. Als ob die Liebe sie von einer unbekannten, rätselhaften Krankheit kuriert hätte! Die jungen Leute liebten einander zärtlich, blieben aber kinderlos. Der alte Doktor war der Meinung, daß die junge Frau zu rastlos sei. Sie war eine eifrige Automobilistin und der verläßlichste Chauffeur im Hause, obwohl diese Kunst den Damen im allgemeinen damals noch unbekannt war. Sie entwickelte sich zu einer Sportsdame, war stets bei bestem Appetit und erfreute sich ungetrübter Gesundheit. Ich bedauerte nun, meinem Sohne seinerzeit gesagt zu haben: »Bist du nicht Arzt genug, um zu sehen, daß es in der Konstitution des jungen Mädchens irgendwie fehlen müsse!« Ich freute mich nun über mein falsches Urteil. Die nächste Zukunft sollte zeigen, daß die stille Elisabeth keineswegs der Schwächling war, für den sie ihr Schwiegervater hielt, und daß sie mehr Willenskraft besaß, als mancher damit prahlende Mann.

Die Jahre zu Beginn der zweiten Dekade des zwanzigsten Jahrhunderts schienen mich auf den Höhepunkt meines beruflichen Lebens zu führen. So dachte ich wenigstens, als ich zwei gleichzeitig angekommene Briefe las. Der eine kam von Bangalore in Südindien. Ein Komitee englischer Damen hatte sich eines armen fünfjährigen Mädchens, das an angeborener Hüftgelenksverrenkung litt, mitleidig angenommen. Der Vater des Kindes war ein christlicher Hindu und Lehrer der englischen Sprache an einer Hinduschule. Das Komitee wolle das Kind zur Behandlung mit seinem Vater nach Wien schicken, wenn ich die Gelegenheit nicht versäumen wolle, »mir eine Stufe in den Himmel zu bauen«.

Der zweite Brief kam von Perth in Westaustralien. Auch hier verwendete sich ein Komitee englischer Damen für ein gelähmtes armes Kind und wollte es mit einer Nurse zur Behandlung nach Wien schicken, wenn ich es möglich machen könnte, daß die Kosten für das Komitee sich nicht erhöhten. Mit diesen zwei Briefen in der Hand konnte sich ein Arzt wohl auf der Höhe seines beruflichen Lebens wähnen, selbst wenn er jene Patienten vergaß, die schon früher aus Nord- und Südamerika, aus Afrika, Japan und Australien zu ihm gekommen waren. Umgehend antwortete ich, daß ich es als Pflicht betrachte, das mir geschenkte Vertrauen nach Kräften zu rechtfertigen, und daß ich dieses Vertrauen höher bewerte als ein reiches Honorar. Die Eskorten sollten sobald als möglich in See gehen.

Phoebe Krischna Rau Tamna Bai kam mit ihrem Vater in Genua an, gerade bevor sich das Tor zum Osten schloß. Aber das Schiff, das die indische Patientin nach Europa bringen sollte, mußte, schon auf der Reise begriffen, seinen Bug wieder heimwärts kehren, weil das Erdbeben, dessen Zentrum im Balkan lag, auch bei den Antipoden gespürt wurde und alle Welt darüber belehrte, daß es auf Erden keinen sicheren Platz mehr gibt als den zu Hause. Und dort durften nur die Kranken und Alten bleiben; denn alle Wehrhaften mußten an die Front.

Der Mord an Erzherzog Franz Ferdinand und seiner Frau in Sarajevo fiel wie ein Funke in das Pulverfaß europäischer politischer Spannungen, die sich während der letzten vierzig Jahre angehäuft hatten. Der Mord in Sarajevo war der Auftakt zur Vernichtung der alten Monarchie des Hauses Habsburg in dem Wirbel des Weltkrieges!

Eine Kriegserklärung folgte der anderen, und die ganze Welt schien in Flammen zu stehen. Was dann geschah, haben die Zeitgenossen schaudernd miterlebt.

Die Geschichte wird zeigen, was alle Einsichtigen von vornherein wußten, daß nicht ein einzelner, ob der, ob jener, den Krieg verursacht hatte, sondern alle sich in die Schuld teilen müssen. Der allgemeine Grund war die Furcht des einen vor dem andern. Frankreich und England fürchteten sich vor Deutschland und dieses vor Frankreich und Rußland, und in Österreich explodierte das Pulverfaß.

Während des ersten Kriegsjahres erinnerte ich mich oft an ein Theatererlebnis aus langvergangener Zeit. Die berühmte Wiener Soubrette Marie Geistinger hatte ganz Wien in Aufruhr versetzt durch die unglaubliche Kühnheit, als »schöne Helena« in einem von der Hüfte abwärts gespaltenen Kleid aufzutreten, so daß man ihr schönes, übrigens sorgfältig trikotiertes Bein einen Augenblick lang sehen konnte, wenn sie über die Bühne schritt. – Es war unerhört, was die Soubrette gewagt hatte! So anspruchslos waren die Männer jener Zeit. Aber ich war nicht ins Theater gekommen, um das schöne Bein einer Soubrette zu sehen – besteht doch die tägliche Beschäftigung des Orthopäden hauptsächlich in der Besichtigung weiblicher Beine –, mein Zweck war es, aus nächster Nähe drei Besucher der kaiserlichen Loge zu sehen, auf deren Schultern später das Schicksal Europas ruhen sollte. Ich übersah alle Kapriolen der »schönen Helena« und starrte mit der Respektlosigkeit eines amerikanischen Reporters auf die kaiserliche Loge, in der sich mir ein unvergeßlicher Anblick bot.

In der Mitte der Loge saß ein Mann, der jung aussah, wenn er lachte – was er häufig tat –, und alt, wenn die flüchtige Heiterkeit ein blasiertes, wie von Sorgen gefurchtes, melancholisches Gesicht hinterließ. Er trug einen dünnen flaumigen Bart, und sein Kopf zeigte Spuren von früh beginnender Kahlheit. Trotz seiner glänzenden Uniform machte er den Eindruck eines müden jungen Mannes. Das war Rudolf, Kronprinz von Österreich!

Zu seiner Linken saß ein anderer junger Mann von gänzlich verschiedenem Aussehen. In seiner enganliegenden Uniform saß er kerzengerade und nahm die Bemühungen seines Freundes, ihn mit den neuesten Wiener Anekdoten zu unterhalten, mit verbindlichem Kopfnicken entgegen, um sofort wieder seine starre »Habt Acht«-Stellung einzunehmen. Er war jung, gesund und eher schön mit seinem reichen, kurzen Haar und seinem nach oben gedrehten Schnurrbart: »Es ist erreicht!« Das war Kronprinz Wilhelm von Preußen, später Wilhelm II., Kaiser von Deutschland.

Zur rechten Seite Rudolfs saß ein blonder, wohlbeleibter junger Mann mit sparsam bestocktem Scheitel und einem kurzen Vollbart. Sein Mund schien immer bereit zu lachen und zu sagen: »Seid umschlungen Millionen, diesen Kuß der ganzen Welt« – ein Bild göttlicher Selbstzufriedenheit und guten Humors; er war nicht in Uniform, jedenfalls nicht in einem engen Waffenrock. Vielleicht trug er Marine-Uniform. Offenbar zog er eine legere, elegante Kleidung dem knappen Waffenrock vor. Das war Albert, Prinz von Wales, später König Eduard VII. von England.

Als ich das Trio studierte, kam mir der Gedanke: wenn diese drei jungen Männer sich die Hände reichen und zusammenstehen wollten, wäre der Friede Europas für lange Zeit gesichert. Selbst als Rudolf den Tod seinem Throne vorgezogen hatte, blieb meine Hoffnung unerschüttert, zerbrach jedoch in dem Augenblick, als die englisch-deutsche Flottenrivalität begann.

Die Kriegserklärung Österreichs wurde von allen Menschen als eine Katastrophe empfunden. Niemand hatte auch nur eine blasse Vorstellung davon, was ein moderner Krieg bedeutet. Man glaubte allgemein, daß zwei oder drei furchtbare Zusammenstöße der Armeen den Krieg beendigen würden. An einen Winterfeldzug wagte niemand zu denken. Man pflegte zu sagen: »Im Spätherbste werden wir schon wissen, wie der Hase läuft.« Aber der Krieg zog sich in Schützengräben, statt auf der Erdoberfläche, endlos fort. Der erste Enthusiasmus des Volkes in den Straßen erlosch bald wie Strohfeuer; denn die Härten des Krieges machten sich überall fühlbar.

Auf viele Annehmlichkeiten des Lebens mußte man verzichten. Alle Privatautomobile wurden eingezogen. Die Distanz zwischen Altenberg und Wien war verdreifacht und der Verkehr zeitweise unmöglich, wenn die Eisenbahn durch Truppentransporte verlegt war. Zu jedem Soldatenzuge, der in unserer Station haltmachte, sandte meine Frau Kaffee, Gebäck, Zigarren, Zigaretten, Salami usw. Wir wollten sechs rekonvaleszente Offiziere ins Haus nehmen. Zu diesem Zwecke mußte Proviant jeder Art angeschafft werden, wobei Tabak eine große Rolle spielte. Da diese Offiziere niemals kamen, war meine Frau für die nächste Zeit des Krieges mit Vorräten versehen, die später nicht mehr hätten angeschafft werden können, und wir waren glücklich, hiervon an Bedürftige abgeben zu können.

Mein Sohn Albert hatte zu Beginn des Krieges als Ulanenleutnant einzurücken. Er kam als fahrender Ordonnanzoffizier zur Nordfront, wo er als ausgebildeter Chirurg bald dem ärztlichen Offizierkorps zugeteilt wurde. In seinem Feldspital half seine Frau Elisabeth als Verwundeten-Pflegerin.

Im Laufe kurzer Zeit wurde mein Haus in Altenberg unbewohnbar. Es gab kein Licht, kein Wasser, keine Kohlen, keinen Wagen, und auf dem Markte war nichts zu kaufen. So übersiedelte die Familie nach Wien. Ohne den Trost der Natur schien das Leben dort noch schwieriger zu sein.

Ich hatte nun meine langersehnten Krankensäle, aber der Krieg sandte seine verebbenden Wellen bis in die verborgensten, für die Orthopädie bestimmten Krankenzimmer und überflutete sie mit verwundeten Soldaten.

Der Winter des ersten Kriegsjahres war auf seiner Höhe, und mein Sohn berichtete vom Kriegsschauplatze, wie aufopfernd seine Frau ihm zur Seite stand und sich bei den Operationen und der Pflege der Verwundeten betätigte. Sobald der Donner der Geschütze dröhnte, fuhr sie im Auto ins Feld, um bei der ersten Hilfe und der Bergung der Verwundeten mitzutun.

Eines Morgens hielt ein großes, mit Straßenschlamm überzogenes Auto vor meinem Wohnhause in der Rathausstraße. Am Lenkrad saß Elisabeth, die in ihrem Schafpelz aussah wie eine schmutzige Eskimofrau. Im Fond des Wagens lag auf Stroh und Pelze gebettet ihr Gatte Albert, abgemagert und blaß. Wir dachten an eine Verwundung, aber Elisabeth erzählte rasch, daß ihr Mann nach schwerer Arbeit in einem überhitzten Lokal sich erkältet habe und an einer Lungenentzündung erkrankt sei, wenige Tage bevor die österreichische Armee den Rückzug antreten mußte. Um der drohenden Kriegsgefangenschaft zu entgehen, hatte sie ihren kranken Mann kurzerhand in das Auto gepackt und in einem non-stop-run auf demolierten Straßen, durch den zurückflutenden Train der Armee, über die vereisten Karpaten durch Ungarn nach Wien gebracht. Nach Ansicht unseres Hausarztes hatte der Patient die Krise überstanden, während er auf holprigen Wegen im Wagen hin und her geworfen wurde. Die Tat der tapferen Frau blieb nicht unbemerkt. Neben anderen Kriegsauszeichnungen erhielt sie für tapferes Verhalten vor dem Feinde das goldene Verdienstkreuz mit Schwertern. Der Rekonvaleszent erhielt einen mehrwöchigen Urlaub und wurde dann als Chefchirurg in ein Spital an der serbischen Front berufen, wo er mit seiner Frau als Pflegerin bis zur Beendigung des Krieges verblieb.

Die kleine Phoebe aus Bangalore war mit ihrem Vater im Sommer des ersten Kriegsjahres in Wien angekommen.

Vor Beginn der Behandlung mußte sich das Kind erst an das Wiener Klima gewöhnen. Ihre schleierartigen, mit Goldflittern gezierten Hüllen mußten sehr bald durch wärmere Kleidung ersetzt werden.

Eines Tages hatte ich die Ehre, Ihre kaiserliche Hoheit, die Erzherzogin Zita, in meiner Ordination zu sehen. Ich machte sie im Vorzimmer auf meine herzige, exotische Patientin aufmerksam, die damals noch ihre malerischen Gewänder trug. Die Erzherzogin, eine Kinderfreundin, beugte sich zu der Kleinen, um sie zu streicheln. Mit einer orientalisch-hoheitsvollen Geste seines braunen Armes wehrte das Kind die Liebkosungen der hohen Frau ab. »Das Kind ist nur scheu«, entschuldigte ich. »Sie weiß gar nicht, daß sie bis zum Ende des Krieges meine Privat-Kriegsgefangene ist, sonst würde sie sich ehrerbietiger benehmen.«

Die Dauer des Krieges ließ uns Zeit genug für eine erfolgreiche Behandlung der Inderin, welche in kurzer Zeit ihr Hindostanisch gegen unverfälschten Wiener Dialekt eingetauscht hatte und eine ausgezeichnete Volksschülerin war. Sie denkt noch heute an Wien und schreibt uns fleißig in deutscher Sprache und tadelloser Kurrentschrift. In ihrem letzten Briefe teilte sie uns mit, daß sie Professor an der Universität in Bangalore ist und sich für Hindu-Dialekte spezialisiert hat.

Meine Arbeit ließ mich die Finsternis vergessen, welche über Land und Stadt lag. Gassen und Plätze waren so spärlich beleuchtet, daß man kaum seinen Weg finden konnte. Wien, die Stadt des Lichtes und der Freude, war eine Stadt der Finsternis und Trauer geworden. Mein abendlicher Spaziergang durch die Stadt führte mich häufig in verschiedene Kirchen. Dort lagen mehr Beter vor den Altären auf den Knien als in den vergessenen

Zeiten des sorglosen Friedens. Man konnte leicht erraten, um was sie Gott baten. Lagen doch Väter, Gatten, Söhne, Verlobte in feuchten Schützengräben oder vielleicht gar schon in fremder Erde! – Warum, wofür? – schien auf den Gesichtern der Andächtigen geschrieben zu stehen.

In kleinen Antiquitätenläden pflegte ich kirchliche Gegenstände, geschnitzte Engel, Tabernakel, Kelche, Monstranzen, Altartücher, Messgewänder usw. einzukaufen. Ich wußte kaum, warum. Vielleicht weil ich mich gerne an die glückliche Zeit erinnerte, da ich Kirchensänger war. Vielleicht auch nur, um mir die kritischen Abendstunden zu vertreiben und die Klagen der Händler über den schlechten Geschäftsgang anzuhören.

Und der Krieg dauerte fort. Niemand wußte, wie die Dinge standen. Jedermann war davon überzeugt, daß ihm die Zeitungen nur Lügen vorsetzten. Aber eines war sicher: mit dem alten Kaiser Franz Joseph ging es zu Ende, und mit ihm wurde auch die alte Monarchie zu Grabe getragen, mochte der Krieg wie immer enden. Dem noblen alten Herrn, dessen Person die auseinanderstrebenden Teile der Monarchie noch zusammengehalten hatte, blieb der Schmerz erspart, sein Lebenswerk vernichtet zu sehen. Der feste Glaube an sein »Gottesgnadentum« ist in ihm niemals erschüttert worden. Auch nicht in den alten Wienern, denen es keine leere Phrase war, wenn sie von der »geheiligten Person Seiner Majestät des Kaisers Franz Joseph« sprachen. Sein ganzes Leben war ein Martyrium; denn ihm ist, nach seinen eigenen Worten, »nichts erspart geblieben«.

Man könnte sagen, daß der Kaiser selbst noch im Tode Unglück gehabt hat. Hätte Franz Joseph noch zwei Jahre länger gelebt und wäre ihm der letzte Schicksalsschlag – der Zusammenbruch der Monarchie – nicht »erspart geblieben«, so würde er als gekrönter Märtyrer die tragische Figur in der Geschichte der Menschheit geworden sein.

Und der Krieg dauerte fort. Man fragte schon nicht mehr, wie lange er noch dauern würde; man vergaß alles gegenüber der Frage, wie soll man das Dasein fristen? Es wurde immer schwieriger, sich Lebensmittel zu verschaffen. Die armen Hausfrauen standen stundenlang in der Winterkälte vor den Läden Kette, um oft genug mit leerem Korbe nach Hause zu kommen. Wehe dem, der schlechte Schuhe hatte; denn Leder war nicht zu bekommen. Selbst die Lederüberzüge der Sitze in den Eisenbahnwagen waren ein Opfer der Not geworden. Ich fuhr nach Altenberg, um Kleider und Schuhe zur Verteilung zu holen. Leider hatten Einbrecher das Haus besucht und die Kleider- und Wäschekästen gründlich ausgeräumt – zur Zeit ein unersetzlicher Verlust.

Die einzige Freude bestand damals im Geben, wer hatte, der gab. Meine Patienten von nah und fern kamen mit Nahrungsmitteln, welche wir mit Bedürftigeren teilten. Es gab keinen Tabak mehr. Ich baute meinen eigenen, freute mich aber mehr an den schönen Pflanzen und ihren Blüten als an ihren Blättern, obwohl ich das Beizen derselben gelernt hatte. Ich hätte mir die Mühe sparen und ebensogut Kartoffelblätter rauchen können. Mit Kohle und Licht mußte gespart werden, die Wohnräume blieben ebenso kalt wie die Badezimmer. Als ich einmal in meiner Bibliothek ein Buch suchte und dazu ein zweites Licht andrehte, wurde ich sofort von einem Straßenspion mit Strafe bedroht.

Der Verkehr auf der Straßen- und Eisenbahn wurde gedrosselt, da es an Kohle mangelte. Und der Krieg nahm kein Ende. War der erste Christbaum in meiner

Krankenhausabteilung ein üppiges Fest gewesen, so gebrach es in der Folge an dem Notwendigsten. Ohne die Hilfe meiner Privatpatienten hätte ich einen Christbaum überhaupt nicht mehr anzünden können.

Im Gegensatz zu dem Menschengemetzel an den vier Enden der Welt stand die Sorge der britischen Regierung um Leben und Wohlfahrt eines kleinen indischen Mädchens, welches sich seit Anfang des Krieges wahrscheinlich in Wien aufhalten müsse. Ein englischer Untertan geht in keinem Winkel der Welt verloren, selbst nicht während eines erbitterten Krieges. Durch Kabel antwortete ich, daß Phoebe gesund sei und sich in angenehmer Kriegsgefangenschaft befinde.

Und der Krieg schleppte sich mühsam fort. Ich hatte seinen Ausgang für Österreich stets pessimistisch beurteilt, denn viele Hunde sind des Hasen Tod.

Mein Sohn war nach mancherlei Erlebnissen mit seiner Frau von der Südfront nach Hause zurückgekehrt. Elisabeth hatte ihre frische Jugendlichkeit und ihre blühende Farbe verloren. Sie war abgemagert, stets in gedrückter Stimmung, ohne jedoch über irgend etwas zu klagen. Sie war ein Opfer des Krieges, obwohl sie an ihm nicht teilgenommen hatte, um Leben zu vernichten, sondern um in den Verwundeten-Spitälern zu helfen, Leben zu erhalten. Endlich erfuhr ich, daß sie – kaum dreißig Jahre alt – an einer unheilbaren Krankheit litt. Und wieder hörte ich in meiner Erinnerung aus dem offenstehenden Fenster eines Schulzimmers den Chor der Kinderstimmen!

Sie verweigerte jeden Versuch, ihr zu helfen. – Und sie tat recht daran, denn der Fall war von Anfang an verzweifelt. Ein sanfter Tod überraschte sie weit früher, als man hoffen durfte!

Im Sarge lag sie schön und lieblich wie Schneewittchen, geschmückt mit ihren Lieblingsblumen, den duftigen Maiglöckchen. Ich habe den Tod niemals so versöhnlich gesehen.

XXI

Asche

Der Krieg hatte gleich einem Vulkan die Welt in Asche begraben, die am dicksten auf den Ländern der Besiegten lastete. Aber auch die Sieger hatten sich tief ins eigene Fleisch geschnitten, und es ist heute noch ihre größte Sorge, ob der bis aufs Hemd ausgezogene, völlig entgürtete, wehr- und waffenlos gemachte Gegner am Ende nicht doch noch als der Sieger aus dem Kampfe aller gegen alle hervorgehen könnte! Aber nicht nur die Furcht vor dem Besiegten, sondern auch die Furcht des einen vor dem anderen scheint bei den Siegervölkern eine traurige Erbschaft des Krieges zu sein; denn sie vergeuden den Fleiß ihrer Arbeiter, Bauern und Bürger in unsinnigen Rüstungen gegeneinander, anstatt mit ungleich geringeren Opfern die Wunden zu heilen, welche der Krieg dem eigenen Körper geschlagen hat. Diese Furcht voreinander und dieses Mißtrauen gegeneinander scheint die letzte Ursache der Kriege und eine Folge des Mißverhältnisses zwischen Zivilisation und Kultur der Völker zu sein. Unsere schöne Erde könnte eine Stätte der Freude sein, wenn die Menschen »guten Willens« wären, selbst wenn dabei ihre Technik geringere Fortschritte gemacht hätte.

Mancher hatte gehofft, daß die auseinandergefallenen Teile der alten Monarchie sich wenigstens zu einer ökonomischen Einheit wieder zusammenfinden würden – in der klaren Erkenntnis, daß die hieraus resultierende, allgemeine Wohlfahrt die gewonnene politische Selbstständigkeit nicht schädigen, sondern nur fördern müßte. Statt dessen umgaben sich die kleinen Staaten mit hohen Zollmauern und suchten ihr alleiniges Heil in dem Phantasiegebilde der Autarkie. Am schlechtesten kam dabei das kleine Bruchstück Neu-Österreich weg! Die Zollmauern in den Nachfolgestaaten erstreckten sich leider nicht nur auf die Handelsgüter, sondern auch auf die Patienten, denen man die Ausreisebewilligung versagte, wenn sie einen Wiener Arzt konsultieren wollten. »Für unsere Leute müssen unsere Ärzte gut genug sein«, bekamen sie statt eines Passes zur Antwort.

Hatte meine internationale Praxis seit dem Besuche der kleinen Phoebe einen jähen Abschluß gefunden, so stand es um die Praxis aus dem alten Österreich nicht besser. Aber nicht nur die Spezialisten, sondern auch die praktischen Ärzte gerieten von Tag zu Tag in größere Not. Wenn das Volk verarmt, bekommt es der Arzt zuerst zu fühlen, besonders wenn es sich, wie in der Orthopädie, um Krankheiten handelt, deren Behandlung nicht dringend ist und aufgeschoben werden kann. Noch zehnmal schlimmer wurde es, als die aus den Nachfolgestaaten vertriebenen deutschen Ärzte in Wien zusammenströmten. Wie sollte die mehr als verdoppelte Anzahl der Ärzte in einem verarmten und verkleinerten Volke ihr Brot finden können! – Mit Elendsgeschichten ließen sich Bände füllen.

Ich war niemals genötigt gewesen, die Zinsen meines ersparten Kapitals, geschweige dieses selbst, anzugreifen; jetzt aber, da die nackte Not an mich herantrat, waren Kapital und Renten in nichts zerflossen, und ich war auf meine alten Tage so arm wie vor vierzig Jahren, als ich meine Praxis begann.

Wenn aber der fehlende Handschuh Reichtum bedeutete, so hatte ich ihn gefunden, ja geradezu achtlos besessen, aber schmerzlich wurde mir bewußt, ihn wieder verloren zu haben. Ich war alt und wieder arm geworden. Aber das rechtfertigt noch lange nicht die Verzweiflung; denn ich konnte noch arbeiten, wenn auch die Gelegenheit hierzu immer seltener wurde.

Außerdem hatten wir ja Dinge zu verkaufen, wie es die Bedürftiggewordenen alle taten. Da aus dem Verkaufe unserer dekorativen Bilder, da sie nicht von besonderem Kunstwert waren, auch kein beachtlicher Erlös zu erwarten stand, schlug ich vor, unseren Nibelungenschatz an silbernen Tafelgeräten, die sich im Verlauf von vierzig Jahren angehäuft hatten und vielfach von dankbaren Patienten stammten, zu barem Gelde zu machen. Aber davon wollte meine Frau durchaus nichts wissen. »Haben wir früher von der Hand in den Mund gelebt, so wird es jetzt auch gehen«, war ihr Gegenargument.

Die Frage wurde durch professionelle Einbrecher, welche es nur auf das Silber abgesehen hatten, ein für allemal gelöst. Wenigstens schien es so. Aber der Schatz wurde von unseren wackeren Gendarmen in St. Andrä-Wördern mit Hilfe eines Polizeihundes in den Donauauen ausgeforscht und geborgen. Von seinem Verkauf war nun nicht mehr die Rede.

Die Lorenz-Hall blieb unverkäuflich. Der medizinische Beruf ist schuldlos an der Tatsache, daß des einen Menschen Eule des andern Nachtigall ist. Vor dem Kriege hatte ich einer vornehmen italienischen Familie ärztliche Dienste geleistet und während des Krieges das Honorar in den Rauchfang geschrieben. Zu meiner Überraschung und Freude wurde mir die beträchtliche Summe nach Friedensschluß mit vielem Dank übermittelt. Das war

Hilfe in größter Not. Wie das Unglück kommt auch das Glück selten allein. Zwei andere vornehme Familien in der Schweiz und in Italien baten um meinen ärztlichen Rat. Ohne Rücksicht auf die Kosten sollte ich die Behandlung an Ort und Stelle durchführen. Zu jener Zeit war das Reisen in Österreich eine Höllenstrafe. Die seltenen Züge nach der Schweiz wurden von den Reisenden gestürmt; wer schneller laufen konnte, hatte das Recht für sich. Mit einer Fahrkarte erster Klasse versehen, war ich glücklich, in dem Korridor eines überfüllten Wagens dritter Klasse, auf meinem Köfferchen sitzend, überhaupt Unterkunft zu finden. Die Toiletten waren von soviel Insassen dauernd bewohnt, wie in dem schmalen Raume Platz finden konnten. Menschliche Bedürfnisse mußten vom fahrenden Zug aus auf den untersten Stufen der Plattform erledigt werden. An der Grenze gab es nichts zu essen. Wohl aber wurden die Passagiere wie Vieh in einen hölzernen Pferch getrieben und dort auf Herz und Nieren und Visa geprüft.

Hatte man die Grenze überschritten, so fühlte man sich wie im Himmel. In der österreichischen Grenzstation bekam man zur Not ein Stück Brot; in der Schweizer Grenzstation wartete auf den Reisenden ein opulentes Frühstück: Kaffee, Tee, Milch, Schokolade, Honig, Marmelade, Milchbrot, Eier, Butter, Schinken. Die elenden Zeiten, die man durchlebt hatte, kamen einem hier erst recht zum Bewußtsein.

Ich pflegte meine wiederholten Reisen nach der Schweiz und nach Italien miteinander zu verbinden. In Rom hatte ich Gelegenheit, einen Salon, der durch eine historische Begebenheit berühmt ist, in einen Operationssaal zu verwandeln und durch eine Operation zu entweihen, welche für den Patienten von größerer Wichtigkeit war als das historische Ereignis. In Rom besuchte ich auch eine Patientin, an der ich vor mehr als zehn Jahren eine Hüftoperation vorgenommen hatte. Das niedliche Mädchen von damals war zu einer typischen italienischen Schönheit herangewachsen und genoß in den Hofkreisen den Ruf einer ebenso graziösen wie ausdauernden Tänzerin. Eine Tante der jungen Komtesse war die erste Dame bei Ihrer Majestät der Königin Elena, der sie wahrscheinlich von der Anwesenheit des Doktors erzählt hatte, von dem ihre Nichte mit so glänzendem Erfolge operiert worden war. Jedenfalls erhielt ich eine Einladung, mich der Königin vorzustellen. Es interessierte mich sehr, den Quirinal und seine Gemächer zu sehen, in denen einst die Päpste residiert hatten. Glücklicherweise gab es diesmal keine Einmischung von seiten des österreichischen Gesandten, denn die diplomatischen Beziehungen waren noch nicht wiederhergestellt.

Meine Erwartungen, etwas vom Quirinal zu sehen, erfüllten sich nicht, denn ich wurde sofort nach meinem Eintritt in den Palast von Wachen mit buntbefederten Dreispitzen in Empfang genommen und über einen Hof zu einem Lift eskortiert, der mich direkt zum Empfangssaal der Königin emporhob. Da ich von der grellen Sonne draußen noch ganz geblendet war, schien mir der große Saal mit seinen dichtverhängten Fenstern in vollster Finsternis zu liegen. Kaum hatte ich mich orientiert, als eine elegante »Dame in Schwarz« auf mich zutrat. Ich sah nur, daß auf ihrer Brust ein großer Ordensstern glitzerte und machte eine Verbeugung, wie sie einer Königin gebührt und sagte ehrerbietig: »Majestät hatten die Gnade –« In meiner Ansprache wurde ich durch ein helles Auflachen Ihrer Majestät unterbrochen. Meine Überraschung stieg, als Ihre Majestät meine Hand in ihre beiden Hände nahm und sie zärtlich tätschelte. Mit tiefer, wohlklingender Stimme flüsterte sie: »caro mio Dottore« – ein schwacher Lichtstrahl durch einen Schlitz der Gardinen zeigte mir ein Antlitz, würdig einer Königin! Ohne mich zu Worte kommen zu lassen und meine Hand festhaltend, sagte sie: »ma Dottore, ma Dottore, io non sono la Regina, sono la zia de la Contessa Mirande.« – Tableau! – Ich entschuldigte mich mit der herrschenden Finsternis. Meine liebenswürdige neue Freundin führte mich nun in einen anstoßenden Saal von imposanten Maßen, wo Ihre Majestät, die wirkliche Königin Elena von Italien, auf einer prachtvoll dekorierten Estrade thronte. Ihre Majestät reichte mir gnädig die Hand zum Kusse. Es war eine kräftige Hand, würdig einer Tochter des tapferen Königs der Schwarzen Berge. Obwohl nicht mehr jung, war die Königin immer noch eine auffallend schöne Frau, die ihren Ruf als Typus montenegrinischer Frauenschönheit nicht Lügen strafte.

Die Konversation war schleppend, da ich mit dem Italienischen nicht weniger als mit dem Französischen zu kämpfen hatte. Die Königin versuchte sich, mit nicht geringem Erfolge, auch im Deutschen. Sie kannte Wien, liebte Wien, hatte ihren Vater oft von Wien sprechen hören und hoffte, daß Wien wie ein Phönix aus der Asche wieder erstehen und bessere Zeiten erleben werde. Ich dankte der Königin für ihre guten Wünsche und war froh, als sie mir zum Abschied abermals die Hand gnädig zum Kusse reichte und mich mit ihrer signierten Photographie beschenkte.

Ich hatte die bestimmte Empfindung bei dieser Audienz, sehr zweifelhaft abgeschnitten und einen schlechten Eindruck hinterlassen zu haben. Wie mir aber »la zia« am nächsten Tage berichtete, war gerade das

Gegenteil der Fall. Bei der Abendtafel unterhielt sich die Königin mit ihrer Dame so eifrig über den Besuch, daß Seine Majestät der König sich veranlaßt sah, auf seine höchsteigene Gegenwart aufmerksam zu machen mit den Worten: »Wenn die Damen noch lange von dem ›Dottore‹ sprechen, so werde ich noch eifersüchtig.« Der Hofklatsch verliert kein Wort, das von den Majestäten gesprochen wird.

Obwohl mir ein Teil meines Geldes bei der Abmeldung im Menschengewühl der Präfektur gestohlen worden war, verfügte ich doch über eine nicht unbedeutende Summe, die meine Familie für einige Zeit über Wasser halten konnte. Aber die große Frage war: wie das Geld über die Grenze bringen! Erst vor kurzem war einem Senatore del Regno bei seinem Austritte aus dem Lande seine ganze Barschaft bis auf einen kleinen, erlaubten Betrag konfisziert worden. Da die italienischen Noten das einzige Geld waren, das ich in dieser Welt besaß, hatte ich alle Ursache, den Grenzübertritt zu fürchten.

Vielleicht war es ein Glück, daß ich in Mailand den Expreßzug nach meinem Schweizer Standorte Montreux versäumte und als unauffälliger Reisender in einem Lokalzug in Domodossola, der Grenzstation, den Wagen zu wechseln hatte. Mein Koffer wurde ebenso gründlich durchsucht wie meine Börse und meine Rock- und Hosentaschen. Zum Glück brauchte ich mich nicht auszuziehen. Ich hielt die zu einer Kugel zusammengeknüllten Banknoten in der rechten und linken Achselhöhle an meinen bloßen Körper gepresst und hätte jeden Versuch, mir den Rock auszuziehen, wegen eines angeblichen Schulterrheumatismus mit einem Schmerzgeheul beantwortet. Als Strafe für diese Lüge bekam ich den Rheumatismus viele Jahre später. Mit einem langsamen Zug fuhr ich noch am selben Abend durch den Gotthard nach der glücklichen Schweiz, wo ich mir wieder wie im Himmel vorkam.

Der Lebensunterhalt war von einem Spiel des Zufalls abhängig geworden, dem man die besten Seiten abgewinnen mußte. Das Abenteuerliche daran entbehrte sogar nicht eines gewissen Reizes. Der Verlust meines Vermögens berührte mich damals wenig – teilte ich doch das gleiche Los mit ungezählten anderen, die weit schlimmer daran waren, denn ich konnte arbeiten und war noch gesund. War ich wirklich noch gesund? Diese bange Frage tauchte immer wieder in mir auf. Von Zeit zu Zeit schien sich am fernen Horizont meines Lebens eine schwarze Gewitterwolke anzusammeln, aus der grelle Blitze zuckten.

Das Los der Armen und besonders ihrer Kinder besserte sich in Wien, als die großzügige amerikanische Hilfe einsetzte. Das kleine Gymnastikzimmer der orthopädischen Abteilung wurde ein Lebensmittelmagazin, gefüllt mit Speckseiten, Bohnen, Mehl, Zwieback und Kondensmilch. Auch getragene und neue Kleider, Schuhe wurden angehäuft und zur Verteilung bereitgehalten.

Meine ärztliche Tätigkeit erfuhr eine angenehme Unterbrechung durch die Verteilungsarbeit. Statt an den Patienten vollführte ich unblutige Operationen an dem amerikanischen Speck.

Ein Verteilungskomitee verfügte in regelmäßigen Sitzungen über die amerikanischen Gaben. Manche älteren Kollegen, manche Künstler, Lehrer, Landpriester, Witwen und Waisen kamen mit ihren Rucksäcken. Niemand brauchte sich zu schämen; denn alle waren arm und die Verteiler nicht die Geber, sondern nur deren Vertreter. Dem Komitee gehörte auch die verehrungswürdige Frau Marianne Hainisch an, die damals noch nicht wußte, daß ihr Sohn Dr. Michael Hainisch zum ersten Präsidenten der österreichischen Bundesrepublik gewählt werden würde und dieses hohe Amt durch acht Jahre versehen sollte. Ein anderes Mitglied war Seine Exzellenz Artur von Rosthorn, mein ehemaliger Zögling in Gurahoncz – jetzt leider »ehemaliger« Gesandter in Peking. Der Krieg hatte ihn von seinem hohen Posten herabgeschleudert und zum schlechtbezahlten Pensionisten gemacht. »My dear Arthur« war die reinste Selbstlosigkeit. Nach einer Sitzung, in der für viele hundert Dollar Lebensmittel ausgeteilt worden waren, sagte er zu mir: »Ist es nicht merkwürdig, daß Ihre Exzellenz, Frau Paula von Rosthorn, nicht ein Deka Mehl für Nockerl in der Lade hat?« – »Das ist gar nicht merkwürdig«, entgegnete ich, »wenn man ausschließlich an andere und niemals an sich selbst denkt. Wenn du dich sträubst zu fordern, was dein Recht ist, so wirst du dich dazu bequemen müssen, Lebensmittelpakete aus einer Schenkung anzunehmen, über welche ich, unabhängig vom Komitee, verfügen kann.« Zum Komitee gehörte ferner mein verehrter Freund, der berühmte Lehrer der Chirurgie, Anton v. Eiselsberg, welchem ich leider erst so spät nähertreten durfte.

In der Erinnerung scheinen mir diese traurigen Zeiten noch schrecklicher zu sein, als wir sie damals empfanden, denn geteiltes Leid ist halbes Leid. Juvat socios habere malorum.

Die Amerikaner schenkten nicht nur Nahrungsmittel und Kleider, sie halfen auch die Bibliotheken zu ergänzen und wissenschaftliche Laboratorien neu auszurüsten. Die orthopädische Abteilung hatte der Rockefeller-Foundation für einen modernen Röntgenapparat zu danken. Der Name Hoover wurde von den Wienern sehr verschieden, aber von allen mit dankerfüllten Herzen ausgesprochen.

Während sich für die Ärmsten der Armen die Verhältnisse langsam besserten, begann es in der finsteren Ecke meines Lebenshorizontes immer häufiger zu blitzen. Das Gewitter schien näher zu kommen.

Meine trüben Gedanken wurden aufgeheitert durch einen Freund meines Sohnes Konrad namens Peter Moritz. Als ich diesen eifrig in einem kleinen Büchlein studieren sah, fragte ich neugierig: »Was hast du da Interessantes, laß sehen!« Und ich las: »Introibo ad Altare Dei – ad Deum qui laetificat juventutem meam.« Mit diesen Worten beginnt der Priester die Messe, und im Nachsatze antwortet ihm der Ministrant.

»Ich will ministrieren lernen«, informierte mich Peter Moritz. »Weißt du auch, was das bedeutet: Qui laetificat juventutem meam? Ich habe es tausendmal gedankenlos gebetet, und erst heute verstehe ich den Sinn dieser Worte.« Die Jugend scheint nicht zu wissen, daß sie jung ist, sie ist sich dieses Glückes nicht bewußt. Heute müßte das Gebet für mich anders lauten: »Ad Deum qui laetificet senectutem meam, zu Gott, der mein Alter erfreuen möge!« –

Wirklich ein schönes Gebet, dachte ich bei mir. In Goldlettern auf grünem Atlas gedruckt, müßte es sich in dem schönen Barockrahmen, welchen ich seit längerer Zeit besitze, prächtig ausnehmen. Diese kleine Episode war der Ursprung unserer Hauskapelle. Ein schöner gewölbter Raum im Parterre wurde hierzu bestimmt. Alle Kirchengeräte, welche ich während der Kriegsjahre zusammengetragen hatte, wurden in künstlerischem Arrangement zum Aufbau von drei Altären verwendet, von denen jener mit den vier Evangelisten um die schöne italienische Madonna von Verochio eine Sehenswürdigkeit ist und den Pinsel jedes Malers verlocken könnte.

Kein Geringerer als mein verehrter Freund, der gegenwärtige gelehrte Abt von St. Paul, Dr. Richard Strelli, bewunderte ihn und fand an einem Christus auf dem Ölberge so viel Gefallen, daß ich mir die Freude machte, ihm das Kleinod für seine äbtliche Privatkapelle zu verehren.

Unsere Hauskapelle war nicht für religiöse Übungen bestimmt, sondern mehr ein Museum christlicher Kunst. Für meine Person zog ich es vor, Gott in der freien Natur anzubeten, aber es schien für mich die Zeit gekommen, Gott auch in seinem Hause aufzusuchen. Das Gewitter, das schon lange Zeit aus der Ferne gedroht hatte, zog immer näher. Es konnte keinem Zweifel mehr unterliegen, daß ich ein Opfer jenes Übels geworden war, welches alle Männer jenseits fünfzig gleichmäßig bedroht, mögen sie nun gute oder böse Knaben gewesen sein. Mein Alter, nicht weit von siebzig, sprach jedenfalls nicht dagegen. Es handelte sich nicht um eine konstitutionelle Krankheit, ich hörte nicht den Kinderchor aus dem offenen Schulzimmer: »Das ist – –«, sondern um eine rein mechanische Störung im Ablauf körperlicher Funktionen. Eine lebensrettende, wenn auch nicht ungefährliche Operation war notwendig geworden.

Nach so vielen Kämpfen und so viel Arbeit war die böse Trias alt, krank, arm (daß Gott erbarm) endlich erreicht. Das Problem war nun: arm, gesund, jung (gibt dem Leben Schwung) zu werden oder zu sterben. Ein Drittes Siechtum und Arbeitsunfähigkeit durfte es nicht geben, denn dazu reichten die Mittel nicht. Ich erinnerte mich mit Schrecken an meinen ersten Patienten, den alten Fürsten X. In der Aufregung der Kriegsjahre hatte ich den fehlenden Handschuh und seine Geschichte völlig vergessen. Hatte ich mich nicht in Philadelphia vor achtzehn

Jahren und noch vor kurzem gerühmt, ihn endlich gefunden zu haben! Wo war er jetzt? – Seit langem schien er wieder verloren, diesmal hoffnungslos verloren, und der andere dazu. Im Hindernisrennen des Lebens war ich in einen Abgrund gefallen, aus dem es keine Rettung zu geben schien. Ich verbannte den Gedanken an den Handschuh völlig aus dem Gedächtnis und wollte durch nichts mehr an ihn erinnert werden.

In dieser Zeit meiner größten, seelischen Depression erhielt ich einen Brief aus New York, dessen Inhalt mich bitter auflachen machte. Mußte es nicht wie ein krasser Hohn auf mich wirken, in meinem beklagenswerten Zustand nach New York eingeladen zu werden! Dort hatte sich nämlich ein Komitee zur Linderung der Not deutscher und österreichischer Kinder gebildet und mich aufgefordert, den Dank der österreichischen Kinder für die empfangenen amerikanischen Wohltaten nicht nur in Worten, sondern auch in Werken, also in der Gratisbehandlung amerikanischer Kinder zum Ausdruck zu bringen. Ich wußte natürlich ebenso genau, daß es sich dabei nur um eine schöne Geste handeln könne, und daß schon ein solcher Versuch den Beifall des amerikanischen Publikums finden würde.

Ich nahm die mich ehrende Einladung unter drei Bedingungen an: Erstens sollte das nötige Reisegeld zu meiner Verfügung gestellt werden, denn mein eigenes Vermögen reiche höchstens bis Hamburg; zweitens dürfe ich niemals an die Rückzahlung dieses Geldes gemahnt werden, da ich dazu niemals imstande sein werde. Sollte ich aber gegen alle menschliche Voraussicht zahlungsfähig werden, so würde ich meine Pflicht erfüllen. Drittens aber müsse ich nach fünf Monaten nicht nur noch am Leben, sondern auch arbeitsfähig sein. Ich ersuchte demnach um einen fünfmonatigen Aufschub und hoffte, daß ich durch eine erfolgreiche Operation dieser Bedingung werde entsprechen können.

Diese Bedingungen, so seltsam sie schienen, wurden von dem Komitee mit den besten Wünschen für meine Genesung angenommen.

Aber um Haaresbreite wäre alles schiefgegangen. Ich war entschlossen, die Operation so bald wie möglich vornehmen zu lassen. Die Karwoche als Leidenswoche Christi schien mir die geeignetste Zeit hierzu zu sein, und ich bat meinen Freund, Professor Viktor Blum, die Operation für Gründonnerstag anzusetzen, doch ersuchte er um Aufschub bis nach den Osterfeiertagen, da er selbst erholungsbedürftig sei. Dieser Weigerung Professor Blums verdankte ich mein Leben; denn ich erkrankte an einer doppelseitigen Influenza-Pneumonie, welche kurz nach einer schweren Operation leicht hätte tödlich verlaufen können. In meinen Fieberträumen freute ich mich, durch den Aufschub der Operation einer schweren Gefahr entgangen zu sein, noch mehr aber darüber, daß die Operation nunmehr überflüssig geworden war, da ich ja doch sterben würde. »Nescimus ubi mors nos exspectet.« Wir gehen oft ahnungslos am Rande unseres offenen Grabes vorüber! –

Aber der zähe alte Mann hielt durch. Es schien ihm sogar, daß die Symptome seines Leidens sich während der Fieberzeit auffallend gebessert hatten. Konnte ihn das hohe Fieber geheilt haben? Kranke Ärzte denken wie die Laien und klammern sich an jeden Strohhalm. Aber kaum war der Patient entfiebert, als die alten Erscheinungen um so heftiger wieder einsetzten. Es durfte mit der Operation nicht länger gezögert werden, und der Tag wurde festgelegt.

Die Ärzte sind nicht übermächtig erfreut, wenn sie Kollegen als Patienten zu behandeln haben, denn diese sind oft eigensinnig und glauben, alles besser zu wissen. Ich wollte nicht zu dieser Kategorie von Patienten gehören und unterzog mich ohne Widerspruch allen Anordnungen des Arztes meines Vertrauens, selbst seinem Wunsche, die Operation in lokaler Anästhesie vorzunehmen. Alle Ausnahmefälle zugegeben, ist die lokale Anästhesie bei großen Operationen für den Patienten eine mißliche Sache; denn er muß die Operation erleben, statt sie zu verschlafen. Ich wenigstens erlebte jede Phase unter Schmerzen. Beim brutalsten Akte der Operation war es jedoch mit meinem Heldenmut zu Ende, und ich flehte um Äther. Wenige Atemzüge ließen mich in ein seliges Nichts hinüberschlummern, und ich hatte kaum Zeit für den Gedanken, daß ein solcher Tod das reinste Vergnügen sein würde. Aber damit hatte es noch gute Weile. Ich erwachte, noch ehe der Verband fertig war, und nahm die Gratulation der Ärzte und meines Sohnes Albert, der mir in der schweren Stunde ein großer Trost gewesen war, stumpfsinnig und verdöst entgegen. Als aber Dr. Blum mich fragte, ob ich nicht das schöne Präparat ansehen wolle, erwachte ich blitzschnell aus meiner Lethargie und schrie entsetzt: »Den Ratten, den Ratten.«

Die ersten vier Tage nach der Operation waren keine Feiertage. Obwohl der Wundverlauf im ganzen ungestört war, verbrachte ich doch fieberhafte Nächte, in denen ich nicht wußte: »Quis, quid, ubi, quibus auxiliis, cur, quomodo, quando.«

Meine Seele schien sich von dem leidenden Körper loszulösen und, über Zeit und Raum erhaben, ewigen Fragen nachzuhängen und sie im Fluge zu beantworten.

Mein Krankenbett wurde zu einem Nachen, der von unsichtbaren Kräften durch einen Wald aus Schilfrohr gezogen wurde. Die sich an dem Kahn reibenden und brechenden schlanken Rohrhalme erfüllten meine Ohren mit einem schlürfenden Rauschen. Von Zeit zu Zeit verdichtete es sich zu einem schwirrenden Ton, als ob tausend Heuschrecken ihre Flügel wetzten. In diesem Schwirren glaubte ich deutlich die Stimme Satans zu vernehmen, der mich mit der Frage quälte, welche immer dringender wurde, je schneller der Kahn durch das Röhricht fuhr.

»Wirst bald sterben, auf dich freu ich mich schon!«

»Sehr wahrscheinlich, aber jede Kreatur muß sterben.«

»Klapperst du schon aus Furcht vor der Hölle? Hast allen Grund dazu.«

»Daß ich nicht lache! Für deine Hölle bin ich viel zu gut, wenn es einen gerechten Gott gibt, dann habe ich für den Jüngsten Tag mein Gipsbett und weiß, was ich damit zu tun habe.«

»Glaubst du, du hast den Himmel verdient, bist ewa gar einer von den neunundneunzig Gerechten!«

»Überall hin, nur nicht in den Himmel?«

»Ja warum, fürchtest du dich vor dem Himmel?«

»Es gäbe keine größere Strafe für mich.«

»Bist du ganz von Gott verlassen? Warum fürchtest du dich vor dem Himmel?«

»Weil der Himmel ewig ist, und ich als Mensch die Ewigkeit nicht erfassen und ertragen kann. Gott allein ist ewig, denn er ist die Ewigkeit. Ich habe das Gute nicht getan, um den Himmel zu verdienen, sondern weil Gutes sich selbst belohnt.«

»Du glaubst also nicht an das ewige Leben?«

»Ich glaube an die Unsterblichkeit der Grundstoffe meines Körpers.«

»Glaubst du auch nicht an die Unsterblichkeit der Seele?«

»Natürlich glaube ich daran, denn sie ist göttlichen Ursprungs und verläßt mit dem Leben den Körper, um zu Gott zurückzukehren.«

»Bist du für die Hölle zu gut, für den Himmel zu schlecht, bist du gerade fürs Fegefeuer recht.«

»Ja, ich ziehe das Fegefeuer dem Himmel vor.«

»Warum, du ausgemachter Narr?«

»Weil das Fegefeuer endlich ist.«

»Siehst du nicht, daß du dich an die Ewigkeit gewöhnen mußt. Glaubst du vielleicht, daß deine Seele nichts –«

»Apage Satanas!«

Mit einem Schlag hörte das schlürfende Rauschen des Röhrichts auf, die schrille Satansstimme verstummte, und mein Nachen zog in freiem Wasser sanft und ruhig seine Bahn.

Plötzlich fühlte ich mich an der Schulter geschüttelt, und ich hörte meine Frau wie aus weiter Ferne sagen: »Du mußt einen schweren Angsttraum gehabt haben, ich hielt es für gut, dich aufzuwecken.« Verstört sah ich mich um. »Bin ich wieder auf der Welt?« – »Sei so gut«, tröstete meine Frau, »weshalb hast du im Traum so gestöhnt?« – »Oh, ich hatte eine kleine Auseinandersetzung mit dem Teufel und habe jetzt eine viel bessere Meinung von ihm. Übrigens –«, fügte ich nach einer Weile hinzu, »wo bleibt heute mein Frühstück?« – »Das ist das erste vernünftige Wort, welches du seit deiner Operation gesprochen hast«, antwortete meine Frau. »Jetzt bist du so gut wie gesund.«

Meine Genesung machte rapide Fortschritte. Nach sechs Wochen begann ich schon wieder zu arbeiten. Ich war wieder jung geworden, wenn auch nicht an Jahren, so doch an Kraft und Unternehmungslust. Steinach schreibt den Erfolg der Sterilisation zu, welche der Operation als Sicherheitsmaßnahme vorangeschickt worden war – ich bezog ihn auf das Ende der Autointoxikation. Wie dem auch sein möge, ich war wieder gesund und arbeitsfähig geworden. Es gab keine Not mehr. Es hieß nur den Stier noch einmal bei den Hörnern packen, aber diesmal nicht zu Hause, sondern in Amerika.

XXII

Wieder in Amerika

Es war vereinbart worden, daß ich in Begleitung und unter dem Schutz des Herrn Anton Wedl, eines Mitglieds des New Yorker Komitees, die Reise nach Amerika antreten sollte. Anton Wedl war ein alter Wiener, der seit vielen Jahren als Importeur österreichischer Textilwaren in New York lebte und alljährlich nach Wien zu kommen pflegte. Seine liebenswürdige Gemahlin Magda belebte die eher ernst gestimmte Reisegesellschaft durch ihre immer fröhliche Laune, wenigstens solange wir festen Boden unter den Füßen hatten.

Steter Gebrauch, Diebstahl und die Unmöglichkeit, sich zu vernünftigen Preisen neue Kleider anzuschaffen, hatten meine Garderobe auf ein Minimum reduziert, der einzige, noch halbwegs brauchbare Anzug war von innen nach außen gewendet worden, sah aber trotzdem recht armselig aus. Da man mit geborgtem Geld doppelt vorsichtig umgehen muß, nahm ich die Einladung Wedls, bis Cherbourg sein Gast zu sein, dankbar an.

Der Eindruck, den Paris auf mich machte, führte mir neuerdings zu Gemüte, daß ich die letzten sechs Jahre in Asche gelebt hatte.

Der Luxus auf dem Ozeandampfer »Paris« und die Verschwendung mit Kostbarkeiten aller Art versetzten den aus dem Hungerlande Kommenden in berechtigte Aufregung. Die Finessen der französischen Küche waren für den an Schmalkost Gewöhnten ein strafbarer

Übermut; aber der Anblick der großen, mit weißem und rotem Wein gefüllten Karaffen, die als Zweigespann jeden Tisch zierten und mit buntem Licht übergossen, stimmte sein Urteil milder. Der offene Wein ad discretionem wirkte wie eine gastfreundliche Einladung. Es war kein »Grand vin«, nur ein gewöhnlicher Landwein, nicht dazu bestimmt, »erzogen«, sondern in seiner Heimat getrunken zu werden. Das verlieh den Flaschen besonderen Reiz.

Wie nicht anders zu erwarten, war die Seereise Mitte November alles eher denn ruhig. Wer noch nicht seekrank war, dem konnten die sezessionistischen Muster der Teppiche und Wandbekleidungen im Rauchsalon leicht dazu verhelfen. Das frohe Lachen Frau Magdas blieb während der ganzen Überfahrt in schwellenden Bettpolstern erstickt.

Am letzten Reisetag schien der luxuriöse Speisesaal einen puritanischen Anstrich zu bekommen. Die zarten Farbentöne der Weinflaschen waren dem eintönigen Weiß des Wassers gewichen. Der gebenedeite Alkohol war mit einem Schlage eine Gesetzwidrigkeit geworden. Dieser erste Gruß der Prohibition, von deren Bedeutung sich der Neuankömmling noch keine Vorstellung machen konnte, war mehr als unfreundlich.

Zu meiner großen Überraschung kannten viele ältere Reporter, die in der Quarantänestation an Bord gekommen waren, nicht nur meinen Namen, sondern auch meine amerikanische Vorgeschichte. Meine Ankunft in New York wurde von ihnen lebhaft kommentiert.

Wenige Tage »on shore« machten mir die Bedeutung der Prohibition klar. Die fette und nicht übermäßig sorgfältig zubereitete Kost verlangt einen besseren Magen, als der meinige war, wenn sie statt mit Wein oder Bier mit

Eiswasser begossen werden mußte. Für mich war nicht der Alkohol, sondern die Prohibition das Gift, welches krank machte. »The noble Experiment« hätte mich jedenfalls umgebracht, wenn ich immer ein »law-abiding Citizen« geblieben wäre. Es gereicht mir zur Genugtuung, in Wort und Schrift gegen die Prohibition angekämpft zu haben.

Dem alten Murray-Hill-Hotel hielt ich auch diesmal die Treue. Der Manager, Mr. Sanders, erinnerte sich meiner noch und wies mir ein schönes Empfangszimmer und Schlafzimmer mit Bad im Nobeltrakt des Hauses an. »Danke bestens, Herr Sanders, für mich tut es heute ein kleines Hinterzimmer ohne Bad. Diesmal bin ich ein ›Arme-Leut-Doktor‹.« Aber der freundliche Manager bestand auf seiner Meinung, daß mir wenigstens ein schönes Zimmer mit Bad an der Vorderfront des Hauses gebühre, ohne mich höher zu belasten, als ich es selbst getan hatte. Die Zeitungen nahmen von meiner Anwesenheit in New York unerwartet lebhafte Notiz. Ich war von der amerikanischen Presse immer wohlwollend behandelt worden. Der Willkomm, welcher mir diesmal von den Blättern geboten wurde, überstieg alle Erwartungen: »Lorenz comes to America as an ambassador of peace and mercy«, schrieben in Headlines die Hearst-Blätter. Eine größere Ehre als solche Titel hätte ich mir nicht wünschen können!

Es gab damals freilich noch keine Gangsterkriege, kein Lindbergh-Kidnapping, kein Bruno-Hauptmann-Trial, sonst hätte die weite Reise eines alten Mannes über das große Wasser, um armen Kindern zu helfen, kein so großes Aufsehen erregt. Ich wurde von Photographen und Reportern auf der Straße verfolgt und von den Schutzleuten (Cops) mit Shakehands willkommen geheißen. Oft streckten sie mir ihre Arme mit ineinandergelegten Händen grüßend entgegen.

Aber es war nicht alles eitel Glanz und Freude. Einige große Blätter gaben Schmähartikeln Raum, welche nicht leicht saftiger sein konnten. Ein alter Arzt in Philadelphia, der sich immer als mein Freund bekannt hatte, erklärte, er wolle mit diesem »Hunnen« nichts zu tun haben und sei niemals sein Freund gewesen, der »Ambassador« habe für die ärztliche Wissenschaft nichts beigetragen und sei höchstens ein Routinier zu nennen. Andere gute Freunde führten eine noch deutlichere Sprache: Go home teuton, we don't want you here – go home Hunn! Diese Winke mit dem Zaunpfahl nahm ich mir nicht zu Herzen. Hunnen, Zimbern und Teutonen waren ehrenwerte, tapfere Völker, außerdem schon so lange jenseits von Gut und Böse, daß sich ihre Namen schlecht zu Schimpfworten eigneten. Auch wußte ich, daß diese Liebenswürdigkeiten aus der Reihe jener Kollegen stammten, welche sich durchaus nicht mit dem Gedanken befreunden konnten, daß die Zeit des Kriegswahnsinns vorüber war. Meinem alten Freunde legte ich nahe, er möge seinen Atem nicht so unnütz vergeuden und lieber Gott dafür danken, daß er überhaupt noch Atem habe.

Es war nicht zu erwarten, daß die Ärzte sich von der Kriegspsychose völlig frei halten würden, aber es war bedauerlich, daß diese Seuche in ihren Reihen chronisch zu werden schien. Überhaupt muß zur großen Beschämung des ärztlichen Standes festgestellt werden, daß – mit rühmlichen Ausnahmen – die Ärzte aller Nationen nicht immer ihres hohen Amtes eingedenk gewesen sind, sich – unbeschadet ihres Patriotismus – als Bindeglieder der Völker zu fühlen, welche dazu berufen sind, die gemeinsamen Leiden der Menschheit in gemeinsamer Arbeit zu lindern. Entsprach es einer solchen Auffassung des ärztlichen Berufes, wenn beim Eintritt Amerikas in den Krieg amerikanische Ärzte sich gegen deutsche Kollegen wandten und die Streichung der Namen derselben aus den Ehrenlisten ärztlicher Gesellschaften veranlaßten? – Der Krieg hatte diese Maßregelung in ihren Augen offenbar notwendig gemacht.

Mittlerweile war die Frage noch immer nicht gelöst, wo ich meine Arbeitsstätte würde aufschlagen können. Das Hospital, auf dessen Gastfreundschaft ich Anspruch gehabt hätte, schlug mir die Türe vor der Nase zu mit der Begründung, ich hätte mir Methoden zu eigen gemacht, welche der ärztlichen Ethik widersprächen. Damit meinte man die spektakuläre Reklame, welche mir auf dem Fuße folgte, obwohl man sehr genau wußte, daß ich nicht den kleinen Finger gerührt hatte, sie zu entfachen.

Es ist merkwürdig, daß in dem Lande, in dem die Reklame als Wissenschaft gelehrt wird, es dem Arzt verboten bleibt, seinen Namen, z. B. wegen Abreise, Ankunft oder eines Wohnungswechsels, in den Blättern auch nur nennen zu lassen. In dieser Richtung hat sich die ärztliche Ethik in Amerika die Pikanterie geleistet, daß sich der Arzt um so sorgfältiger vor dem Publikum versteckt, je berühmter er ist – um sich zum Schlusse doch gnädig finden zu lassen.

Mittlerweile stürmten Scharen von Patienten das Murray-Hill-Hotel und füllten dessen Lobby. Der Manager wehrte vergebens ab: »Wir sind ein Hotel und kein Hospital!«

Das Vertrauen in meine Mission wurde durch Erfahrungen auf der Straße in mir lebendig erhalten. Die Jugend schien meine Angelegenheit zu der ihren gemacht zu haben, denn ich wurde auf der Straße oft von einer Schar junger Leute aufgehalten und umringt, welche mir zuriefen: »Don't worry Dr. Lorénz – the people are with you.« – Da besonders in Amerika Volkes Stimme Gottes Stimme ist, fühlte ich mich über die Frage meiner endlichen ärztlichen Unterbringung nicht weiter beunruhigt. Ein gutes Omen schien mir folgender Vorfall zu sein. Eines Morgens drängte sich ein netter, junger Mann durch die in der Hotel-Lobby wartende Menge, präsentierte sich als Doktor W. und Abgesandter des Commissioner of health Doctor Royal S. Copeland und stellte sich mir in dessen Auftrag zur Verfügung.

Nach langwierigen Verhandlungen öffneten sich mir endlich die Tore eines großen Hospitals uptown, dessen Chefarzt ein alter Bekannter war. Begleitet von meinem neuen Sekretär, fuhr ich jeden Morgen den weiten Weg dorthin – und es begannen für mich die schwersten Tage meines Lebens. In den überheizten, mit Patienten überfüllten Krankensälen wurde die Luft bald ekelerregend. Oft glaubte ich umsinken zu müssen und dem Tode nahe zu sein. Hier zu sterben, dachte ich bei mir, wäre eigentlich den Umständen angemessen. Während ich hinter einer spanischen Wand ausruhte, hörte ich folgendes Zwiegespräch zwischen zwei Ärzten: »Es ist eine Schande, wie man den alten Mann behandelt und ihn zwingt, sich hier zu Tode zu arbeiten.«

»Der old fellow soll nur arbeiten – er hat nicht mehr lang zu leben ›anyhow‹.« Was ja in der Tat schon damals ganz richtig war und heute – fünfzehn Jahre später – leider noch richtiger geworden ist.

Meine Gesundheit war noch nicht so gefestigt, wie ich geglaubt hatte. Die übermenschliche Anstrengung, verbunden mit unbekömmlicher »Eiswasserkost«, brachten mich vollständig herunter. Durch viele Tage hatte ich von Tee und Zwieback gelebt, verheimlichte aber meinen schlechten Gesundheitszustand, um meine Mission nicht zu gefährden.

Indessen wuchs die Zahl meiner Patienten von Tag zu Tag, Briefe und Anfragen kamen in Säcken, Kinderwagen erfüllten die Straßen. Die Verkehrspolizei mußte einschreiten, um Ordnung zu machen. Viele Patienten kamen von außerhalb der Stadt und konnten am selben Tag nicht wieder nach Hause zurück. Das Hospital mußte Vorsorge treffen und ein Nachtasyl einrichten, wofür ein kleines Entgelt erhoben wurde. In seinem Übereifer, meiner Sache zu dienen, traf der Chefarzt eine weitere Anordnung, die leider die entgegengesetzte Wirkung haben sollte. Er erhob für die Untersuchung und Beratung eine »Donation« für arme Wiener Kinder, im Betrage von wenigstens zehn Cent. Als sich viele Patienten weigerten, für eine freie Konsultation, wenn auch noch so wenig, zu bezahlen, wurde die Sache von den Blättern aufgegriffen und meiner weiteren Tätigkeit im Hospitale ein vorläufiges Ziel gesetzt. Da es nicht möglich war, den Gebern ihre kleinen Spenden zurückzuerstatten, wurde die geringfügige Summe dem Schatzmeister des Hilfskomitees zur Linderung der Not deutscher und österreichischer Kinder, Herrn Anton Wedl, übergeben und damit der Grundstein zu dem »Lorenz-Fonds zur Linderung der Not der Wiener Kinder« gelegt, der durch gemeinsame Anstrengungen und Geschenke später zu einer beträchtlichen Summe anwuchs. Ich war gekommen zu geben und ich empfing. So gebefreudig war man damals noch in Amerika.

Da ich nun wieder obdachlos geworden war – eine böse Sache im New Yorker Winter –, gab ich alle weitere Hoffnung auf und betrachtete meine Mission als gescheitert. Außerdem fühlte ich mich so miserabel und krank, daß mir alle anderen Widerwärtigkeiten gleichgültig wurden. In dieser kritischen Sachlage traten Frau Magda Wedl und ihr Gatte als Helfer in der Not auf den Plan und sagten: »Wir haben dich gesund übernommen, wir müssen dich auch gesund zurückbringen.« Und Frau Magda stellte sich selbst an den Herd und kochte mit süßer Butter nach Wiener Art. Ein anderer Freund, Herr Georg Semler, von dem noch die Rede sein wird, sorgte unter eigener Gefahr (die Prohibition ließ nicht mit sich spaßen) für edlen Burgunderwein, denn »etwas Wein ist gut für den Magen« sagte schon der heilige Paulus. Diese naturgemäße Behandlung hatte besseren Erfolg als die von der hohen Wissenschaft zur inneren Desinfektion vorgeschriebenen Karbolpillen. (Der bloße Name ließ mir die Haare zu Berge stehen.)

So kehrte mein Lebensmut nach kurzer Zeit zurück, und ich konnte sogar herzlich lachen, als ich erfuhr, daß mein sympathischer Sekretär, Dr. W., kein Arzt, sondern ein notorischer Schwindler war, der schon andere, weniger vertrauensselige Leute, als ich es war, hineingelegt hatte. Sein vorletztes Opfer war eine afghanische Prinzessin, welche er dem Präsidenten der Vereinigten Staaten, als falscher Marineoffizier verkleidet, vorgeführt hatte. Ich hoffe, daß der falsche Doktorhut dem hoffnungsvollen jungen Manne nicht so schwer angekreidet werden wird als sein Mißbrauch der Offiziersuniform. »Und nicht einmal Honorar hat der dienstbeflissene Sekretär von mir verlangt«, bemerkte ich zu dem entrüsteten Mr. Wedl. »Das hatte der Schwindler gar nicht notwendig«, entgegnete mein Freund. »Er war doch nicht nur dein Sekretär, sondern auch dein Kassierer bei deinen Privatpatienten.«

Weit unangenehmer als diese tragikomische Erfahrung war ein Ukas des »Board of Medical Examiners« in Albany, des Inhaltes, daß meine Tätigkeit illegal sei und daher sofort aufzuhören habe, da ich für den Staat New York keine ärztliche Lizenz besitze. Diesmal war von Verhaftung nicht die Rede, man erlaubte mir sogar die Fortsetzung meiner karitativen Tätigkeit, verbot aber streng jede Privatpraxis. Da ich von der prickelnden New Yorker Luft allein nicht leben konnte, bat ich sofort um die Erlaubnis, als nahezu siebzigjähriger Rigorosant neuerdings am Prüfungstische Platz nehmen zu dürfen. Ich bekam zur Antwort, daß man darüber beraten werde, welche Prüfungsgegenstände mir erlassen werden könnten. Ich hoffte, die Prüfungskommission würde das Examen in Form einer Dozenturprüfung abnehmen, so wie es zwanzig Jahre vorher in Chicago geschehen war. Die Prüfung machte mir übrigens keine Sorge, denn ich wußte bestimmt, daß die Prüfer so einem alten Kandidaten nicht wehtun würden. Schließlich fand die Kommission den einfachsten und besten Ausgang, indem sie meine Lizenz für Illinois auch für den Staat New York gültig erklärte. Für diesen loyalen Entscheid war ich der Kommission in Albany von Herzen dankbar.

Mittlerweile arbeitete ich in Newark mit einem meiner Freunde, Dr. K., in dem dortigen City-Dispensary. Außerdem lud mich das Kings-County-Hospital in Brooklyn ein, dort zu operieren. Es war keine leichte Aufgabe, unter dem heißen und blendenden Lichte der Jupiterlampen an den starren Klumpfüßen eines Knaben zu arbeiten; ungleich weniger belästigten mich die Kino-Operateure, welche mittlerweile ihre schmerzlosen Operationen an mir vollzogen. Der Sprechfilm war damals noch nicht erfunden, sonst hätte ich meine Handgriffe auch mündlich erläutern müssen. Der Film wurde überall in Amerika gezeigt und mit Beifall aufgenommen, ein Zeichen, daß das große Publikum meine Mission billigte.

Ein Jahr später operierte ich in Wien einen an Klumpfüßen leidenden Patienten aus dem nördlichen Chile. Auf die Frage, woher er meine Adresse habe, antwortete er: »Ich habe Sie ja in Valparaiso operieren gesehen.« Ich hoffe, daß das Resultat dieser Operation ebenso gut war, wie jenes bei dem Brooklyner Patienten, der mich 1935 besuchte und mir mitteilte, daß er in die amerikanische Marine einzutreten im Begriff sei.

Da ich jetzt mehr freie Zeit hatte, lud ich mich, diesmal ohne Vermittlung des österreichischen Gesandten, zu einer Privataudienz beim Präsidenten Theodore Roosevelt in seiner eisenumgitterten, schmalen Residenz auf dem Friedhofe von Oyster Bay (Long Island) ein. Amerikanische Friedhöfe sind, von Ausnahmen abgesehen, im allgemeinen für den Europäer ein trauriger Anblick; denn es fehlt ihnen jede Poesie, von welcher europäische Friedhöfe als würdige, stimmungsvolle Ruhestätten der Toten durchweht sind.

Trotz des massigen, aber kunstlosen hohen Eisengitters machte das Grab Roosevelts einen verwahrlosten Eindruck. Zwei kleine verwachsene amerikanische Flaggen flankierten die eine Seite des Platzes, wo das Grab unter dem flachen Rasen zu vermuten war. Die Flaggen der anderen Seite lagen vom Winde umgebrochen auf dem Boden und waren daran festgefroren. Keine verwelkten Chrysanthemen oder sonstige Blumen gaben Zeugnis von pietätvoller Fürsorge. Eine Reihe von Steinen vom Panama-Kanal erinnerten zwar an die große Tat des Präsidenten, vermittelten jedoch nicht den Eindruck dankbaren Gedenkens.

In ernster Stimmung stand ich lange Zeit vor dem abwehrenden Gitter und erinnerte mich an Roosevelts Gruß: »Are you the famous Doctor?« – Ich hätte ihm damals sagen können, daß es mich als Arzt überrasche, hinter seinem starken Kiefer einige weiße Narben zu bemerken. War er in seiner Jugend so gesund gewesen, wie er damals aussah? – Hatte er nicht durch Willenskraft und Training frühere Krankheitsanliegen siegreich überwunden? »Well Téddy«, dachte ich bei mir, »als wir uns vor vielen Jahren gegenüberstanden, hätte ich nicht geglaubt, daß ich dich robusten starken Mann überleben würde.«

Zeitgenossen haben in dieser Beziehung eigentlich nichts voreinander voraus. Der Vorangegangene kann den Nachfolgenden leicht erwarten, denn Zeit und Ewigkeit sind ihm dasselbe. Früher oder später treffen wir uns. »Omnes eodem cogimur.« Wir werden alle auf denselben Platz gezwungen, ob Kaiser, ob König, ob Präsident der Vereinigten Staaten oder nur ein gewöhnlicher Zeitgenosse!

In Sagamore-Hill machte ich Mrs. Theodore Roosevelt meinen Besuch: She was glad to see me und gab mir zur Erinnerung eine Photographie mit der Signatur »Three Generations«. Drei Theodore, Großvater, Sohn und Enkel. Mrs. R. führte mich durch das einfache, aber geräumige Haus. Das mit afrikanischen Jagdtrophäen überreich dekorierte Arbeitszimmer Roosevelts war eiskalt. »Die Kohlen sind zu teuer, um das große Zimmer zu heizen«, klagte Mrs. R. In Gedanken tröstete ich mich über die kalte Halle in unserem eigenen Hause, welche seit Kriegsbeginn aus demselben Grunde im Winter immer unter Null ist.

Da trotz meiner Lizenz die Aussichten auf Erlangung eines Arbeitsplatzes immer geringer wurden, sah ich meine Mission als definitv gescheitert an und bereitete meine Rückreise vor.

Nun trat der damalige Commissioner of health, Dr. Royal S. Copeland, als »Deus ex machina« auf die Bühne und erklärte kurzerhand: »No, you shall not got home. You shall stay here. Und ich werde Ihnen einen neutralen Arbeitsplatz verschaffen, wo Sie Ihre Patienten sehen und beraten können.« Mit echt amerikanischer Fixigkeit wurde eine Flucht von großen Räumen im Gesundheitsamt der Stadt New York für meine Zwecke eingerichtet. Um Zeit zu sparen, war die Anordnung getroffen, daß die Patienten entkleidet und nur mit einem Leinentuch bedeckt, auf blütenweiß übergezogenen Untersuchungstischen gelagert, mich zu erwarten hatten. Es waren mindestens zwanzig solcher Tische in stetem Gebrauch, und ich konnte ohne Aufenthalt von einem Patienten zum andern gehen, die Untersuchung vornehmen, und meine Diagnose sowie meinen Behandlungsvorschlag diktieren. Stenographinnen sorgten dafür, daß keines meiner Worte verlorenging, und ich hatte allen Grund, sparsam und vorsichtig mit meinen Worten zu sein, denn jeder diagnostische Irrtum konnte mir eine Schlinge um den Hals werfen.

Natürlich war es unmöglich, diese Hunderte von Patienten selbst zu operieren; ich wies sie daher an kompetente Fachärzte zur Behandlung. In besonderen, Erfolg versprechenden Fällen, empfahl ich Patienten an persönliche Freunde aus früherer Zeit, falls sie mit meinem Vorschlag einverstanden sein sollten. Ich erhielt einige Antworten, die ich mir nicht hinter den Spiegel stecken brauchte: man wolle weder meine Patienten sehen noch meinen Rat hören. Diese Antworten quittierte ich als Dank für meine Bemühungen, die Interessen der Fachärzte nicht zu stören, sondern womöglich zu fördern. Oft genug wunderte ich mich, daß so viele Patienten, denen eine einfache Operation von großem Nutzen gewesen wäre, unbehandelt geblieben waren, offenbar in der Meinung, daß nichts mehr für sie getan werden könne.

Aber was bedeutete diese gehässige Gegnerschaft gegen die Mitteilung des Gesundheitsministers Dr. R. S. Copeland, daß er zahlreiche Leitartikel aus allen Teilen des großen Landes zugeschickt erhalte, in denen ihm für die Protektion gedankt wurde, die er mir zuteil werden ließ.

Eines Tages wurde meine Tätigkeit im Gesundheitsamte in angenehmer Weise durch die Zeremonie der Überreichung der ärztlichen Lizenz für den Staat New York unterbrochen. Um mir den Weg in verschiedene Kanzleien zu ersparen, hatten die Beamten die Liebenswürdigkeit gehabt, die großen Wälzer gleich mitzubringen, in die ich meinen Namen etwa siebenmal einzutragen hatte. Die Überreichung des Dokumentes wurde obligaterweise durch photographische Aufnahmen festgehalten. Nach der umständlichen Zeremonie wurde die Arbeit wieder aufgenommen.

Vor meiner Ausreise aus Wien hatte ich mir ein Empfehlungsschreiben des Bürgermeisters Jakob Reumann an den Mayor der Stadt New York, Mr. John F. Hylan, verschafft. Um den Brief zu überreichen, suchte ich um eine Audienz nach, in der Meinung, der Höflichkeitsakt würde sich im Privatbüro des Bürgermeisters abspielen.

Ich ahnte nichts Gutes, als ich eines Tages von Doktor Victor Ridder, dem Herausgeber der *New Yorker Staats-Zeitung*, zur Audienz bei Bürgermeister John F. Hylan abgeholt wurde. Auf dem Wege downtown zur City Hall erschreckte mich Dr. Ridder durch die Mitteilung, daß es sich hier durchaus nicht um einen privaten Akt in camera caritatis handle. Ganz im Gegenteil! Die Deutschen in

New York hätten meine Audienz als die willkommene Gelegenheit betrachtet, zum erstenmal nach dem Kriege wieder korporativ aufzutreten. Der Mayor werde eine feierliche Ansprache halten und erwarte von mir natürlich eine entsprechende Antwort. »Aber das hätte ich früher wissen müssen«, entgegnete ich bestürzt. Zum erstenmal freute ich mich in New York über den dichten Verkehr, der immer stockender wird, je näher man downtown kommt. Jeden unfreiwilligen Halt benützte ich, mir Schlagworte auf meiner Manschette zu notieren, um nicht ganz im Unsicheren zu schwimmen, wenn die Reihe an mir war.

Statt im Privatzimmer des Bürgermeisters fand die Begrüßung in dem großen Festsaale der City Hall statt, der mit distinguierten Gästen, Herren und Damen, überfüllt war. Mayor Hylan, der sehr demokratisch aussah, verlas zunächst eine gespreizte, holprige Adresse, warf das Papier jedoch ungeduldig beiseite, noch ehe er mit der Lektüre fertig war, und versicherte mir in freier, fließender Rede, daß das ganze Land meinen Akt des »guten Willens« nach Gebühr schätze und billige. Er geißelte mit scharfen Worten jene Leute, welche glaubten, den »Ambassador of Peace and Mercy« als Hunnen oder Teutonen aus dem Lande treiben zu können. »I want New York to be a hospitable city«, rief er laut in den Saal – und zu mir gewendet fuhr er fort: »Don't worry Doctor Lorénz – the people are with you! Seien Sie versichert, daß von den hundertzehn Millionen amerikanischer Bürger hundertneun Millionen und neunhundertneunundneunzigtausend in dieser Beziehung mit dem Mayor von New York eines Sinnes sind.«

In meiner Antwort dankte ich dem Bürgermeister herzlich für seine Gastfreundschaft sowie für seinen »guten Willen«, meinen »guten Willen« für die Tat zu nehmen.

Ich versicherte ihm, daß kein vernünftiger Österreicher in seinem Herzen jemals ein Feind des amerikanischen Volkes gewesen sei. Ich hätte meinen »guten Willen« nicht anders denn als Arzt betätigen können. »I don't worry«, schloß ich, »as long as the people are with me!«

Reicher Applaus, vielhundertfache Shakehands, photographische Aufnahmen meiner Verabschiedung vom Bürgermeister schlossen die Feier. Als ich dem Mayor die Hand schüttelte, hatte ich die Empfindung, daß sich die Stadt Wien mit der Stadt New York verbrüderte, und war stolz darauf, als alter Mann, wenn auch mit schwachen Kräften, an dem Versöhnungsgedanken mitgearbeitet zu haben.

Einen Tag der Woche widmete ich dem City-Dispensary der Stadt Newark. Die geringe Mühe wurde vom Mayor Archibald mit einem festlichen Empfang durch die Schulkinder in dem herrlichen Rathaus der Stadt königlich belohnt. Hunderte von Schulkindern, Mädchen und Knaben, waren in der großen Halle versammelt; jedes Kind schwenkte eine kleine amerikanische Flagge. Von oben gesehen hatte man den Eindruck, es werde ein weites Tulpenfeld von einer leichten Brise bewegt. Den Anfang des Festes bildete die Absingung der amerikanischen Nationalhymne, welche von den zu Herzen gehenden frischen Kinderstimmen mit Schwung vorgetragen wurde. Daran schloß sich die Überreichung einer sehr großen amerikanischen Flagge aus schwerer Seide mit achtundvierzig handbestickten Stars auf blauem Grunde (all made in Newark). Ein riesiger Schlüssel der Stadt an seidenem Bande, eine kalligraphierte Adresse in kunstvollem Einband mit überschwenglichem Lob und Dank vervollständigte die überreichte Gabe.

Meine Dankesrede war nicht an die Honoratioren der Stadt, sondern an die Kinder gerichtet, denen ich versicherte, daß ihr Gesang mein altes Herz tief gerührt habe. Sie sollten niemals vergessen, daß sie zur amerikanischen Jugend gehören, in deren Händen die Zukunft des amerikanischen Volkes liegt, denn aus ihren Reihen werden alle großen Männer und Frauen der folgenden Generation hervorgehen. Das schöne Geschenk, die Flagge, wird einen Ehrenplatz in meinem Hause finden und mich immer an die heutige schöne Stunde und die lieben Geber erinnern. Wie viele amerikanische Gäste haben seitdem ihren Kotau vor der Flagge gemacht.

Kaum hatte ich meine Ansprache beendet, lief ich mit der Flagge, so schnell ich konnte, die Stiege hinab zum Parterre der Halle, um noch so viele Kinder wie möglich zu umarmen und an mein Herz zu drücken. Leider wurde ich auf der Stiege durch so viele Shakehands aufgehalten, daß die Kinder mittlerweile den Saal verlassen hatten, um in ihre Schule zurückzukehren. Ich empfand den Anblick des leergewordenen Raumes förmlich als Schmerz, wie einen bitteren Tropfen im Freudenbecher.

Eine große Ehre war es für mich, als mir bei dieser Feier zwei Briefe vorgelesen und überreicht wurden. Woodrow Wilson, Expräsident der Vereinigten Staaten, schrieb unter anderem: Er sende mir zum Empfang der Flagge seine herzlichsten Grüße und bedauere, daß er mich nicht wie die anderen Bürger der Stadt Newark persönlich willkommen heißen könne. Er versichere mich seiner und des amerikanischen Volkes Hochachtung und Wertschätzung.

Warren G. Harding, der Präsident der Vereinigten Staaten, schickte mir einen Brief, der mich hoch erfreute, weil er den eigentlichen und wichtigsten Zweck meiner

Mission in klares Licht stellte. Der Präsident schrieb unter anderem: »Ich empfinde es tief, daß Dr. Lorenz durch seinen Besuch unseres Landes und durch sein humanitäres und karitatives Wirken viel zur Anbahnung der freundlichen und sympathischen Beziehungen beigetragen hat, welche so lange Zeit zwischen seinem und unserem Lande geherrscht haben und deren vollständige Wiederherstellung in einer neuen Ära des Friedens wir alle so herzlich wünschen.«

In der Tat bestand der letzte Zweck meiner Mission darin, die gegen den Willen jedes vernünftigen Österreichers zerrissene Verbindungskette auf dem einzigen mir möglichen Wege ausbessern zu helfen.

Daß diese Mission gelungen war, wurde mir somit von niemand Geringerem als von zwei Präsidenten der Vereinigten Staaten schwarz auf weiß bestätigt. Wer kann mich der Unbescheidenheit zeihen, wenn ich auf die Anerkennung von so kompetenter Seite stolz bin. Jener 1. Februar, dessen wolkenloser Himmel der erste Vorbote des noch fernen Frühlings zu sein schien, gehört zu den glücklichsten meines Lebens.

Mittlerweile war der Schatzmeister des Lorenz-Fonds, Mr. Wedl, durch Aufrufe eifrig bemüht, kleine, aber zahlreiche Beiträge zu sammeln. Ich half nach Kräften mit populären Vorstellungen über orthopädische Probleme, welche ich durch Vorführung interessanter Filme verständlicher und anziehender zu machen suchte.

Bei einer besonderen Gelegenheit war mein Vortragssaal die aus Holz gebaute, heute durch einen monumentalen Steinbau ersetzte Halle einer Methodisten-Episcopal-Church, deren Pastor, Reverend R., mich eingeladen hatte, vor seiner Gemeinde einen Vortrag über Östcrrcich und dessen Not zu halten. Von dem Ertrag sollte ein Teil den Notleidenden in Wien zugutekommen. Um dem amerikanischen Publikum eine Vorstellung von Neu-Österreich gegenüber der altösterreichischen Monarchie zu geben, hatte ich Frau Maria Straus, eine renommierte Künstlerin, die Gattin eines meiner Assistenten, veranlaßt, auf zwei großen Kartons die Grenzlinien des neuen und alten Österreich einzuzeichnen. Die Riesenfläche des letzteren war von der Figur der Kaiserin Maria Theresia im Krönungsmantel eingenommen. Ihren Kopf umrahmte das frühere Kronland Böhmen; ihr durch ein Zepter verlängerter linker Arm reichte durch Galizien zur Bukowina und umfaßte, wie zum Schutze, den Bogen der Karpaten, ihre rechte Hand zeigte gegen Oberösterreich, Salzburg und Tirol. Bei einiger geographischer Nachsicht konnte Wien in der Herzgegend der Monarchie angenommen werden; ihre kostbare Robe überdeckte den Raum der südlichen Provinzen, und der Saum ihres Gewandes badete sich in der blauen Adria und reichte bis zu den Bocche di Cattaro.

Auf dem anderen Karton waren die Grenzen Neu-Österreichs eingezeichnet. Ohne viel Phantasie erkannte man sie als Umriß eines Automobilkastens mit der Motorhaube an der Vorderseite. Aber es fehlt der Motor und es fehlen die Räder. Statt der stolzen Kaiserin sitzt in dem engen Raum des Wagenkastens eine in schwarze Lumpen gekleidete, abgezehrte Frau gebeugten Hauptes, mit krummem Rücken und gefesselten Händen, welche sie wie schutzflehend nach Westen hin erhebt. Ihre ausgestreckten Beine finden kaum noch Raum genug unter der Motorhaube, welche das enge Inntal, den kargen Rest des einstigen Tirols, andeuten sollte, mit ihren Zehenspitzen erreicht die Gefesselte gerade noch den Bodensee.

Diese beiden Kartons waren über der Rednertribüne an der Wand befestigt und erweckten im Publikum offensichtlich Zweifel über ihre Bedeutung. Da ich früher wiederholt die Erfahrung gemacht hatte, daß Austria und Australia in Amerika zuweilen miteinander verwechselt werden, hatte ich es für richtig gehalten, mich für meinen Vortrag mit improvisierten Landkarten auszurüsten. Zu Beginn fand eine Art Konzert statt. Es wurden Lieder gesungen, denen ich nicht anmerken konnte, ob sie heilig oder profan waren. Zu meiner Überraschung wurden einige zuerst gesungen und dann – gepfiffen. Ich habe noch niemals so viele Menschen gleichzeitig pfeifen gehört und muß zugeben, daß Amerikaner sich auf das Pfeifen ausgezeichnet verstehen. Die Melodien klangen rein und wurden mit Gefühl gepfiffen! – Nach dem Konzert wurde ich dem Publikum als Sprecher des Abends vorgestellt und freundlich begrüßt. Ich fühlte es als meine wichtigste Aufgabe, die Herzen der vielen anwesenden Frauen zu gewinnen, um ihre Gebefreudigkeit anzuspornen. So begann ich ihnen von meiner Jugend zu erzählen, wie ich schon als Knabe gerne »Altar« gespielt hatte und später Ministrant und Kirchensänger gewesen war. In einem Kloster erzogen, hatte ich den Wunsch, Priester und Seelsorger zu werden. Meine Knabenträume reichten sogar höher hinauf – ich wollte später einmal Abt des Klosters werden. Statt dessen hatte das Schicksal mich dazu bestimmt, nicht die Seelen der Menschen, sondern ihre Glieder gerade zu richten; denn nur wenigen Menschen ist es vergönnt, ihr Schicksal selbst zu bestimmen, in der Regel bleiben sie dessen Spielball. Nun aber hatte es den Anschein, als ob mein Fatum mir den Traum meiner Jugend nicht gänzlich vorenthalten wolle. Ich mußte allerdings fast siebzig Jahre alt werden, ehe ich wie ein

Priester auf der Kanzel stand, um das oberste Gebot der christlichen Religion, die Nächstenliebe, zu predigen. Ich bat um die Erlaubnis, den Gläubigen eine kleine Lektion in Geographie zu geben, und erklärte zur allgemeinen Erleichterung die Bedeutung der rätselhaften Kartons. Der Vergleich der Kaiserin mit der halbverhungerten Bettlerin machte augenscheinlich Eindruck. Als Zeichen einer schweren inneren Erkrankung hatte die Bedauernswerte außerdem einen übergroßen Kopf, manche nennen ihn Wasserkopf und verlegen ihn, abermals mit geographischer Nachsicht, nach Wien. An der Lebensfähigkeit dieser todsiechen Frau sei zu zweifeln, wenn die Welt ihr nicht zu Hilfe komme. Sodann schilderte ich die in Wien herrschende Not an vielen selbsterlebten Beispielen. Ich hatte die Herzen gewonnen und die Schnüre der Geldbeutel gelockert. Meine Zuhörerinnen waren keine Millionärsgattinnen, aber sie gaben alle, und das Sieb, mit dem ihre Beiträge gesammelt wurden, füllte sich mit einer stattlichen Summe.

Von Mr. Conzens, dem damaligen Mayor von Detroit, einem Freunde des Mr. Copeland (beide sind gegenwärtig United-State-Senators), wurde ich eingeladen, in seine Stadt zu kommen und dort Kinder zu untersuchen. Bei meiner Ankunft wurde ich von Abgesandten des Bürgermeisters feierlich empfangen. Meine Tätigkeit begann mit einem opulenten Frühstück, eine Arbeit, die, von guten Reden begleitet, munter fortfloß, aber bald einer ernsteren Beschäftigung Platz machte. Ich sah in Detroit wohl an zweihundert hübsche Kinder, deren Eltern offenbar der Meinung gewesen waren, daß es für ihre Lieblinge keine Hilfe mehr gäbe. An einigen interessanten Fällen operierte ich selbst und hatte durch meine dringende Mahnung an die Eltern, ihre Kinder der ärztlichen

Behandlung zuzuführen, abermals Gelegenheit, die Interessen der lokalen Ärzte zu schädigen.

Von meiner Tätigkeit im Hospital wurde ich wiederholt durch dringende Einladungen abgerufen, um älteren Schulkindern in verschiedenen Klassen »just Hallo« zu sagen. Ich fürchte, daß meine improvisierten Speeches nicht immer sehr gelungen waren, aber damit nahm es die Jugend nicht zu genau; um so eifriger ging sie auf das »Shakehands« aus. Für »signatures« gebrach es leider an Zeit. Die Jugend ist überall herzerfreuend.

Ein Besuch des Ford-Hospitals sowie der Ford-Automobilwerke war eine selbstverständliche Pflicht. Das Ford-Hospital gehört zu den besteingerichteten Krankenanstalten Amerikas. Die Tagespreise sind nach unseren Begriffen allerdings ziemlich hoch. Da Fordfather nach Washington verreist war, hatte Edsel, der Ford-son, meine Führung im Spital übernommen. Nach der Besichtigung nahm ich an einem Lunch im Speisesaal teil. Sosehr ich die monumentale Küche des Hospitals bewundert hatte, so enttäuscht war ich von ihren Darbietungen. Edsel und die übrigen Gäste aßen mit sichtlichem Appetit, und ich verfluchte den heiklen Wiener Gaumen, der vielen Phäaken in der Fremde so übel mitspielt, doch war die Küche durch das Eiswasser entschuldigt. Auf Edsels herzliches Willkommen antwortete ich beiläufig folgendes: »Ich bin nicht sicher, ob ich vor zwanzig Jahren bei meinem ersten Besuch in Amerika den Namen Henry Ford nennen gehört habe. Heute gibt es keinen Schuljungen in ganz Amerika, der nicht den Namen Henry Ford kennte, und nicht in den Eingeweiden des Ford-car Bescheid wüßte. Aber Amerika ist lange nicht groß genug für Henry Ford, dessen Namen der ganzen Welt nicht nur als solcher bekannt ist, sondern als ›Ford-ismus‹ ein wissenschaftliches Programm bedeutet. Der schöpferische Geist Henry Fords hat nicht nur einen der besten und billigsten Autotypen der Welt, sondern auch eine neue Organisation der Arbeit geschaffen, indem er sein Werk auf wissenschaftlichen Prinzipien aufbaute und so zum Lehrer der industriellen Welt wurde. Aber nicht nur durch seine Erzeugnisse, sondern auch durch seine hohe Ethik als Arbeitgeber erfüllt Henry Ford die Welt mit seinem Ruhm. Sein Prinzip ist der Weg der Versöhnung zwischen Arbeitgeber und Arbeitnehmer, deren Interessen nun einmal untrennbar miteinander verbunden sind. So ist Ford auch in dieser Beziehung der ganzen Welt zum Beispiel geworden. Schade, daß Henry Ford nicht in New York lebt«, fügte ich zum Schlusse scherzhaft hinzu, »denn er würde das schwierige Verkehrsproblem durch eine Extension Manhattans in die Upper-Bay schon längst gelöst haben!«

Edsel dankte im Namen seines Vaters, dem er genauen Bericht über meinen Besuch erstatten wolle.

In der Fordfabrik sah ich, was ich schon oft gelesen und gehört hatte, war aber doch verblüfft über das laufende Uhrwerk, das, von Tausenden von Händen bedient, ein fertiges Auto nach dem andern aus dem offenen Tore mit eigener Kraft in die Welt hinausfahren ließ. Die neugierigen Besucher wurden von den Arbeitern wie Luft behandelt; wer auf sie nicht achtgab, hatte sich für unsanfte Rippenstöße zu bedanken, mochte er Ford junior oder ein lästiger Gaffer sein. Nicht weniger interessant als die lärmende Fabrik war das stille, höchst einfache, aber lichtdurchflutete Arbeitszimmer Henry Fords. Hier wurde der Fordismus geboren, der am laufenden Band sein rastloses Leben führt.

Ich erhielt von Henry Ford einen sehr schmeichelhaften Brief, den ich als seltenes Dokument bewahre. Unter anderem heißt es darin: »Ich muß sagen, daß ich für Ihre Persönlichkeit und Ihr Werk große Bewunderung empfinde. Ich bin der Meinung, daß Ihr Besuch in unserem Lande einen großen Einfluß hat auf das menschliche Verstehen zwischen den Nationen. Unser Volk hat Ihre Gesinnung und Ihr eifriges Eintreten für den Frieden verstanden, und ich bin sicher, Sie haben viele Beweise von der Gegenseitigkeit Ihrer Wünsche erhalten. I hope yet to be able to meet you and talk with you face to face. Sincerily your's Henry Ford.«

Der Brief Henry Fords war für mich eine neue Genugtuung, denn er bestätigte ebenso wie Präsident Harding die Tatsache, daß mein Besuch in Amerika einen guten Einfluß auf die Beziehungen zwischen den USA und meinem eigenen Vaterlande gehabt hatte.

Meine medizinischen Visiten in Trenton und Buffalo waren ebenso erfolgreich wie mein Besuch in Detroit. Es ist mir in lustiger Erinnerung geblieben, daß ich an einem dieser Orte unter Vorsichtsmaßregeln, welche bei Diebesbanden üblich sind, durch eine Hintertür in das Trinkstübchen einer großen Brauerei geführt wurde, um dort das Glas »real-beer« zu erhalten, ohne eine Razzia fürchten zu müssen. Heute lacht darüber jede Kuh in Amerika, aber damals war es durchaus nicht zum Lachen, stand doch Todesstrafe auf einem dreimaligen Verstoß gegen die Prohibition.

XXIII

Wangengrübchen und Schadenersatzklagen

Ich wurde in Amerika nicht nur als Knochentischler, sondern auch als Verschönerer der weichen Teile des menschlichen Körpers, vor allem des Gesichtes, zu Rate gezogen.

Unter den vielen einschlägigen Anfragen ist der Brief eines jungen Mädchens bemerkenswert, das eigentümliche Anschauungen über die Aufgabe der Chirurgie zu haben schien: sie habe nur in einer Wange ein Grübchen, während ihre Zwillingsschwester sich an beiden Wangen eines Grübchens erfreue. Sie wäre überglücklich, ihrer Schwester völlig ähnlich zu sehen, selbst bis auf die Zahl der Wangengrübchen. »Mother dear« sei bereit, dreihundert Dollar für das fehlende Wangengrübchen zu opfern. Sie sei ganz sicher, daß Doktor Lorenz ihren Wunsch gerne erfüllen werde.

Es ist merkwürdig, aber wahr, daß Schönheit sich oft mit Dummheit verbindet. In diesem Falle müssen »Mother dear« und ihre Zwillingstöchter von ganz ungewöhnlicher Schönheit gewesen sein. Ich antwortete, daß die Chirurgie nicht immer glatte, sondern oft auch eingezogene Narben macht, welche aber weniger schön aussehen wie die natürlichen Wangengrübchen und der schönen jungen Dame wahrscheinlich nicht gefallen würden; ein solches Grübchen, wie sie es wünsche, könne nur der liebe Herrgott schaffen, der sich diesmal in der Austeilung seiner kleinen Beigaben geirrt haben muß. Aber »Mother dear« wäre leicht imstande, manches verschwundene Grübchen in den abgezehrten Gesichtern unterernährter Wiener Kinder wieder erscheinen zu lassen, wenn sie einen Teil des für das Grübchen bestimmten Geldes als Beitrag für den »Lorenz-Fonds« stiften würde. »Mother dear« war offensichtlich enttäuscht und hat dieser Einladung keine Folge geleistet. Ich bezweifle, daß die dumme Schönheit einen Chirurgen gefunden hat, der dumm genug gewesen wäre, das Experiment zu wagen.

Im Dienste der Schönheit allein, die übrigens oft mißverstanden wird, verliert die Chirurgie ihre Würde. Ein altes Gesicht durch Ausschneidung von Hautzwickeln in die Höhe zu ziehen und ihm dadurch ein starres, unnatürliches Grinsen aufzuzwingen, macht das Alter lächerlich und beraubt es seiner ihm eigenen Schönheit. Würdevolle alte Gesichter mit ihren durch die Zeit eingegrabenen Furchen und Runzeln sind oft schöner, als sie es in der Jugend waren. Mißlungene Schönheitsoperationen können Anlaß zu Schadenersatzklagen geben. In solchen Fällen verdienten nach meinem Empfinden Kläger und Beklagte die gleiche Strafe.

Auch bei seiner gewöhnlichen, ehrlichen Arbeit hängt über dem Haupte jedes Chirurgen das Damoklesschwert einer Schadenersatzklage. Der orthopädische Chirurg ist in dieser Beziehung noch schlimmer dran, denn das über seinem Haupte dräuende Schwert ist schärfer und hängt an einem dünnen Faden. Der orthopädische Patient fühlt sich zu der Forderung berechtigt, seine höchsten Hoffnungen erfüllt zu sehen. Fühlt er sich enttäuscht, so läßt er gegen den ahnungslosen Arzt seine Klage los; besonders dann, wenn es sich – wie es in der Orthopädie so häufig der Fall ist – um eine Operation handelt, die nicht unbedingt notwendig war und ebensogut hätte unterbleiben können.

Der geschickteste Eiertänzer muß notwendigerweise dann und wann ein Ei zertreten, und dem gewissenhaftesten und geschicktesten Operateur kann ein Versehen unterlaufen, abgesehen davon, daß er die Verantwortung auch für jeden noch so entschuldbaren Fehler seiner Assistenten zu tragen hat. Der Chirurg muß gegen Unfälle in seiner Tätigkeit hoch versichert sein, um in seiner schweren Arbeit nicht durch die Sorge bedrückt zu werden, ein böser Zufall könnte ihm eine Schlinge drehen und ihn finanziell ruinieren.

Trotz aller meiner Vorsicht sah ich mich von Schadenersatzklagen bedroht, deren Forderungen mehr als eine halbe Million Dollar betrugen. Den krassesten Fall dieser Art erlebte ich in New Jersey. Eines Tages drückte mir im Hospital ein Mann einen Bogen Papier in die Hand. Es war eine Schadenersatzklage auf 450 000 Dollar. Ein gleichhoher Anspruch wurde an meinen Mitarbeiter Doktor X. gestellt. Ich wunderte mich darüber, daß der Patient seine Ansprüche nicht auf eine Million aufgerundet hatte.

»Aber ich kenne den Mann ja gar nicht und habe ihn niemals gesehen«, rief ich empört aus. »Sie haben ihn nicht nur gesehen, sondern auch beraten und im Mai operiert«, war die Antwort des Überbringers der Klage. Ich lachte ihm ins Gesicht, denn am Tage der Operation war ich gar nicht in Amerika, sondern in Neapel. In Wahrheit hatte ich den Patienten ein einziges Mal gesehen, aber nicht untersucht, sondern seinen Fall mit seinem Arzte besprochen. Das genügte, um mich in den Prozeß zu verwickeln. Der Patient beklagte sich, daß er nach der Operation schlechter sitzen könne als früher. Da er sein Auto selbst fahre, fühle er sich sehr behindert.

Winterpraxis in New York City: Adolf Lorenz und vor ihm sitzend Sohn Albert mit Fachkollegen und medizinischem Personal in den 1920er Jahren.

Hätte ihn sein Arzt vor der Operation befragt, ob er es vorziehe, bequemer zu sitzen oder aufrecht zu stehen und zu gehen, so hätte er die Streckung der fluktierten Hüfte wahrscheinlich unterlassen.

Ich hatte große Mühe, durch ein Zeugnis der italienischen Schiffahrtsgesellschaft mein Alibi zur Zeit der Operation nachzuweisen, denn die Anwälte nahmen die Klage sehr ernst.

Zum Schluß gelang es, den Patienten davon zu überzeugen, daß er eigentlich gar keinen Schaden erlitten habe, denn das unbequeme Sitzen sei durch seine gerade Haltung beim Stehen reichlich aufgewogen.

In einem anderen Schadenersatzfall kam ich nicht so glimpflich davon. Ein Mann aus Ungarn in mittlerem Lebensalter suchte meine Hilfe wegen seiner stark nach vorn gebeugten Haltung. Auch sein Kopf war vornübergesunken und in dieser Haltung fixiert, so daß er niemandem ins Gesicht sehen konnte. Es handelte sich um einen Fall von progressiver Ankylosierung der Wirbelsäule – ein Krankheitszustand, der damals noch wenig bekannt, jedenfalls noch nicht gründlich studiert war. Die Rücken- und Halswirbelsäule bildeten einen absolut starren, nach hinten konvexen (kyphotischen) Bogen. Hingegen zeigte die Lendenwirbelsäule noch ziemliche Beweglichkeit. Es lag der Gedanke nahe, der Lendenwirbelsäule ihre normale lordotische (gekrümmte) Haltung (Konkavität nach innen) wiederzugeben, um dadurch die Kyphose der Brust- und Halswirbelsäule wenigstens teilweise zu kompensieren und dem Patienten somit eine aufrechte Körperhaltung zu ermöglichen. Es gelang ohne große Mühe, die Lendenwirbelsäule in eine lordotische Haltung zu bringen und so durch ein Gipsbett zu fixieren. Die Folgen dieser leichten Operation waren geradezu entsetzlich. Nicht nur beide Beine, sondern auch Blase und Mastdarm waren völlig gelähmt. Es konnte keine Rede davon sein, daß ich etwa die Lendenwirbelsäule gebrochen hätte, denn dazu wäre ein starker Mann nicht kräftig genug gewesen. Ich hatte das »Redressement« mit größter Vorsicht und Schonung ausgeführt. Es konnte sich nur um eine Blutung aus den zahlreichen, morschen knöchernen Exkrescenzen (Exostosen) in den Rückgratskanal handeln, wodurch das Rückenmark einen Druck erlitt und mit Einstellung seiner Funktion antwortete. Meine Prognose lautete absolut günstig – nach Resorption des Blutes werde die Lähmung wieder verschwinden. Das Röntgenbild zeigte nicht die geringste Knochenverletzung. Der supponierte Blutknochen wurde durch das Röntgenbild natürlich nicht zur Anschauung gebracht und meine Prognose als optimistisch bezweifelt. Es war selbstverständlich mit einer langen Krankheitsdauer zu rechnen. Der bedauernswerte Patient wurde ungeduldig, und seine Frau drohte mit einer schweren Schadenersatzklage. Ich verwies sie auf das Gericht, versicherte ihr aber, daß dieses keinen Sachverständigen finden werde, der mir eine Schuld beimessen könne. Hingegen wäre ich bereit, ihr freiwillig eine gewisse, nicht unbedeutende Summe als Schadenersatz zu zahlen, und zwar die eine Hälfte sofort, die andere Hälfte nur dann, wenn der Patient nach Ablauf eines Jahres nicht wieder gesund geworden wäre. Ich war froh, den Kranken aus den Augen zu haben. Die Nachrichten über sein Befinden lauteten immer hoffnungsloser. Das Wartejahr näherte sich seinem Ende, ohne daß der Zustand des Patienten eine Besserung zeigte. Es blieb mir nichts übrig, als meinem Versprechen nachzukommen und auch die zweite Hälfte der Schadenersatzsumme zu bezahlen. Kurze Zeit später begegnete mein Sohn Albert einem Freunde aus der gleichen Stadt, in der auch mein Patient wohnte. Dieser Freund gratulierte ihm zu dem schönen Erfolge, den sein Vater an jenem Manne erzielt habe, denn dieser könne jetzt ziemlich aufrecht gehen. Das Wunder der plötzlichen Heilung war der Zahlung der zweiten Hälfte der Schadenersatzsumme zuzuschreiben. Ich hatte zwar keinen Fehler bei der Operation, aber einen um so größeren in der Nachbehandlung des Patienten begangen: ich hätte ihn seine Klage einbringen lassen und ihm nach meinem Freispruch aus freien Stücken eine Entschädigung bezahlen sollen, falls er nicht wieder gesund geworden wäre. Man lernt niemals aus. Ein berühmter Wiener Chirurg (von Dittel) aus der alten Schule pflegte die Situation des Operateurs im allgemeinen in folgender Weise drastisch auszudrücken: »Der

Chirurg steht immer mit dem einen Fuß im Kriminal, mit dem andern in seinem eigenen Grabe.«

Einen anderen interessanten und lehrreichen, aber auch tragikomischen Fall brauche ich heute nicht mehr zu verschweigen. Er hätte mir zu einer Zeit, in der ich noch nicht versichert war, eine schwere Schadenersatzklage eintragen können, kam mir aber auch ohne eine solche teuer genug zu stehen. Eine berühmte, auf der Höhe ihrer Erfolge stehende Künstlerin – nenne wir sie Madame Octave – konsultierte mich wegen eines Fehlers an ihren Beinen, der bis zur Stunde dem Publikum ein sorgfältig gehütetes Geheimnis geblieben war, da sie es bisher vermieden hatte, in Hosenrollen aufzutreten. Ihr heißer Wunsch, den »Fidelio« zu singen, scheiterte an ihren X-Beinen, welche sie in dieser Rolle schutzlos hätte zur Schau stellen müssen. Es war ihr unbedingter Wunsch, daß auch ihre äußere Erscheinung ihrer künstlerischen Leistung entsprach. In biologischer Beziehung gehörte die Dame zu jenem Menschentypus, für den X-Beine geradezu charakteristisch sind. Ich machte die Künstlerin darauf aufmerksam, daß die Korrektur solcher X-Beine eine ziemlich eingreifende Operation erfordere, die zwar nicht lebensgefährlich sei, aber eine langwierige Nachbehandlung erfordere, um die Beweglichkeit der Kniegelenke zu sichern. Übrigens sei ihr Fehler nicht so schlimm, tröstete ich die Dame, und könnte durch einen Kunstgriff maskiert werden. »Es handelt sich bei mir nicht um die Schönheit allein«, entgegnete die Patientin, »sondern um die großen Schmerzen, welche ich bei längerem Stehen erdulden muß.« Das änderte die Sachlage, denn nunmehr schien die Operation erforderlich. Ich gab der Dame eine Adresse einer Lehrerin in Ungarn, an der ich aus demselben Grunde vor längerer

Zeit die gleiche Operation ausgeführt hatte; dort könne sie sich alle Informationen über die Behandlung verschaffen. Ich hoffte, die Lehrerin werde die Operationslust der Madame Octave abkühlen. Aber das Gegenteil war der Fall. Die ehemalige Patientin war von dem Resultat ihrer Operation entzückt und bestärkte die Fragerin in ihrem Entschluß. Nun mußte ich endlich Farbe bekennen: »Madame Octave, Sie sind ein viel zu kostbares Gefäß, als daß ich es wagen dürfte, etwas daran zu verbessern. Sollten Sie durch einen bösen Zufall, vor dem man niemals sicher ist, auch nur den kleinsten wirklichen oder auch nur vermeintlichen Nachteil erleiden, so werden mich Ihre zahllosen Bewunderer ans Kreuz schlagen. Da ich selbst zu diesen gehöre, müßte ich bei meiner Kreuzigung sogar mithelfen. Das ist zuviel verlangt! Ich lehne die Operation ab.« In ihrer Antwort ließ Madame Octave eine List spielen, welche ihrer weiblichen Schlauheit alle Ehre machte. »Gut«, sagte sie, »wenn man in Wien ein X-Bein nicht gerademachen kann, so wird man es in Berlin können.« Sie erhob sich, um fortzugehen. »Das darf nicht sein«, hielt ich sie auf. Die kluge Frau hatte mich an meiner schwachen Seite gefaßt. Die weitere Besprechung führte zu dem Resultat, daß die Operation schon am Tage darauf stattfinden solle. Am nächsten Morgen fand ich Madame Octave auf dem Operationstisch meiner harren. Während ich sehr ernst gestimmt und gedankenvoll im Nebenraum der chirurgischen Toilette meiner Hände oblag, kam mein guter Freund, der Sanatoriumsleiter Dr. X., zu mir und beschwor mich, von der Operation abzustehen. Die anspruchsvolle Künstlerin werde selbst mit dem bestmöglichen Resultat unzufrieden sein und sich für lange Zeit als arbeitsunfähig erklären. »Du wirst dann die Ehre haben, ihr den Verdienstentgang aus deiner Tasche zu bezahlen. Übrigens«, fügte er wie nebensächlich hinzu, »habe ich die Erfahrung gemacht, daß Künstlerinnen von ihrem Range das Privilegium beanspruchen, auch dem Sanatorium die Rechnung schuldig zu bleiben.« Ernüchtert von meinem Enthusiasmus, der Kunst selbstlos zu dienen, warf ich die Bürste in den Waschtrog, verordnete für Madame Octave statt des Äthers ein kräftiges Frühstück und ließ ihr sagen: »Der Lord läßt sich entschuldigen, er ist zu Schiff nach Frankreich.« Madame Octave hatte ganz recht, auf mich wütend zu sein, ich hatte aber ebenso das Recht, auf meinen Selbstschutz bedacht zu sein. Schon der nächste Tag sollte den Beweis dafür erbringen. Die angehende Patientin hatte eine Privatpflegerin aufgenommen, hatte die ungarische Lehrerin für die Dauer ihrer Krankheit als Gesellschafterin und Vorleserin engagiert und hatte eine Villa, etwa zwei Kilometer von meinem Wohnhause entfernt, für den Sommer gemietet, so daß ich sie jeden Abend, wenn ich müde aus der Stadt kam, noch leicht hätte besuchen können. Alle mir präsentierten Rechnungen bezahlte ich mit dem zufriedenen Lachen desjenigen, der aus der Traufe in den Regen gekommen ist. So fügte es der Zufall, daß eine Lehrerfamilie mit vielen Kindern in einer schönen Waldvilla billige Sommerferien verbringen konnte. Die X-Beine haben dem Rufe der großen Künstlerin keinen Eintrag getan. Sie darf froh sein, daß sie nicht operiert wurde. Heute würde ich sie ebensowenig annehmen, nicht weil sie ein so kostbares Gefäß der Kunst geblieben ist, sondern weil Patientin und Operation mittlerweile zu alt geworden sind. Das Alter nimmt nicht nur den Stimmbandmuskeln, sondern auch den Händen und Armen ihre Kraft. Wenn Madame Octave mir verziehen hat – ich habe ihr nichts zu verzeihen.

Ein anderer, ganz einzigartiger Fall, der zu einer gleichsam außergerichtlichen Schadenersatzklage führte, bleibt mir in heiterster Erinnerung. Ein sechzehnjähriges wunderhübsches rotblondes Mädchen kam mit ihrem Vater zu mir, weil sie ein zu kurzes Bein hatte. Ich hätte leicht helfen können, aber der Vater protestierte in heftigster Weise gegen jede Operation, nicht weniger zunächst das schöne Mädchen. Als ich ihr aber vorstellte, daß sie in ihrem gegenwärtigen Zustande keine Aussichten habe, zu heiraten, gab sie gern ihre Einwilligung zu einer Operation, die den Schaden beheben sollte. Der Vater sträubte sich nach wie vor. Es schien ihm an der Heiratsfähigkeit seiner Tochter nicht viel zu liegen. Aber sie drang mit ihrem Willen durch. Meinem Versprechen gemäß war der Erfolg der Operation ein ausgezeichneter. Zwei Jahre später erhielt ich abermals den Besuch von Vater und Tochter, die mittlerweile noch schöner geworden war. Sie hatte auch schon einen Bräutigam, teilte mir der Vater in vorwurfsvollem Tone mit. Ich gratulierte ihr herzlich. »Aber mir ist nicht zu gratulieren«, warf der Vater ein »denn dem Jüngelchen ist sie nicht genug, er will noch was draufhaben. Sie haben sie heiratsfähig gemacht, jetzt müssen Sie auch das Geld dazu geben«, forderte er in vollem Ernst und war erstaunt, daß ich ihm ins Gesicht lachte. »Aber ich habe ja Ihrer Tochter schon durch die Operation mein Hochzeitsgeschenk gegeben.«

Ich könnte noch manche Geschichten erzählen, wie oft ich die Verantwortung für die Schuld anderer übernehmen mußte. Es genügt mir, daß ich mir ein vollkommen reines Gewissen bewahrt habe. Der Arzt erntet soviel unverdientes Lob, daß er auch einmal einen unverdienten Tadel in Kauf nehmen muß.

XXIV

Abdankung

Obwohl meine Reise nach Amerika den Zweck hatte, zu danken und nicht zu bitten, war die Gebefreudigkeit des amerikanischen Publikums damals so groß, daß man gar nicht zu bitten brauchte, um zu empfangen. Der Lorenz-Fonds, der mit »Ten-Cents-Donation« begonnen hatte, wuchs dank den Bemühungen des Schatzmeisters Mr. Wedl sowie durch die Erträge von Vorlesungen, besonders aber durch die Hochherzigkeit meines verehrten Freundes Georg Semler zu erfreulicher Höhe an. Georg Semler war derselbe Mann, der mir unbekannterweise das Geld zu meiner amerikanischen Unternehmung zur Verfügung gestellt hatte. Als das anfangs für unmöglich Gehaltene zum Ereignis geworden war und ich meine Schuld abzahlen wollte, hatte Herr Semler längst vergessen, daß er mein Gläubiger war. Ich bat ihn, die Summe nach eigenem Ermessen an Bedürftige in Wien verteilen zu dürfen, während die Verfügung über den allgemeinen Fonds einem Wiener Verteilungskomitee überlassen bleiben sollte. Als ich dem Geber später einen hohen Stoß von Quittungen und Dankesbriefen überreichte, bemerkte er lakonisch: »Ich hätte gar nicht gedacht, daß man mit so wenig Geld so viel Gutes tun könne.«

Unter den prominenten Wohltätern hatte ich auch Mr. R. J. Cuddihy, dem bekannten New Yorker Verleger, ganz besonders zu danken, da er durch meinen Sohn zweitausend Dollar an Kardinal Piffl in Wien übersandte. Durch

Beiträge von Mr. Heide und Mrs. Wurlitzer, welche unter anderem auch die Kriegspatenschaft gründete, von Monsignore Father Schumak (aus Deutschböhmen) und vielen anderen wuchs der Lorenz-Fonds zur stattlichen Höhe von fünfundzwanzigtausend Dollar.

Mit leichterem Herzen, als ich im Herbst gekommen war, verließ ich New York im nächsten Frühjahr in Begleitung von Mr. Wedl und seiner Frau, die es als ihre Pflicht betrachteten, mich gesund und heil wieder nach Hause zu bringen. Es war ein Stück uneingestandenen Aberglaubens dabei, wenn ich erst nach meiner Rückkehr nach Wien meinen gewendeten Anzug dem Reliquiarium unseres Hauses einverleibte (zum Verschenken war er nicht mehr gut genug) und mir nach zehnjähriger Pause den ersten neuen Anzug gönnte.

Eine sehr angenehme Aufgabe war es für mich, als ein einflußreiches Mitglied des Wiener Verteilungskomitees zu fungieren, dessen Vorsitz der berühmte Botaniker Professor Wettstein führte. Die Sitzungen fanden in der Universität statt.

Dem Bürgermeister von Wien war von New York aus schon ein Teil des Semler-Geldes für arme Kinder zugewiesen worden; so war es verständlich, daß die aus dem Lorenz-Fonds Bedachten hauptsächlich arme Studenten der drei österreichischen Universitäten waren. Der bekannte Pädagoge und Mitgründer des Lehrerhaus-Vereines Eduard Jordan stellte eine Liste besonders hilfsbedürftiger Familien aus dem Lehrerstande zusammen, welche gleichfalls Spenden erhielten. Mr. Wedl drang darauf, daß auch die notleidenden Künstler nicht vergessen wurden.

Dem Dekan der Wiener medizinischen Fakultät wurde eine größere Spende zugewiesen. Ich konnte der Versuchung nicht widerstehen, bei dieser Gelegenheit eine alte

Adolf Lorenz in seiner Ordination beim Verteilen von Speck und Kondensmilch an bedürftige Wiener Kinder (1922).

Rechnung, die ich beim Dekanat stehen hatte, einzukassieren. Ich erinnerte mich der Zeit, da ich vor einem halben Jahrhundert als armer verschüchterter Student von einem unbarmherzigen und böswilligen Dekan mit meinem gerechtfertigten Gesuch um Kolleggeldbefreiung schnöde abgewiesen und förmlich zur Tür hinausgeworfen wurde.

Diesmal fand mein Besuch im Dekanat eine freundlichere Aufnahme als vor fünfzig Jahren. Ich nahm den Willkommensgruß des Dekans kühl und abweisend entgegen. Auf seine Frage: »Womit kann ich Ihnen dienen?« antwortete ich frostig: »Sie können mir nur mit der Genugtuung dienen, die ich jetzt von Ihnen fordere.«

»Ich verstehe nicht«, antwortete betroffen der Herr Dekan.

»Sie werden gleich verstehen«, entgegnete ich. »Von Ihrem fünfzigsten Amtsvorgänger bin ich schwer beleidigt worden, und heut will ich dafür an Ihnen Rache nehmen.« Der Herr Dekan wurde unruhig und schien das Attentat eines Geistesgestörten zu fürchten. »Ich bitte endlich um eine Erklärung«, stieß er hervor. Nun erzählte ich ihm die Geschichte von meinem Hinauswurf durch seinen Amtsvorgänger vor fünfzig Jahren. »Der Herr Dekan von damals hat sich wirklich schändlich benommen«, gab er zu, »aber ich kann es beim besten Willen nicht gutmachen.« »Sie können es«, fuhr ich dazwischen, »wenn Sie diese Summe, die ich Ihnen hiermit im Auftrage des Verteilungskomitees des Lorenz-Fonds überreiche, an würdige und arme Medizinstudenten in gerechter Weise verteilen.« – Während dieser Erklärung war der ängstliche Ausdruck im Gesichte des Herrn Dekans einem frohen Lachen gewichen. »Dieser Strafe unterziehe ich mich gerne«, versicherte er und fügte hinzu: »Ich wollte, ich könnte meine eigenen Sünden in gleicher Weise büßen.«

Der Zufall wollte es, daß ich noch ein zweites Mal Gelegenheit hatte, mit dem Herrn »Dekan vor fünfzig Jahren« abzurechnen. Ein alter Mann, General in Pension der österreichischen Armee, kam auf Krücken zu mir. Seine Hüften waren durch Arthritis verzogen. Die krächzende Stimme, die Züge seines mürrischen Gesichtes erinnerten mich lebhaft an meinen alten Feind. War er doch dessen leibhaftiger jüngerer Bruder. Ich gab mir alle erdenkliche Mühe mit dem alten Herrn und erreichte auch ein den Umständen angemessenes, gutes Ergebnis; aber der alte Mann nörgelte daran und blieb unzufrieden, mußte jedoch zugeben, daß er nun ohne Krücken gehen konnte. Ich habe mit dieser Behandlung meine eigenen Sünden verbüßt. Es wird einem oft schwer gemacht, auf seine eigene Art Rache zu nehmen.

Nach dem österreichischen Gesetz muß jeder Universitätslehrer mit siebzig Jahren seine Stellung niederlegen. Ich habe dieses Gesetz immer gutgeheißen, weil es für die Jüngeren Platz schafft und die Alten daran erinnert, daß es Zeit ist, über die letzten Dinge ein wenig nachzudenken und Gott zunächst dafür zu danken, daß sie noch am Leben sind. Die Einladung, ein sogenanntes Ehrenjahr zu absolvieren, lehnte ich ab. Ist man nicht mehr gut genug, so wird man im Ehrenjahr nicht besser!

Ich hatte gewünscht, mich unbemerkt empfehlen zu können, aber meine Freunde in Deutschland und Schweden wollten es anders haben und veranstalteten eine Feier, der die Universitätsobrigkeit kühlen Herzens beiwohnte. Handelte es sich doch um die Verabschiedung eines Mannes, der während einer vierzigjährigen Dienstzeit niemals Gehalt bezog, daher auch kein Recht auf eine noch so kleine Pension hatte. Der Staat hat mir niemals etwas gegeben, sondern immer nur von mir genommen. Nach der Zeremonie sah sich ein geistlicher Würdenträger zu der Bemerkung veranlaßt: »Warum sind Sie nicht ein Bischof geworden!« – »Das habe ich ja einmal selbst gewollt, aber es ist anders gekommen«, antwortete ich dem Frager.

Nun erst kam mir zum ersten Male so recht zum Bewußtsein, daß ein siebzigjähriger Pensionist ohne Pension und ohne Vermögen, dessen Arbeitskraft abnimmt, einen Glücksfall wie z. B. den Nobelpreis sehr gut gebrauchen könnte. Der Gedanke daran war mir erst dann gekommen, als ich unerwartet die Nachricht erhielt, daß ich als Kandidat für den Nobelpreis genannt worden sei; eine spätere Mitteilung fügte hinzu, daß meine Kandidatur in der engeren Wahl stehe. Somit war die Aussicht auf den Nobelpreis für die Heilung der angeborenen Hüftluxation in greifbare Nähe gerückt.

Wochen froher Hoffnung fanden ein jähes Ende durch die Mitteilung, daß mir zur Erreichung des Nobelpreises »eine« Stimme gefehlt hatte. Diese »eine« Stimme gehörte offenbar einem Manne, der von der Bedeutung der Heilung der angeborenen Hüftgelenksverrenkung nicht die leiseste Ahnung hatte.

So mußte ich mit der Ehre zufrieden sein, daß mir nur »eine« Stimme gefehlt hatte.

In meinen guten Zeiten hatte ich zwar niemals meine Dankesschuld an das Stift St. Paul in Kärnten vergessen, wo ich für meine armseligen Dienste als Chorsänger vier Jahre lang meine gymnasiale Erziehung genossen hatte. Solange ich meine Schuld leicht hätte bezahlen können, hatte ich mich von ihr nicht bedrückt gefühlt. Es mußten meine schlechten Zeiten kommen, um mich die Last dieser Schuld empfinden zu lassen. Mit den Resten des Lorenz-Fonds gedachte ich sie abzutragen. Ich sandte die errechnete Summe an Prälat Eberhard, den Nachfolger des Abtes Gregor, der in seinem zweiundachtzigsten Lebensjahr das Zeitliche gesegnet hatte, mit der Versicherung, daß ich damit nur den kleinsten Teil meiner Dankesschuld an das Stift abtrüge, und bat ihn, armen fleißigen Studenten des Gymnasiums damit zu helfen. Ich will mich nicht besser machen, als ich bin, und gestehe deshalb reumütig, daß es mir einige Genugtuung bereitete, in dieser Art Rache an dem zartfühlenden Mönch zu nehmen, der mich seinerzeit so oft durch den Vorwurf gedemütigt hatte, ich sei ein geduldeter Gratiskostgänger. Der Herr Abt antwortete mit einem warmen Dankesbrief und rühmte meine dauerhafte Dankbarkeit. Als ich dem Abt persönlich einen Besuch machte, bat ich ihn, mich den Smaragdring küssen zu lassen, der mir als Knabe an der Hand des Abtes Augustin so tiefen Eindruck gemacht hatte. Es lag nicht an dem Stein, sondern an den schwachen Augen des alten Mannes, wenn ihm der Smaragd jetzt weniger zu leuchten schien als sechzig Jahre vorher dem Knaben. Tote Dinge sind ewig. –

Wer einmal in New York gewesen ist, kommt immer wieder gern zurück. So fand mich der nächste Winter in voller Arbeit an gewohnter Stätte. Viele Patienten, welche ich nur beraten hatte, verlangten nun auch meine Behandlung. Die »Charity-Work« trat immer mehr in den Hintergrund, und ich arbeitete, von meinem Sohne Albert unterstützt, als beschäftigter Praktiker für einige Jahre während des Winters in New York.

Der Frühling fand die Familie wieder im grünen Paradies in Altenberg versammelt. Mein Sohn Albert hatte wieder geheiratet. Dieser Ehe entstammte ein prächtiger, kleiner Enkel, Georg. Mein jüngerer Sohn Konrad, den wir als den mit einiger Sorge erwarteten Amerikaner kennen, war nicht zurückgeblieben und hatte seine Jugendgespielin Margarethe heimgeführt und erfreute sich und uns mit einem reizenden Kinderpaar, einem Knaben, Thomas, und einem Mädchen, Agnes. Der Amerikaner war zuerst Doktor der Medizin geworden; da er zur ärztlichen Praxis keine Neigung zeigte, fügte er nach langwierigem Studium dem medizinischen Doktorat das philosophische hinzu. Heute ist er Privatdozent an der philosophischen Fakultät in Wien. Da Alberts Frau ebenfalls den Titel eines Doktors der Philosophie hat und Konrads Frau Doktor der Medizin geworden ist, verfügt die Familie über sechs Doktordiplome, und wenn ich meine Frau aus eigener Machtvollkommenheit nach ihrer fünfzigjährigen Tätigkeit als meine Assistentin zum Ehrendoktor proklamiere, sind sieben Doktoren im Hause – quite a learned family!

Der Glanz von Lorenz-Hall, der im Lauf von dreißig Jahren wesentlich verblaßt war, wurde vorübergehend durch einen königlichen Besuch aufgefrischt. Mein Sohn Konrad hatte nicht nur den großen Garten, sondern auch den Bodenraum der Halle in einer die Geduld seiner Eltern auf recht harte Probe stellenden Weise für seine wissenschaftlichen Zwecke zur Tierhaltung in Anspruch genommen. Zu seinen ersten Versuchen und Beobachtungen dienten ihm eine Schar von Dohlen, die seitdem als Selbstversorger unter dem Dach der Halle wohnen. Den Garten bevölkerten Seidenreiher, Nachtreiher, Störche, Möwen, Pfauen, Truthühner, Zwerghühner, vor allem aber Wildgänse und Wildenten. Durch die sorgfältige Beobachtung seiner in voller Freiheit lebenden Vögel hat sich Konrad als Tierpsychologe in den interessierten Kreisen einen Namen gemacht. Ich selbst gehöre leider nicht zu diesen und lud den ganzen Zorn des passionierten Forschers auf mich, als ich einmal die Bemerkung fallen ließ, es sei doch ziemlich gleichgültig zu wissen, ob die Wildgänse gescheiter oder dümmer sind, als man bisher geglaubt hatte. Nach seiner Überzeugung ist Tierpsychologie und Menschenpsychologie ein und dasselbe, ja diese hat auf der Tierpsychologie als Grundlage aufzubauen. Ich wünsche im stillen, daß ich im Unrecht bin.

Als die deutsche ornithologische Gesellschaft in Wien tagte, wünschten alle Teilnehmer die Werkstätte des jungen Gelehrten kennenzulernen. Etwa hundert Personen kamen eines schönen Nachmittags in Autobussen zu Besuch nach Altenberg. Etwas später traf Seine Majestät Ferdinand I., Exzar von Bulgarien, mit Begleitung in einem Mercedeswagen ein. Selbst ein passionierter Ornithologe, ist der König auch Schutzpatron der deutschen ornithologischen Gesellschaft. Er interessierte sich lebhaft für die Arbeiten meines Sohnes. Ich hatte Seine Majestät als jungen, schmucken Reiteroffizier in Erinnerung und war überrascht, dem Auto einen sehr großen, stattlichen Gentleman entsteigen zu sehen, der in seinem modischen, lichtgrauen Anzug – die Blume im Knopfloch und den breitkrempigen, lichten Kalabreser in koketter Neigung auf den mächtigen Kopf gestülpt – wie das Modebild eines eleganten alten Herrn aussah. Sein ausdrucksvolles, gut gefärbtes Gesicht, dessen untere Hälfte von einem kurzen, weißen Bart umrahmt war, schien hauptsächlich dazu bestimmt zu sein, seiner mächtigen Koburger Adlernase als Rahmen zu dienen. Seine gerade Haltung und seine elastischen, raschen Schritte verrieten den alten Soldaten. In seiner ganzen Erscheinung von moderner, aber bequemer Eleganz machte Seine Majestät eher den Eindruck eines reichen, mit sich selbst zufriedenen Edelmannes als eines sorgenvollen Königs unserer Zeit.

Unbeschwert von Regierungssorgen kann Seine Majestät nun sein wissenschaftliches Steckenpferd reiten, ohne darüber auf die Freuden zu verzichten, die ihm das Leben noch bieten mag. Der Garten und seine gefiederten Bewohner erregten das lebhafteste Interesse des Königs, der sich wohl noch niemals von einer ganzen Schar der in der freien Natur so überaus scheuen Wildgänse umgeben gesehen hatte. Wie auf Wunsch zeigte eine Gruppe von ihnen einen schönen Keilflug um den Park.

Nach der Besichtigung betraten der König und die übrigen Gäste das Haus. Dieses war mittlerweile durch fleißige Hände in ein Teehaus verwandelt worden. Die Halle wurde den »Commoners« überlassen, während der König und die Spitzen des Kongresses im Speisesaal Platz nahmen, der mit Blumen des Herbstes reich geschmückt war.

Ornithologen in Altenberg: Adolf Lorenz flankiert von Oskar Heinroth (l.) und Exkönig Ferdinand I. (r.). Ganz rechts: Konrad und Emma Lorenz mit ihren Enkeln Agnes und Thomas (1932).

König Ferdinand präsidierte der Tafel und versicherte der neben ihm sitzenden Hausfrau, daß er sich in der Atmosphäre eines Wiener Familienheimes immer wohl fühle und daß er die Empfindung habe, er gehöre eigentlich zu Wien. Meine Frau entschuldigte sich wegen der spärlichen Tafelgenüsse, die ein Haus auf dem Lande schwer anders bieten könne. Der König ließ sich dadurch nicht den Appetit verderben und lobte selbst das, was zu tadeln war.

Als Hausherr hatte ich die Verpflichtung, Seine Majestät den König und meine übrigen Gäste willkommen zu heißen. Bei dieser Gelegenheit unterlag ich der Versuchung, eine nicht strafbare Majestätsbeleidigung zu begehen. Ich sagte beiläufig: »Eure Majestät, meine Damen und Herren! Es ist mir eine große Ehre, Eure Majestät und meine sehr geehrten übrigen Gäste unter meinem niedrigen Dache willkommen heißen zu können. Ich schätze diese Ehre um so höher, als ich mich keiner anderen Verbindung mit der Wissenschaft der Ornithologie rühmen kann als meines lebhaften Interesses für alle jene Vögel, die unsere Bratpfanne schmücken. Wären die Zeiten nicht so schlecht, so hätten mindestens fünfzig steirische Kapaune zur Feier dieser Gelegenheit beweisen müssen, daß sie nicht umsonst kastriert worden sind. Bei den mageren Zeiten aber können die Braten nicht fett sein. Immerhin geht es niemandem schlecht, solange er noch Butterbrot und Wiener Schinken mit dem herrlichen Wein begießen kann, der auf den Klosterneuburger Hügeln gewachsen ist. Die Abstinenzler verdienen es, wenn sie sich mit Tee und Kuchen begnügen müssen. Jedem Ornithologen aber, der nicht zufrieden ist, kann ich auf ein von den Ornithologen selbst geprägtes Sprichwort verweisen: ›Friß Vogel, oder stirb!‹« Seine joviale Majestät war über diese Aufforderung keineswegs beleidigt und applaudierte mit den übrigen Gästen um die Wette.

Konrad erhielt von dem König eine signierte Photographie in schönem Rahmen. Eine ganze Seite unseres Fremdenbuches bedeckt die charakteristische Unterschrift des Königs.

Seit dieser Zeit blieb die viel geschmähte Halle ihren Träumen von einer schöneren Vergangenheit überlassen. Heute ist sie zu einem Dohlenhorst geworden. Schwärme dieser schwarzen Gesellen umfliegen besonders gegen Abend die hohen Giebel und verständigen sich untereinander mit eindringlichen Rufen. Manchmal glaube ich sie zu verstehen: als heimattreue und zeitlose Gesellen werden wir unseren Horst umfliegen, solange noch ein Stein auf dem andern liegt und uns Schutz gewähren kann. So tröste ich mich denn mit dem Gedanken, daß selbst nach Generationen die Halle ihren Sinn nicht verloren haben wird.

XXV

Die Hilfe für die Krüppel

Im allgemeinen erfreuen sich die Krüppel einer guten Gesundheit, da ja das Leiden, dem sie ihr Gebrechen verdanken, schon längst ausgeheilt ist. Eine Ausnahme hiervon bilden die tuberkulösen Krüppel, deren Krankheit eigentlich niemals ganz ausheilt und dementsprechend oft zu schmerzhaften, aber gewöhnlich unbedenklichen Rezidiven ihrer alten Krankheit Veranlassung gibt.

Besonders die Opfer der Kinderlähmung sind im übrigen vollständig gesund und erfreuen sich oft eines heiteren Temperamentes, das sie über die Folgen der Krankheit hinwegsehen läßt. Durch Mangel an Bewegung und zu reichlich Nahrung werden sie oft zu dick, wodurch ihre Bewegungsfähigkeit überflüssigerweise beeinträchtigt wird. Auf sich selbst angewiesen und von den sportlichen Spielen der Jugend ausgeschlossen, sind sie in der geistigen Entwicklung ihren Altersgenossen gewöhnlich weit voraus.

Die Patienten, deren körperlicher Fehler durch Knochenerweichung (englische Krankheit) bedingt ist, sind in gesundheitlicher Beziehung nicht so gut daran; denn die Krankheitsursache (hygienische Übelstände, wie schlechte Luft in ungesunder Wohnung, ungenügende oder unzweckmäßige Ernährung usw.) hat nicht nur Kalkarmut und dadurch bedingte Erweichung der Knochen (Rachitis), sondern auch Schädigung der Funktion anderer Organe zur Folge. Knochenerweichung führt zur Knochenverkrümmung, besonders der Beine und der Wirbelsäule (Skoliose). Sehr häufig befällt die Rachitis nicht das ganze Skelett, sondern isolierte Teile, so z. B. die Wirbelsäule, während die Beine verschont bleiben, oder umgekehrt. Irrtümlich hat man die Schulbank oder die Schreibhaltung als Ursache der seitlichen Verkrümmung des Rückgrates beschuldigt. Ein knochengesundes Kind bekommt bei schlechter Schreibhaltung in der schlechtesten Schulbank keine Skoliose; beim rachitischen Kinde wird lediglich die Richtung der Skoliose durch habituelle Körperhaltung beim Schreiben und anderen Beschäftigungen bestimmt. Glücklicherweise heilt die Rachitis entweder spontan oder infolge einer Verbesserung der Lebenshygiene und medikamentöser Behandlung aus, hinterläßt aber oft unheilbare Verkrümmungen der Wirbelsäule.

Die Kinder mit angeborenen Deformitäten, wie Schiefhals, Klumpfuß und besonders der so häufigen Luxation des Hüftgelenkes, erfreuen sich meist bester Gesundheit. Dasselbe gilt meistens auch für die mit spastischer Lähmung behafteten Kinder. Während bei der sogenannten Kinderlähmung die Muskeln schlaff und nicht innerviert sind, ist der spastische Muskel krampfig und pathologisch, gewissermaßen überinnerviert. Der irreführende Name ist nur insofern gerechtfertigt, als die willkürliche Betätigung der Muskeln mehr oder weniger gestört ist. Bei diesen Patienten tritt die Krüppelhaftigkeit des Körpers gegenüber der gestörten Hirnfunktion vollkommen in den Hintergrund. Diese Kranken sind weniger Hand- oder Fuß- als Gehirnkrüppel. Ihnen gegenüber wären die Patienten mit Kinderlähmung als Rückenmarkskrüppel zu bezeichnen. Die Spastiker mit einseitiger Hirnläsion (Hemiplegia cerebralis spastica) werden erfolgreich behandelt, soweit die spastische Deformität in Frage kommt; der pathologische Zustand ihres Gehirns ist der Therapie zwar unzugänglich, bessert sich aber im Laufe der Zeit spontan. Geistige Vollwertigkeit wird aber wohl kaum jemals erreicht.

Weit schlimmer liegen die Verhältnisse bei den Kindern mit Diplegia cerebralis spastica, also bei Läsion beider Gehirnhälften. Man spricht dann wohl auch von der sogenannten Littleschen Krankheit. Es kann nicht genug betont werden, daß das Zentralnervensystem gegen jede Abkürzung des intrauterinen Lebens außerordentlich empfindlich ist. Dementsprechend sind besonders die Sieben- und Achtmonatskinder häufig Spastiker. Stehen und Gehen ist bei solchen Kindern ausgeschlossen, da die Beine gekreuzt, die Knie flektiert und die Füße sich in Spitzklumpfußhaltung befinden. Häufig sind auch die Arme spastisch und gehorchen den Willensimpulsen nicht. Oft können solche Kinder Jahre hindurch nicht einmal den Kopf hochhalten, geschweige denn allein sitzen. Aber selbst die scheinbar hoffnungslosesten Fälle bessern sich im Laufe der Jahre spontan ganz wesentlich. Auch ihre Intelligenz macht oft erstaunliche Fortschritte. Manche Spastiker zeigen sogar einseitige Begabungen, besonders in musikalischer Beziehung, aber zu vollwertigen Menschen werden sie doch kaum jemals. Es bereitet der Orthopädie keine großen Schwierigkeiten, solche Kinder durch einfache und ungefährliche Operationen zum Stehen und Gehen zu bringen, extremste Fälle vielleicht ausgenommen. Aber man hat keine rechte Freude an diesen Resultaten, da die zugrundeliegende Gehirnaffektion unbeeinflußbar ist. Als Kinder sind diese Patienten häufig die Lieblinge ihrer Eltern. Später werden sie diesen und schließlich sich selbst zur Last. Zur Zeit der Pubertät zeigen sie oft verbrecherische Neigungen. So wollte der spastische Sohn eines großen Jagdherrn mich mit einer Kinderpistole erschießen, als er fünf Jahre alt war. Mit zweiundzwanzig Jahren erschoß er eines geringen Anlasses wegen seinen Förster. Solche Fälle von schwerer Gefährdung vollwertiger Menschen durch Unzurechnungsfähige sind ja leider an der Tagesordnung. Alles Üble, was den Krüppeln nachgesagt wird, sie seien heimtückisch, verschlagen, rachsüchtig usw., bezieht sich ausschließlich auf die Spastiker.

Dem Blick des großen Menschenschilderers Shakespeare ist diese Art von Krüppel nicht entgangen. So läßt er Richard Herzog von Gloucester, den später berüchtigten Richard III., sagen:

»Ich, um dies schöne Ebenmaß verkürzt,
Von der Natur um Bildung falsch betrogen,
Entstellt, verwahrlost, vor der Zeit gesandt
In diese Welt des Atmens, halb kaum fertig
Gemacht und zwar so lahm und ungeziemend,
Daß Hunde bellen, hink' ich wo vorbei.«

Mit Ausnahme der Spastiker leiden Krüppel häufig an Inferioritätskomplexen, und es ist eine Fabel, daß sie falsch und rachsüchtig sind. Sie sind im Gegenteil dankbar für jedes Wort des Trostes und für rücksichtsvolle Behandlung. Als Kinder leiden sie allerdings unter der Grausamkeit ihrer Kameraden, denn Kinder sind nun einmal grausam.

Der Krüppel schämt sich in der Regel seines körperlichen Fehlers und sucht ihn nach Möglichkeit zu verbergen; denn er weiß, daß viele Menschen einen verkrüppelten Fuß oder eine deformierte Hand nicht sehen können, ohne einen krampfartigen Schreck zu bekommen, während sie der Anblick eines Hinkenden nicht weiter stört.

Es gab und gibt weltberühmte Krüppel. Dem Staatsmann Richelieu war es leicht gemacht, seinen deformierten Fuß samt seinen politischen Intrigen in den reichen Falten seiner Kardinalsrobe zu verbergen. Hingegen fand es Lord Byron nicht für notwendig, seinen paralytischen Klumpfuß zu verstecken. Er machte so wenig Hehl daraus, daß er sich über seine Krüppelhaftigkeit beklagte. Er sei in seinem Leben über zwei Dinge nicht hinweggekommen; über seinen Klumpfuß und über die Scheinheiligkeit seines Volkes. Lord Byron wäre vielleicht ein Unbekannter geblieben, wenn es zu seiner Zeit einen Arzt gegeben hätte, der seinen Klumpfuß zu heilen vermochte. Es scheint, daß jeder Dichter etwas Unerreichbares vor Augen haben und anstreben muß, um fruchtbar zu bleiben.

Ein deutscher Kaiser hingegen war stets eifrig bemüht, seinen im Wachstum zurückgebliebenen Arm zu verstecken, obwohl es ganz unberechtigt gewesen wäre, an ihm als unschuldigem Opfer einer Geburtslähmung wegen dieses Leidens Kritik zu üben. Es wäre ebenso ungerecht, einzig und allein die Geburtshelfer dafür verantwortlich zu machen. Die Natur ist nun einmal so grausam, gerade dem menschlichen Weibe, und besonders ihrem Erstgeborenen, eine schwirige und gefährliche Geburt aufzuerlegen.

Wenn vom orthopädischen Standpunkt aus jeder Mensch, der mit einer Insuffizienz des Bewegungsapparates behaftet ist, in die Klasse der Krüppel fällt, so hat auch der gegenwärtige Präsident der Vereinigten Staaten auf diesen Titel Anspruch. Er nimmt sich seiner

Leidensgenossen im Lande und der Erforschung der Krankheitsursache der spinalen Paralyse in hochherziger und großzügiger Weise an. Franklin D. Roosevelt ist ein Beweis dafür, daß die spinale Paralyse in jenen Fällen, bei denen die Heilung der Krankheit gelungen ist, mit dem Gehirn nichts zu tun hat. Wie oft habe ich amerikanische Mütter, die eine geringfügige Lähmung des einen oder anderen Beines bei ihrem Kinde als das entsetzlichste Unglück beklagten, mit den Worten getröstet: »Ihr Junge kann noch Präsident der U.S.A. werden, wenn er nur den Kopf dazu hat.«

Die Krüppel sind aber nicht damit zufrieden, daß sie im allgemeinen gesund sind; sie wollen von ihrem Gebrechen auch geheilt werden.

Dieser Forderung entspricht die moderne orthopädische Chirurgie in einer Weise, welche sich Lord Byron nicht hätte träumen lassen. Die Kinderlähmung an sich kann zwar nicht geheilt werden, doch können erhaltengebliebene Muskelreste gekräftigt und zur Arbeit erzogen werden. Sind Muskeln auf der einen Seite eines Gliedes gelähmt, während ihre Antagonisten (Gegenspieler) auf der anderen Seite mehr oder weniger intakt geblieben sind, so ziehen diese letzteren das Glied nach ihrer Seite, wodurch namentlich unter Mitwirkung des Körpergewichtes, Gelenkskontrakturen entstehen. Daraus ergibt sich eine Hauptaufgabe der orthopädischen Chirurgie, diese Kontrakturen zu beseitigen und das gestörte Muskelgleichgewicht wiederherzustellen. Dies geschieht zunächst durch das modellierende Redressement, und wenn notwendig, durch die Verlängerung der Sehnen oder durch ihre Verpflanzung, um ihrer Wirkung eine zweckmäßigere Richtung zu geben. Sind sämtliche Muskeln eines Gliedes gelähmt, so kommt es in der Regel zu keiner Kontraktur, und die normale Gestalt des gelähmten Gliedes bleibt, von dem Muskelschwunde abgesehen, ziemlich erhalten. Bei solchen Patienten ist eine Operation gewöhnlich überflüssig, denn sie können mit Hilfe eines Stützapparates leidlich gut gehen. Ich habe viele Patienten gesehen, welche trotz totaler Lähmung eines Beines selbst ohne jeden Apparat zu gehen erlernten, wenn ihr Kniegelenk leicht überstreckt war. Aus dieser Tatsache folgt, daß es die wichtigste Aufgabe der Orthopädie in der Behandlung der Kinderlähmung ist, die gestörte anatomische Form gelähmter Glieder wiederherzustellen und zu erhalten.

Dieselben Grundsätze gelten für die Behandlung der spastischen Paralyse, deren Resultate an sich zwar sehr erfreulich sind, aber durch die gestörte Hirnfunktion entwertet werden.

Alle Deformitäten, welche die Knochentuberkulose an den Gelenken, besonders am Hüft- und Kniegelenk, hinterläßt, sind der Korrektur zugänglich. Hingegen verbietet der tuberkulöse Buckel jede Geraderichtung und kann nur durch Kompensationskrümmungen ober- und unterhalb desselben verschleiert werden.

Während durch Tuberkulose versteifte Gelenke ein »noli me tangere« sind, bleiben Ankylosen anderen Ursprungs der chirurgischen Mobilisation zugänglich, was besonders für den versteiften Ellenbogen wichtig ist. Im allgemeinen muß aber gesagt werden, daß an der unteren Extremität ein versteiftes Gelenk in richtiger Stellung einem durch Operation beweglich gemachten, aber gegen funktionelle Beanspruchung empfindlichen und deshalb wenig leistungsfähigen Gelenk vorzuziehen ist.

Daß die angeborenen Deformitäten, vor allem der häufigste Fall, die angeborene Hüftgelenksverrenkung, sowie der angeborene Klumpfuß und Schielhals, geheilt werden können, wurde schon erwähnt. Die sogenannten Belastungsdeformitäten verlangen außer einer wirksamen Lokalbehandlung auch eine diätetische und medikamentöse Allgemeinbehandlung. Das gilt besonders von der Rachitis. Leider muß festgestellt werden, daß die Skoliose, die fast ausschließlich rachitischen Ursprungs ist, einer Heilung nicht zugänglich ist. Wird die mechanische Lokalbehandlung durch eine allgemeine hygienische Therapie zur Erhärtung der Knochen unterstützt, so ist oft wenigstens ein Stillstand der Verkrümmung zu erzielen.

Um so befriedigender sind die Resultate in der Behandlung der rachitischen Beinverkrümmungen, der O- und X-Beine, und des statischen Plattfußes, dessen schon früher als einer Folge der Überbelastung des jugendlichen Fußes gedacht wurde. Man weiß seit langem, daß diejenige Armee die schlagfertigste ist, welche am schnellsten marschieren kann, d. h. die wenigsten Plattfüßler und die besten Schuhe hat. Diese Erkenntnis wird wichtig bleiben, wenn auch der Krieg der Zukunft nicht durch Soldaten zu Fuß, sondern vom Sitz der Bombenflugzeuge aus entschieden werden wird.

Auch die Deformitäten der Hand, des Ellenbogens und der Schulter sind einer Heilung oder Verbesserung durch die orthopädische Chirurgie zugänglich. Diese erstreckt sich demnach auf das ganze Skelett und dessen Gelenke und kann als die Chirurgie des bewegten Skelettes definiert werden. Wenn auch nicht das wichtigste, so ist sie ihrem anatomischen Arbeitsgebiete nach jedenfalls das umfangreichste Spezialfach der Medizin; denn es umfaßt, mit Ausnahme der Eingeweide, den ganzen menschlichen Körper.

Nachdem wir gesehen haben, wie die Orthopädie es »ach so herrlich weit« gebracht hat, wollen wir versuchen, einen Blick in ihre Zukunft zu werfen. Wenn die Entwicklung der Menschheit nicht wieder durch einen Weltkrieg unterbrochen wird, mag es sein, daß die Orthopädie überhaupt keine Zukunft hat. Man braucht sich keinen phantastischen Träumen hinzugeben, um sich die Welt ohne Krüppel vorzustellen. Wo keine Krüppel, da auch keine Orthopädie.

Wenn nur ein Teil der Kosten für Kriegsführung, geschweige denn für einen Krieg, zur Austilgung der Elendskrankheiten, also zur Linderung der Not jener Volkskreise verwendet würde, aus denen sich die Tuberkulose und Rachitis rekrutiert, so würde eine verbesserte Hygiene, eine zweckmäßigere Nahrung, Kleidung und Wohnung, die Wirkung von Luft, Wasser und Sonne sehr bald mit dem Heer der tuberkulosen und rachitischen Krüppel bis auf kleine Reste aufgeräumt haben.

Warum sollte die spinale Paralyse, diese wahre Geißel des Kindesalters, nicht gleich den Blattern durch einen Impfstoff verhindert werden können, auch wenn es nicht so bald gelänge, den Krankheitserreger zu finden. Es ist ja auch noch nicht gelungen, jenen der Blattern, Masern, des Scharlachs und anderer infektiöser Krankheiten sichtbar zu machen. Vielleicht fehlt nur noch eine Verbesserung des Ultra-Mikroskopes, vielleicht bedarf es nur eines Kunstgriffes, den ein glücklicher Entdecker eines Tages finden wird, um das Geheimnis zu entschleiern. Hat doch Schaudinn mit einem gewöhnlichen Mikroskop bei Durchsicht eines frischen Präparates aus einem luetischen Geschwür »auf den ersten Blick« den Erreger der Syphilis gefunden, die zierliche, glänzende, in steter Bewegung befindliche, dem Korkzieher ähnliche Spirochaeta pallida, die Tausende von scharfbewaffneten Augen, die Wachtposten nicht weniger scharf urteilender Gehirne, nicht feststellen konnten, obwohl so viele Dezennien lang eifrig danach gesucht worden war. Ist ein Krankheitserreger einmal entdeckt, so ist ein großer Schritt zu seiner Vernichtung getan. Erfüllen sich diese Aussichten, so wird es in Zukunft kaum noch paralytische Krüppel geben.

Anders liegt die Frage bei den spastischen Krüppeln, welche meistens Idioten und als solche eine schwere Last der menschlichen Gesellschaft sind. Gegen die pathologische Funktion ihres Gehirns wird es niemals ein Heilserum geben. Operative Behandlungsversuche haben völlig fehlgeschlagen.

Nur durch die Sterilisierung weiblicher und männlicher Idioten sowie aller Geistesgestörten, Gewohnheitsverbrecher, Trinker könnte die Gesellschaft einigermaßen geschützt werden.

Allerdings kann man die Spastiker nicht ganz aus der Welt schaffen, solange es intrauterine Erkrankungen des Gehirns gibt.

Solche Individuen müßten nicht nur sterilisiert, sondern zum Schutze der Gesellschaft auch interniert werden.

Es ist eine Gefühlsduselei, von der Sterilisierung als von einem Verbrechen gegen die menschliche Ethik zu sprechen. Dem Sterilisierten wird von seinem Lebensgenuß nichts anderes geraubt als die Freude an seinen der Gesellschaft höchst unwillkommenen Kindern.

Begeht die menschliche Gesellschaft nicht auch ein Verbrechen an der menschlichen Ethik, wenn sie

Hunderttausende von geistig und körperlich vollwertigen jungen Mädchen zu alten Jungfern verdorren läßt, weil ihre elenden sozialen Verhältnisse die Ehe nicht gestatten? Und was ist über die ebenso zahlreichen körperlich und geistig vollwertigen jungen Männer zu sagen, die sich keine Nachkommen gönnen können?

Deutschland ist auf dem rechten Wege, sich der sozialen Last der Idioten und Geistesgestörten auf die einzig mögliche und vom sozialen Standpunkte aus höchst wünschenswerte, jedenfalls nicht unethische Art zu entledigen.

Da die Frühgeburt eine so häufige Ursache späterer Idiotie ist, so ist es vollkommen verfehlt, solche Kinder in Brutöfen aufzuziehen und zu hätscheln. Ein Kind, welches das extrauterine Leben nicht vertragen kann, stirbt besser, als daß es einem elenden und so häufig auch gemeingefährlichen Leben erhalten bleibt.

Wer mich grausam schilt, dem entgegne ich, daß er anders sprechen würde, wenn er, wie ich, so viel Unglück gesehen hätte, das durch solche Kinder verursacht wurde.

Ob die Kunst der Geburtshelfer jemals im Stande sein wird, alle Gefahren für den Neugeborenen – unter anderem die Geburtslähmung des Armes – zu verhindern, bleibt fraglich. Jedenfalls werden in Amerika weit mehr Fälle dieser Art beobachtet als in Europa, was auf einen höheren Stand der Geburtshilfe bei uns schließen läßt.

Da die angeborenen Deformitäten in der Regel korrigiert werden können, so ist die Welt ohne Krüppel durchaus keine Utopie! – Dann werden unsere »wohlgestalten Glieder« auch auf unserer Erde und nicht nur im Olympos droben blühen!

Die Menschen werden aber niemals aufhören, sich die Knochen im Leibe zu zerbrechen und jedenfalls an

Gelenkserkrankungen verschiedener Art zu leiden haben. So wird es für die Orthopäden, die sich um die Behandlung der frischen und namentlich der veralteten und in schlechter Stellung verheilten Knochenbrüche sowie um die Gelenkserkrankungen große Verdienste erworben haben, immer noch etwas zu tun geben. Aber diese Tätigkeit wird kaum den Fortbestand eines medizinischen Spezialzweiges rechtfertigen. Der Untergang der Orthopädie als Fach würde den größten Triumph der medizinischen Wissenschaft bedeuten, deren vornehmste Aufgabe es ist, Krankheiten zu verhüten und im speziellen Falle eine Welt ohne Krüppel zu schaffen.

XXVI

Dein fehlender Handschuh

Am späten Nachmittag kommen wir gern im Blumengarten meiner Frau zusammen, der im oberen Teil des Parks, inmitten einer von Lindenbäumen begrenzten Wiese, gelegen ist. Der Platz ist gänzlich abgeschieden und nur den Blicken der Insassen des Flugzeuges Wien–München für kurze Augenblicke ausgesetzt. Es ist um die Zeit des Frühherbstes, wenn zwei der Doktoren der Familie sich wiederum – jedesmal zum letzten Mal – zu einer Fahrt nach Amerika rüsten.

»Du sprichst gar nicht mehr vom fehlenden Handschuh, Vater«, bemerkte Albert während eines Gespräches über die Reisevorbereitungen. »Ich brauche ihn nicht mehr, ich habe mit einem genug und stecke die andere Hand in die Tasche«, entgegnete ich. »Ich glaube, Vater, du hast ihn schon lange gefunden, als deine Arbeit kranken Menschen Hilfe brachte, und kannst ihn nicht wieder verlieren, da deine Erfindung auch in Zukunft den Menschen nützlich sein wird.«

»Mag sein«, antwortete ich, »jedenfalls habe ich den Ehrgeiz aufgegeben, noch weiter nach ihm zu suchen.«

Im Frieden dieses Blumengartens habe ich seitdem oft über die Suche nach dem fehlenden Handschuh nachgedacht. Jeder Mensch sucht danach, jeder Mensch sucht nach dem Sinn und der Ergänzung seines Lebens. Nur wer glaubt, mit beiden Handschuhen auf die Welt gekommen zu sein, wird niemals nach dem fehlenden

Handschuh suchen; er ist ein Müßiggänger, eine Last oder gar ein Schädling der menschlichen Gesellschaft.

Dieses Suchen gibt dem Leben Inhalt! Aber das Finden bedeutet nicht immer das Glück.

Ob das Leben eines Menschen einen würdigen Inhalt hat, hängt ganz davon ab, was der fehlende Handschuh für ihn bedeutet. Das heißt auch die Frage beantworten, wofür uns Gott dieses irdische Leben gegeben, welchen Zweck er diesem Leben gesetzt hat. Viele erkennen ihn in der Anhäufung von Reichtum – aber alle müssen ihren Reichtum zurücklassen. »Nackend wie sie kamen«, müssen sie wieder gehen. Wer zweifelt daran, daß es ungleich wertvoller ist, eine gute Gesundheit zu erben als irdischen Reichtum?

Ich pflege zu sagen:

»Arm, gesund und jung,

Gibt dem Leben Schwung.«

Damit will ich durchaus kein Loblied singen auf die »dura paupertas, quae semper absit«. Man kann das große Geld verachten, aber Kleingeld muß man immer zur Hand haben.

Andere Menschen stellen die Macht vor den Reichtum, denn Macht kann auch den höchsten Reichtum bedeuten. Aber jede Macht ist unsicher und hinfällig, sie ist abhängig von dem Willen der Menschen, sich beherrschen zu lassen, und dieser Wille ist wandelbar. Für viele Menschen bedeutet Ruhm und Ehre alles. Aber wie ungerecht, wie alles Irdische, sind auch diese Güter in der Welt verteilt, wie ungleich werden sie erworben und wie rasch vergehen sie wieder!

Die Menschen haben ein kurzes Gedächtnis. Die Männer, die den Frieden von Versailles, die Aussaat giftiger Drachenzähne, zusammengefaßt haben, konnten sich ihres Ruhmes nicht lange freuen, obwohl die Menschen im allgemeinen ein besseres Gedächtnis für verbrecherischen, als für ehrlich erworbenen Ruhm haben.

Wie aber steht es um das Streben nach der ewigen Seligkeit, die jede Religion ihren Anhängern verspricht und versprechen muß? Der einzige Zweck dieses irdischen Lebens ist für sie die Vorbereitung auf das jenseitige Leben und der Gewinn der ewigen Seligkeit. In diesem Bestreben versagen sie sich auch die unschuldigsten irdischen Freuden, um dafür vom Jenseits millionenfache Vergütung zu erlangen. Alle ihre Opfer bringen sie nur für sich. Für den Nächsten glauben sie genug getan zu haben, wenn sie ihm ein gutes Beispiel geben, das sie nichts kostet. Erschrecken sie nicht selbst vor ihrem unerhörten Egoismus? Sie treiben den unerlaubtesten Handel mit den ewigen Dingen. Du kurzlebiger, übermütiger und von Einbildung aufgeblasener Wurm steckst eines Tages den Kopf aus dem Schlamm, hast kaum Zeit, dich einmal nach rechts und links umzusehen, um sofort wieder vom Antlitz dieser Erde zu verschwinden! Für diesen kurzen Augenblick des Verzichtes auf alle irdischen Freuden beanspruchst du als Lohn die ewige Seligkeit? Wenn dein Leben ungezählte Millionen Jahre dauern würde, so wäre es immer noch ein unvorstellbar kurzer Augenblick im Vergleich zur Ewigkeit. Wie kann ein sterblicher Mensch das Wort »Ewigkeit« auch nur denken wollen, ohne sich seiner Vermessenheit bewußt zu werden! Muß die ewige Seligkeit nicht ebenso unfaßbar bleiben wie die ewige Verdammnis, da wir eben den Begriff »Ewigkeit« nicht zu erfassen vermögen? Wenn die Frömmler ihre Askese so weit einschränken, daß ihnen Zeit bleibt, ihrem Nächsten nicht nur durch ein gutes Beispiel, sondern auch mit tätigen Werken der Barmherzigkeit beizustehen, dann erfüllen sie ihren Lebenszweck. Wer wollte sie in ihrem Glücke stören!

Erst wenn die Seele, vom Körper befreit, sich zu Gott aufschwingt, um als ein noch so geringer Teil von »Ihm« in »Ihm« zu leben, ist sie in die Ewigkeit eingegangen. Wer kann sich vermessen, zu wissen, wie die befreite Seele sich der Ewigkeit bewußt werden wird.

Gott hat uns das Leben geschenkt, damit wir es in Heiterkeit und Vernunft genießen, nicht aber um es in selbstquälerischer Askese zu erdulden. Es ist schwieriger und verdienstvoller, stetig und streng gegenüber allen Verlockungen des Lebens Maß zu halten, als ein für allemal auf die Freuden der Welt zu verzichten.

Dabei dürfen wir aber nicht nur an uns, sondern wir sollen auch an unseren Nächsten denken und ihm helfen, sein Leben ebenfalls würdig zu genießen.

Ich bekenne, daß ich die Freuden des Lebens aus tiefer Überzeugung bejahe. Eine ärztliche Anekdote spiegelt meinen Standpunkt wieder: Zu einem Arzt kommt ein Mann und fragt: »Doktor, wie muß ich es anstellen, um achtzig Jahre alt zu werden?« – »Erzählen Sie mir zuerst etwas von Ihren Eltern und Großeltern«, antwortete der Arzt. – »Alle gesund, meine Großeltern sind über achtzig Jahre alt geworden«, erwiderte der Mann. – »Rauchen Sie viel?« setzt der Arzt sein Examen fort. – »Ich rauche überhaupt nicht.« – »Trinken Sie viel?« – »Ich bin Abstinenzler.« – »Sind Sie verheiratet?« – »Nein, ich bin Junggeselle.« – »Dann haben Sie wohl mehr Freundinnen, als Ihnen gut ist?« forschte der Arzt weiter. – »Was denken Sie von mir, Doktor!« erwiderte der Mann beleidigt. »Ich habe in meinem ganzen Leben noch keine Frau in meinen Armen gehalten.« – »Mann, wozu wollen Sie dann achtzig Jahre alt werden?« war die letzte Frage des Arztes!

Um aber das Leben lange genießen zu können, muß man langlebig, um es ganz genießen zu können, muß man gesund sein. Die Langlebigkeit hängt nicht von uns ab, und auch für unsere Gesundheit sind wir nur zum Teil verantwortlich. Langlebigkeit, Vitalität und Gesundheit hängen meist aufs engste miteinander zusammen. Um dieser Güter teilhaftig zu werden, müssen wir das Glück haben, von guten Altvordern, von einer »harten Rasse« abzustammen. Die Bibel sagt: Des Menschen Leben währet siebzig Jahre, und wenn es hoch kommt, so sind es achtzig Jahre. Und wenn es köstlich gewesen ist, so ist es Mühe und Arbeit gewesen.

Der herrlichste Lebensgenuß ist vor allem eine nützliche Arbeit, sie birgt die Hauptwürze des Lebens. Übermaß in der Arbeit schadet jedoch nicht weniger als Unmäßigkeit in irgendeinem Lebensgenuß und verkürzt das Leben.

Man darf die vererbte Vitalität nicht verschwenden. Wohl lebt sich auch der mäßigste Mensch schließlich zu Tode, die Franzosen lieben sich zu Tode, die Orientalen rauchen sich zu Tode, und ich möchte hinzufügen: die Amerikaner arbeiten sich zu Tode. Sie behandeln ihre eigene Arbeitsmaschine ebenso schlecht wie ihre Maschinen aus Stahl. »Step on her« ist der allgemeine Ruf. Die Maschine muß ihr Letztes hergeben und wenn sie darüber unbrauchbar wird. Ebenso wird auch die Maschinerie des menschlichen Herzens rücksichtslos ausgebeutet, bis ihr wundervolles Werk gestört und nicht mehr auszubessern ist. Die amerikanischen Menschen-Friedhöfe beherbergen ebenso wie die Auto-Friedhöfe viele Tausende von Opfern brutaler Behandlung, die alle noch am Leben sein könnten.

Wenn sich viele Menschen zu Tode trinken, lieben oder rauchen, so essen sich noch mehr Menschen zu Tode. Man kann es eher verstehen, wenn Menschen sich durch übereifrige Verehrung des Bacchus, der Venus oder der Göttin Nicotiana ihr Leben verkürzen, aber der Vielfraß flößt Widerwillen ein. Kann es einem Zweifel unterliegen, daß im Laufe der Jahrhunderte weit mehr Menschen an Überfütterung als am Hunger zugrunde gegangen sind?

Um gesund zu bleiben, sollte man eigentlich immer ein klein wenig hungrig sein. Die meisten Menschen fühlen sich am wohlsten, wenn sie hungrig sind und sich aufs Essen freuen. Je älter der Mensch wird, desto vorsichtiger muß er seine Gesundheit hüten. »Qui n'a pas l'esprit de son âge, de son âge a tous les malheurs«, lautet ein weiser Spruch Voltaires.

Schädlicher noch als diese Sünde ist die Autointoxikation durch das besonders in der Frauenwelt verbreitete Laster der Konstipation (Hartleibigkeit). Ich nenne es ein Laster, weil es so außerordentlich häufig durch Bequemlichkeit und Trägheit herangezüchtet wird. Die Mehrzahl der Menschen scheint darunter zu leiden, sonst wäre, zumal in Amerika, nicht jeder erste beste Pillendreher ungleich reicher, als der berühmteste Arzt jemals werden kann.

Was bleibt für alte Menschen an irdischen Freuden noch übrig, wenn sie selbst die Erinnerung an jede frühere Sündhaftigkeit von sich abgestreift haben? Manche unterhalten sich damit, darüber nachzudenken, durch welche Exzesse sie noch am ehesten zugrunde gehen möchten. Nicht durch Fraß und Völlerei! Sicher nicht durch Suff! Sicher nicht durch die Liebe! Obschon ein Liebestod manches für sich gehabt hätte! Sicher nicht durch die heißen Umarmungen der Göttin Nicotiana! Bist du dessen so gewiß, du Sybarit? fragt sich mancher Alte. Warst du nicht schon nahe daran, dieser bezaubernden, braunen Teufelin zu unterliegen und ihr Opfer zu werden? Sie umschmeichelt dich mit ihrem süßen, giftigen Duft, der deine Lungen und deinen ganzen Körper durchdringt. Wie eine verräterische Geliebte umklammert sie zuerst dein Herz mit ihren schmalen, langen Fingern und tötet dich um so kaltblütiger, je fanatischer du ihr in Liebe ergeben warst. Hütet euch, jung und alt, vor der Göttin Nicotiana, denn ihr seid ihre Beute, noch ehe ihr es wißt. War ich nicht schon fast ihr Opfer, als ich immer noch predigte: Versäume nichts, aber halte Maß in allem!

Was bleibt also dem alten Mann, wenn er nicht einmal mehr rauchen darf? Solange er noch hören kann, bleibt ihm die Musik, solange er noch sehen und lesen kann, bleibt ihm das Interesse an Kunst und Wissenschaft. Solange er nicht ganz blind geworden ist – denn es wird jeder Mensch blind, wenn er nur lange genug lebt –, bleibt ihm der schönste Lebensgenuß unbenommen: die Freude an der Natur und ihrer unsterblichen Schönheit. Menschen, denen es nicht gegeben ist, die Natur zu lieben und zu bewundern, sollten besser in ihrem Joch sterben, da sie sonst doch nicht wüßten, wofür sie noch auf der Welt sind und was sie mit ihrer Zeit anfangen sollen. Solchen Menschen kommt es gar nicht in den Sinn, Gott dafür zu danken, daß sie seine Sonne noch sehen. Sollte ich mich an der Schönheit eines Sonnenunterganges nicht mehr freuen können, so weiß ich, daß meine Zeit um ist.

Jedem Menschen, ganz besonders aber den alten, geht eine Frage sehr nahe: Wie wird sich dein Tod gestalten, an welcher Krankheit wirst du sterben?

Wenn der Mensch in dieses Leben eintritt, braucht er nicht unbedingt Glück zu haben; denn er mag fähig werden, sein Schicksal zu gestalten und zu verbessern. Wenn der Mensch aber von dieser Welt Abschied nimmt, muß er unbedingt Glück haben oder er gehört zur großen Menge jener Bedauernswerten, die durch eine grausame Krankheit langsam und qualvoll zu Tode gemartert werden. Daß der Tod selbst schmerzlos ist, kann ihnen nichts nützen. Die schönste Art zu sterben ist, eines Tages ganz unerwartet, ohne vorangehendes schweres Leiden auszulöschen, wie ein Lämpchen, das kein Öl mehr hat. Dramatische Naturen schwärmen wohl auch von einem Blitzstrahl aus heiterem Himmel, mag das Lämpchen auch noch feurig glühen!

Allen den Unglücklichen, die das schwarze Los gezogen haben, von einer langwierigen Krankheit zu Tode gequält zu werden, blüht eine Hoffnung in der Euthanasie, jener Kunst, welche den Tod schmerzlos und schön »gestaltet«. Es wird aber noch viel Wasser ins Meer fließen, ehe dieses Problem gelöst ist.

Der Sinn des Lebens liegt im vernünftigen Genuß seines Gutes, doch erschöpft er sich nicht hierin. Wir dürfen das umfassendere, das altruistische Gebot nicht vergessen: Hilf auch deinem Nächsten, sein Leben zu genießen! In welcher Lebenslage immer ein Mensch sich befindet, er kann stets auch einem andern helfen, denn jedermann ist der Rothschild eines anderen.

Die glücklichsten Helfer, die tätigsten Bekenner des Altruismus sind jene Männer, die als Künstler und Philanthropen, Wissenschaftler und Erfinder, Lehrer und Ärzte der Menschheit einen Dienst erwiesen haben, mag er noch so klein sein, es genügt, daß er ihrer eigenen und vielleicht auch künftigen Generationen zum Nutzen gereicht. Alle diese Männer können sich in Wahrheit getreueste Befolger des Gebotes der Liebe nennen, die das Rückgrat der christlichen Religion ist. Sagt nicht der heilige Paulus: Und wenn ich mit Menschen- und Engelszungen redete und hätte der Liebe nicht, so wäre ich ein tönendes Erz oder eine klingende Schelle!

Nur darf man nicht glauben, daß das Gebot der Liebe anderen monotheistischen Religionen fremd ist. Heißt es doch im Koran, daß Allah einem zu ewiger Verdammnis verurteilten Weibe Gnade widerfahren ließ, »weil sie einmal einem durstigen Hunde Wasser gereicht hatte«.

»Dies irae, dies illa, solvet saec'lum in favilla« – der Tag des Jüngsten Gerichtes läßt die Menschheit in die Klage ausbrechen: quid sum miser tunc dicturus, quem patronum rogaturus, cum vix justus sit securus! Alle, denen der gefundene Handschuh die Pflicht bedeutet, nicht nur sich selbst, sondern auch anderen zu helfen, werden wissen, was sie zu sagen und zu tun haben. Sie werden keinen Schutzpatron anrufen, auch wenn sie Sünder sind – und wer ist es nicht an jenem Tage! Sie werden, auf Gottes Gerechtigkeit vertrauend, ihren gefundenen Handschuh in die Schale ihrer guten Taten werfen und sie zum Sinken bringen. Gott wird ihre Sünden in alle Ewigkeit verzeihen, möge ihnen nun die Ewigkeit beschieden sein oder nicht!

Der Garten, in dem ich oft solchen und ähnlichen Gedanken nachhänge, ist am schönsten in der Glorie der Herbstblumen, wenn die Sonne in der weiten Ebene des Tullnerfeldes untergeht, als fiele sie in ein grünes Meer. Die Rosen sind spärlich geworden, aber späte Nelken und Tigerlilien, Gladiolen, Begonien, die unermüdlichen

Pelargonien, späte Sonnenblumen, letzte Phloxe, Malven, Astern in allen Schattierungen und viele Bauernblumen, die ich ihrer lebhaften Farben wegen besonders liebe, glühen in der untergehenden Herbstsonne. Über alle Beschreibung schön sind die Hunderte von Dahlien in allen Farbtönen. Das dunkelste Schwarz, das blendendste Weiß, das wie in Unschuld sanft errötet, und alle Töne von Gelb und Rot wetteifern miteinander im bunten Farbenrausch.

Schon fangen die Knospen der Chrysanthemen an aufzubrechen und versprechen, mit ihren morbiden Farben den Garten noch in Blüte zu erhalten, wenn die anderen hinfälligeren Blumenschwestern dem würgenden Froste zum Opfer gefallen sein werden. Selbst die kurzlebigste Blume, verkündet die Chrysantheme ihren bunten Schwestern das baldige Ende eines langen Lebens.

»Ist es nicht schade«, sagte meine Frau an einem solchen Tage, »daß der Frost alle diese Herrlichkeiten mit einem Schlage vernichten wird? Muß die Natur gerade dann sterben, wenn sie am schönsten ist?« Und ihr alter Mann antwortete: »Es ist nun einmal Gesetz der Natur, daß alles Lebendige sterben muß. Und doch ist der Tod gegen neues, sprießendes Leben machtlos; schlummert nicht schon der nächste Frühling in diesen Knospen an Baum und Strauch? In fünf Monaten ist alles wieder zum Leben erwacht.«

»Und was ist mit uns alten Leuten?« fragte meine Frau ernst. »Wir können nicht bescheiden genug sein«, war die Antwort des alten Mannes. »Seien wir froh, daß wir gegen den ersten Frost nicht so empfindlich sind wie diese kurzlebigen Chrysanthemen. Die Stunde, in der der tödliche Frost über uns kommen wird, kennen wir zum Glück ebensowenig wie diese Blumen. – Ultima latet.«

Emma und Adolf Lorenz im August 1935 in Altenberg, mehr als 50 Jahre nach ihrer Hochzeit im Oktober 1884.

Die deutschen Märchen enden mit der tröstlichen Ungewißheit: Und wenn sie nicht gestorben sind, so leben sie heute noch.

XXVII

Ich wohne meinem Begräbnis bei

Es war ein ganz besonderer Anlaß, der mich in meinem zweiundachtzigsten Lebensjahre in meine Geburtsstadt Weidenau zurückführte. Zur Zeit ihrer Blüte als kleine Musenstadt mit einem Obergymnasium hatte ich Weidenau nicht gesehen. Nach dem Kriege war das Gymnasium von der tschechischen Regierung aufgehoben und die Stadt dadurch ihrer Bedeutung beraubt worden. Nun war sie verödet. Der große Marktplatz aber hatte sich zweifellos verschönt. Eine prächtige Kastanienallee mit Ruhebänken lud zur Beschaulichkeit ein. Der Würfel des alten Rathauses mit dem windschiefen Holzturm war vom Platze verschwunden, ebenso, gleich meinem Geburtshaus, die wenigen Häuser, welche sich daneben angesiedelt hatten. Das neue Rathaus steht bescheiden in der Reihe der den Platz einfassenden Giebelhäuser, nimmt aber als Eckhaus immer noch eine bevorzugte Stellung ein; sein Zahnstocher von Turm steht zwar gerade, ist aber bei weitem nicht so malerisch wie sein alter Vorgänger. Gleich ehedem bilden auch heute die Giebelhäuser einen freundlichen Rahmen um den stillen, verschlafenen Platz.

Aber wo war der geliebte Butterstein? Auch er war mit dem alten Rathause verschwunden! – Nicht die leiseste Spur seiner einstigen Lagerstätte war zu sehen. Übelberatene Stadtväter hatten ihn zersägen und Portalsäulen für das neue Rathaus aus ihm schneiden lassen, als ob es in den Sudeten nicht auch anderen Stein gegeben hätte. Weidenau hatte sein berühmtes Wahrzeichen verloren! Aber sonst schien alles wie früher, nur noch anheimelnder und wohnlicher. Doch ich konnte mich des Eindrucks nicht erwehren, daß eine stille Wehmut über dem Städtchen ausgebreitet lag, und auch die Menschen schienen mir gedrückt und still. Wir gedachten im Freundeskreis der schönen Vergangenheit. Als Grenzstadt ohne Grenzverkehr ist die Stadt vom wirtschaftlichen Tode bedroht. Vielleicht gelingt es Weidenau, ein geruhsamer Zufluchtsort für Pensionäre zu werden.

War es so absonderlich, daß ich in diese Stadt kam, um mich »begraben« zu lassen? Die Anregung hierzu stammte von dem Weidenauer Stadtrat Franz Krischke. Der Bürgermeister, Johann Fuhrmann, mein Freund und Altersgenosse, sowie der ganze Stadtrat stimmten dem Vorschlag einmütig und freudig zu. Aber es sollte nicht eine schlichte Beerdigung, sondern, wie man in Wien sagt, eine »schöne Leich« werden. Und der Begräbnisplatz? – Diesmal war es nicht der Friedhof, sondern der große Marktplatz. Dort sollte ich am 18. August 1935 im 82. Jahre meines Lebens, also jedenfalls nicht zu frühe, zur ewigen Ruhe bestattet werden, erfreulicherweise aber nur »in effigie«. Ich sollte auch nur eingemauert werden, und zwar nicht in eine Gruft, sondern in die Vorderfront des Hauses meiner Kindheit. Von dort wird mein in schlesischen Marmor gehauenes Bild auf die kommenden Generationen herabsehen.

Aber ich empfand die Enthüllung des Denkmals doch als meinen Begräbnistag; denn die durch die Denkmäler Gefeierten sind für die Mitwelt immer schon tot, auch wenn sie noch leben.

Das Haus meiner Kindheit ist ein behäbiges altes einstöckiges Eckhaus, mit der Vorderfront gegen den Marktplatz und mit der langen Seitenfront der Gasse zugewendet, die nach Barzdorf führt. Die Vorderfront ist leicht gekehlt und stammt offenbar von einem Baumeister, der mit dem Barock kokettierte. Das Haus ist auch heute noch eine Gaststätte und führt sogar den stolzen Namen »Hotel«, aber sein Besitzer hält sich deswegen noch nicht für einen großen Hotelier. Ob ich wollte oder nicht, ich bin nun sein und seiner Nachfolger ständiger Gast geworden, allerdings nur an der Außenseite des Hauses. Ich hoffe, daß dieser steinerne Freigast dem Hause die zahlenden Gäste nicht verscheucht, sondern eher anlockt.

Dem ominösen Tage sah ich mit gemischten Gefühlen entgegen. Es ist nämlich nicht leicht, allen Anforderungen bei dem eigenen Begräbnis zu genügen, besonders, wenn man sich durch heftige rheumatische Schmerzen in Muskeln und Gelenken mit dem irdischen Leben so eng verbunden fühlt, wie mir es erging. Man muß eben nicht nur am Leben, sondern noch halbwegs gut auf den Beinen sein, ja man soll sogar noch imstande sein, die Grabrede selber zu halten.

Der 18. August 1935 begann mit einem herrlichen Morgen. Ein leichter Regen hatte eben aufgehört, die Luft war frisch und balsamisch. Die Sonne versprach jeden Augenblick durch die Wolken zu brechen, zum Abschiednehmen just das rechte Wetter! Reihen von Sesseln vor dem Festplatze füllten sich mit Gästen, während viele Gruppen von Neugierigen sich in der weiteren Umgebung ansammelten. Die Front des alten Hauses war mit Girlanden, Blumen und Flaggen reich geschmückt, und sein barocker Umriß gab dem freundlichen Bilde einen vornehmen Rahmen. Ein künstlerisch gestalteter weißer Vorhang verdeckte die Gedenktafel, die geduldig ihrer Enthüllung harrte. Mein Freund, der alte Bürgermeister, hatte zur Feier des Tages einen schwarzen Bratenrock angezogen, der ihm seit langem zu eng war. Seine Hände staken in weißen Glacéhandschuhen, die jeden Augenblick zu platzen drohten. Der Lautsprecher dröhnte stoßweise einen herzlichen Willkommensgruß und schlug leisere Töne an, als er der Freude Ausdruck gab, ein Kind dieser Stadt ehren zu können. Ein allerliebstes Mädchen, das einmal meine Patientin gewesen war und eine Schönheit zu werden verspricht, überreichte mir einen Rosenstrauß und sprach ein langes Gedicht, das ich nicht hätte auswendig lernen wollen. Ich drückte das Blumenkind gerührt an meine Brust und dankte mit einem Kuß auf die Stirn. Auch die tschechische Nationalhymne begrüßte den alten Sohn der Stadt, dessen Kinderohren diese Klänge fremd geblieben waren. Obwohl mein verehrter Freund, Präsident Masaryk, die Väter der Stadt wegen ihrer Absicht, mich zu ehren, gelobt hatte, konnte er nicht so weit gehen, die österreichische Hymne auf nunmehr tschechischem Boden zuzulassen. Heimatlicher muteten mich schlesische Volkslieder an, welche von einem gemischten Chor schöner junger Damen und hoffnungsvoller Jünglinge mit viel Schwung vorgetragen wurden. Dann kam als schwierigster Punkt des Festaktes das Anhören einer Lobrede, die Herr Doktor Wolf auf den Gefeierten hielt: De mortuis nil nisi bene. Wenn jemals, so mußte ich jetzt erröten, hätte mein hohes Alter mir diese holde Fähigkeit nicht schon lange genommen. Hätte es in der Macht des umsichtigen Festordners, Herrn Major a. D. Franz Then, gelegen, so wären auch die Kirchenglocken in Bewegung gesetzt worden, um den Worten des Bürgermeisters: »Die Hülle falle!« auch die Weihe von oben zu geben. Und die Hülle fiel unter dem Beifall der Menge und den Klängen der tschechischen Nationalhymne, an die sich der »steinerne Mann« in Zukunft wird gewöhnen müssen!

Dem bekannten schlesischen Bildhauer Obeth war es gelungen, die Züge des Gefeierten dem harten, schlesischen Marmor einzugraben, obwohl er das Vorbild nur in der Photographie gekannt hatte.

Ein dramatischer Augenblick war für mich gekommen, als der Bürgermeister sein ältestes Stadtkind zur Antwort aufforderte. Anstatt Folge zu leisten, hob dieser jedoch seinen Arm, ließ zum Abschied seine Hand flattern und verschwand in der offenen Türe des Hauses. Als sich die Türe hinter mir geschlossen hatte, überkam mich der Gedanke, jetzt tot, begraben und im Jenseits zu sein. Ich hatte aber nicht die Empfindung, daß es dort viel anders aussieht, als in der diesseitigen Welt. Einem materialisierten Geiste hätte es leichter fallen müssen, die steile gewundene Stiege zum ersten Stock hinaufzuschweben und das Fenster zu finden, das der Gedenktafel zunächst lag. Von dort aus sollten meine Worte, wie aus dem Munde des steinernen Mannes selbst kommen. Und aus dem Lautsprecher kam es mit dumpfer Geisterstimme:

»Liebenswerte Freunde! Ich danke euch von ganzem Herzen für die große Ehre, welche ihr mir durch die Gedenktafel erwiesen habt. Ich bin stolz darauf, aber ich tue mir leid, so wie mir alle Menschen leid tun, die in Marmor gehauen oder in Erz gegossen, stehend, sitzend, oder gar hoch zu Roß, oder auch nur als Reliefbild auf einer Gedenktafel mit unveränderter Geste, den Blick ins Nahe oder Weite, aber immer auf dieselbe Stelle gerichtet, auf ihrem Postament aushalten müssen, ob Sonne oder Regen, ob Winter oder Sommer, ob Tag oder Nacht, durch die Jahre und Jahrhunderte. Bei Betrachtung dieser Armen kam mir oft der Gedanke: wenn alle diese Bedauernswerten nicht längst tot wären, müßten sie schon aus Langeweile auf ihren Postamenten sterben. Ich hatte nicht die leiseste Ahnung, daß mir ein ähnliches Schicksal an dieser Straße beschieden sei. Seinem Schicksal kann niemand entgehen.

Aber ich habe beschlossen, mich nicht durch Langeweile umbringen zu lassen. Als Wächter des Marktplatzes werde ich immer genug zu tun haben. Vor allem werde ich den Kindern mit meinen Blicken folgen, wenn sie zur Schule gehen. Ich werde die Fleißigen loben, die Lässigen tadeln, die Verzagten trösten. Wehe denjenigen, welche statt in die Schule hinter die Schule gehen, wie ich es manchmal getan habe. Mit Vergnügen werde ich an den Unterhaltungen der Kinder teilnehmen, wenn sie im Winter über die gefrorenen Gassen ›kascheln‹ oder im Sommer ›Mücken‹ spielen. Es wird mich freuen, wenn am Fronleichnamstage die Knaben sauber angezogen sind und die lieben, weißen Mädeln ihre Locken sorgfältig gedreht haben. Wenn sie bei den Evangelien-Altären ihre heiligen Lieder singen, werde ich versuchen mitzutun. Und in der Karwoche werde ich mich bemühen, den Jungen klappern und ratschen zu helfen – wenn auch das steinerne Gesicht keinen dieser Wünsche verrät. Von dieser Straßenecke aus werde ich Handel und Wandel der Stadt beobachten und die Wochen- und Jahrmärkte mitmachen können. Ich hoffe bestimmt, von dieser Stelle aus auch die guten Zeiten wiederkehren zu sehen.

Aber ich habe nicht nur heitere, sondern auch traurige Pflichten als Wächter an dieser Straßenecke auf mich genommen. Meine Gasse führt zum Friedhof; hier muß jeder, der in dieser Stadt das Zeitliche gesegnet hat, auf seiner letzten Reise vorbeikommen. Wunschlos gewordene Generationen werde ich an mir vorüberziehen sehen. Ich werde genug zu tun haben, jedem einzelnen von ihnen ein freundliches Wort mit auf den Weg zu geben: Sit terra tibi levis, requiescas in pace!

Aber meine Dienste werden auch ihren Lohn finden. Freilich werde ich noch tausendachthundertdrei Jahre darauf warten müssen, vorausgesetzt, daß der Marmor ebensovielen harten schlesischen Wintern standhält. Der Lohn nach dieser langen Dienstzeit wird die Wiederkehr eines himmlischen Schauspieles sein, welches, obwohl durch die Zeit halb verblasst, noch in meiner Erinnerung lebt. Obzwar damals erst vier Jahre alt, gedenke ich noch heute einer Reihe von Sommerabenden, an denen die ganze Stadt Weidenau in Aufregung war. Jung und alt versammelte sich jeden Abend auf dem Marktplatz. Die Frauen und Mädchen sangen fromme Lieder wie bei einer Maiandacht, alte Männer und Weiber beteten still ihren Rosenkranz. Ob sie nun sangen oder beteten, standen oder wandelten – alle starrten zum Himmel, sein Wunder zu sehen. An der allgemeinen Aufregung nahmen auch die kleinsten Kinder Anteil und flogen wie sorglose Sommervögel durch die Reihen der Gaffer, welche Krieg – und Kriegsnot, wenn nicht gar den Untergang der Welt – aus dem überirdischen Zeichen voraussagten, das drohend am Himmel stand: eine mit mysteriösem, milchigweißem Dämmerlicht leuchtende, durchscheinende Scheibe, von welcher dünne, zittrige Strahlen sich nach einer Seite des Firmaments hin ausbreiteten. Es war nicht das klare, helle Licht des Mondes, sondern ein geisterhafter Dämmerschein, der sich über die Erde ausgoß.

Niemand schien zu wissen, was das Himmelszeichen sei, am wenigsten kümmerten sich die Kinder darum.

Dezennien später sollte ich erfahren, daß das ›Dämmerlicht‹ nur der große Donatische Komet des Jahres 1858 gewesen sein könnte. Die Umlaufszeit desselben beträgt 1880 Jahre. Da von dieser Zeit schon siebenundsiebzig Jahre verflossen sind, habe ich noch eintausendachthundertdrei Jahre auf die Wiederkehr des Kometen zu warten. Für einen Mann aus Stein ist das eine sehr kurze Zeit, denn, wie unserem Herrgott, sind auch ihm tausend Jahre wie ein Tag. Wenn der Komet wiederkommt, bin ich für meine Dienste belohnt und der einzige Mann auf der Welt, der den Donatischen Kometen zweimal gesehen hat. Wenn das große Lichtwunder unseren Nachthimmel weitere hunderttausendmal besucht haben wird, ist die Ewigkeit noch um keinen Augenblick kürzer geworden, denn sie ist unteilbar!

›In ewig schnellem Sphärenlauf‹ wird sich auch dann noch ›der Erde Pracht‹ um die Sonne drehen; die Zeit wird so schnell vergehen wie jetzt, und die Sommerabende werden so schön sein wie jemals. Die drei Erzengel werden in ihrem vereinigten Gebet in alle Ewigkeit Gott preisen:

›Und alle deine hohen Werke
Sind herrlich wie am ersten Tag!‹

Und nun, meine lieben Freunde, bleibe dieser steinerne Mund zu ewigem Schweigen verurteilt.«

Ich verließ das Haus durch eine Seitentür. Von meiner Begräbnisfeier auf den Tod ermüdet, bestieg ich das Auto meines Sohnes Albert ohne weiteren Abschied, denn auch das Totsein hat seine Vorteile. Noch am Abend desselben Tages war ich in meinem Paradies – in Altenberg! Tür und Tor der Halle stehen jederzeit offen für den Besuch des Erlösers aus aller menschlichen Bedrängnis – für seine unerbittliche Majestät, die einzige wahre Majestät, die es auf dieser Erde gibt.

Adolf Lorenz im Jahr 1935, als er seinem eigenen »Begräbnis« beiwohnte.

Chronologie

21. April 1854: Adolf Lorenz wird als ältestes von vier Kindern von Agnes und Johann Lorenz in Weidenau im damaligen Österreichisch-Schlesien geboren. Heute heißt der Ort Vidnava und liegt in der Tschechischen Republik an der Grenze zu Polen.

1860 bis 1865: Besuch der fünfjährigen Volksschule.

1866: Adolf übersiedelt zunächst kurz zu Eduard Ehrlich, seinem Onkel mütterlicherseits, der im obersteirischen Trofaiach als Arzt tätig ist. Von dort geht es weiter zu einem weiteren Onkel, Pater Gregor Ehrlich, der ihm ermöglicht, das Untergymnasium in St. Paul im Lavanttal zu besuchen.

Ab 1870: Besuch des k.k. Staatsgymnasiums in Klagenfurt.

1873: Achtmonatiger Aufenthalt am Gut der Familie von Rosthorn in Gurahoncz (damals Ungarn, heute Rumänien), um dort Arthur von Rosthorn Nachhilfe zu geben.

5. August 1874: Lorenz maturiert als Externist am Obergymnasium in Klagenfurt mit Auszeichnung; danach Beginn des Medizinstudiums in Wien.

13. Februar 1880: Promotion zum Doktor der gesamten Heilkunde, danach Sekundararzt im Rudolfspital und Operateur an der I. Chirurgischen Klinik.

Ab 1. Oktober 1882: Assistent an der I. Chirurgischen Klinik unter Prof. Eduard Albert.

1883: Lorenz veröffentlicht sein erstes Hauptwerk »Die Lehre vom erworbenen Plattfuß«.

24. August 1884: Lorenz wird zum Privatdozenten für Chirurgie an der Medizinischen Fakultät der Universität Wien ernannt, am 5. Oktober erfolgt die Hochzeit mit Emma Lecher.

2. September 1885: Geburt von Sohn Albert.

27. Dezember 1889: Ernennung zum außerordentlichen Professor der Chirurgie auf Antrag der Professoren Billroth und Albert.

1895: Adolf Lorenz veröffentlicht die Studie »Pathologie und Therapie der angeborenen Hüftverrenkung auf Grundlage von 100 operativ behandelten Fällen«.

1896: Mit Entschließung vom 16. Oktober verleiht Kaiser Franz Joseph I. Prof. Adolf Lorenz den Titel eines Regierungsrates.

1901: Mitbegründer der Deutschen Gesellschaft für Orthopädie.

1902/03: Berufung zu einer Privatbehandlung nach Chicago im Oktober 1902, um die Millionärstochter Lolita Armour zu behandeln, anschließend Demonstrationsoperationen in Denver, Boston, San Francisco, Salt Lake City, Baltimore und Rochester; Empfang beim Präsidenten Theodore Roosevelt im Weißen Haus, Washington.

7. November 1903: Geburt des zweiten Sohnes, Konrad.

3. Dezember 1919: Lorenz wird der Titel eines ordentlichen Professors verliehen.

13. Juli 1921: Bundespräsident Hanisch verleiht Lorenz den Titel eines Hofrates.

November 1921 bis April 1922: Fünfmonatige Reise in die USA.

1922 bis 1937: Ab Ende 1922 ordinieren Adolf und Albert Lorenz regelmäßig im Winter in New York.

1924: Emeritierung mit Verzicht auf das übliche Ehrenjahr.

1935: Seine Geburtsstadt Weidenau ehrt Lorenz mit einer Gedenktafel an seinem Vaterhaus.

Juli 1938: Emma Lorenz stirbt.

1941/42: Adolf Lorenz verbringt den Winter in Königsberg (Ostpreußen) bei seinem Sohn Konrad.

1944: Verleihung der Goethe-Medaille für Kunst und Wissenschaft und des Billroth-Preises anlässlich des 90. Geburtstages. Aufnahme eines Ölporträts in die Ehrengalerie der Stadt Wien.

12. Februar 1946: Adolf Lorenz stirbt mit knapp 92 Jahren in Altenberg und wird in einem Ehrengrab auf dem Friedhof von St. Andrä-Wördern bestattet.

Anmerkungen und Erläuterungen

69, 369 Kalabreser: breitkrempiger und ursprünglich aus Kalabrien stammender Filzhut

79 Confiteor: Schuldbekenntnis

79, 320 Introibo ad altare Dei, Ad Deum, qui laetificat juventutem meam: Zum Altare Gottes will ich treten, Zu Gott, der mich erfreut von Jugend auf. (Aus den ersten Zeilen des Stufengebets)

89, 90, 96 v. R.: von Rosthorn, eine alte österreichische Industriellenfamilie englischen Ursprungs. Arthur von Rosthorn (1862–1945) war später Sinologe, Diplomat und Schriftsteller. Sein älterer Bruder, Alfons von Rosthorn (1857–1909) studierte Medizin; Schwester Misa heiratete einen Arzt in Chicago. Arthur von Rosthorn wird später im Buch noch mit vollem Namen genannt.

99 Windhagsches Stipendium: Die 1670 gegründete Windhag Stipendienstiftung für Niederösterreich war im 19. Jahrhundert die größte Stipendienstiftung in Österreich und existiert bis heute.

102 Vierziger: Neurodermitis

104, 380 Schwarze Blattern: Pocken

105 ex singulis aliquid, ex toto nihil: von jedem ein bisschen, vom Ganzen nichts, kurz: nichts so wirklich

106, 321 Fürst X. auf Schloss Y.: Gemeint sind Franz de Paula von und zu Liechtenstein und das Schloss Hollenegg im Bezirk Deutschlandsberg in der Weststeiermark. Sein Sohn Alfred war mit einer Cousine der erwähnten Henriette von Liechtenstein (1843–1931) verheiratet und hatte mit ihr zehn Kinder.

109 Nicht fasse, nicht halt' ich das schlecke Geschlüpfer: Textzeile aus Wagners »Rheingold«

109 Je vous défends: Ich verbiete es Ihnen.

111 Vox populi vox dei: Volkes Stimme ist Gottes Stimme; im übertragenen Sinn: die öffentliche Meinung [hat großes Gewicht].

114 Dupuytren: Baron Guillaume Dupuytren (1777–1835) war ein französischer Chirurg.

114, 115 Riedhof: eine in den 1860er- und 1870er-Jahren von Ärzten, Offizieren und Beamten stark besuchte Bierwirtschaft mit schönem Garten in der Wickenburggasse 15 in der Josefstadt

117 Anticamera: Vorzimmer

118 Spirochäten: eine eigene Ordnung von Bakterien, darunter auch der Erreger der Syphilis

120 Rogamus Deum optimum et maximum ut ex gratiarum suarum flumine rivulum aliquem in caput tuum amatum derivare – dignetur: Wir bitten den großen und allmächtigen Gott, dass er sich entschließe, aus dem Fluss seiner Gnade ein Bächlein in dein geliebtes Haupt abzuzweigen.

122 Bizzozero: Gemeint ist Giulio Bizzozero (1846–1901), ein italienischer Pathologe und Histologe.

123 Bulbus: Augapfel

124 Strabismus: Schielen

125 Kronprinz Rudolf (1858–1889) war der einzige Sohn von Kaiser Franz Joseph I. und Kaiserin Elisabeth.

125 Rudolfinum: das 1882 geründete Rudolfinerhaus, das den in Ausbildung stehenden Pflegerinnen theoretische und praktische Schulung bot

128 Vindobona docet: Wien lehrt.

128 La rage: Tollwut

128 omnis cellula e(x) cellula: Eine Zelle kann immer nur aus einer Zelle hervorgehen.

131 Corium: Lederhaut (aus der durch Gerben Leder hergestellt wird)

132, 133 Talus: Spungbein, ein Knochen im Sprunggelenk

133, 161 Exstirpation: das vollständige operative Entfernen von Organen

134, 137, 139, 140, 162, 290, 373, 379 Skoliose: Seitabweichung der Wirbelsäule von der Längsachse mit Verdrehung der Wirbel um die Längsachse, begleitet von strukturellen Verformungen der Wirbelkörper

134 Spondylitis: Infektion der Wirbelkörper

141 Lymphangitis (auch Lymphangiitis): umgangssprachlich als »Blutvergiftung« bezeichnete, relativ seltene Entzündung der Lymphbahnen von Haut und Unterfettgewebe

141 Spica coxae: Hüftverband mit Bindentourenkreuzung an der Vorder- oder Außenseite des Hüftgelenks

147 phlegmonöse Entzündung: eine eitrige, sich diffus ausbreitende Infektion

148 Erysipel: bakterielle Infektion der oberen Hautschichten und Lymphwege; andere Bezeichnungen sind Wundrose und Rotlauf.

152 Professor Dr. Frank: Rudolf Frank (1862–1913), Chirurg, ab 1896 Primarius am Rudolfspital, ab 1900 am Allgemeinen Krankenhaus

158 Vivisektion: operativer Eingriff am lebenden Organismus, meist zu Forschungszwecken und meist am Tier

158 Haruspex: antiker Wahrsager, der Blitzschläge deutete und vor allem aus den Eingeweiden von Opfertieren weissagte.

160–164, 355, 372 Redressement (forcé): verstärkte manuelle und apparative Korrektur und Überkorrektur mit anschließender Fixierung

162 Andry, Nicolas (1658–1742), ein französischer Arzt und Literat der Aufklärung, der den Begriff der Orthopädie erfand

169 Anthrax: Infektionskrankheit, die auch Milzbrand genannt wird, durch Anthrax-Sporen verursacht wird und meist Paarhufer befällt. Auch Menschen können befallen werden.

174 Kronprinzessin Stefanie: Die Gattin von Kronprinz Rudolf hieß mit vollem Namen Stefanie Clotilde Louise Hermine Marie Charlotte von Belgien (1864–1945).

174 Töchterchen Elisabeth: Erzherzogin Elisabeth Marie Henriette (1883–1963) war die einzige Tochter von Kronprinz Rudolf. In der Republik wurde die Frauenrechtlerin und Sozialdemokratin als »rote Erzherzogin« bekannt.

176 Galenus dat opes: Galen (als Synonym für die Medizin) gibt Schätze [Justinian (die Rechtsgelehrsamkeit) vergibt Ehrenstellen, der arme Aristoteles (die Philosophie) muss zu Fuß gehen].

178 Vollblut-Hunter: ein ziemlich großes Reitpferd, selten mit Stockmaß unter 1,65 m

178 ventre à terre: in gestrecktem Galopp (wörtlich: Bauch an der Erde)

182 Biskra: eine Oasenstadt im östlichen Algerien

185 exzedieren: es übertreiben

185 Erzherzog Johann Orth: Österreichischer Erzherzog aus dem Hause Habsburg (1852–1890), ab 1889 Johann Orth, seit 12. Juli 1890 vermisst bei Kap Tres Puntas, 1911 für tot erklärt

186 L'Arronge: Adolph L'Arronge (1838–1908) war ein deutscher Bühnenautor, Theaterleiter und Dirigent. Sein Stück »Doktor Klaus« wurde 1878 uraufgeführt.

186, 285, 292 Das Töchterchen eines Industriekönigs: Beim Industriekönig handelte es sich um Jonathan Ogden Armour (1863–1927), der zu dieser Zeit die fleischverarbeitende Industrie in Chicago beherrschte und zum Multimillionär wurde. Seine Tochter hieß, so wie seine Frau, eigentlich Lola, wurde von den Medien, die ausführlich über den Fall berichteten, Lolita genannt.

187 Dr. M.: Dr. Friedrich Müller (1871–1942); Müller blieb nach der Operation in den USA und lehrte unter anderem am Loyola University College of Medicine.

197 Jobses: Hieronymus Jobs ist eine satirische Figur des deutschen Arztes und Schriftstellers Carl Arnold Kortum (1745–1824). Anlässlich einer Prüfung kam es zum legendären Ausspruch »Ob der Antworten des Kandidaten Jobses geschah allgemeines Schütteln des Kopfes«.

198 von Dittel: Leopold Ritter von Dittel (1815–1898) war ein österreichischer Urologe.

203 Adobe-Bau: ein Haus aus Lehmziegeln

204 per pedes apostolorum: zu Fuß wie die Apostel

223 Marion Sims: James Marion Sims (1813 –1883) war ein Arzt und Chirurg und gilt in den USA als der Vater der modernen Gynäkologie.

226 Seth Low: US-amerikanischer Politiker (1850–1916), der Bürgermeister von Brooklyn und später von New York City war, außerdem Präsident der Columbia University

233, 235–239, 251 Alfons(o) XIII.: Seit seiner Geburt 1886 war Alfons XIII. de jure König von Spanien. Bis 1902 übernahm aber seine Mutter, Erzherzogin (Maria) Christina von Habsburg-Lothringen, die Amtsgeschäfte, die Alfons XIII. bis 1931 innehatte. Christina war die zweite Frau von König Alfons XII.

239 Carmen Sylva: eigentlich Prinzessin Elisabeth zu Wied (1843–1916); war durch Heirat ab 1881 Königin von Rumänien und veröffentlichte unter dem Pseudonym Carmen Sylva zahlreiche Bücher.

240 Maria von Rumänien: Marie von Edinburgh (1875–1938), als Ehefrau von Ferdinand von Hohenzollern-Sigmaringen Königin von Rumänien

240, 241 Carol: Karl II. (1893–1953), König von Rumänien

244, 246 Doktor Billings: John Shaw Billings (1838–1913) war ein US-amerikanischer Chirurg und Bibliothekar und erster Direktor der New York Public Library.

244 Mayo-Brüder: entweder William James Mayo (1861–1939) oder Charles Horace Mayo (1865–1939); beide waren Chirurgen und Mitgründer der Mayo Clinic.

246 Fête Champêtre: Gartenfest, wie es vor allem im 18. Jahrhundert in Versailles gefeiert wurde

249 Erschießung Kaiser Maximilians: Die Hinrichtung erfolgte 1867 und wurde 1868/69 von Édouard Manet in einem Gemälde künstlerisch verarbeitet.

261, 263 George Gould: eigentlich George Jay Gould I (1864–1923); war ein US-amerikanischer Eisenbahn-Magnat.

263 Pulitzer: Joseph Pulitzer (1847–1911), ungarisch-amerikanischer Journalist, Herausgeber und Zeitungsverleger sowie Stifter des nach ihm benannten Pulitzer-Preises. Pulitzer hatte vermutlich Diabetes und zog sich 1890 mit 43 Jahren fast erblindet als Herausgeber zurück.

274 Luca Cambiaso: italienischer Maler (1527–1585)

285, 287 Khedive: Titel, der den Gouverneuren der osmanischen Provinz Ägypten von 1867 bis 1914 verliehen wurde und etwa so viel wie Fürst oder Vizekönig bedeutete. Er stand an dritter Stelle des Protokolls für Staatsbedienstete.

287 zirkassische: zu den Zirkassiern oder Tscherkessen gehörig, einem kaukasischen Volk

287 Abbas Hilmi, eigentlich: Abbas II. (1874–1944), letzter Khedive der nominell osmanischen Provinz Ägypten von 1892 bis 1914. Die britische Herrschaft in Ägypten bestand formell von 1882 bis 1922.

288 Mr. Cook: Thomas Cook (1808–1892), britischer Tourismus-Pionier und Erfinder der Pauschalreisen, die zunächst vor allem in Form von Nilkreuzfahren abgehalten wurden

288 Lord Cromer: Evelyn Baring, 1. Earl of Cromer (1841–1917), war ein britischer Diplomat und 1883 bis 1907 Generalkonsul in Ägypten.

294 Julius Haß: Schüler von Lorenz und Dozent für Orthopädische Chirurgie an der Universität Wien. Haß, später Hass (1883–1959), wurde 1938 aus Wien vertrieben und hatte danach eine erfolgreiche Privatpraxis in New York.

301 Marie Geistinger: österreichische Schauspielerin und Opernsängerin (1836–1903), die als »Die Königin der Operette« galt

303 Wilhelm II. (1859–1941) war von 1888 bis 1918 letzter Deutscher Kaiser und König von Preußen.

303 Eduard VII. (1841–1910) war von 1901 bis zu seinem Tod König des Vereinigten Königreichs von Großbritannien und Irland und Kaiser von Indien.

303 von allen Menschen als Katastrophe empfunden: Da beschönigt Adolf Lorenz die enorme Kriegsbegeisterung, die 1914 in Wien herrschte. Im englischen Original ist von »sensible men« die Rede, die den Krieg als Katstrophe sahen.

304 Ulanen: mit Lanzen bewaffnete Gattung der Kavallerie

315, 316 Königin Elena: Elena von Montenegro (1873–1952) wurde durch Heirat mit König Viktor Emanuel III. ab 1900 Königin von Italien.

316 ma Dottore, io non sono la Regina, sono la zia de la Contessa Miranda: Aber Herr Doktor, ich bin nicht die Königin, sondern die Tante der Comtesse Miranda.

319 Juvat socios habere malorum: Es ist eine Hilfe, Gefährten im Unglück zu haben.

320 Hoover: Herbert Clark Hoover (1874–1964), von 1929 bis 1933 Präsident der USA, zuvor war er seit 1921 Handelsminister gewesen.

323, 324: Viktor Blum: Wiener Chirurg jüdischer Herkunft (1874–1964), der 1938 vertrieben wurde und in die USA emigrierte.

323 Nescimus ubi mors nos expectet: Wir wissen nicht, wo der Tod auf uns wartet.

324 Quis, quid, ubi, quibus, auxiliis, cur, quomodo, quando: Wer? Was? Wo? Wodurch? Warum? Wie? Wann?

326 Apage Satanas!: Fort mit dir, Teufel!

330 Lindbergh-kidnapping: Der US-Pilot Charles Lindbergh (1902–1974) wurde durch den ersten Transatlantikflug zum Volkshelden. 1932 wurde sein Baby entführt, der vermutliche Entführer Bruno Richard Hauptmann 1935 zum Tod verurteilt und 1936 hingerichtet.

338 Omnes eodem cogimur: Alle werden wir an denselben Ort gezwungen (Horaz).

340 Viktor Bidder: Victor Frank Ridder (1886–1983) war ein Zeitungsherausgeber der *New Yorker Staats-Zeitung*, der ersten deutschsprachigen Tageszeitung für die Region New York City.

340 in camera caritatis: unter vier Augen (wörtlich: in der Kammer der Zuneigung)

345 Bocche di Cattari: Bucht(en) von Kotor an der dalamatisch-montenegrinischen Adriaküste

355 progressive Ankylosierung: fortschreitende Versteifung der Gelenke, im konkreten Fall Spondylitis ankylosans bzw. Morbus Bechterew

372 englische Krankheit: Rachitis

380 durch einen Impfstoff verhindert werden: Das gelang tatsächlich knapp zwei Jahrzehnte später. 1954 entwickelte Jonas Salk einen ersten Impfstoff, ein verbesserter Schluckimpfstoff wurde ab 1959/1960 verwendet.

380 Schaudinn: Fritz Schaudinn (1871–1906) war ein deutscher Zoologe, der 1905 im Berliner Klinikum Charité den Syphilis-Erreger Spirochaeta pallida entdeckte.

389 Qui n'a pas l'esprit de son âge, de son âge a tout le malheur(s): Wer seines Alters Geist nicht hat, hat all seines Alters Leid. Diktum Voltaires aus seinen Gedichten an die Marquise du Châtelet

392 Dies irae, dies illa, solvet saec'lum in favilla: (in freier Nachdichtung:) Tag der Rache, Tag der Zähren, wird die Welt in Asche kehren; oder in anderer Version: Tag der Rache, Tag der Sünden, wird das Weltall sich entzünden

394 Ultima (hora) latet: Die letzte (Stunde) ist verborgen.

400 kascheln: schlittern

401 Sit terra tibi levis, requiescas in pace: Die Erde sei dir leicht. Ruhe in Frieden

Nachwort

von Klaus Taschwer

Im kollektiven Gedächtnis Österreichs wird der Name Adolf Lorenz seit vielen Jahrzehnten durch den seines Sohns überstrahlt: Konrad Lorenz gewann als bislang letzter Österreicher einen wissenschaftlichen Nobelpreis und wurde durch seine populären Bücher und sein Engagement für den Umweltschutz zu einem der bekanntesten Wissenschaftler des Landes. Der Mitbegründer der Verhaltensforschung blieb aber auch wegen seiner spät thematisierten Verstrickungen in den Nationalsozialismus und zuletzt wegen der umstrittenen Aberkennung eines Ehrendoktorats der Universität Salzburg bis in die jüngste Gegenwart präsent. Über Adolf Lorenz hingegen, der rund um den Ersten Weltkrieg einer der populärsten Ärzte Österreichs und in den USA ein echter Starmediziner war, breitete sich langsam der Mantel des Vergessens, auch wenn sein Name in der Orthopädie – jenem Fach, das er im deutschsprachigen Raum mitbegründete – weiterhin hochgehalten wird, nicht nur in seinem Heimatland.

Dass sein jüngerer Sohn einmal berühmter werden sollte als er selbst, hätte sich Adolf Lorenz wohl nie träumen lassen. Im Jahr 1937, als er seine Autobiografie auf Deutsch veröffentlichte, schien es für ihn völlig ausgeschlossen, dass ihn sein Zweitgeborener einmal überflügeln könnte. Konrad Lorenz kommt in den Lebenserinnerungen nur als etwas schrullige Randfigur vor: Der »Amerikaner« (da unmittelbar nach dem ersten

USA-Aufenthalt des Vaters gezeugt) habe sich als Tierpsychologe einen Namen gemacht, wie sein Vater 1937 schreibt. Den Forschungen seines jüngeren Sohns stand Adolf freilich skeptisch gegenüber und ließ ihn das auch wissen: Es sei doch ziemlich gleichgültig, ob die Wildgänse gescheiter oder dümmer sind, als man bisher geglaubt hatte. Immerhin wünschte der Vater im Stillen, dass er mit dieser Einschätzung im Unrecht sei.[1]

Auch dieser Wunsch des Adolf Lorenz, der insgesamt acht Mal (1904 und 1925 zweifach, je einmal 1924, 1926, 1932 und 1933) für den Nobelpreis nominiert war, sollte in Erfüllung gehen: Vierzig Jahre nach der letzten Nominierung des Orthopäden erhielt sein Sohn 1973 den wichtigsten Wissenschaftspreis der Welt zugesprochen. Umgekehrt ist Adolf Lorenz mit seiner Autobiografie etwas gelungen, was Konrad Lorenz nicht mehr schaffte: Der Senior konnte noch rechtzeitig eine Lebensbilanz ziehen. Die Erinnerungen des Sohnes hingegen blieben ein Fragment. Konrad schrieb zwar in seinen letzten Lebensmonaten ebenfalls an einer Autobiografie, doch im Februar 1989 kam ihm der Tod zuvor. So wie sein Vater, der im Februar 1946 mit fast 92 Jahren starb, endete auch das Leben seines Sohns in der Lorenz-Villa in Altenberg, rund 20 Kilometer nordwestlich von Wien.

Doch es sind nicht die ohnehin spärlichen Bezüge zu Konrad Lorenz, warum die Lebenserinnerungen seines Vaters 80 Jahre nach der Erstveröffentlichung eine Neuauflage in der »Bibliothek der Erinnerung« erfahren. Das Buch ist aus vielerlei Gründen ein einzigartiges Dokument: Es gibt nicht nur Zeugnis von einer einmaligen Medizinerkarriere und einer höchst originellen

---

1 Vgl. S. 368 in diesem Band.

Persönlichkeit; in diesem Leben ist auch die Geschichte Österreichs über mehr als ein halbes Jahrhundert hinweg gespiegelt, die der USA vor dem Aufstieg zur Weltmacht und die der Medizin in Wien zu ihrer besten Zeit. Ende 2016 erst bezeichnete das britische Wirtschaftsmagazin *The Economist* in ihrer Weihnachtsnummer das Wien um 1900 als »The City of the Century«, dessen geistige Hervorbringungen die weitere Entwicklung des 20. Jahrhunderts nachhaltig geprägt habe.[2] Wie schon öfter zuvor – man denke nur an William M. Johnstons Klassiker »The Austrian Mind« (1972) oder die bis heute prägende Darstellung des »Fin-de-Siècle Vienna« von Carl E. Schorske aus dem Jahr 1980 – wurden freilich auch in diesem Überblick über die Wiener Moderne die Medizin und die Naturwissenschaften weitgehend ausgespart.

Literarische Beziehungen um 1900

Gerade auch am Beispiel des Lebens von Adolf Lorenz und seinen Lebenserinnerungen lässt sich gut zeigen, wie eng die beiden Kulturen – also die literarisch-künstlerische und die wissenschaftlich-medizinische Intelligenz – im Wien rund um 1900 verflochten waren und gerade diese wechselseitigen Befruchtungen zur einstigen Blüte Wiens beitrugen. Dass Adolf Lorenz eine große Begabung für die Sprache und für Sprachen hatte, war schon in Gymnasialzeiten aufgefallen: Aufgrund seiner Fähigkeiten insbesondere in Latein hätte er beinahe Philologie studiert. Im Laufe seines Lebens erlernte er zudem Englisch,

---

2 »City of the Century«, *The Economist*, 24. Dezember 2016, S. 28–30.

Französisch, Italienisch und noch etwas Spanisch. Dass er sich – so wie dann auch seine beiden Söhne – mit dem Schreiben leichttat, kann man bereits an seinen umfangreichen medizinischen Publikationen ablesen, von denen etliche als Bücher und Broschüren erschienen.[3] Zudem verfasste er immer wieder gut geschriebene Artikel für das Feuilleton, so etwa über seine erste Amerikareise Ende 1902.[4]

Diese Beziehung zum Journalismus und zur Schriftstellerei wurde gewiss auch durch seinen Schwiegervater gefördert, der in dieser Autobiografie nur kurz erwähnt wird: Adolf Lorenz' Frau Emma Lorenz war die Tochter des Präsidenten der Literaten-Gesellschaft Concordia und Chefredakteurs der *Presse*, Zacharias Konrad Lecher. Dieser hatte in Wien Medizin studiert, war aber 1848 aus politischen Gründen von der Universität verwiesen worden und deshalb in den Journalismus gewechselt. Der 1829 in Dornbirn geborene Lecher war mit der Schriftstellerin Louise von Schwarzer verheiratet und ließ sich in der kleinen, rund 20 Kilometer nordwestlich von Wien gelegenen Gemeinde Altenberg an der Donau nieder. Und dort sollte dann auch Adolf Lorenz sein Domizil finden; seine Villa, von der in der Autobiografie ausführlich die Rede ist, hat heute übrigens die Adresse Adolf-Lorenz-Gasse 2.

---

3   Für Publikationslisten seiner medizinischen Werke vgl. LORENZ (1924b), S. 119f. und KOTZ, ENGEL und SCHILLER (Hg.) (1987), S. 241–248. Ein umfassendes Werk- und Archivverzeichnis findet sich in der Adolf-und-Albert-Lorenz-Gedenkstätte in der Wiener Rathausstraße 21, inklusive zahlreicher unveröffentlichter Manuskripte.

4   Vgl. u.a. Adolf Lorenz, »Reiseerfahrungen aus Amerika«, *Neues Wiener Tagblatt*, 3. März 1903, S. 5–8, sowie 4. März 1903, S. 7–9. Adolf Lorenz verfasste für Wiener Zeitungen zudem zahlreiche gesundheitspolitische Interventionen.

Im Hause Lecher in Altenberg und dann auch im benachbarten Hause Lorenz verkehrte die junge Literatenszene des späten 19. und frühen 20. Jahrhunderts: Schriftsteller wie Peter Rosegger und Karl Schönherr waren regelmäßig zu Gast, aber auch der angehende Dichter Richard Engländer, der später als Peter Altenberg zu einem der wichtigsten Autoren des Wiener Fin de Siècle wurde und seinen neuen Namen dem Ort und einer Schwägerin von Adolf Lorenz verdankte: Richard Engländer verliebte sich als knapp 20-Jähriger Hals über Kopf in Emma Lechers damals 13-jährige Schwester Bertha, die von ihren Geschwistern »Peter« gerufen wurde. Diese zum Scheitern verurteile Beziehung war für Engländer so prägend, dass er ihr mit einer Namensänderung Ausdruck verlieh. Obwohl die Familie Lecher dem jungen Künstler wohlgesonnen war, kam eine dauerhafte Beziehung zwischen ihm und ihrer Tochter Bertha nicht in Frage.[5] Da hatte ein aufstrebender Mediziner als Schwiegersohn schon bessere Karten – und war zweifellos eine bessere Partie.

Lorenz und das liebe Geld

Mit der Schriftstellerei im eigentlichen Sinne ließ sich Adolf Lorenz vor allem aufgrund seiner beruflichen Erfolge als Orthopäde – aber auch wegen seiner finanziellen Rückschläge – etwas länger Zeit. Aufgrund seiner tristen Vermögensverhältnisse nach dem Ersten Weltkrieg blieb ihm selbst nach der Pensionierung nichts

---

5 Vgl. BARKER ([1996] 1998), S. 34ff.

anderes übrig, als ab 1922 gemeinsam mit seinem älteren Sohn Albert regelmäßig in New York zu praktizieren.

Über seine Einkünfte gibt Adolf Lorenz in seiner Autobiografie nur beiläufig Auskunft. Etwas mehr erfährt man darüber bei seinem Sohn Albert, der mit seinen eigenen Erinnerungen an Adolf Lorenz, die 1952 unter dem Titel »Wenn der Vater mit dem Sohne« erschienen, einen höchst amüsanten Bestseller landete. Das Buch, das es an Witz und Anekdotendichte mit Torbergs »Tante Jolesch« locker aufnehmen kann, erfuhr mehr als ein Dutzend Auflagen und wurde rund 100.000 Mal verkauft. Albert Lorenz behauptet in seinen Memoiren jedenfalls, dass sein Vater in finanziellen Dingen zeitlebens ein Kind gewesen sei: »Jeder Begriff von Geldwert fehlte ihm völlig, und sein Leben lang schwankte er zwischen Über- und Unterschätzung dieses notwendigen Übels.«[6]

Auf der einen Seite war Adolf Lorenz, dem »die Not stets eine Peitsche« war, beim Trinkgeldgeben extrem knausrig. Auf der anderen Seite warf er das Geld für Reitpferde, Motorräder, Autos oder Bilder mit offenen Händen beim Fenster hinaus. Steuern zu zahlen, die vor dem Ersten Weltkrieg weniger als fünf Prozent betrugen, betrachtete er als Raub des Staates. Das war wohl auch dadurch begründet, dass Adolf Lorenz vom Staat nie ein Gehalt oder eine Pension bezog: Der Orthopäde erhielt zwar den Titel eines Professors (ab 1889 durfte er sich außerordentlicher, ab 1919 ordentlicher Professor nennen); so wie Sigmund Freud, der sein Medizinstudium an der Universität Wien ein Jahr vor Lorenz

---

6 LORENZ ([1952] 1978), S. 196.

begonnen hatte, musste er sich sein Geld mit der eigenen Praxis verdienen.

Nachdem sich seine unblutige Behandlungsmethode der angeborenen Hüftluxation auch dank der fast gleichzeitig entdeckten Röntgenstrahlen als wesentliche Verbesserung herausgestellt hatte, wurde Lorenz sehr schnell zu einem sehr reichen Mann.[7] Bis heute ist nicht so ganz klar, ob er für die wichtigste Operation seines Lebens – die an der Millionärstochter Lolita Armour im Herbst 1902 – nun 30.000, 75.000 oder 100.000 US-Dollar als Honorar erhalten hat. Sicher ist nur, dass die ein bis zwei Millionen Dollar, die ebenfalls kolportiert wurden, übertrieben waren. »Nur« 75.000 US-Dollar wären freilich auch eine schöne Stange Geld gewesen – und heute gut zwei Millionen Euro wert. Wie Lorenz selbst schreibt, war die schwer nachvollziehbare mediale Aufmerksamkeit, die er damals erhielt, weitaus wertvoller: In den drei Monaten erschienen mehr als tausend Zeitungsartikel über Lorenz, und wahrscheinlich gab es nach seinem Besuch keinen Österreicher mehr, dem in so kurzer Zeit so viel Zeitungsberichterstattung zuteilwurde wie dem »bloodless wizard from Vienna«. Dass der gefeierte Orthopäde einen unverwechselbaren Vollbart trug und eine für damalige Verhältnisse hünenhafte Statur von 1,87 Meter besaß, trug gewiss zum Medieninteresse bei.[8]

---

7 Zur Durchsetzung der Lorenz'schen Behandlungsmethode vgl. u.a. KOTZ (1987) und vor allem WARWICK (2005).

8 Vgl. S. 268 in diesem Band. Einer der drei Bände mit den Zeitungsausschnitten befindet sich in der Adolf-und-Albert-Lorenz-Gedenkstätte, aus dem auch die beiden abgedruckten Illustrationen vom Oktober und November 1902 stammen. Dieser Band hat knapp 170 Seiten und enthält allein rund 400 Artikel und Meldungen in unterschiedlicher Länge.

Erste Seite eines der typischen Berichte über die Operation, die Adolf Lorenz berühmt machte (*Chicago American* vom 12. Oktober 1902).

Der öffentliche Ruhm trug natürlich auch in Europa Früchte. Für die Jahre 1909 und 1910 wissen wir, wie sich das finanziell auswirkte:⁹ Der Orthopäde verdiente damals pro Jahr ziemlich genau 140.000 Kronen, was einem heutigen Wert von rund 800.000 Euro entspricht. Adolf Lorenz gehörte damit zu den Großverdienern unter

---

9 Vgl. SANDGRUBER (2013), S. 393.

Großformatige Illustration in der Zeitung *Chicago News*: Amerika bedankt sich bei Doktor Lorenz für die Hilfe.

den Professoren der Medizinischen Fakultät, die damals noch eine der weltweit renommiertesten war.

Trotz seiner Vorbehalte, dem Fiskus Steuern abzuliefern, genoss der Staat bei Adolf Lorenz vor dem Ersten Weltkrieg so viel Vertrauen, dass er seine gesamten Ersparnisse in k.u.k. Staatspapieren anlegte, die mit 3,5 Prozent verzinst wurden. Das änderte sich auch beim Ausbruch des Krieges nicht: Er investierte alles, was er hatte, in Kriegsanleihen, da er vom Sieg der Mittelmächte überzeugt war. Wenn es stimmt, was Sohn Albert Lorenz in seinen Erinnerungen berichtet, war seine Mutter nicht nur die Finanzministerin der Familie, sondern auch hinsichtlich der Anlageform sehr viel skeptischer. Sie hatte eine Vollmacht zur Behebung der Papiere und wollte das gesamte Vermögen unmittelbar nach Kriegsbeginn in der Schweiz deponieren, was ihr durch den sturen und siegessicheren Gatten aber verweigert wurde. Hätte er auf seine Frau gehört, wäre die Familie nach 1918 sehr reich gewesen. So verloren sie alles.[10]

Damit nicht genug, hatte der international bekannte Mediziner in besonderer Weise an den Folgen des Ersten Weltkriegs und der Verträge von Versailles zu leiden: Die Zahl der vermögenden Patienten, die früher aus allen Teilen der Monarchie in die Ordination in der Rathausstraße geströmt waren, ging stark zurück. Das lag nicht nur an der Wirtschaftskrise der Zwischenkriegszeit, sondern auch daran, dass die neuen Grenzen zwischen den neuen Nationalstaaten den Personenverkehr zwischen den ehemaligen Kronländern erschwerten. Kein Wunder also, dass es Lorenz gemeinsam mit seinem älteren Sohn Albert ab 1922 wieder als Orthopäde in New York versuchen musste, wo sie wieder regelmäßig die Winter verbrachten und eine eigene Ordinationspraxis betrieben. Das ging einige Jahre sehr gut, doch als der Börsenkrach 1929 ein weiteres Mal sein diesmal in den USA angelegtes Vermögen vernichtete, war er gezwungen, noch ein paar Jahre als »Gastarbeiter« in New York anzuhängen.

---

10 Vgl. LORENZ ([1952] 1978), S. 196f.

Die Entstehung der Erinnerungen

Zum Genre der Autobiografie kam Adolf Lorenz vermutlich kurz vor seinem 70. Geburtstag im Jahr 1924. In diesem Jahr erschienen nicht nur einige Artikel, in denen Lorenz aus Anlass der Feierlichkeiten selbst Zwischenbilanz zog[11], sondern auch ein erster 30-seitiger Abriss seines Ärztelebens.[12] Dieser Text des Orthopäden erschien im dritten Band von »Die Medizin der Gegenwart in Selbstdarstellungen«, einer vom deutschen Internisten Louis Ruyter Radcliffe Grote herausgegebenen Reihe, die berühmte internationale Ärzte der damaligen Zeit vorstellte. Adolf Lorenz war in diesem Band der einzige österreichische Mediziner neben zwei deutschen, einem US-amerikanischen, einem ungarischen, einem schwedischen und einem niederländischen Kollegen. Laut eigener Aussage sei Lorenz nur »mit geringer Neigung und nach langem Zögern« der Aufforderung des Herausgebers Grote nachgekommen, einen solchen Beitrag zu verfassen, dem er ein Zitat von Lavater voranstellte: »Rechnung über sich selbst ist der Weisheit Anfang und Ende«.[13]

Lorenz konzentrierte sich in diesem Text auf seine berufliche Karriere, also sein Studium und seine Ausbildung an der medizinischen Fakultät. Dieser Text sollte mehr als zehn Jahre später Grundlage für die fachlichen Kapitel von »Ich durfte helfen« werden. Die Würdigungen seiner Lehrer während des Studiums fielen 1924 ganz ähnlich aus wie 13 Jahre später. Und auch seine beiden

---

11 Vgl. LORENZ (1924a), gesprochen aus Anlass der Adolf-Lorenz-Feier am 5. Juni 1924.
12 LORENZ (1924b).
13 Ebd., S. 89.

wichtigsten Lehrmeister blieben natürlich die gleichen: zum einen sein Lehrer und unmittelbarer Vorgesetzter Eduard Albert, der ihn zur Orthopädie brachte; zum anderen Theodor Billroth, der ihm sowohl als Fachmann wie als Lebenskünstler und womöglich sogar in Sachen Bartmode das wichtigste Vorbild war.[14]

Trotz anfänglicher Vorbehalte scheint Lorenz an der Erzählung seines Lebens Gefallen gefunden zu haben, denn laut seinem Sohn Albert bot er einem Wiener Verleger kurze Zeit später an, eine buchlange Autobiografie zu verfassen. Das stieß aber angeblich auf kein Interesse: Lorenz, der damals so wie fast alle seine Landsleute unter Geldnot litt, hätte laut seinem Sohn die Drucklegung finanzieren müssen.[15] Wie fast immer in seinem Leben ließ sich der Orthopäde nicht entmutigen, im Gegenteil: Er schrieb weiter an dem Manuskript seiner Lebensgeschichte und beschloss, sich in den Monaten zwischen seinen Arbeitsaufenthalten in New York überhaupt stärker der Schriftstellerei zu widmen. So entstanden zahlreiche Gedichte sowie kleine dramatische Szenen und Theaterstücke.[16] Eine Komödie unter dem Titel »Rejuvenation« (»Verjüngung«), die er im Sommer 1927 verfasste, sollte ein Jahr später sogar in New York aufgeführt werden, wozu es allem Anschein nach aber nie kam.[17]

---

14 Ebd., S. 94f.

15 Albert Lorenz, »Adolf Lorenz«, *Neues Wiener Tagblatt*, 3. Mai 1936.

16 Unter anderem »Abrechnung mit dem Teufel«, *Neues Wiener Journal*, 24. Oktober 1937, S. 11f.

17 »Dr. Adolf Lorenz Arrives for Visit«, *The New York Times*, 28. November 1927.

Warum Lorenz seine Autobiografie zuerst auf Englisch und dann erst auf Deutsch veröffentlichte, deutet Adolf Lorenz im Vorwort dieses Bandes an: Als er an seinem 81. Geburtstag in New York vor Journalisten beiläufig erwähnte, dass seine Erinnerungen ungedruckt in einer Schublade schlummerten und diese Journalisten diese Aussage publizierten, hätten sich etliche US-amerikanische und britische Verleger dafür interessiert. Das große Verlagshaus Charles Scribner's Sons erhielt den Zuschlag, Lorenz übersetzte sein Manuskript in den folgenden Monaten selbst ins Englische, und im Frühjahr 1936 erschien dann Adolf Lorenz' Autobiografie unter dem Titel »My Life and Work. The Search for a Missing Glove« zugleich in den USA und Großbritannien.

Die englischen Besprechungen des Buchs, das in der Originalfassung mit zahlreichen Fotos illustriert ist, fielen durchwegs positiv aus. Die *New York Times* rezensierte die Autobiografie gleich doppelt, das erste Mal eher ambivalent. Man könne das Buch zwar nicht wirklich »bedeutsam« oder »aufschlussreich« nennen, aber es sei gut, dass es vorliege – nicht zuletzt wegen der Unbeschwertheit, die es vermittle: »Das Buch ist der Bericht eines Lebens, das zu einem außergewöhnlich hohen Teil glücklich war, und darin liegt seine besondere Qualität.«[18] Eine zweite Besprechung gut zwei Wochen später widmete dem Buch fast eine dreiviertel Seite und lobte die reiche und lebendige Erzählung eines freigiebigen Lebens, das großzügig gelebt wurde.[19] Der Rezensent wies zudem auf die im Buch geschilderten medizinischen Fortschritte der

---

18 Robert van Gelder, »Books of the Times«, *The New York Times*, 17. April 1936.

19 Percy Hutchison, »Dr. Lorenz Looks Back on His Life and Work«, *The New York Times*, 3. Mai 1936.

vergangenen Jahrzehnte hin, die auf weitere Durchbrüche hoffen ließen. Mit der Distanz aus 80 Jahren sind viele dieser Fortschritte längst zur Selbstverständlichkeit geworden. Man denke nur an die Impfung gegen Poliomyelitis, die der Orthopäde im Buch nur vage in Aussicht stellte: Zu Lorenz' Lebzeiten forderte die Kinderlähmung noch Abertausende Opfer.[20]

In Wien wurde »My Life and Work« übrigens auch rezensiert. Ohne jede Scheu vor etwaiger familiärer Befangenheit wies Albert Lorenz, der seinem Vater in den Jahrzehnten zuvor als Orthopäde assistiert hatte, in einer langen Besprechung im *Neuen Wiener Tagblatt* auf das Erscheinen des Buchs hin. Der ältere Sohn erzählte in dem Text einmal mehr das Leben seines Vaters und lobte dessen Werk in höchsten Tönen – nicht ohne auf die Ironie hinzuweisen, dass dieses Buch eines österreichischen Autors zuerst auf Englisch erschien. Der Grund: »Lorenz ist in Amerika eine ungemein populäre Figur; bei uns aber fragt mancher: ›Wer ist denn das?‹« Aber vielleicht werde die Biografie ja ins Deutsche rückübersetzt.[21] Das geschah dann tatsächlich in den folgenden Monaten; die Übersetzung besorgte Lorenz senior selbst. Das Buch erschien dann im Frühjahr 1937 – allerdings nicht bei einem österreichischen Verlag, sondern beim L. Staackmann Verlag in Leipzig. Womöglich hatte ihm sein Freund Karl Schönherr zu dem Kontakt verholfen, denn dessen Bücher waren bereits bei diesem Verlag erschienen. Vielleicht hatten aber auch politische und religiöse Gründe mitgespielt, warum Lorenz unter der katholisch-autoritären Diktatur Schuschniggs sich für einen

---

20 Vgl. S. 380 in diesem Band.
21 Albert Lorenz, »Adolf Lorenz«, *Neues Wiener Tagblatt*, 3. Mai 1936.

reichsdeutschen Verlag entschied, der sich noch dazu auf
»auslandsdeutsches Schrifttum« spezialisierte.

Religion, Politik und Eugenik

Adolf Lorenz hatte ein ambivalentes Verhältnis zum
Katholizismus, und politisch war er einerseits etwas
naiv, andererseits aber ein geborener Sudetendeutscher.
Der einstige Schüler des Benediktinerklosters St. Paul in
Kärnten trat aus der katholischen Kirche aus und gemeinsam mit seinem jüngeren Sohn Konrad zum Protestantismus (H.B.) über, angeblich, um ihm (und wohl auch
sich) den sonntäglichen Gottesdienst zu ersparen. Wie
Adolf Lorenz' älterer Sohn Albert schreibt, sei seinem
Vater mit zunehmendem Alter das calvinistische Bekenntnis ungemütlich geworden, und nach dem Besuch eines
katholischen Gottesdiensts in den USA sei Adolf Lorenz
dann in seiner Heimatgemeinde wieder in die katholische
Kirche eingetreten.[22] Ob es tatsächlich nur diese beiläufigen Gründe waren, dass Adolf Lorenz die Konfession
wechselte, darf bezweifelt werden. Am Ende seiner Autobiografie, als es um das Sterben geht, vertrat der Epikureer
Adolf Lorenz einen naturnahen Pantheismus, aber gewiss
keine konventionellen katholischen Ansichten.

Politisch hatte Adolf Lorenz keine offensichtlichen Parteipräferenzen, wie auch aus den Erinnerungen klar wird.
Als geborener Sudetendeutscher lehnte er aber die nach
dem Ersten Weltkrieg besiegelte Eigenstaatlichkeit der
Tschechoslowakei nach 1918 ab, wie im Buch mehrmals
angedeutet wird. Ein wenig klarer wird diese Haltung

---

22 Vgl. LORENZ ([1952] 1978), S. 330ff.

rund um jenes Ereignis, bei dem Adolf Lorenz zu Ehren im Sommer 1935 eine Tafel am Haus seiner Kindheit im tschechischen Vidnava, dem ehemaligen deutschen Weidenau, angebracht wurde. Der Geehrte erzählt die Geschichte im letzten Kapitel (»Ich wohne meinem Begräbnis bei«) amüsant und als originellen Schlusspunkt seiner Biografie. Seinen politischen Fauxpas spart er allerdings aus, den sein älterer Sohn Albert Jahre 15 Jahre später nachtrug: Bereits im Vorfeld der Feierlichkeiten hatte der ortsansässige Bezirkshauptmann den Geehrten gebeten, von politischen Äußerungen Abstand zu nehmen, woran ihn auch Albert noch einmal erinnerte. Adolf Lorenz' Dankesrede für das in Stein gemeißelte Konterfei erfolgte zunächst ohne Zwischenfall, bis er sich zu folgendem Wunsch hinreißen ließ: »Und eines Tages wird der steinerne Mann da unten herabblicken auf ein freies deutsches Weidenau!« Sofort packte der Sohn den Vater und verfrachtete ihn so schnell wie möglich in sein Auto, um etwas überstürzt die Heimreise anzutreten. Erst als sie die österreichische Grenze in Nikolsburg passiert hatten, habe Albert Lorenz erleichtert aufgeatmet.[23]

Es gab aber vermutlich noch einen weiteren Grund, warum Adolf Lorenz ein österreichischer Verlag in den Jahren des katholisch-autoritären Schuschnigg-Regimes wenig opportun erscheinen musste: Im Kapitel »Hilfe für die Krüppel« machte sich Adolf Lorenz sehr explizite eugenische Gedanken über Spastiker und Maßnahmen gegen geistig behinderte Personen, aber auch Kriminelle und Alkoholiker:

> »Nur durch die Sterilisierung weiblicher und männlicher Idioten sowie aller Geistesgestörten,

---

23 Vgl. ebd., S. 329f.

Gewohnheitsverbrecher, Trinker könnte die Gesellschaft einigermaßen geschützt werden. Allerdings kann man die Spastiker nicht ganz aus der Welt schaffen, solange es intrauterine Erkrankungen des Gehirns gibt. [...] Solche Individuen müßten nicht nur sterilisiert, sondern zum Schutze der Gesellschaft auch interniert werden. Es ist eine Gefühlsduselei, von der Sterilisierung als von einem Verbrechen gegen die menschliche Ethik zu sprechen.«[24]

Diese Aussagen von Adolf Lorenz standen in einer langen Tradition negativer Eugenik, deren Vertreter in der Zwischenkriegszeit sowohl auf linker wie rechter, nicht aber auf katholischer Seite zu finden waren. In den meisten anderen europäischen Ländern und auch in den USA wurden seit der Jahrhundertwende eugenische Maßnahmen diskutiert. Und im »Roten Wien« trat Lorenz' jüngerer Kollege Julius Tandler, der Gesundheitsstadtrat und Vorstand des I. Anatomie-Instituts der Universität Wien, bereits 1923 in einem Vortrag in noch drastischeren Worten für ganz ähnliche Maßnahmen ein, ohne dass er freilich die Umsetzung dieser Ideen ernsthaft betrieben hätte.[25] In den 1920er- und 1930er-Jahren wurden dann in einigen Ländern Sterilisierungsgesetze beschlossen, so auch in einigen Bundesstaaten der USA und in Schweden, wo sie auf Sozialdemokraten zurückgingen.[26] Das NS-Gesetz zur Verhinderung erbkranken Nachwuchses vom

---

24 S. 381 in diesem Band.
25 Vgl. TANDLER (1924), insbesondere S. 17. Zur Geschichte der sozialdemokratischen Eugenik in Wien vgl. u.a. BYER (1988).
26 Zur Geschichte der Eugenik im internationalen Vergleich vgl. KÜHL (1997); zu den Gesetzen in Skandinavien siehe ebd., S. 170.

14. Juli 1933 war zwar das radikalste seiner Art. Dennoch beurteilte Adolf Lorenz die Regelung, die auch gegen den Willen der Betroffenen und Angehörigen vollstreckt wurde, als gelungen – in einer Passage, die sich in dieser Ausgabe ungekürzt findet, in einer Wiederauflage des Buchs 1949 allerdings gestrichen wurde: »Deutschland ist auf dem rechten Wege, sich die soziale Last der Idioten und Geistesgestörten auf die einzig mögliche und vom sozialen Standpunkte höchst wünschenswerte, jedenfalls nicht unethische Art zu entledigen.«[27]

Im Jahr 1937, also rund um das Erscheinen des Buchs, hielt Adolf Lorenz mehrere Vorträge zu dieser Thematik. Der Vortragstext wurde allerdings erst nach der nationalsozialistischen Machtübernahme als Aufsatz abgedruckt. Darin plädiert der damals 84-Jährige nach einer ausführlichen Klassifikation von »Krüppeln« für die Sterilisierung insbesondere der männlichen unter diesen, denn »[a]ls Operation ist die Sterilisierung beim Manne völlig bedeutungslos und nicht gefährlicher als das Rasieren«.[28] Maßnahmen dieser Art täten not, zumal »die menschliche Gesellschaft« das Recht habe, »sich gegen unverantwortliche Narren und Halbnarren zu schützen. Die Ermordung vollwertiger Menschen durch Irrsinnige ist leider an der Tagesordnung, die Wiener Universität hat entsetzliche Fälle zu beklagen«.[29] Am Ende dieser Abhandlung, in der es um Sterilisierung erblich schwer belasteter Geistesgestörter geht, heißt es:

---

27 S. 382 in diesem Band.
28 LORENZ (1938), S. 1145.
29 Ebd. Mit dieser Passage spielte Adolf Lorenz an die Ermordung des Philosophie-Professors Moritz Schlick durch Johann Nelböck am 22. Juni 1936 an.

»Aber zum wahren Paradies, welches unsere Erde sein könnte und sein sollte, wird dies erst dann werden, wenn alle Unverantwortlichen – also alle Gehirnkrüppel mit oder ohne Deformität – zum Schutze der gegenwärtigen Generation interniert und zum Schutze künftiger Generationen auch sterilisiert und dadurch verhindert werden, fortzeugend Böses zu gebären.«[30]

Diese Textpassagen tragen nicht nur zur besseren Kontextualisierung der eugenischen »Verirrungen« und NS-Anbiederungen seines Sohns Konrad bei, für die dieser zu Recht kritisiert wurde. Diese Passagen machen auch besser verständlich, was Konrad Lorenz meinte, als er später einmal sagte: »Ich bin durch Vererbung von Eugenik besessen.«[31] Tatsächlich finden sich in den von NS-Ideologie getränkten Arbeiten des Verhaltensforschers aus dem Jahr 1940 Formulierungen, die kaum über das hinausgingen, was sein Vater wenige Jahre zuvor behauptet hatte.[32] Anders als sein Sohn Konrad trat Adolf Lorenz allerdings nicht der NSDAP bei, obwohl er ebenfalls Sympathien für den Nationalsozialismus gehegt hat. Sein Sohn Albert, der sich während der NS-Zeit habilitierte, geht in seinen Memoiren recht flott über die doch immerhin mehr als sieben Jahre der NS-Herrschaft hinweg und lieferte eine nicht allzu befriedigende Erklärung für die Haltung des Vaters:

---

30 LORENZ (1938), S. 1146.

31 COX (1974), S. 20 (meine Übersetzung, K.T.).

32 Zu Konrad Lorenz' verfemten Texten aus den Jahren 1939 und 1940 vgl. FÖGER und TASCHWER (2001), S. 99–119.

»Das Hitler-Reich brach über uns herein. [Adolf] Lorenz war Sudetendeutscher. Das, im Verein mit seiner Naivität, ließ ihn die Ereignisse in einem Licht sehen, das der grauenhaften Wirklichkeit aber schon gar nicht entsprach. Erzählte man ihm von Judenverfolgungen und Konzentrationslagern, so wollte er es nicht glauben [...]. Kriegsberichte nahm er gläubig hin, er war ein Zeitungsleser, wie ihn sich die Propaganda nur wünschen konnte.«[33]

Das Leben nach der Autobiografie

Unmittelbar nach dem »Anschluss« blieb in Altenberg zunächst alles beim Alten. Nach langer schwerer Krankheit starb dann Emma Lorenz im Juli 1938, mit der Adolf über 50 Jahre verheiratet gewesen war. Sohn Konrad und dessen Frau Margarethe kümmerten sich mit Köchin und Kinderfrau um das Haus und um den Pater familias. Nachdem Konrad allerdings eine Berufung an die Universität Königsberg erhielt, übersiedelte die vierköpfige Familie von Konrad 1940 nach Ostpreußen; der greise Vater musste den Winter 1940/41 allein in seiner Villa verbringen. Zwar kümmerten sich die Verwandten und auch die Köchin um ihn, doch Adolf Lorentz litt schwer unter den Bedingungen am vereinsamten Anwesen. Überliefert ist immerhin ein Gedicht, das der damals 86-Jährige zu Weihnachten 1940 in der Altenberger Einsamkeit verfasste und das noch einmal den großen Frauenbewunderer zeigt:

---

33 LORENZ ([1952] 1978), S. 336f.

»Einst legte sich Horaz die Frage vor,
ob Mutter oder Tochter die Schönere sei!
Ich löse den Zweifel frank und frei
und sage: 's ist einerlei!,
denn beide – mir gleich lieb und wert –
sind von mir auch gleich verehrt.«[34]

Konrad Lorenz beschloss mit seiner Frau, dass der Patriarch den nächsten Winter in Ostpreußen mit der Familie seines Sohns verbringen soll. Also wurde er für den Winter 1941/42 nach Königsberg nachgeholt, war darüber aber gar nicht erfreut: »Mein alter Vater, der Wiener Prachtbauten und die Entfaltung österreichischer Eleganz gewohnt war, sprach sich wiederholt abwertend über die Königsberger Lebensweise aus«, erinnerte sich sein jüngerer Sohn, der im Oktober 1941 in die Wehrmacht einrücken musste.[35] Sein Vater kehrte im Sommer 1942 wieder nach Altenberg zurück, ihm folgten dann im Herbst – trotz Widerstands von Konrad Lorenz – dessen Frau Margarethe und ihre mittlerweile drei Kinder, die damals zwischen eineinhalb und 14 Jahre alt waren.

Margarethe Lorenz kümmerte sich während des Kriegs und danach in beispiellosem Einsatz um die Familie: Sie nahm wieder eine Stelle als Frauenärztin an, bewirtschaftete einen eigens angekauften Obst- und Gemüsegarten zur Selbstversorgung, kümmerte sich um ihren Schwiegervater und sorgte dafür, dass ihre Kinder gegen Kriegsende nach Vorarlberg zur Familie ihrer verstorbenen Schwiegermutter Emma Lecher geschickt wurden.

---

34 Das Porträtfoto mit dieser handschriftlichen Widmung hängt in der Adolf-und-Albert-Lorenz-Gedenkstätte.
35 LORENZ (1989), Blatt 32.

Die letzte gemeinsame Aufnahme von Adolf und Konrad Lorenz:
im Jahr 1943 auf der Bank vor dem Eingang in die Lorenz-Villa.

Damit sollte vermieden werden, dass man ihren ältesten Sohn Thomas zum Volkssturm einzog, was vermutlich dessen Tod bedeutet hätte.

Anlässlich seines 90 Geburtstags am 21. April 1944 hatte Adolf Lorenz seinen letzten großen Auftritt in der Öffentlichkeit: Bereits am 19. April erhielt der greise Mediziner die Goethe-Medaille, die von den Nationalsozialisten an besonders verdiente Wissenschaftler und Künstler vergeben wurde, die runde Geburtstage feierten. Dazu kam noch der erst- und zugleich letztmalig verliehene Billroth-Preis der Stadt Wien, der mit immerhin

10.000 Reichsmark dotiert war.[36] Konrad war inzwischen als Heerespsychiater an der Ostfront tätig und gratulierte seinem Vater per Telegramm mit einem vielsagenden Text: »Bin als Erbbiologe stolz, einen solchen Vater zu haben.« Adolf Lorenz, den das Telegramm kurz vor der Abfahrt zum Festakt erreichte, reagierte darauf angeblich mit folgenden Worten: »Erbbiologe! Was wird der Bub mit seiner Erbbiologie je verdienen, möchte ich wissen!«[37]

Konrads älterer Bruder Albert, der diese Reaktion für die Nachwelt festhielt, konnte am Festakt im Billroth-Haus in der Frankgasse 8 teilnehmen – wenige Gehminuten von der Ordination entfernt. Albert war ein letztes Mal »Adjutant« seines Vaters, wie er seine Rolle selbst beschrieb, und berichtete auch rund um dieses Ereignis allerhand unterhaltsame Anekdoten. So habe sein Vater darauf bestanden, dass dessen Freund Karl Seitz, Wiens sozialdemokratischer Altbürgermeister, an den Feierlichkeiten teilnahm. Unmittelbar vor Beginn des Festakts kam es zu einer inoffiziellen Begegnung zwischen Seitz und Ingenieur Hanns Blaschke, dem NS-Bürgermeister Wiens. Dieser begrüßte Seitz angeblich mit den Worten: »Guten Abend, *Herr Bürgermeister*«, worauf dieser mit: »Oh, Guten Abend, *Herr Ingenieur*« geantwortet habe.[38]

Offiziell wurde die Veranstaltung natürlich für Propagandazwecke ausgeschlachtet. Das Radio machte vor Ort ein Interview mit dem greisen Orthopäden. Eine Vielzahl

---

36 Seit 1996 gibt es einen Theodor-Billroth-Preis der Österreichischen Gesellschaft für Chirurgie. Zur Preisverleihung selbst vgl. u.a. die zahlreichen Berichte u.a. im *Neuen Wiener Tagblatt* oder in der *Volks-Zeitung* vom 20. und 21. April 1944.

37 LORENZ ([1952] 1978), S. 338.

38 Ebd., S. 340.

der Gäste erschien in Uniform, so auch eine Abordnung von Medizinstudenten der Universität, zudem waren zahlreiche nationalsozialistische Funktionäre anwesend. Den Hauptvortrag hielt der deutsche Orthopäde Georg Hohmann zum Thema »Die deutsche Orthopädie und ihr Gründer Adolf Lorenz«. Hohmann, Ordinarius an der Johann Wolfgang Goethe-Universität in Frankfurt am Main, war Vorsitzender der Deutschen Orthopädischen Gesellschaft.

Lorenz erhielt aus den Händen des Anatomen Eduard Pernkopf, der seit 1943 nationalsozialistischer Rektor der Universität Wien war, die Goethe-Medaille. Blaschke verlieh Lorenz den Billroth-Preis und verkündete außerdem, dass die Stadt Wien »in Würdigung des hervorragenden Wirkens von Adolf Lorenz und zum Ruhm der Wiener medizinischen Schule« die Aufnahme eines Porträts von Lorenz in die Ehrengalerie der Stadt Wien verfügte.[39] Adolf Lorenz begnügte sich mit einigen Worten, ehe sein Sohn Albert die offiziellen Dankesworte verlas. Danach ging die Feier in unmittelbarer Nachbarschaft, der Wohnung und Ordination des Sohns in der Rathausstraße 21, weiter. Für Adolf Lorenz war es trotz all der Anstrengungen angeblich »der schönste Tag meines langen Lebens«, wie sich sein Sohn erinnerte: »Jetzt sterben, in diesem Moment, das wäre ein grandioser Abschluß«, soll sein Vater noch kurz vor dem Schlafengehen sagt haben.[40]

Doch mit dem Sterben war es noch nicht so weit, was Adolf Lorenz auch noch einmal zum Poeten werden

---

[39] Ebd., S. 341. Das Porträt hängt heute in der Adolf-und-Albert-Lorenz-Gedenkstätte.

[40] LORENZ ([1952] 1978), S. 338.

Bürgermeister Hanns Blaschke überreicht Adolf Lorenz zu dessen 90. Geburtstag den Billroth-Preis. Sitzend rechts: NS-Rektor Eduard Pernkopf.

ließ. Unter dem Titel »Der Neunziger« verfasste der spät berufene Dichter im Juli 1944 folgenden abgeklärten Vierzeiler:

»Was hab ich noch auf dieser Welt zu suchen,
Die ich am hellen Tag trüb nur seh'.
Der grausamen Natur Werk zu fluchen,
Ist töricht und vermehret nur das Weh.«[41]

Adolf Lorenz blieben noch fast zwei Jahre in seiner kleinen Welt in Altenberg, die vom dramatischen Ende des Krieges überschattet waren – und im Herbst 1944 von der Meldung, dass sein jüngerer Sohn Konrad seit Ende

---

41 Das Gedicht ist in der Adolf-und-Albert-Lorenz-Gedenkstätte ausgestellt.

August an der Ostfront vermisst wurde. Um seinen Sohn suchen zu lassen, wollte Adolf Lorenz sogar den US-Präsidenten Franklin D. Roosevelt einschalten, mit dem er aufgrund seiner USA-Reisen bekannt war. Doch der Brief wurde nie abgeschickt.

Betreut wurde der Greis in Altenberg weiterhin von seiner Schwiegertochter Margarethe Lorenz. Im März 1945, kurz vor der Eroberung Wiens durch die Rote Armee, fuhr sie dann selbst kurz nach Vorarlberg und wollte auch ihren Schwiegervater mitnehmen. Der sei allerdings mit den Worten »hier habe ich gelebt, hier werde ich sterben« wieder aus dem abfahrbereiten Auto ausgestiegen.[42] Als Margarethe Lorenz im Juli 1945 allein und illegal zurückkam, war der Patriarch noch am Leben. Wenig später fielen die Atombomben auf Hiroshima und Nagasaki, was Adolf Lorenz in einem Schreiben noch beeindruckend hellwach kommentierte.

Ende 1945 verschlechterte sich dann der Zustand von Adolf Lorenz aber zusehends. Während Sohn Albert bei der Pflege seines Vaters angeblich eher versagte, harrte Schwiegertochter Margarethe trotz der Schwierigkeiten aus, die auch darüber nach Vorarlberg berichtete: »Er bittet und beschwört mich, ihn jetzt nicht allein zu lassen, ich musste ihm versprechen, dass ich ›erst später‹ fahre.« [...] So bleib ich halt bei ihm, verdient hat er es sich – um mich und um alle. [...] Mir tut er so leid, er war ein so ein schöner, guter, weiser Papa.«[43] Eine Woche vor seinem Tod kam dann angeblich auch noch einmal Albert zu Besuch nach Altenberg, der seinem Vater versprach,

---

42 Persönliche Mitteilung von Agnes Cranach im Jahr 2001.
43 Margarethe Lorenz an Annie Eisenmenger am 11. Dezember 1945. Handschriftenabteilung der Österreichischen Nationalbibliothek, Signatur 1294/51 und 52.

jene Begebenheiten zu Papier zu bringen, die sein Vater in seiner eigenen Biografie ausgespart hatte.[44]

Adolf Lorenz starb am 19. Februar 1946 im 92. Lebensjahr. Immerhin hat er im November 1945 noch vom Überleben seines jüngeren Sohnes gehört, ihn aber nicht mehr wiedergesehen: Konrad Lorenz war doch nicht tot, sondern befand sich in russischer Kriegsgefangenschaft. Als dieser im Mai 1946 mit mehrmonatiger Verspätung vom Hinscheiden des Familienoberhaupts erfuhr, hielt er abends im Lager Vorträge über das Leben und Werk seines Vaters. Stets endeten seine Vorträge mit den Zeilen aus Goethes »Faust«, wie sich einer der damaligen Zuhörer erinnerte:

»Wenn du als Jüngling deinen Vater ehrst,
So wirst du gern von ihm empfangen;
Wenn du als Mann die Wissenschaft vermehrst,
So kann dein Sohn zu höh'rem Ziel gelangen«.[45]

---

44 Vgl. LORENZ ([1952] 1978), S. 7ff.

45 Vgl. TASCHWER und FÖGER (2003), S. 138.

Bibliografie

BARKER, Andrew ([1996] 1998): *Telegrammstil der Seele. Peter Altenberg – Eine Biografie*. Wien/Köln/Weimar: Böhlau.

BUKLIJAS, Tatjana (2007): Surgery and national identity in late nineteenth-century Vienna. *Studies in History and Philosophy of Biological and Biomedical Sciences* 38, S. 756–774.

BYER, Doris (1988): *Rassenhygiene und Wohlfahrtspflege. Zur Entstehung eines sozialdemokratischen Machtdispositivs in Österreich bis 1934*. Frankfurt/New York: Campus.

COX, Victor (1974): A Prize for the Goose Father. *Human Behaviour* 3 (3), S. 17–22.

ERLACHER, Philipp (1957): Adolf Lorenz, der Vater der deutschen Orthopädie. In: Fritz Knoll (Hg.): *Österreichische Naturforscher, Ärzte und Techniker*. Wien: Verlag der Gesellschaft für Natur und Technik, S. 134–136.

FÖGER, Benedikt und Klaus TASCHWER (2001): *Die andere Seite des Spiegels. Konrad Lorenz und der Nationalsozialismus*. Wien: Czernin Verlag.

GLASER, Hugo (1947): Der »trockene« Chirurg. In: Ders.: *Wiens große Ärzte*. Wien: Wiener Volksbuchverlag, S. 157–164.

GRENGEL, Marion Felicitas (2004): *Die Geschichte der Behandlung der kindlichen Hüftgelenksluxation durch Adolf Lorenz*. Dissertation an der Johannes Gutenberg-Universität Mainz.

HOLZER, Gerold (2017): Adolf Lorenz' Entscheidung zum Medizinstudium. *Wiener Medizinische Wochenschrift* [Im Erscheinen].

JACKSON, Robert W. und Fabian E. POLLO (2004): The legacy of Professor Adolf Lorenz, the »bloodless surgeon of Vienna«. *Baylor University Medical Center Proceedings* 17 (1), S. 3–7.

KOTZ, Rainer (1987): 100 Jahre Behandlung der angeborenen Hüftluxation in Wien. In: Rainer Kotz, Alfred Engel und Christian Schiller (Hg.) (1987): *Op. cit.*, S. 47–62.

Kotz, Rainer, Alfred Engel und Christian Schiller (Hg.) (1987): *100 Jahre Orthopädie an der Universität Wien*. Wien: Verlag der Wiener Medizinischen Akademie.

Kühl, Stefan (1997): *Die Internationale der Rassisten. Aufstieg und Niedergang der internationalen Bewegung für Eugenik und Rassenhygiene im 20. Jahrhundert*. Frankfurt/New York: Campus.

Lesky, Erna (1965): *Die Wiener medizinische Schule im 19. Jahrhundert*. Graz/Köln: Böhlau.

Lorenz, Adolf (1924a): Aus meinem Leben. Rede anlässlich der Adolf Lorenz-Feier am 5. Juni 1924. *Wiener Medizinische Wochenschrift* 74 (32), S. 1679–1684.

Lorenz, Adolf (1924b): Adolf Lorenz (Wien). In: L. R. Grote (Hg.): *Die Medizin der Gegenwart in Selbstdarstellungen*. 3. Band. Leipzig: Felix Meiner, S. 89–120.

Lorenz, Adolf (1936): *My Life and Work. The Search for a Missing Glove*. New York/London: Charles Scribner's Sons.

Lorenz, Adolf (1937): *Ich durfte helfen. Mein Leben und Wirken*. Leipzig: L. Staackmann Verlag.

Lorenz, Adolf (1938): Die Welt ohne Krüppel. *Wiener Medizinische Wochenschrift* 88 (44), S. 1143–1146.

Lorenz, Albert ([1952] 1978): *Wenn der Vater mit dem Sohne ... Erinnerungen an Adolf Lorenz*. München: dtv.

Lorenz, Albert (1954): Professor Dr. Adolf Lorenz – 100 Jahre. *Wiener Klinische Wochenschrift* 66 (35/36), S. 603–604.

Lorenz, Konrad (1989): *Selbstbiographie*. Altenberg: Mimeo.

Michler, Markwart (1987): Lorenz, Adolf. *Neue Deutsche Biographie*. Band 15. Berlin: Duncker & Humblot, S. 174–177.

Regal, Wolfgang und Michael Nanut (2005): *Medizin im historischen Wien. Von Anatomen bis zu Zahnbrechern*. Wien/New York: Springer.

Sandgruber, Roman (2013): *Traumzeit für Millionäre. Die 929 reichsten Wienerinnen und Wiener 1910*. Wien/Graz/Klagenfurt: Styria premium.

SEEBACHER, Felicitas (2011): *Das Fremde im »deutschen« Tempel der Wissenschaften. Brüche in der Wissenschaftskultur der Medizinischen Fakultät der Universität Wien.* Wien: Verlag der ÖAW.

SILFVERSKIÖLD, Nils (1946): Adolf Lorenz In Memoriam. *Acta orthopedica Scandinavica* 16 (1–4), S. 101–109.

SKOPEC, Manfred: Adolf Lorenz und das Ringen um die Verselbständigung der Orthopädie in Wien. In: Rainer Kotz et al. (Hg.) (1987): *Op. cit.*, S. 1–45.

STEINGRESS, Norbert (1997): *Adolf Lorenz 1854–1946. Etappen eines langen Lebens.* Wien: Verlag der Wiener Medizinischen Akademie.

TANDLER, Julius (1924): *Ehe und Bevölkerungspolitik.* Wien und Leipzig: Perles.

TASCHWER, Klaus und Benedikt FÖGER (2003): *Konrad Lorenz. Eine Biographie.* Wien: Zsolnay Verlag.

WARWICK, Andrew (2005): X-rays as evidence in German orthopaedic surgery, 1895–1900. *Isis* 96, S. 1–24.

Personenregister

A

Abbas, Hilmi 288, 410
Albert, Eduard 110, 111, 112, 113, 126, 127, 133, 134, 137, 145, 150, 404, 424
Albert, Prinz von Wales 303
Alfons XIII., König von Spanien 233, 235, 236, 237, 238, 239, 251, 409
Altenberg, Peter 417
Andry, Nicholas 408
Aristoteles 408
Arlt, Ferdinand von 123, 124
Armour, Jonathan Ogden 409
Armour, Lolita 284, 405, 409, 419
Augustin, Prälat und Abt 72, 74, 171, 173, 366

B

B.(acon), Mlsa (eigentlich: Marie von Rosthorn) 90, 194, 406
Bai, Phoebe Krischna Rau Tamna 301, 305, 309, 312
Bamberger, Ernst 123
Bauch, Herr 39, 40, 41, 42, 43
Beethoven, Ludwig van 115
Billings, John Shaw 244, 246, 410
Billroth, Theodor 96, 110, 114, 125, 126, 127, 128, 140, 162, 196, 198, 404, 405, 424, 434, 435, 436, 437
Bizzozero, Giulio 122, 407
Blaschke, Hanns 435, 436, 437
Blum, Viktor 323, 324, 411
Brahms, Johannes 126
Braun, Carl, Ritter von Fernwald 124, 125
Bruckner, Anton 115
Busch, Adolphus 258
Byron, Lord 376, 377

C

Cambiaso, Lucas 274, 410
Carmen Sylva, Königin von Rumänien 239, 409
Carol von Rumänien, König 240, 241, 410
Cervera, Admiral 252
Châtelet, Marquise du 412
Christina, Königin von Spanien 233, 234, 235, 239, 240, 409
Chrobak, Rudolf 127
Cicero 120
Cook, Thomas 288, 410
Copeland, Royal S. 333, 339, 340, 347
Cuddihy, R. J. 361

D

Davis, Jefferson 222
Davis, Varina Jefferson 222
del Regno, Senatore 317
Diana 273, 274, 275
Diaz, Porfirio 248
Dillon, Judge 214
Dooley, Mr. 265
Dumreicher, Johann von 110
Dupuytren, Guillaume 114, 406

E

Eberhardt, Pater 73, 74, 79, 83, 171, 172
Edward VII. siehe Albert, Prinz von Wales 303, 411
Ehrlich, Eduard 65, 67, 404
Ehrlich, Johann siehe Gregor Pater
Eiselsberg, Anton von 127
Elisabeth, Erzherzogin 174, 408
Elisabeth, Kaiserin 124, 125, 175, 407
Emma Lecher 404
Engländer, Peter siehe Altenberg, Peter
Esmarch, Johann Friedrich August 112
Eugenie, Kaiserin 170
Exner, Siegmund 127

F

Ferdinand I., Ex-König von Bulgarien 368, 370
Ford, Edsel 348, 349
Ford, Henry 348, 349, 350
Frank, Rudolf 152, 229, 408
Franz Ferdinand, Erzherzog 177, 301
Franz Joseph I., Kaiser 168, 175, 211, 307, 405, 407
Fuchs, Ernst 127, 203
Fuhrmann, Johann 396

G

Galen 408
Gould, Edith 263
Gould, Edith Katherine 262, 263, 266
Gould, George 261, 263, 410
Gould, Helen Vivian 262
Gregor, Pater, später Abt 14, 65, 70, 74, 75, 79, 171, 172, 404
Grote, Louis Ruyter Radcliffe 423

H

Hainisch, Marianne 318
Hainisch, Michael 319
Hans (Schüler) 86, 87, 92, 228
Harding, Warren G. 343, 350
Haß, Julius 294, 298, 411
Hauptmann, Bruno Richard 330, 412
Hebra, Ferdinand 112, 119
Hedwig, Tante 283
Heide, Mr. 362
Heinrich, Prinz von Preußen 189, 190, 220
Heinrich (Schüler) 103, 134
Helena, Königin von Italien 315, 316, 411
Hengelmüller, Baron und Botschafter 208
Heschl, Richard 117, 118
Hippokrates 114, 116, 127
Hitler, Adolf 432
Hofer, Andreas 92
Hohenwart, Graf 249
Hohmann, Georg 436
Horaz 272, 412, 433
Hylan, John F. 340, 341
Hyrtl, Joseph 96, 116, 120, 121, 122, 126

J

Jobs, Hieronymus 197, 409
Johnston, William M. 415
Jordan, Eduard 362

Joseph II. 151
Josephine 85
Justinian 408

K

Karl der Große 281
Kleinwächter, Ludwig 127
Kluß, Pate 66, 98
Kluß, Sektionsrat 99
Kolumbus, Christopher 252
Kortum, Carl Arnold 409
Krischke, Franz 396
Kundrat, Johann 127

L

Langer, Karl 96, 97, 101, 109, 120, 134
L'Arronge, Adolph 186, 409
Lecher, Bertha 417
Lecher, Emma siehe Lorenz, Emma
Lecher, Zacharias Konrad 134, 416
Leopold II., König von Belgien 174
Leo XIII. 268
Liechtenstein, Franz de Paula von und zu 406
Liechtenstein, Henriette von 406
Lindbergh, Charles 330, 412
Lister, Joseph 112, 128
Lorenz, Agnes (Enkelin) 367, 370
Lorenz, Albert 146, 179, 270, 278, 279, 299, 304, 354, 356, 367, 384, 402, 404, 405, 418, 422, 424, 427, 428, 431, 436, 438
Lorenz, Elisabeth (Schwiegertochter) 299, 300, 304, 305, 309
Lorenz, Emma (Ehefrau, geborene Lecher) 181, 279, 370, 394, 405, 416, 417, 432, 433
Lorenz, Georg (Enkel) 367
Lorenz, Konrad (Sohn, „der Amerikaner") 278, 279, 320, 367, 368, 370, 371, 405, 413, 414, 416, 427, 431, 432, 433, 434, 435, 437, 439
Lorenz, Margarethe (Schwiegertochter) 367, 432, 433, 438
Lorenz, Thomas (Enkel) 367, 370, 434
Low, Seth 226, 409
Ludwig II. 262
Ludwig XIV. 262

M

Maresch, Rudolf 127
Maria Theresia, Kaiserin 345
Marie, Königin von Rumänien 240, 410
Masaryk, Thomas G. 102, 398
Max (Cousin) 27, 28
Maximilian, Kaiser 249, 410
Mayo, Gebrüder 244, 410
Meynert, Theodor 118
Minto, Lady 292, 293
Minto, Lord 293
M.(üller), Dr. Friedrich 187, 409
Murillo 192

N

Napoleon 92, 234
Neusser, Prof. 123

Nizam von Haidarabad 293, 294
Nothnagel, Hermann 127
Nußbaum, Johann Nepomuk von 133

O

Odilo, Pater 70, 71, 72, 73, 74, 76, 77, 78
Oppolzer, Johann von 116, 117
Orth, Johann 185, 409

P

Pasteur, Louis 128
Paula von R. , Frau von, siehe: Rosthorn 89, 90, 96, 406
Pernkopf, Eduard 436, 437
Phoebe, siehe Bai, Phoebe Krishna Rau Tamna 301, 305, 309, 312
Piffl, Kardinal 361
Pirquet, Clemens von 127
Popol, siehe Leopold II., König von Belgien 174
Pulitzer, Joseph 263, 410

R

Rabl, Karl 120
Richard III. 375
Richard, Pater 79, 81
Richelieu, Kardinal 376
Richter, Kapitän 267, 268
Ridder, Victor 340, 412
Rokitansky, Carl von 116, 117
Roosevelt, Franklin D. 377, 438
Roosevelt, Mrs. Theodore 210, 338
Roosevelt, Theodore 209, 210, 211, 257, 282, 337, 338, 405
Rosegger, Peter 417

Rosser, Dr. 255
Rosthorn, Alfons von (Gynäkologe) 127, 406
Rosthorn, Arthur von (Gesandter) 319, 404, 406
Rosthorn, Frau von (Josefine) 89, 90, 96, 406
Rosthorn, Paula von 319
Rubens, Peter Paul 125
Rudolf, Kronprinz 125, 302, 407, 408

S

Salk, Jonas 412
San Gennaro 193
Schaudinn, Fritz 380, 412
Schauta, Friedrich 127
Schley, Rear-Admiral 251, 252, 253
Schönherr, Karl 276, 417, 426
Schorske, Carl E. 415
Schuh, Franz 96
Schumack, Monsignor Father 362
Schwarzer, Louise von 416
Seitz, Karl 435
Semler, Georg 335, 361, 362
Shakespeare 375
Sims, Marion 223, 409
Škoda, Josef von 116, 117
Stefanie, Erzherzogin 174
Stellwag von Carion, Carl 124
Stricker, Solomon 122

T

Tandler, Julius 429
Tauchida, Prinzessin 287
Tegetthoff, Admiral 211
Then, Franz 398

Toldt, Carl 127
Torberg, Friedrich 418

V

Virchow, Rudolf von 120, 128, 129
Vogelsang, Kapitän 183
Voltaire 389, 412
von Brücke, Ernst 121, 122

W

Wagner-Jauregg, Julius von 118
Wagner, Richard 109, 406
Wedl, Anton 328, 334, 335, 344, 361, 362
Wedl, Magda 335
Weichselbaum, Anton 127
Wertheim, Ernst 127
Wettstein, Richard 362
Widerhofer, Hermann von 125
Wilczek, Johann Nepomuk 281
Wilhelm, Kronprinz und Kaiser von Preußen 303
Wilson, August 219, 221
Wilson, Woodrow 343
Wolf, Doktor 398
Wright, Luke E. 257
Wurlitzer, Mrs. 362

Z

Zar(ewitsch) 288
Zarewna 288
Zita, Erzherzogin 306
Zuckerkandl, Emil 127

Bildnachweis

S. 86, 97, 166, 181, 187, 279, 284, 354, 363, 370, 434, 437: Fotosammlung des Adolf-Lorenz-Vereins

S. 111, 126, 394, 403. Aus »My Life and Work. The Search for a Missing Glove«

S. 133, 232: Diasammlung des Adolf-Lorenz-Vereins

S. 273: Wolfgang Riemer

S. 420, 421: Aus dem Zeitungsausschnittsbuch der ersten USA-Reise von Adolf Lorenz, Adolf-und-Alber-Lorenz-Gedenkstätte

Danksagung

Die Herausgeber bedanken sich herzlich bei Prof. Dr. Rainer Kotz, Prof. Dr. Gerold Holzer, Wolfgang Riemer und Dr. Erwin Lintner für Unterstützungen verschiedenster Art.